牟宗三先生全集⑦

心體與性體

（第三冊）

牟宗三　著

目　次

第四部　分論三　朱子 ………………………………… 1

第一章　朱子三十七歲前之大體傾向 ………………… 3

　第一節　二十四歲初見延平：綜述延平學之大端………… 3
　第二節　二十九歲再見延平：此時之〈存齋記〉之思想…
　　　………………………………………………………… 35
　第三節　三十一歲始受學于延平：由延平定其入路 ……… 39
　第四節　綜論朱子三十七歲前之大體傾向以及此後其成熟
　　　之義理系統之形態 …………………………………… 50

第二章　朱子參究中和問題之發展 …………………… 81

　第一節　三十七歲時之中和舊說二書 …………………… 81
　第二節　三十七歲時舊說下之浸潤與議論……………… 104
　第三節　三十八歲往潭州晤南軒時之議論…………… 128

　　第四節　三十九歲時舊說下之浸潤與議論以及以南軒

　　　　　　〈艮齋銘〉爲宗旨……………………………………… 136

　　第五節　中和新說之發端與完成…………………………… 146

　　第六節　王懋竑認新說「亦多未定之論」之非是………… 172

第三章　中和新說下之浸潤與議論 ……………………………… 197

　　第一節　四十歲時之浸潤與議論…………………………… 197

　　第二節　四十一、二、三歲時之浸潤與議論……………… 215

　　第三節　〈中和舊說序〉之回顧與道說經過兼論朱子

　　　　　　與延平之異同…………………………………… 226

　　第四節　新說後關于持守、居敬、主靜工夫之定論……… 241

　　附錄：《朱子語類》卷第十二，學六：論持守、居靜

　　　　　　與主靜……………………………………………… 241

第四章　中和新說後關于〈仁說〉之論辨 ……………………… 255

　　第一節　引言：明道與伊川理解仁之綱領………………… 255

　　第二節　〈仁說〉之分析…………………………………… 261

　　第三節　與張南軒論〈仁說〉…………………………… 287

　　第四節　與胡廣仲等論「觀過知仁」與「先知後行」之

　　　　　　問題………………………………………………… 332

第五章　中和新說與〈仁說〉後以《大學》爲規模 ……… 393

　　第一節　論知行………………………………………………… 393

　　第二節　論明德………………………………………………… 407

第三節　論致知格物……………………………………… 426

第六章　以「中和新說」與〈仁說〉爲背景所理解之《孟子》

……………………………………………………… 451

第一節　性、情對言預設心、性、情之三分：孟子所說

「心」、「性」、「情」、「才」四字之意義

……………………………………………… 451

第二節　性也有命焉，命也有性焉：性命對揚…………… 471

第三節　盡心知性知天……………………………………… 486

第七章　心、性、情之形上學的（宇宙論的）解析……… 497

第一節　關於明道所說之易體與神用之解析……………… 497

第二節　關於濂溪「動而無動、靜而無靜，神也」之

解析………………………………………………… 501

第三節　心、性、情之形上學的（宇宙論的）解析……… 516

第八章　枯槁有性：理氣不離不雜形上學之完成………… 541

第一節　論枯槁有性無性…………………………………… 541

第二節　理氣不離不雜形上學之完成……………………… 567

第九章　朱子晚年所確定表示之論學之宗旨、境界、與夫

方法學上之進路：《朱子語類》訓門人選錄…… 575

第一節　答廖子晦書：關「洞見全體」…………………… 576

第二節　訓廖德明（字子晦）：關「有一塊物事光輝

輝地在那裡」……………………………………… 578

第三節　訓輔廣（字漢卿）：闢「求捷徑、去意見」…… 580

第四節　訓余大雅（字正叔）：闢「懸空」…………… 583

第五節　訓潘時舉（字子善）：言為學兩路………… 584

第六節　訓陳淳（字安卿）：闢空捉天理…………… 587

第七節　訓滕璘（字德粹）：言「為學大端」………… 614

第四部 分論三
朱 子

第一章　朱子三十七歲前之大體傾向

第一節　二十四歲初見延平：綜述延平學之大端

茲依王懋竑所刪訂之《朱子年譜》述朱子思想之發展。

「〔南宋高宗紹興〕十年庚申，十一歲。受學於家庭。」（此為王訂《年譜》文，下做此。）

1.《年譜》〔案：即李果齋原本《年譜》以及李古沖本與洪去蕪本〕：

> 時韋齋為吏部員外郎。以不附秦檜和議，出知饒州。請祠居於家。
>
> 初韋齋師事羅豫章，與李延平為同門友。聞楊龜山所傳伊、洛之學獨得古先聖賢不傳之遺意。於是益自刻厲，痛刮浮華，以趨本實。日誦《大學》、《中庸》之書，以用力於致知誠意之地。自謂下急害道，因取古人佩韋之義，名其齋曰

「韋齋」，以自警焉。

2.《文集・皇考吏部府君行狀》：

> 又得浦城蕭公顗子莊、劍浦羅公從彥仲素，而與之遊，則聞
> 龜山楊氏所傳河洛之學。（《朱文公文集》卷第九十七）

案：朱子父名松，字喬年，號韋齋。師事羅豫章，與延平為同門友。致力於《大學》、《中庸》。此是朱子之家學淵源。其家學與師承俱以《大學》、《中庸》為首出也。

「〔紹興〕十三年癸亥，十四歲。春三月辛亥，丁父韋齋先生憂。稟學於劉屏山〔屏山劉子翬彥沖〕、劉草堂〔白水劉勉之致中〕、胡籍溪〔籍溪胡憲原仲〕三先生之門。
「〔紹興〕十五年乙丑，十六歲。」
　1.《語錄》：

> 某年十五、六時，讀《中庸》「人一己百，人十己千」一
> 章，因見呂與叔解得此段痛快，讀之未嘗不悚然警厲奮發。
> （沈僩錄）（《朱子語類》卷第四，〈性理一〉）

　2.《語錄》：

> 某自十四、五歲時，便覺得這物事是好底物事，心便愛了。

某不敢自昧，實以銖累寸積而得之。（李方子錄）（《朱子語類》卷第一百四，〈朱子一〉，自論為學工夫。）

案：朱子此時亦留心於禪。見下三十一歲處所錄之〈語錄〉。

「〔紹興〕十七年丁卯，十八歲。秋，舉建州鄉貢。」

「〔紹興〕十八年戊辰，十九歲。春，登王佐榜進士。夏，准勑，賜同進士出身。」

「〔紹興〕二十一年辛未，二十二歲。春，銓試中等，授左迪功郎，泉州同安縣主簿。」

「〔紹興〕二十三年癸酉，二十四歲。夏，始見李先生於延平。」

1.《年譜》：

初龜山先生倡道東南，從遊甚眾。語其潛思力行、任重詣極者，羅公仲素一人而已。李先生諱侗，字愿中，受學羅公，實得其傳。同門皆以為不及。然樂道不仕，人罕知之。沙縣鄧迪天啓嘗曰：愿中如冰壺秋月，瑩澈無瑕。韋齋深以為知言。先生少耳熟焉。至是將赴同安，特往見之。

2.《語錄》：

初師屏山、籍溪。籍溪學於文定，又好佛、老。以文定〔胡文定安國〕之學為論治道則可，而道未至。然於佛老亦未有

見。屏山少年能爲舉業。官莆田，接塔下一僧，能入定。數日後，乃見了。老歸家，讀儒書，以爲與佛合，故作〈聖傳論〉。其後屏山先亡，籍溪在。某自見於此道未有所得，乃見延平。（鄭可學錄）（《朱子語類》卷第一百四，〈朱子一〉，自論爲學工夫。）

3.《文集‧延平行狀》：

初龜山先生倡道東南，士之遊其門者甚眾。然語其潛思力行，任重詣極，如羅公者，蓋一人而已。先生既從之學，講論之餘，危坐終日，以驗夫喜怒哀樂未發之前氣象爲何如，而求所謂中者。若是者蓋久之而知天下之大本眞有在乎是也。〔中略〕

其接後學答問，窮晝夜不倦。隨人深淺，誘之各不同，而要以反身自得，而可以入於聖賢之域。故其言曰：「學問之道不在多言，但默坐澄心，體認天理。若見，雖一毫私欲之發亦退聽矣。久久用力於此，庶幾漸明，講學始有得力耳。」又嘗曰：「學者之病，在於未有洒然冰解凍釋處。縱有力持守，不過苟免顯然尤悔而已。若此者，恐未足道也。」〔中略〕又嘗曰：「讀書者知其所言莫非吾事，而即吾身以求之，則凡聖賢所至，而吾所未至者，皆可勉而進矣。若直以文字求之，悅其詞義，以資誦說，其不爲玩物喪志者幾希。」以故未嘗爲講解文書。然其辨析精微，毫釐畢察。嘗語問者曰：「講學切在深潛縝密，然後氣味深長，蹊徑不

差。若概以理一而不察乎其分之殊，此學者所以流於疑似亂眞之說而不自知也。」其開端示人，大要類此。（《朱文公文集》卷第七十九）

案：朱子所記延平「開端示人」大要不過以下四點：

一、「默坐澄心，體認天理」。

二、「洒然」自得，「冰解凍釋」。

三、「即身以求」，不事「講解」。

四、「理一分殊」，始終條理。

關於第一點，「默坐澄心，體認天理」，此是根據其「危坐終日，以驗夫喜怒哀樂未發之前氣象爲何如，而求所謂中者」而來。此是其基本的入路。此步工夫函有一種「本體論的體證」，但卻是隔離的，超越的體證，即暫時隔離一下（默坐、危坐）去作超越的體證。其如此所體證的本體，就《中庸》「致中和」言，是「中」體。但中體是個形式字，其所指之實即是「性體」。性體，依「天命之謂性」言，須即是「天命流行之體」，此是根據「維天之命，於穆不已」而來。此是北宋諸家所共喩者，尤其是濂溪、橫渠、明道所著力體會者。龜山是二程高弟，於此不應無所聞。契悟上縱有精當否，但此大脈絡不應有誤。羅豫章、李延平承之而用力於未發之中，於此大界脈亦不應有失。延平雖無理論的分解，然其超越的體證所體證之中體當即是通於「天命流行之體」之性體，此當不會有太大的出入。如果他稍有所聞，稍讀北宋諸家之書，稍讀《中庸》、《易傳》之原典，此蓋是必然而不可移者。「默坐澄心，體認天理」，此所謂「天理」，如果他稍知明道之所說，亦當即是天

命天道之天理，亦當是直通「天命流行之體」者。在默坐危坐之隔
離的、超越的體證中，此體從私欲、氣質、喜怒哀樂情變之激發
（感性）之混雜中澄然凸現以自持其自己，成爲其純粹自己之自存
自在，此即是其「莫見乎隱、莫顯乎微」之澄然、森然的氣象。
（因延平亦知《中庸》言「致中和」是承上文「愼獨」而來，故有
云：「先言愼獨，然後及中和。」見下第三章第一節三〈答林擇之
書〉）在此體證中，天理與私欲有一截然之對照。故云：「若見，
雖一毫私欲之發，亦退聽矣。」是故其「講誦之餘」，默坐、危
坐，固不只是泛泛的靜坐，只「收歛在此，勝如奔馳」（亦朱子
語，見下第三章，第三節所錄《語錄》）之謂；乃根本是一種本體
論的體證，藉此以見體或立體（「立」是體證的立），以期清澈吾
人之生命。由此，以中導和，始有眞正的道德行爲之引生，以成道
德之創造，乃至天地位、萬物育，此即「率性之謂道」，亦《中
庸》後半篇盡性以至參天地贊化育也。但此義理間架，朱子不必能
眞切契悟，亦未繼承其師之路（主要是此義理間架，不在靜坐不靜
坐）而前進。朱子是繼承伊川之糾結而前進。依伊川「在中」、
「求中」之糾纏，「求中」即是「旣思，便是已發」，是不對的。
此本是伊川一時不諦不通之支蔓，本不必認眞，但朱子對于伊川之
語信守不渝，於是不滿于其師之隔離地「求中」之體證，不滿于其
師之偏于靜，而不知其靜坐中超越體證之本質的意義，遂喪失此義
理間架，而終于走向其「中和新說」所表現之義理間架。在朱子自
以爲得，而不知其本伊川之糾結而前進實非健全之途也。凡此皆見
下第二、三章。

關於第二點，洒然自得，冰解凍釋，此是說踐履之期于純熟與

自然。須知超越體證只是一關。若停滯于此，則中體只停在抽象狀態中，此即後來所謂「光景」，尚不是具體而眞實的道體。停于此而耿耿于此，亦是「未有洒然冰解凍釋」也。故必須再進一步漸證漸養以期于自然與純熟。其始也，中體之呈現于具體生活中總不免有勉強處，強力持守總不是純熟，「苟免顯然尤悔而已」。到洒然自得處，才眞是所謂「天理流行」，而中體之爲體才是具體而眞實的體，不是隔離地投置于抽象狀態中之體也。此是超越體證所必函之義理程序，眞正的道德行爲固應如此也。朱子只知其師之重涵養，鄧天啓只知其涵養得「如冰壺秋月，瑩澈無瑕」，而不知其超越體證所函之義理間架，於是遂視之爲空頭的涵養矣。不知其超越體證中即函有一種超越察識也，此亦是重在先識本體也。非是朱子「中和新說」中分屬于未發、已發之涵養、察識之論也。

　　關於第三點，即身以求，不事講解，須知此內聖之學本是自覺地體證吾人本有之性體以體現之于現實生活中以成爲純正的道德行爲之事（不是泛泛的篤行），固非外在知識之事，亦非徒然講解文義之事。聖賢之書除一般名物度數外，大抵是指點生命方向之事，故謂「其所言，莫非吾事」，此並不錯。此亦象山所謂「六經皆我注腳」之意。此並非不讀書，要在能就其所指點而消化之于自己生命中而體現之以成爲吾人之德行，此即其所言莫非己事也。此並非是依照它所說者去做，乃是它所說者即是吾之生命中本有之事，故由其指點而豁醒，即一一皆爲己事也。此即「即吾身以求之」之義，非是求之于外，亦非只是求之於文義之間也。此本爲內聖之學之本義、第一義，但朱子後來卻以讀書、講解文義爲重點，視重視此本義者爲不讀書、廢講解，而認爲是禪矣。此是本末之倒置，非

其師之遺意也。又，在弘揚敎義上，整理文獻、講解文義，自有其價值。是以若謂只「即身以求，不事講解」爲不足可，若謂此不是本義、第一義，而斥之爲禪，則大不可。朱子固非不「即身以求」者，但其在融會輕重本末上確有滯礙，此其無謂之忌諱使然也。

關於第四點，理一分殊、終始條理，此可從兩方面說：一從踐履說；二從體察說。從踐履方面說，在超越體證中，天理本體自身即是「理一」，在洒然冰解凍釋中，天理本體成其爲具體而眞實的本體，此即天理本體達致「分殊」。「分殊」者現實生活中各種不同的分際是也。如父子有親、君臣有義等等。在不同的分際上都有一定的道理。這道理即是天理本體之在不同的分際上作具體的呈現。吾人的道德踐履必達至天理本體在不同的分際上有具體的呈現始能說洒然冰解凍釋。至純熟之境，便是天理流行，再熟，便是大而化之。德行如此，而天理本體亦成爲具體而眞實的本體，不復是隔離的抽象狀態中的本體。此便是理一分殊之圓融的表現：普遍的理一融于具體的分殊中，而具體的分殊亦不徒然是分殊，亦融于普遍的理一中而得到其貞定，此即孟子所謂終始條理也。此是理一分殊之基本義。從體察方面說，吾人之知解體察亦只是了解一個儱侗渾淪的「理一」就算完事，必須隨吾人的道德踐履之終始條理而能體察到分殊上以盡其事理之曲折，此所謂文理密察而不礙其會通之「理一」，此時之「理一」不是儱侗之渾淪，而是有具體的內容以釐定而充實之，而會通之理一亦不蹈空而虛懸，而必貫徹至分殊事理之曲屈，亦不礙吾人之文理密察也。此種體察上之理一分殊是隨吾人踐履過程上之理一分殊走而爲其所決定，行解相融不即不離也。非是空頭的博文，徒盡其客觀事理之研究而極其微細密察而已

也。延平以為「若概以理一而不察乎其分之殊，此學者所以流于疑似亂真之說而不自知也」。此所謂「疑似亂真之說」即意指佛老而言。好像儒與佛老之差別唯在一有分殊，一無分殊。然此義如不加界定，則為不諦之說。蓋佛老在修證過程上亦非只知理一而無分殊者。即就佛家而言（無論那一宗派），其證空即理一，所謂平等性，其入假即分殊，所謂差別性（菩薩道之道種智），非無分殊也。小乘證空而不開假（所謂無方便），入涅槃而不出，只自渡而不渡他，此其所以為小，而見呵于大乘也。是以徒以分殊辨之，不足以盡彼之情。惟其理一指空性言，非儒者所謂理一，理之一已不同，豈能謂理一處無差別？至於分殊，在彼仍是緣起幻化，仍是假法，而在儒者則是實事實理，不可以幻假論，此則分殊亦有異，焉能徒以有無分殊而別之？是以理一分殊內容意義皆不同，亦自各一其一各殊其殊耳。是則北宋諸家皆極透澈，因自體上辨別，故一切皆異，無此不妥之論也。若以為一言幻假，不作實事實理觀，雖開方便，亦即等於無分殊，加此界定，則可無礙。延平之意恐亦即如此。蓋儒者一向視佛教為出世教，不足以盡人倫、治家國天下也。自此言其無分殊，亦可無礙。（佛方世出世圓融為一，無論如何圓頓，不足以解此難。實則此亦無所謂難，只是本質上有異耳。佛弟子不必在此強辯。）然朱子言理一分殊，常只落在博文窮理上說，此已喪失上所言之踐履過程上由抽象之理一達具體之分殊之縱貫的終始條理義，又常只以空頭的博文窮理之分殊辨異端，凡不自博文窮理入者，如自逆覺以體證本心本體者，彼皆視為禪，此則成大滯礙，此既不足以盡內聖之學之實，亦不足以盡延平之意也。縱其博文窮理透至本體論的存有（客觀地講的實事實理）足以辨佛老（徒

分殊不足以辨，必由分殊而至本體論的存有始足以辨），而由逆覺以體證本心本體者（超越的體證如延平，內在的體證如胡五峰），乃至象山之直承孟子而言本心之沛然莫之能禦，何便即是禪學而流于異端耶？此顯然為無謂之忌諱，而亦為自我損失之至不幸之忌諱！如此，何足以辨佛老？

　　以上四點約略可窺延平學之路數。雖是「開端示人，大要類此」，然卻是精要中肯者。彼雖無多解說，亦不必能博洽貫通，然潛修自得，能說出此等精要語，亦實不容易。南渡後，龜山在閩再傳而得此人，上蔡在楚再傳而得胡五峰，皆以其簡潔精要，能攝聚北宋學脈於不墜。雖不必能為弘法之龍象，然要皆有實得而非浮泛者，且皆能精練集中而開出確定之工夫入路，如延平從「致中和」開，胡五峰從孟子「求放心」開，皆其精練集中處也。此亦此學於南渡時過渡期之特徵也。於中和問題，朱子自謂延平當時「論此最詳」，然彼「當時既不領略，後來又不深思〔因「後來所見不同，遂不復致思」〕，遂成蹉過，孤負此翁耳。」（見下第三章，第一節、3.〈答林擇之〉書。）然則朱子與延平間實有距離也。延平雖供給朱子一入路，一題目，而文章卻是朱子自己作。當延平在時，其所開說，朱子並不領略。及延平沒，朱子自己用心時，卻又走向繼承伊川之糾結而前進，未能由其師之超越體證而悟入也。彼雖博洽貫通，超邁前輩，成為弘法之龍象，然卻走上另一系統，非復先秦儒家之所開發，北宋濂溪、橫渠、明道之所妙悟之舊也。同時胡五峰方面，南軒常隨朱子腳跟轉，未能堅守其師之路數，胡氏學遂模糊。賴有胡廣仲、胡伯逢、吳晦叔等人之堅守不渝，得以保存其面目於不墜。然此輩皆年壽不永，學力又不足，遂為朱子所壓伏。

象山學無師承，直承孟子而興起，又爲一弘法之龍象，於是朱子系統之歧出遂顯然矣。凡此皆將於後兩章詳明之。

　　茲詳檢朱子所編《延平答問》（見《叢書集成‧李延平集》卷二），於〈行狀〉所列之大要外，復有足以見延平之造詣與其大體之方向者。

1.戊寅（朱子是年廿九歲）十一月十三日書云：

〔首段略〕

來諭以爲「人心之既放，如木之既伐。心雖既放，然夜氣所息，而平旦之氣生焉，則其好惡猶與人相近。木雖既伐，然雨露所滋，而萌蘗生焉，則猶有木之性也。」恐不用如此說。大凡人理義之心何嘗無？惟持守之，即在爾。若於旦晝閒不至梏亡，則夜氣存矣。夜氣存，則平旦之氣未與物接之時，湛然虛明氣象自可見。此孟子發此夜氣之說，於學者極有力。若欲涵養，須於此持守可爾。恐不須說心既放，木既伐，恐又似隔截爾。如何如何？

又見諭云：伊川所謂「未有致知而不在敬者」。考《大學》之序則不然。如夫子言非禮勿視聽言動，伊川以爲制之於外以養其中數處，蓋皆各言其入道之序如此。要之，敬自在其中也。不必牽合貫穿爲一說。

又所謂「但敬而不明於理，則敬特出於勉強，而無洒落自得之功，意不誠矣。」洒落自得氣象，其地位甚高。恐前數說方是言學者下工夫處。不如此，則失之矣。由此持守之久，漸漸融釋，使之不見有制之於外，持敬之心，理與心爲一，

庶幾洒落爾。

某自聞師友之訓，賴天之靈，時常只在心目間。雖資質不美，世累妨奪處多，此心未嘗敢忘也。於聖賢之言，亦時有會心處，亦間有識其所以然者。但覺見反爲道理所縛，殊無進步處。

今已老矣，日益恐懼。吾元晦乃不鄙孤陋寡聞，遠有質問所疑，何愧如之！

案：上所錄書第一段，朱子順孟子說「心之既放如木之既伐」云云，亦不錯，如此說說亦不妨。但就自己直下實地作工夫言，只須直就**本心**而加以**持守涵養**即可，不須更額外多辨解也。蓋「心既放、木既伐」云云猶是辨解之辭。恐多生枝節，離卻實工，故提醒之云「恐不用如此說」、「恐又似隔截爾」。此見朱子辨解趣味重，而延平卻直言**存養**也。此猶是明道「**存久自明**」之風範。而朱子後來之發展，卻常不守此風範，直就本心性體上加存養之工夫，卻重點落在致知格物上。此見朱子於體上之悟解及工夫自始即有欠缺，未曾遵順延平之指點而前進也。其興趣卻在順伊川之分解綱領而前進。彼後來固亦言涵養，但其「中和新說」成立後之先涵養後察識中之涵養卻是空頭的涵養，小學的工夫，非其師延平之直就《孟子》之本心、《中庸》之中體大本而加以持守涵養也。延平之持守與存養固函有一種**超越的體證**與**肯認**在內，此即是一種對於本心與中體之**超越的致察**。朱子後來力主先涵養後察識，力反胡五峰一系之先察識後涵養，非是守其師說之意也，亦非是根據延平以反胡氏也。乃只是因承接伊川之糾結而前進而如此耳。

第二段，延平謂「要之，敬自在其中也。」第三段復謂「由此持守之久，漸漸融釋，使之不見有制之於外，持敬之心，理與心為一，庶幾灑落爾。」順「敬自在其中」說，很可至明道所說之**敬體**。工夫上誠敬之**純亦不已**即是**本體**之**於穆不已**。敬直承本體而言，非是「制之於外」以為敬也。亦非是待「明於理」，敬始不「出於勉強」也。大抵朱子只知後天之敬，而不知先天之敬。延平雖尚未意識及此，然順其持守存養之義而觀之，其所謂「敬自在其中」很可至先天之敬，即本體便是工夫之義，而不必純然是後天之敬也。第三段是就灑落境界說，故有「持敬之心，理與心為一」之句。彼亦未明澈至「心即理」之義，然若彼真能明孟子所言之本心，其持守存養真是存此本心，則亦決不至如朱子後來之截斷此「心即理」之義。如能分解地先肯認此「心即理」之義，則就灑落融釋說，其始之持守雖屬後天，有似「制之於外」，然「持守之久，漸漸融釋，使之不見有制之於外」，則**後天之敬融釋于先天之敬**，即**渾然**是一本心性體亦即敬體之**流行**，則「心即理」之本心即得其具體呈現矣。此即是**灑落融釋之化境**。此時「持敬之心，理與心為一」，即是後天之敬融化于本心性體而為先天之敬。就先天之敬說，**敬心即理**，而不是**與理為一**。就後天之敬之漸漸融釋說，則即可說「持敬之心，理與心為一」。此中理境正可指示一言學之方向，然而朱子未能順承也。其分解之精神正未能回歸於此，而卻走上歧出之道途。

灑落融釋乃延平所最喜言者。此卻不是其**玩弄光景**，乃是對之確有實感者。蓋彼對於不融釋之病痛確有實感。彼誠是真能作變化氣質之工夫者，故喜言之而不已也。其言**默坐**（體認）、言**存養**、

言**融釋**，皆不是**泛泛者**，乃是從實地作工夫以言之者。彼畢生精神全集中于此。相形之下，猶覺北宋諸大家皆多重在理境之開脫，尚未全集中於體認、存養、融釋以言之。彼集中於體認、存養、融釋之工夫以消化義理，其造詣之深遠貼切與意味之深長決不在程門諸高弟之下，且有過之。蓋彼獨立潛心自作工夫，自行消化，無許多憑藉、顧盼，亦無許多勞攘。其集中於體認、存養、融釋之工夫以言學，此中即含有一種言內聖之學之**軌範**與義理之方向。朱子於此未能相應也。是以其所開出者終於為另一系統也。

2.己卯（朱子是年三十歲）長至後三日書云：

> 今學者之病所患在於未有**洒然冰解凍釋處**。縱有力持守，不過只是苟免顯然尤悔而已。似此，恐皆不足道也。

3.庚辰（朱子是年三十一歲）五月八日書云：

> 某晚景別無他，惟求道之心甚切。雖聞能窺測一二，竟未有**洒落處**。以此兀坐，殊憒憒不快。昔時朋友，絕無人矣。無可告語，安得不至是耶？可歎可懼！
> 示諭夜氣說甚詳，亦只是如此。切不可更生枝節尋求，即恐有差。大率吾輩立志已定，若看文字、心慮一、澄然之時，略綽一見，與心會處，便是正理。若更生疑，即恐滯礙。伊川〈語錄〉中，有記明道嘗在一倉中坐，見廊柱多，因默數之。疑以為未定，屢數愈差。遂至令一人敲柱數之，乃與初默數之數合。正謂此也。

夜氣之說所以於學者有力者，須是兼旦晝存養之功，不至梏
亡，即夜氣清。若旦晝間不能存養，即夜氣何有？疑此便是
日月至焉氣象也。〔下言從羅豫章學，靜坐觀未發氣象，略。〕

3.1又云：

承惠示濂溪遺文與穎濱《語》、《孟》，極荷厚愛，不敢
忘，不敢忘。《通書》向亦曾見一二，但不曾得見全本。今
乃得一觀，殊慰卑抱也。二蘇〈語孟說〉，儘有可商論處。
俟他日見面論之。

嘗愛黃魯直作《濂溪詩·序》云：春陵周茂叔人品甚高，胸
中洒落，如光風霽月。此句形容有道者氣象絕佳。**胸中洒
落**，即作爲盡洒落矣。學者至此，雖甚遠，亦不可不常存此
體段於胸中，庶幾遇事廓然，於道理方少進。願更存養如
此。

3.2又云：

聞召命不至，復有指揮。今來亦執前說辭之。甚佳。蓋守之
已定，自應如此。縱煎迫擾擾，何與我事？若於義可行，便
脫然一往，亦可也。某嘗以爲遇事若能無**毫髮固滯**，便是洒
落。即此心廓然大公，無彼己之偏倚，庶幾於道理一貫。若
見事不澈，中心未免微有偏倚，即涉固滯，皆不可也。未審
元晦以爲如何？爲此說者，非理道明，**心與氣合**，未易可以

言此。不然,只是說也。

4.庚辰七月書云:

某自少時,從羅先生學問。彼時全不涉世故,未有所入。聞
先生之言,便能用心靜處尋求。至今洩泪憂患,磨滅甚矣。
四、五十年間,每遇情意不可堪處,即猛省提撕,以故初心
未嘗忘廢。非不用力,而迄於今更無進步處。常竊靜坐思
之,疑於持守及日用,儘有未合處。或更有關鍵,未能融釋
也。向來嘗與夏丈言語間稍無閒,因得一次舉此意質之。渠
乃以釋氏之語來相淘,終有纖巧打訛處,全不是吾儒氣象,
旨意大段各別。當俟他日相見劇論可知。
大率今人與古人學殊不同。如孔門弟子,群居終日相切磨,
又有夫子爲之依歸,日用間相觀感而化者甚多。恐於融釋而
脫落處,非言說可及也。不然,子貢何以謂「夫子之言性與
天道不可得而聞」耶?元晦更潛心於此,勿以老邁爲戒而怠
於此道,乃望。〔下略〕

4.1又云:

所云:「見《語錄》中有仁者渾然與物同體一句,即認得
〈西銘〉意旨。」所見脈絡甚正。宜以是推廣求之。然要見
一視同仁氣象卻不難。須是理會分殊,雖毫髮不可失,方是
儒者氣象。

4.2又云：

「因看『必有事焉而勿正，心勿忘勿助長』數句，偶見全在
日用間非著意、非不著意處。才有毫髮私意，更沒交涉。」
此意亦好。但未知用處卻如何？須喫緊理會這裡始得。
某曩時傳得呂與叔〈中庸解〉甚詳。當時陳幾叟與羅先生門
皆以此文字說得浸灌浹洽，比之龜山解，卻似枯燥。晚學未
敢論此。今此本為相知借去，亡之已久。但尚記得一段云：
「謂之有物，則不得於言。謂之無物，則必有事焉。不得於
言者，視之不見，聽之不聞，無聲形接乎耳目而可以道也。
必有事焉者，莫見乎隱，莫顯乎微，體物而不可遺者也。學
者見乎此，則庶乎能擇乎中庸，而執之隱微之間。不可求之
於耳目，不可道於言語。然有所謂昭昭而不可欺，感之而能
應者，正惟虛心以求之，則庶乎見之。」
又據孟子說「必有事焉」，至於助長不耘之意，皆似是言道
體處。來諭乃體認出來。學者正要如此。但未知用時如何？
脗合渾然，體用無間乃是。不然，非著意、非不著意，溟溟
涬涬，疑未然也。某嘗謂進步不得者，劈繫多是如此類窒
礙。更望思索，他日熟論。須見到心廣體胖，遇事一一洒落
處，方是道理。不爾，只是說也。

4.3又云：

承諭心與氣合，及所注小字。意若逐一理會心與氣，即不

可。某鄙意止是形容到此。解會融釋,「不」如此。(原注
云:「不」字,近本作「處」。)**不見所謂氣、所謂心,渾
然一體流浹也。到此田地,若更分別那個是心,那個是氣,
即勞攘爾。不知可以如此否?不然,即成語病無疑。若更非
是,無惜勁論。吾儕正要如此。**〔案:「解會融釋,不如
此」句不明順。「不」字若依所謂「近本」作「處」字,則
全句當如此標點:「解會**融釋處,如此,不見所謂氣、所謂
心,渾然一體流浹也。**」如此,語意當更明順。意若謂:某
前鄙意亦止是形容到此而已。若知到融釋處,這樣,則不見
所謂氣,所謂心,乃只是渾然一體流浹也。〕

案:以上己卯書一段(2.),庚辰五月書三段(3.,3.1,3.2),
以及庚辰七月書四段(4.,4.1,4.2,4.3),皆言**洒落融釋**,由
此以驗工夫有進步否。此自是其一生沈潛涵養至老境而真切感至
者,決非玩弄光景,作四時景緻之浮談。此中自含有一內聖之學之
規範,即由**默坐澄心之超越體證**,而至**持守涵養**以期達至**踐履上冰
解凍釋**所至之**本心性體**(道體)之具體呈現。此一規範顯可由延平
言學之大關節而烘託出。惟彼實地工夫多,而辨解宏通則不足。又
拙于文辭,不甚能發脫得出。延平自謂「素來**拙訥**,發脫道理不**甚
明亮。**」(見下條)此自是實語。朱子謂「李先生為人簡重,卻不
甚會說。」(見下第三節5.1)此亦是實情。自其拙訥簡重,而又
喜言洒落融釋言,彼似是一**具體而微之濂溪**。自其喜言「體用無
間」、「渾然一體流浹」而言,彼又是一**具體而微之明道**。朱子謂
「明道說話渾淪,學者難看。」若以此衡之,延平更是渾淪,而又

拙訥。明道之渾淪實甚明澈光暢，而又能推拓得開。其渾淪實只是**圓頓之至也**。延平之渾淪，則因拙訥之故，不甚能推拓得開，亦未能至明澈光暢之境。蓋明道身處大邦之地，智慧發越得出，于古今學脈，儒佛之異，真能籠罩得住，故亦真能擔當文運而成為復興儒學之大家。而延平則窮處幽居，智慧未能發越得出，學力恐亦有所不及。徒以其規格不謬，而又能實地作涵養工夫，故亦得成一具體而微之明道也。至朱子則發越矣，然未能承其規範而前進也。朱子後來極不喜言「吾與點也」之洒脫風光，此亦自有其是處，然于其師之雅言**洒落融釋**亦實未能**真切領受也**。吾屢言延平之言此，非只玩弄光景者。此義亦非只是一風涼境界。然而朱子實未能參透其中所含之內聖之學之**切要規範**也。

　　5.辛巳（朱子是年三十二歲）二月二十四日書云：

> 示下所疑，極荷不外。已有鄙見之說繼其後矣。但素來拙**訥，發脫道理不甚明亮**。得以意詳之可也。〔案：下問答多條，茲只錄一條。〕
> 問：太極動而生陽。先生嘗曰：此只是理，做已發看不得。熹疑既言動而生陽，即與復卦一陽生而見天地之心何異？竊恐動而生陽即天地之喜怒哀樂發處，於此即見天地之心。二氣交感，化生萬物，即人物之喜怒哀樂發處，於此即見人物之心。如此做兩節看，不知得否？
> 先生曰：太極動而生陽。**至理之源只是動靜闔闢**。至於終萬物、始萬物，亦只是**此理一貫**也。到得二氣交感，化生萬物時，又就人物上推，亦只是**此理**。《中庸》以喜怒哀樂未

發、已發言之，又就人身上推尋。至於見得大本、達道處，又衮同只是此理。此理，就人身上推尋，若不於未發、已發處看，即何緣知之？蓋就天地之本源與人物上推來，不得不異。此所以於動而生陽，難以為喜怒哀樂已發言之。在天地，只是理也。今欲作兩節看，切恐差了。

復卦見天地之心，先儒以為靜見天地之心，伊川先生以為動乃見。此恐便是動而生陽之理。然於復卦發出此一段示人，又於初爻，以顏子不遠復為之，此只要示人無間斷之意。人與天理一也。就此理上皆收攝來，與天地合其德，與日月合其明，與四時合其序，與鬼神合其吉凶，皆其度內爾。

妄測度如此，未知元晦以為如何？有疑，更容他日得見劇論。語言既拙，又無文采，似發脫不出也。元晦可意會消詳之，看道理通否？

案：此朱子從學于延平後，初次接觸〈太極圖說〉中之義理。延平說「太極動而生陽」，並不就此語分別未發與已發，乃只是就生化之理之動靜闔闢之一滾說，故云「此只是理」。又云：「至于終萬物、始萬物，亦只是此理一貫」，又云：「至于見得大本達道處，又衮同只是此理」，又云：「在天地，只是理也」。此云「只是理」，不是如後來朱子根據伊川之分解（陰陽，氣；所以陰陽，理。仁性愛情，性只是理）所說之「太極只是理」，或「性只是理」之「只是理」。朱子後來所謂「太極只是理」或「性只是理」乃是所謂「但理」（mere reason）。動靜闔闢是氣，心與神亦屬于氣。理氣雖不離，亦不雜。延平此處所云「此只是理」是就「太

極動而生陽」整句說，不是單就太極說。是就天地本源處**一理之流行說**，是**帶著動靜闔闢一滾**說。就動靜闔闢說，是氣機之化。氣機之化即是一理之流行。在此，不言未發、已發，「難以為喜怒哀樂已發言之」。此只是**平鋪地**就天地**本源處言一理之流行**，故云「此只是理」，意即謂此只是說的**一氣之化、一理之流行**。喜怒哀樂已發是「就人身上推尋」，而在天地處，則無所謂「推尋」也。故不贊成朱子將喜怒哀樂已發分屬人物與天地兩面說。在人身上推尋，而「至於見得大本達道處，又衮同只是此理」、「人與天理一也」。此意，就天地說，**似是體用滾同**說；就人說，又類乎上4.3條所謂到融釋處，「不見**所謂氣、所謂心，渾然一體流浹也**」。此境界當甚高。「就人身上推尋」，「至於見得大本達道處，又衮同只是此理」、「人與天理一也」、「就此理上皆收攝來，與天地合其德，與日月合其明，與四時合其序，與鬼神合其吉凶，皆其度內爾」，此境界尤高。此又是儼然一明道也。

　　延平此種理會，就「太極動而生陽」一語說，自不合原意。但就「五行一陰陽也，陰陽一太極也，太極本無極也」，這樣貫通起來看，再反過來看「太極動而生陽，動極而靜，靜而生陰」，以至「陽變陰合而生水火木金土，五氣順布，四時行焉」，則延平此種「渾然一體流浹」之理會似亦可許。但此種理會，若**真明澈**，則是**圓融之至**。若稍**不明澈**，則**不免儱侗顢頇之譏**。在朱子看來，明道已是「說話渾淪」矣，則延平此種理會，朱子必更以為是渾淪矣。「渾淪」即是儱侗顢頇之別名，此非朱子之所能安。縱此時朱子尚未完全走上伊川之路，然其生命本質之傾向已露出矣。彼此時必不能言下領會延平之所說，甚至仍有不以為然之感亦未可知。

朱子視「太極動而生陽」爲「天地之喜怒哀樂發處」，此種比配容或不必甚恰，但既言「動而生陽」，則畢竟亦可很易聯想到「發處」。朱子是就「太極動而生陽」一語本身說。「動而生陽」既可視爲「已發」，則「太極」即可類比地視爲未發之中。惟此只是大概如此說。至《中庸》之未發、已發究如何理解，〈太極圖說〉之太極與動靜陰陽之關係究如何理解，朱子此時恐亦不必甚能清楚。衡之其後來之發展，「中和舊說」是一種講法，「中和新說」又是一種講法。至「中和新說」，朱子思想大體已定，完全走上伊川之路。此時其如此說，吾人所注意者乃是其走分解之路之幾已兆，必不能安于延平之渾淪也。分解之思考，步步著實，是朱子生命之本質。惟此時並不顯向伊川之分解綱領走。但喜愛分解既是其本質，則一旦接上伊川之語句，即自然合拍而心安矣。至于明道之渾淪，延平之渾淪，則到那時即終于視之爲渾淪（顢頇儱侗），而亦不復究其明澈與圓融之意矣。吾人此時所注意者只是此一點。至于其所說之內容以及其所講之復卦，則此時不必過問。俟下章詳辨之。

圓融必預定一分解。明道喜言渾然同體，喜言一本，此明是圓頓之義。既顯是圓頓義，則其所預伏之**超越分解**中之明澈（對于本體了悟之明澈）亦甚顯然。惟其超越分解中之明澈不似伊川**直線分解思考**中之**割截**耳。就延平說，若說延平完全沒有超越分解中之明澈，則其「默坐澄心體認天理」以及「危坐終日以驗喜怒哀樂未發前氣象爲何如」之**超越體證工夫**必完全白費，並無實得。如其眞有所得，並未白費，則決不會只是一儱侗顢頇之見（即未經過一番寒澈骨），到融釋處，「不見所謂心、所謂氣，渾然一體流浹也」。

既融釋時是如此，則就分解說，仍然亦可有所謂心、所謂氣。渾然
一理流行亦仍可預定超越分解中有所謂理、有所謂氣。問題惟在對
于此理此心如何理解耳。延平對此雖未多作工夫，彼亦無多機緣多
作此種思辨工作（只因朱子多有扣問，遂略有引發），又心中雖明
澈，而至用思辨說出其間亦有距離（延平自己明言「語言既拙，又
無文采，似發脫不出」，可見思辨說出亦並非容易），然彼若眞能
順其路向，思之思之，鬼神通之，而至能用思辨說出，我看其超越
分解中之明澈並不一定（或甚至必不）走上伊川、朱子直線分解思
考中之淸晰割截，即對于太極與性必不會理會成「只是理」，而對
于心與神亦不會只看成屬于氣，對於孟子之本心必不會如朱子只理
會成實然之心氣，心與理必不會割截而爲二。性必不會只是理而與
心爲敵體。此是問題之關鍵。惜乎延平不二年而沒，未能使其有充
分之發越。然彼之路向與規格實可說是一具體而微之**濂溪與明道**。
朱子如能承其風範而前進，善會濂溪與明道以發越其師之所未盡，
則當不至以伊川之綱領爲規範也。如此，亦不至與胡五峰系及陸象
山爲敵，而庶可至一大成之融化，而亦可不悖先秦儒家本體創生之
立體直貫義（縱貫系統）。然而朱子畢竟合下是一**實在論之心態**，
是**直線分解之思考方式**，故終於順伊川之分解綱領而走上**橫攝系
統**。此朱子之所以偉大，亦其所以不足處。吾于此處言此，旨在明
朱子與延平實有距離也。普通多不注意延平之實蘊。延平好似只成
爲朱子之開蒙師，完全爲朱子所掩蓋，亦完全被忽略。此在了解朱
子之取捨上亦是不幸者。吾故特表而出之。

　　6.壬午（朱子斯年三十三歲）六月十一日書云：

承諭「仁」一字，條陳所推測處，足見日來進學之力，甚慰。某嘗以為仁字極難講說。只看天理統體便是。更心字亦難指說。惟認取發用處是心。二字〔案：即「仁」與「心」二字〕須要體認得極分明，方可下工夫。

仁字難說。《論語》一部只是說與門弟子求仁之方，知所以用心，庶幾私欲沉、天理見，則知仁矣。如顏子仲弓之問，聖人所以答之之語，皆其要切用力處也。孟子曰：「仁，人心也。」心體通有無、貫幽明，無不包括。與人指示，於發用處求之也。又曰：「仁者，人也。」人之一體便是天理，無所不備具。若合而言之，人與仁之名亡，則渾是道理也。來諭以為「仁是心之正理，能發能用底二個端緒〔案：二當作一〕，如胎育包含其中，生氣無不純備。而流動發生，自然之機，又無頃刻停息。憤盈發洩，觸處貫通，體用相循，初無間斷。」此說推擴得甚好。但又云：「人之所以為人而異乎禽獸者以是而已。若犬之性、牛之性，則不得而與焉。」若如此說，恐有礙。蓋天地中所生物，本源則一。雖禽獸草木，生理亦無頃刻停息間斷者。但人得其秀而最靈，五常中和之氣所聚，禽獸得其偏而已。此其所以異也。若謂流動發生，自然之機，與夫無頃刻停息間斷，即禽獸之體亦自如此。若以為此理惟人獨得之，即恐推測體認處未精，於他處便有差也。

又云：「須體認到此純一不雜處，方見渾然與物同體氣象」一段，語卻無病。

又云：「從此推出分殊合宜處便是義。以下數句莫不由此。

而仁一以貫之。蓋五常百行無往而非仁也。」此說大概是。
然細推之,卻似不曾體認得。伊川所謂「理一分殊」,龜山
云:「知其理一,所以爲仁,知其分殊,所以爲義」之意,
蓋全在知字上用著力也。

謝上蔡〈語錄〉云:「不仁便是死漢,不識痛癢了。」仁字
只是有知覺了了之體段。若於此不下工夫,令透澈,即何緣
見得本源毫髮之分殊哉?若於此不了了,即體用不能兼舉
矣。此正是本源體用兼舉處。人道之立正在於此。仁之一字
正如四德之元。而仁義二字正如立天道之陰陽,立地道之柔
剛,皆包攝在此二字爾。大抵學者多爲私欲所分,故用力不
精,不見其效。若欲於此進步,須把斷諸路頭,靜坐默識,
使之泥滓漸漸消去方可。不然,亦只是說也。更熟思之!

案:此書論仁,延平之意大都來自明道。語皆精到,可見此老確有
體認。如首段:「仁字極難講說,只看天理統體便是。更心字亦難
指說。惟認取發用處是心。」此是直接承仁體自身而說。「天理統
體」即是於穆不已之生化之理,而渾然一體之意亦在內。此理體雖
「更心字亦難指說」,然其實義要在「心體」處見。仁字與心字到
「體認得極分明」後,便可知仁體即心體,又不只「發用處是心」
也。非是「仁性愛情」之義,又非是「心統性情」之義也。故第二
段就《論語》與《孟子》之語說,皆極澈至,非虛言也。末段提到
謝上蔡,尤透澈。惜乎朱子於此終「不透澈」,亦終「不了了」
也。朱子後來極不以「渾然一體」之說爲然,又力駁上蔡之以「知
覺」訓仁,然而延平於此卻眞能「透澈」,亦眞能「了了」。上蔡

之言「知覺」明是就麻木「不識痛癢」而翻上來說，又明是承明道而來。延平於此無異解，而朱子卻必以「知覺」爲智之事，非仁之事，其不解明道、上蔡而背離延平之指點甚爲顯明。

　　第三段評點朱子所言人與禽獸之異處亦是根據明道而來。明道云：「所以謂萬物一體者，皆有此理。只爲從那裡來。生生之謂易。生則一時生，皆完此理。人則能推，物則氣昏，推不得。不可道他物不與有也。」又云：「萬物皆備於我。不獨人爾，物皆然。都自這裡出去。只是物不能推，人則能推之。雖能推之，幾時添得一分？不能推之，幾時減得一分？百理俱在，平鋪放著。」（參看〈明道章・天理篇〉）延平所說即本此而來，或至少與明道所說爲同一思理。人與萬物同此一天命流行生理之實體。至其異處，明道說：「人則能推，物則氣昏，推不得。」延平說：「人得其秀而最靈，五常中和之氣所聚。禽獸得其偏而已。此其所以異也。」兩人所說，意亦相同。如此說異，雖尙不能盡其曲折，然大體亦能概括得盡。凡此，吾已詳辨之於〈明道章〉。對於此人與萬物同體異氣之理，朱子此時（不要說後來）自可悟解。此證之以壬午八月七日書答問中朱子之問語可知。朱子問曰：「熹昨妄謂仁之一字乃人之所以爲人而異乎禽獸者，先生不以爲然。熹因以先生之言思之而得其說，復求正於左右。熹竊謂天地生萬物本乎一源。人與禽獸草木之生莫不具有此理。其**一體之中**即無絲毫欠剩，其**一氣之運**亦無**頃刻停息**，所謂**仁也**。但氣有淸濁，故稟有偏正。惟人得其正，故能知其本具此理而存之，而見其爲仁。物得其偏，故雖具此理而不自知，而無以見其爲仁。然則仁之爲仁，人與物不得同。知人之爲人而存之，人與物不得不異。故伊川夫子旣言理一分殊，而龜山又

有知其理一，知其分殊之說，而先生以爲全在知字上用著力，恐亦是此意也。不知果是如此否？」此問語說得甚好，故延平勾出批云：「以上文概得之。他日，更用熟講體認。」朱子之行文與表達力自優於延平。但此事並非「只是說」的事。有時表面說的雖甚好，而其實並未理會得。就朱子而言，人與萬物同體異氣，此理彼雖可悟解，亦說得煞好，然對於此「同體」之體，「天命流行」之體，「生理仁體」之體，卻未必眞有**相應之理會**。彼對於此生理仁體描畫爲「**流動發生，自然之機，無頃刻停息**」。在此壬午八月七日書答問中問語朱子復謂：「大抵仁字正是**天理流動之機**。以其**包容和粹、涵育融漾、不可名貌**，故特**謂之仁**。」此種具體描畫辭語，表面觀之，亦甚可表意。彼此時對於生理仁體之如此體會遺留下來而成爲三十七歲時「中和舊說」中對於《中庸》大本達道之體會，體會爲未發已發**方往方來之無間**。對於生理仁體，天命流行之體，如此體會，表面略觀之，好像無問題，而其實就朱子個人內心之理會言，亦實有問題，彼至四十歲時，翻然改圖，徹底放棄其「中和舊說」，其理由固多，而對於此生理仁體，天命流行之體，無眞切相應之體會，據吾觀之，亦是一重要而且是根本之原因。如其眞有相應之體會，則「中和舊說」所表示之義理方向本不甚錯，並不必向「中和新說」轉。「中和新說」對於實體大本之體會實已遠離明道、延平之方向，而只成爲伊川之直線分解思考方式之表現。此一轉變即表示其對於生理仁體，天命流行之體，實體大本，此時之所說以及三十七歲時「中和舊說」之所說並無眞切相應之理會。其對於此生理仁體之爲體，天命流行之體之爲體，**實體大本**（中體）之爲體，並**提不住**，乃只落於**氣機之化之迹上說**。亦並未

能相應地理會到此實體是理是心亦是神，是理體、是心體（本心），亦是誠體、神體。此時以及三十七歲時之「中和舊說」只是這樣儱侗地描畫而已。及其一旦意識到心字、性字、理字、仁字等時，彼即感覺到這樣儱侗之不安，同時亦感覺到心字神字並融不到此實體上去。彼終於認爲此實體只是個理字。至此實體爲吾人之性時，性亦只是理字。至說到仁字時，仁亦只是理。仁義禮智俱只爲性體中之理，而不是心。仁是性，愛是情。心統性情。心、情、神俱屬於氣。如是，誠、敬俱只成**凝聚心氣**之**工夫字**，而不能**直通實體矣**。如是，**敬體**固不能說，即**誠體**亦不能說矣。此朱子順伊川之分解綱領而來之定論也。於以知彼此時之所說以及「中和舊說」之所說，對於此生理仁體實無眞切相應之契會也。

　　不要說明道，即延平雖「語言既拙，又無文釆，似發脫不出」，然其對於此「生理仁體」之體會卻極眞切，而又相應。延平極稱讚上蔡，然而朱子後來卻極不滿於上蔡。壬午八月七日書答朱子重述仁字之問，引上蔡一段〈語錄〉云：「謝上蔡云：『吾常習忘以養生。』明道曰：『施之養生則可，於道則有害。習忘可以養生者，以其不留情也。學道則異於是。必有事焉而勿正，何謂乎？且出入起居寧無事者？**正心待之，則先事而迎**。忘則**涉乎去念**，助則**近於留情**。故聖人心如鑑，所以異於釋氏心也。』上蔡錄明道此語，於學者甚有力。蓋尋常於靜處體認下工夫，即於鬧處使不著，蓋不曾如此用功也。自非謝先生確實於日用處下工夫，即恐明道此語亦未必引得出來。此語錄所以極好玩索。近方看見如此意思顯然。元晦於此更思、看如何？惟於日用處便下工夫，或就事上便下工夫，庶幾漸可合爲己物。不然，只是說也。某輒妄意如此。如何

如何？」

　　延平雖拙訥無文，然拙訥得極有味。出語謙虛，意思深長。決無劍拔弩張之態。此是此老之涵養與沈潛。然心思極活極明澈，決不因拙訥沈潛而有滯窒也。即就此段言，彼眞能相應明道而契會勿忘勿助者。由此即可契悟於穆不已之天命流行之體，乃至生理仁體，心體性體，乃至誠體神體與夫敬體。於日用處下工夫，漸漸「合爲己物」，便是「冰解凍釋」，「無隱顯精粗之間」（隔）。由此而言渾然一體，「不見所謂心、所謂氣，渾然一體流浹也」。然而其所預伏之超越分解，對於實體之體悟，決不會走上伊川、朱子之形態也。但延平之如此指點勸引卻對於朱子似無甚大影響者。朱子似並未能言下領受。彼自有一套本質傾向也。朱子後來「中和新說」成立後，〈答林擇之〉書中反省當日延平之論此云：「舊聞李先生論此最詳。後來所見不同，遂不復致思。今乃知其爲人深切。然恨已不能盡記其曲折矣。如云：人固有無所喜怒哀樂之時，然謂之未發則不可，言無主也。又云：致字如致師之致。又如先言愼獨，然後及中和，此意亦嘗言之。但當時既不領略。後來又不深思，遂成蹉過，孤負此翁耳。」（見下第三章，第一節3.）。實則延平當日所論及者又不只此中和問題。朱子「當時既不領略，後來又不深思」，而遺忘忽視者，蓋甚多。即如此處關於仁體之討論，上辛巳關於「太極動而生陽」之討論，朱子後來皆一字不提。蓋亦誠因「後來所見不同，遂不復致思」。（此借云「後來」，比「中和舊說」時尤後。）但於此亦見其深爲「孤負此翁耳」，又不只在此中和問題上「孤負此翁」也。

　　大抵朱子所記取於延平者只爲以下三端：

一、靜坐驗未發氣象以求所謂中，而不滿於其偏於靜，而不知此中超越體證之實義，又不滿於其「求中」，而不知以「求中」為不可乃伊川無謂之糾結。

二、重視涵養，遂有朱子「先涵養後察識」之論，而不知其所謂涵養實不同於延平風範中之涵養也。延平之涵養並不否認「先識仁之體」。其靜坐中之超越體證即函一超越之察識（識生理仁體、天命流行之體，乃至中體大本）。

三、理一分殊，理一只成為太極之只是理，分殊只轉成道問學，與致知格物之博文。此非延平之於日用處下工夫以期「渾然一體流浹」之融釋上之理一分殊。（即非體用內外隱顯精粗無隔，截之踐履上皆為己物，皆吾度內之理一分殊。）延平所重之「深潛縝密」亦非只是句讀文字之間與知解上之格物窮理之「深潛縝密」。

其所記取者大體只此三端，而皆不得要領。其餘則概淘汰而不提矣，此豈非深為「孤負此翁」乎？

大體延平心思甚平坦，無既成格局之拘限，亦無許多忌諱，故體會經意，講說道理，亦多恰當順適，無朱子之許多迂曲與偏滯以及不自然處。試看壬午六月十一日書答問中之另一段：

> 6.1「葉公問孔子於子路，子路不對」一章，昔日得之於吾黨中人，謂：葉公亦當時號賢者。夫子名德，經天緯地，人孰不識之？葉公尚自見問於其徒，所見如此，宜子路之不對也。若如此看仲尼之徒，渾是客氣。非所以觀子路也。蓋弟子形容聖人盛德，有所難言爾。
>
> 如「女奚不曰」下面三句，元晦以為「發憤忘食」者，

言其求道之切。聖人自道理中流出，即言求道之切，恐
非所以言聖人。此三句只好渾然作一氣象看，則見聖人
渾是道理，不見有身世之礙，故不知「老之將至」爾。
元晦更以此意推廣之，看如何？

大抵夫子一極際氣象，終是難形容也。尹和靖以為皆不
居其聖之意。此亦甚大。但不居其聖一節事，乃是門人
推尊。其實如此。故孔子不居，蓋因事而見爾。若常以
不居其聖橫在肚裡，則非所以言聖人矣。如何如何？

案：此段甚佳。或人之說，朱子之解，固相差甚遠，即尹和靖之
說，亦不能盡夫子自道之三語所透露之氣象與意味。此見延平實較
深遠而成熟。人讀《論語》能相應孔子「學而不厭，誨人不倦」，
以及「其為人也，發憤忘食，樂以忘憂，不知老之將至云爾」之自
道語而透體領悟之，則于此即可見聖人之「純亦不已」、「渾是道
理」之氣象。而由此亦可直悟天心仁體，乃至於穆不已之天命流行
之體也。「不見所謂心、所謂氣，渾然一體流浹」、「人與天理一
也，就此理上皆收攝來，與天地合其德，與日月合其明，與四時合
其序，與鬼神合其吉凶，皆其度內爾」。而由此即可悟道德實踐地
說的天心仁體之實義，以及本體宇宙論地說的生理仁體、天命流行
之體之實義。能如此了悟以見聖人與仁體者，惟明道盛言之，而延
平復能契之于後，延平焉可忽乎哉？朱子既不解仁體，而以「心之
德愛之理」之方式解之，復亦不能透體了解聖人，而只知聖人教人
以「下學上達」與「博文約禮」，以為如此即足以盡聖人之教與聖
人之實。如是，全成外轉，對于聖人之生命全成冥遊夜行之糊塗，

對于聖人之境界全成「存而不論」之不可知。而對于凡自**透體**了解聖人並建立內聖之學之規範以言踐履工夫者，彼皆視之為禪，以為「從上聖賢無此樣轍」。是則朱子不能領受延平之指點，而陷于蔽也。蔽于伊川之分解綱領而不能拔也，蔽于以《大學》為定本而至于歧出也。故其言《論語》、《孟子》、《中庸》、《易傳》，皆不能相應也。

以上藉朱子始見延平，言延平學之大端，兼及其造詣、風範，與義理之方向，並明其與朱子之不同。朱子與延平實有距離也。以下第四節再先綜論朱子義理系統之形態。

附錄：王懋竑《朱子年譜・考異》卷之一，對于「癸酉夏始見李先生於延平」之〈考異〉：

> 李、洪本〔明李古沖本《年譜》、清洪去蕪本《年譜》〕皆作「始受學于延平先生之門」。今改正。
>
> 按《年譜》言「癸酉受學延平先生」，而〈行狀〉言「歸自同安，不遠數百里，徒步往從之遊」。以趙師夏跋〔跋延平答問〕考之，當從〈行狀〉。但自同安歸後，戊寅〔二九歲〕往見，庚辰〔三一歲〕又往見，而〈行狀〉不指其年。以今考之，戊寅〈與范直閣〉書稱李愿中丈，不稱先生。《延平答問》載戊寅間語，不似受學。有云：「不審尊意以為何如？」至再〈題西林達觀軒詩序〉，庚辰始稱先生，往來受教。則受學當在庚辰也。今據〈行狀〉、《文集》改正。
>
> 延平戊寅冬答書云：「得吾元晦不鄙孤陋寡聞，遠有質

問。」此非從學語也。壬午〔朱子斯年三十三歲〕書云：
「所幸比年以來，得吾元晦，相與講學。」壬午距庚辰三
年，故云「比年」。若以癸酉計，則已十年，即戊寅亦已五
年，不得云「比年」也。以此二書證之，則庚辰〔三十一
歲〕受學無疑矣。

《續集·與羅宗約〔參議〕》書云：「日前所聞於西林而未
之契者，皆不我欺矣。」庚辰，朱子見延平，寓西林院。此
亦庚辰受學之一證也。

洪李《年譜》云：「初，先生學無常師，出入於經傳，泛濫
於釋老者，幾十年。年二十四見延平，洞明道要，頓悟異學
之非，盡能培擊其失。由是專精致誠，剖微窮深，畫夜不
懈，至忘寢食，而道統之傳始有所歸矣。」按此條，必〔果
齋〕元本所有，非後人所增入。李〔古沖〕為陽明之學，以
「道之傳始有所歸」語為太重，故刪之，非有所據也。今按
朱子盡棄異學在庚辰〔三十一歲〕，而《年譜》屬之二十四
歲時，非是，故改從〈行狀〉，而《年譜》則仍附見於此。
非敢效李氏〔古沖〕之妄刪也。

第二節　二十九歲再見延平：此時之〈存齋記〉之思想

「〔高宗紹興〕二十八年戊寅，二十九歲。春正月，見李先生
于延平。」

1.趙師夏〈跋延平答問〉：

文公幼孤，從屏山劉公學問。及壯，以父執事延平而已。至
於論學，蓋未之契。而文公每誦其所聞，延平亦莫之許也。
文公領簿同安，反復延平之言，若有所得。於是盡棄所學而
師事焉。則此編所錄，蓋同安既歸之後也。文公先生嘗謂師
夏曰：「余之始學，亦務爲儱侗宏闊之言，好同而惡異，喜
大而恥小，於延平之言，則以爲何爲多事若是？心疑而不
服。同安官餘，反復思之，始知其不我欺矣。蓋延平之言
曰：吾儒之學所以異於異端者，理一分殊也。理不患其不
一，所難者分殊耳。此其要也。」

案：朱子自二十四歲起爲同安主簿，至二十八歲「歷四考，罷歸，
以奉親講學爲急」（〈行狀〉語）。二十九歲春再見李先生于延
平，此時尚未正式師事之也。《延平答問》乃「同安既歸之後」
（同安官餘）所錄。蓋罷歸後，反復其言，覺其有味，「始知其不
我欺矣」。此處特提「理一分殊」一點，解義已見前節。

2.〈與范直閣〉書：

熹頃至延平。見李愿中丈，問以一貫忠恕之説，〔……〕其
言適與卑意不約而合。（《朱文公文集》卷第三十七，〈與范直
閣〉四書之第一書）

3.又〈與范直閣〉書：

熹奉親屏處，幸粗遣免。山間深僻，亦可觀書。又問胡丈來

歸，朝夕有就正之所。窮約之中，此亦足樂矣。（同上，
〈與范直閣〉四書之第三書）

4.《延平答問》：

李先生書云：「某自聞師友之訓，賴天之靈，時時只在心目
間。雖資質不美，世累妨奪處多，此心未嘗敢忘也。於聖賢
之言亦時有會心處，亦間有識其所以然者。但覺見反為理道
所縛，殊無進步處。今已老矣，日益恐懼。吾元晦乃不鄙孤
陋寡聞，遠有質問所疑，何媿如之！戊寅十一月。」

案：由延平此書觀之，知此老對于此學確有實得。情味謙約，心懷
凜懼，而精進體道之實功寓焉。

5.〈存齋記〉：

〔上略〕因念與生〔許生升之〕相從，於今六、七年。視其
學專用心於內，而世之所屑一毫不以介於其間。嘗竊以為生
之學蓋有意乎孟氏所謂存其心者。於是以存名其齋而告之
曰：〔中略〕人之所以位天地之中而為萬物之靈者，心而已
矣。然心之為體不可以聞見得，不可以思慮求。謂之有物，
則不得於言。謂之無物，則日用之間無適而非是也。君子於
此，亦將何所用其力哉？必有事而勿正，心勿忘、勿助長，
則存之之道也。如是而存，存而久，久而熟，心之為體必將
瞭然有見乎參倚之間，而無一息之不存矣。此予所以名齋之

說，吾子以爲如何？〔下略〕紹興二十八年，九月，甲申。新安朱熹記。（《朱文公文集》卷第七十七）

案：此〈存齋記〉行文抒義雖笨拙，然其思想猶是孟子學，猶言「心之爲體」。明道亦言「存」，曰：「識得此理，誠敬存之而已。」（〈識仁篇〉）象山亦嘗以存名齋（見《象山文集·答曾宅之》書）。後來劉蕺山亦言存性，不言明性（〈原性〉）。可見「存」字自好，亦自代表一系義理。朱子開始亦接觸到此「存」字，其說「存之之道」亦不錯。此猶是當下是**本體論的體證之義**。但此亦只是一時之機，順孟子如此說而已。彼亦自有其洞悟，但此究非其本質。彼亦並不能且亦並不想自此展開其進學之方向與義理之骨幹。此在朱子學中並無代表性，亦並無關鍵性。此並不能算是一發展中之階段。明儒胡敬齋弟子余子積（訒齋）言朱子論心凡三變，以此〈存齋記〉爲其第一階段，此並不恰。此只是其正式認眞思考前所浮撐而儲存之雜碎底子，此底子投入中和問題中，即成爲「中和舊說」之所說。其學之認眞建立是自中和問題始。故「中和舊說」方眞代表其學之發展之第一階段。

惟余子積謂〈存齋記〉之言「心之爲體」云云是「少年學禪，見得昭昭靈靈意思。」（見《明儒學案》卷三，〈崇仁學案三〉）此說大概是實情。若因學禪而如此講孟子，後因延平而悟禪之非，便因而放棄此存本心之路，則其對於孟子所言之本心本無眞切相應之理解可知矣。孟子所言之本心與禪有何關涉？即昭昭靈靈，亦是孟子所言之仁義內在之道德本心之昭昭靈靈，並非如來藏心之昭昭靈靈。豈可由禪家之昭昭靈靈始想到孟子之本心？又豈可因悟禪之

非便不敢正視孟子而斥承孟子而言心學者爲禪耶？予以知朱子後來對於孟子始終無相應之理解，一因其生命本質不相宜，二因其開始即不眞切（借禪而入）而亦忌諱太早故也。

若云他人之就孟子而展開者乃只拾取朱子少年時之見而立新說，「拾前人之所棄以自珍」（羅整菴語），則爲不能澈知孟子者之誤想，此想並不適于此。此不是他人之流於異學，乃是朱子根本湊泊不上而流於歧出。此不可不審思之也。

第三節　三十一歲始受學于延平：由延平定其入路

「〔高宗紹興〕三十年庚辰，三十一歲。冬，見李先生於延平，始受學焉。」

1.《文集・再題達觀軒詩序》云：

> 紹興庚辰冬，予來謁隴西〔李〕先生。退而寓於西林院惟可師之舍，以朝夕往來受教焉。閱數月而後去。（《朱文公文集》卷第二，詩，〈再題西林可師達觀軒詩・序文〉）

2.《年譜》：

> 退寓舍旁西林院，閱數月而後去。

3.《行狀》：

延平李先生學於豫章羅先生，豫章羅先生學於龜山楊先生。韋齋於延平爲同門友。先生歸自同安，不遠數百里，徒步往從之。延平稱之曰：「樂善好義，鮮與倫比。」又曰：「穎悟絕人，力行可畏。其所論難，體認切至。」自是從遊累年，精思實體，而學之所造益深矣。

4.洪本《年譜》：

延平與其友羅博文書云：「元晦進學甚力，樂善畏義，吾黨鮮有。」又云：「此人極穎悟，力行可畏。講學極造其微處。渠所論難處，皆是操戈入室，從源頭體認來，所以好說話。某昔於羅先生得入處，後無朋友，幾放倒了。得渠如此，極有益。渠初從謙開善處下工夫來，故皆就裡面體認。今既論難，見儒者路脈，極能指其差誤之處。自見羅先生來，未見有如此者。」又云：「此人別無他事，一味潛心於此。初講學時，頗爲**道理**所縛。今漸能融釋，於**日用處**，一意下工夫。若於**此漸熟，則體用合矣**。此**道理**全在**日用處熟**。若**靜處有而動處無，即非矣**。」

案：此末後數語可見延平學之精神。此當從前第一節所解之踐履上之「理一分殊，終始條理」去理解。延平所說之「體用合」、「此道理全在日用處熟」，是著重在由超越體證之抽象狀態達至日用處（分殊處）之具體呈現。但朱子後來所常說之日用處下工夫，卻是著重在下學上達，于日用處理會道理、致知格物，此即喪失延平實

體之具體呈現（由體達用）之縱貫義。看下《語錄》即可見其偏重在何處。

5.《語錄》：

> 5.1〔上略〕某年十五、六時，亦嘗留心於此〔禪〕。一日在病翁所，會一僧，與之語。其僧只相應和了說，也不說是不是。卻與劉說，某也理會得個昭昭靈靈底禪。劉後說與某。某遂疑此僧更有要妙處在，遂去問他。見他說得也煞好。及去赴試時，便用他意思去胡說。是時文字不似而今細密，由人粗說。試官爲某說動了，遂得舉。（原註：時年十九）後赴同安任，時年二十四、五矣。始見李先生。與他說，李先生只說不是。某卻倒疑李先生理會此未得。再三質問。李先生爲人簡重，**卻是不甚會說**，只教看聖賢言語。某遂將那禪來權倚閣起。意中道禪亦自在，且將聖人書來讀。讀來讀去，一日復一日，覺得聖賢言語漸漸有味。卻回頭看釋氏之說，漸漸破綻，**罅漏百出**。（輔廣錄）（《朱子語類》卷第一百四，〈朱子一〉，自論爲學工夫）

案：此條前文闢象山爲禪，此一段是續前文說下來。少年時學那點禪當然不能算數。由「昭昭靈靈底禪」過轉到孟子，當然不行。後來成忌諱，視直承孟子而來之象山學爲禪當然是誤會。

5.2〔上略〕某舊見李先生時，說得無限道理。也曾去學

禪。李先生云：「汝恁地懸空理會得許多，而面前事卻
又理會不得！道亦無元妙，只在日用間著實做工夫處理
會，便自見得。」後來方曉得他說，故今日不至無理會
耳。（董銖錄）（《朱子語類》卷第一百一，〈程子門人〉，
楊中立）

案：此條是由論楊龜山而提及。延平自可對之提警戒，說那種話。
但延平之說此語。吾想卻是根據其「體用合」、「此道理全在日用
處熟」而來，而朱子卻只重在日用處之**認知的意義。同是「日用
處」**，它可指點到踐履上通體達用，道之具體呈現，道在眼前，此
所謂「日用處熟」；它也可以指點到知解上就日用處下學上達、致
知格物。此是一個交叉路口，而朱子卻偏重在後者。延平即使亦可
在此講知解體察，乃至文理密察，卻亦是隸屬於踐履上之「理一分
殊，終始條理」，而為其所決定，而非是空頭的靜涵靜攝之體察
也。此處當諦審，高山一滴水，稍傾便流於南海，稍傾便流入北
海。不可因其類似而忽其方向之異也。

5.3 〔上略〕沈元周問〔尹〕和靖：伊川《易傳》何處是切
要？尹曰：體用一源，顯微無間，此是切要處。後舉似
李先生。先生曰：尹說固好，然須是看得六十四卦、三
百八十四爻，都有下落，方始說得此話。若學者未曾仔
細理會，便與他如此說，豈不誤他？某聞之悚然。始知
前日**空言無實，不濟事。自此讀書益加詳細**云。（李閎祖
錄）（《朱子語類》卷第十一，〈學五〉，讀書法下）

案：吾人在踐履上體現道體固須「日用處熟」、「體用合」，以期
洒然冰解凍釋，而道亦成為具體而真實的道，即在讀書理會道理
上，亦須「深潛縝密」，澈其始終，決不可空理會一個「體用一
源，顯微無間」，其餘便都凌駕過。此義，延平自可說，然吾恐其
說此義時，一方固是隨機對治，一方亦是在道體**具體呈現之縱貫義**
下說此義，決非朱子領會此義時所依據之背景。朱子領會此義是只
向**讀書切實詳細，字字不肯放過**走。晚年訓門人，如訓廖德明、訓
陳淳，皆是極力著重此義，故自謂平生不喜人空講「與點」一章，
又謂道亦不是如「有一塊物事光輝輝地在那裡」（見最後一章附錄
訓門人）。此即是將「日用處」之平實、切實，只轉向下學上達、
致知格物處講，只成為認知意義的平實、切實。此是「靜神養氣」
之靜涵靜攝系統下之平實切實。朱子很少提到（幾乎沒有）在踐履
上**具體地體現道體之純熟**之義。但延平有此意。後來羅近溪最喜講
道體平常，捧茶童子是道，等義。此是極力拆穿光景，由抽象達具
體之平平境界，亦即「於日用處純熟」之境界。朱子說道不是如
「有一塊物事光輝輝地在那裡」，勸人不要「空捉天理」，不要懸
空想像，不要空講「洞見全體」，此好像亦是拆穿光景，歸於平
平，即在日用處切實平實理會將去，但此拆穿卻是**認知的拆穿**，是
認知地實見一理平鋪，此是主觀地說為**靜涵靜攝系統**，客觀地說為
本體論的存有系統下之**一理平鋪**，此與延平說「日用處熟」、「體
用合」，以及羅近溪所說之拆穿光景、道體平常，顯然**異致**。延平
所說實隱函一**踐履上體用圓融之境界**，而羅近溪則即於此盛言**圓頓
之教**，此皆是**本體直貫**，由抽象達具體之**縱貫系統**也。朱子蓋合下
是一實在論之心態，其系統本不由此路入，故亦無此義之純熟與平

常也。彼即言踐履之純熟、平常,亦是心氣逐步合道之純熟平常,此是**他律系統、漸教**下之純熟、平常,而非本心**自律系統**由抽象達具體下圓頓之教之純熟平常也。此則讀朱子書者見到其平實切實,就日用處理會之說時所不可不知者也。彼只轉成一種**讀書法**而已,此則未能盡其師延平之意也。

5.4〔上略〕李先生令去聖經中求義。某後刻意經學,推見實理,始信前日諸人之誤也。(余大雅錄)(《朱子語類》卷第一百四,〈朱子一〉,自論爲學工夫)

5.5〔上略〕延平先生嘗言:道理須是**日中理會**,夜裡卻去靜處坐地思量,方始有得。某依此說做去,眞個是不同。(黃義剛錄)(《朱子語類》卷第一百四,〈朱子一〉,自論爲學工夫)

5.6〔上略〕某向來從師,一日間所聞說話,夜間如溫書一般,字字仔細思量過。才有疑,明日又問。(輔廣錄)(《朱子語類》卷第一百四,〈朱子一〉,自論爲學工夫)

案:此三條皆只是言**讀書法**切實平實。然延平說此義卻是即身以求,知書中所言莫非吾事,講誦之餘,危坐以驗未發氣象,由此而期「體用合」、「日用處熟」,德行洒然而冰解凍釋,決非只是讀書法也。朱子一著力於此,即漸喪失其本意矣。朱子蓋於不自覺中形成**重點**之轉移,因而於不自覺中亦形成**義理間架**之轉移。

「〔紹興〕三十二年壬午，三十三歲。春，迎謁李先生於建安，遂與俱歸延平。」

1.《文集·再題達觀軒詩序》云：

> 壬午春，復拜〔李〕先生於建安，而從以來〔案：即相從以來延平〕，又舍於此者幾月。（王懋竑注：李先生次子信甫，時爲建安主簿。）（《朱文公文集》卷第二，詩，〈再題西林可師達觀軒詩·序文〉）

2.《年譜》：

> 復寓西林者數月。

3.《文集·延平行狀》：

> 熹獲從先生遊，每一去而復來，則所聞必益超絕。蓋其上達不已，日新如此。

4.《延平答問》：

> 李先生書云：「某幸得早從羅先生遊，自少時粗聞端緒。中年一無伙助，爲世事汩汩者甚矣。所幸比年來得吾元晦，相與講學於頹墮中。復此激發，恐庶幾乎於晚境也。何慰如之！七月二十一日。」

5.《文集·答許順之》書：

> 承在縣庠為諸生講説，甚善甚善。但所寄諸説，求之皆似太
> 過。若一向如此，恐暧暧然遂失正途，入於異端之説，為害
> 亦不細。差之毫釐，謬之千里。況此非特毫釐之差乎？〔中
> 略〕恐當且以二〔程〕先生及范、尹二公之説為標準，反復
> 玩味，只於平日愨實之處認取至當之理。凡前日所從事一副
> **當高奇新妙之說**並且倚閣，久之見實理，自然都使不着矣。
> 蓋為從前相聚時，熹亦自有此病。所以相漸染成此習尚，今
> 日乃成相誤，惟以自咎耳。如子韶之説，直截不是正理。説
> 得儘高儘妙處，病痛愈深。此可以為戒而不可學也。〔下
> 略〕（《朱文公文集》卷第三十九，書，問答，〈答許順之〉二十
> 七書之第四書）

案：如只是浮泛的儱侗高妙，不成路數，則自是病痛。但如果由**超
越的體證**或**內在的體證**以體證本心性體，以期由此而達至體用合、
日用熟，乃至於此合處、熟處說圓頓義，則此中固有許多「高奇新
妙之說」，然卻是相應道德本性而為道德實踐以成真正圓熟的道德
行為之「逆覺順成」之實路（正途）。此則並不可認為病痛，尤其
不可誤認為是禪而忌諱之。許順之之說如何不得而知，張子韶之說
自亦有其駁雜處。但駁雜自是駁雜，一般浮泛不着邊際的儱侗高妙
自是浮泛不成理數，不足為訓，此並不可與「逆覺順成」之實路正
途混視為一。延平極言禪之非是，然並不礙其「危坐終日以驗未發
前氣象為何如」之超越體證之工夫。大抵朱子自聞延平「理一分

殊」以及「日用處純熟」之教後，不自覺將重點移轉至下學上達、致知格物，成為只是讀書法之切實平實後，遂將超越體證或內在體證之**逆覺順成**之路一並視為儱侗浮泛高奇新妙之說而忌諱之，此則大誤事，誠當警戒而不可以為法者也。

6.是年夏，高宗內禪，孝宗即位。秋八月應詔上封事，言「帝王之學」與「修攘之計」。「夫帝王之學，必先格物致知，以極夫事物之變，使義理所存，纖悉畢照，則自然意誠心正，而可以應天下之務。次言今日之計，不過修政事、攘夷狄。然計不時定者，講和之說疑之也。」

「孝宗隆興元年癸未，三十四歲，十一月六日，奏事垂拱殿。」〔斯年十月十五日延平卒〕

1.〈行狀〉：

入對。其一言：大學之道在乎格物以致其知。〔中略〕其二言：君父之仇不共戴天。

2.《文集‧答汪尚書》書：

〔上略〕熹於釋氏之說，蓋嘗師其人，尊其道，求之亦切至矣。然未能有得。其後以先生君子之教，校夫先後緩急之序，於是暫置其說，而從事於吾學。其始，蓋未嘗一日不往來於心也。以為俟卒究吾說而後求之，未為甚晚耳。非敢遽絀絕之也。而一、二年來，心獨有所自安。雖未能即有諸

己，然欲復求之外學，以遂其初心，不可得矣。〔下略〕
（王懋竑注云：汪尚書應辰，時以敷文閣待制知福州。云尚
書者，蓋追題之。）（《朱文公文集》卷第三十，書，問答，
〈答汪尚書〉十一書之第二書）

案：二十餘歲少年所習之禪當然不能算數。若能一方繼續留意，並
時與《孟子》比觀，一方復須正視《孟子》，平心理會，則其不同
處自可皎然。如此，將不復有如許之忌諱，而對於《孟子》亦當有
相應之理解，不至如朱子後來之所理解也。然而其生命之本質，究
竟不近孟子，而其形成忌諱亦太早也。

「〔孝宗隆興〕二年甲申，三十五歲。春正月，如延平，哭李
先生。比葬，復往會。秋九月，如豫章。〔得晤張欽夫（南
軒）〕」
　1.〈答江元適〉書：

〔上略〕熹天資魯鈍，自幼記聞言語不能及人。以先君子之
餘誨，頗知有意於為己之學，而未得其處。蓋出入於釋、老
者十餘年。近歲以來，獲親有道，始知所向之大方。竟以才
質不敏，知識未離乎章句之間。雖時若有會於心，然反而求
之，殊未有以自信。〔下略〕（《朱文公文集》卷第三十八，
書，問答，〈答江元適〉三書之第一書）

　2.〈答何叔京〉書：

〔上略〕熹少而魯鈍，百事不及人。獨幸稍知有意於古人爲己之學，而求之不得其要。**晚親有道**，粗得其緒餘之**一二**。方幸有所向而爲之焉，則又未及卒業，而**遽有山頹梁壞之歎**。悵悵然如瞽之無目，擿埴索途，終日而莫知所適。〔下略〕（《朱文公文集》卷第四十，書，問答，〈答何叔京〉三十二書之第一書）

案：朱子三十四歲時，延平沒。在其「獲親有道」之四、五年間，朱子所受用于延平者，一在知釋、老之非，一在于分殊之縝密處着力，至於對其「靜坐以驗未發前氣象」之超越體證之實路蓋未之有得也。然于分殊之縝密處著力畢竟只是一讀書之方法，而朱子畢竟非空泛讀書者。渠必須于道德踐履之工夫有一本源上之透澈明白。然于延平所說未發問題，朱子當時既不領略，則必須自己下工夫參究。而其三十七歲後自己所參究者畢竟亦未順延平之方向走。延平于此對于朱子只算是供給一題目，至多供給一著手之入路，即只指點其自「致中和」入。至對此入路內容之理解，則朱子並無得于延平。經過其參究此問題之發展，朱子乃喪失此「致中和」之縱貫系統于道德踐履上之獨立性，而將其融解于《大學》致知格物之格局，遂只成靜涵靜攝之橫列系統。此非延平之意也。何以如此？在詳解其參究中和問題之發展前，對于朱子學之原委與特色有事先作一綜述之必要。朱子與延平之距離，詳見前第一節，可覆看。

第四節　綜論朱子三十七歲前之大體傾向以及此後其成熟之義理系統之形態

　　人生三十七已進至中年，不可謂少。然在朱子，三十七歲前猶無「的實見處」。此非純因其魯鈍使然，乃亦因其合下大器晚成也。儒家內聖之學，經過北宋諸儒之點撥，觀念繁多，所隱藏之入路亦不一。自《中庸》入乎？自《大學》入乎？自《論語》之仁入乎？自《孟子》之心入乎？於如許觀念中，能看出何者是入路，如何是入路，已是不易，能于諸入路中而有所抉擇，抉擇其逕直而不拂者，肯要而不偏者，恰當而無所歧出者，並能知有本有末，本末而不可亂，尤其不易。

　　北宋濂溪、橫渠、明道，大體皆平說，尤其重在對于本體之體悟，重在對于「本體宇宙論的」實體之體悟，如濂溪重在對于太極之體悟，對于誠體、神體之體悟，橫渠重在對于本體宇宙論的體用不二之體悟（「知虛空即氣，則有無、隱顯、神化、性命、通一無二」），明道重在「一本」之體悟。自體上見出儒家天道性命相貫通中本體宇宙論的實體之殊特，由此而判儒、佛，則逕直而不支蔓，截然而不遊蕩，定然而不可易移。至于其表面之相同而可以相出入者，如方法表示上之相同，大體形態上之相同，工夫進程上形態之相同，皆可不礙其體上本質之差異。自體上立定，則此種種相同相出入者亦並不足以構成一種忌諱，而謂此某某從某方來也。

　　此三家既重在平說，重在對於本體之體悟，故隨時是工夫，而亦無定格。如濂溪既以誠為體，而亦說「誠者聖人之本」，又說

「聖誠而已矣」、「誠則無事矣」，此即是工夫語也。又依據〈洪範〉「思曰睿，睿作聖」，而言「思者聖功之本」。又言學聖之要曰「一爲要，一者無欲也」。又言「聖人定之以中正仁義而主靜立人極焉」。此亦皆工夫語也。然此皆隨時指點，隨義平說，並未確定出一確定之工夫入路。橫渠言「聖人盡道其間，兼體而不累者，存神其至矣」。其言「兼體不累」、「參和不偏」，亦工夫語也。又依據天地之性與氣質之性之分而言「善反之，則天地之性存焉」。又言「養其氣，反之本而不偏，則盡性而天矣」。又言「亹亹而繼善者，斯爲善矣」。又言「知禮成性而道義出」。又言「心能盡性，人能弘道也」。又言「大其心，則能體天下之物」。又言「成心忘，然後可與進於道」。凡此種種亦皆工夫語也。然亦是隨義平說，隨時隨機捎帶說，亦未確定出一確定之工夫入路。明道言「學者須先識仁」、「識得此理，以誠敬存之而已」。此亦是即本體言工夫，然亦並未開出如何識仁，亦未就如何識仁開出一確定之工夫入路。（然此中確函一確定之工夫入路，惟明道本人並未彰顯而確定之爲定本耳。）又〈定性書〉言「動亦定，靜亦定」，全篇皆論定心之工夫，然亦似只是論當然之理境，而未確然立出如何達此理境之工夫入路。由明道之「一本」、「識仁」與「定性」，可知此中確函一自本體上言工夫之途徑，此由其言致知格物之簡單辭語可知。見〈伊川章・格物窮理篇〉附錄。然此種自本體上言工夫，可只是一圓頓之理境，並不表示一確定之工夫入路。而如無一批判的入路以通之，則人可視爲只是一當然之理境，朱子所謂渾淪、太高者是也。

　　此種只隨時隨義平說，只就當然理境說，而無一確定之工夫入

路爲定本，好處是活轉無滯，而可無異同之爭辯。（二程與橫渠非
無意見之小出入，如伊川謂《正蒙》有過處，又不滿其太虛之說，
明道亦誤解其言淸虛一大，又不滿其將窮理盡性至命作三事分別說
等，但此只是說理之圓熟不圓熟與措辭之順適不順適而已，並非工
夫入路之爭。）然不足處，則是疏闊，未能示人以實下手處之切實
有效之工夫入路也。自此而言，若用康德詞語說，則此三家在工夫
入路上是獨斷的，非批判的；是零碎的，非系統的；是稍帶著若隱
若顯的，非著實而確定的。

　　只伊川依其嚴整而嚴肅的道德意識下之分解精神與質實心態，
層層下就而求著實，始漸接觸到確定的工夫入路之問題。其接觸到
此，固以其分解精神與質實心態使然，亦因其年壽高，講學久，來
者漸有切問之故。伊川對于道體之體悟已漸不澈不透，只收縮提練
而爲理氣之分，此則甚截然而突出。依理氣之分，落實於道德實踐
上，遂有性情之分，又進而正視氣性與才性。由論心而至與呂與叔
論中，與蘇季明論中和；由居敬集義而至致知格物。此後兩者即已
開工夫入路之門。此層層下就而求著實所開之義理，發明固多，貢
獻亦大。然而伊川未能善開善合也。其論心已不透澈，此因其對於
道體、實體之體悟已不透澈，故其論心亦不能上遂而就道體實體之
原義而融于一，亦不能相應孟子所言之本心而言本心即性，本心即
理。性情之分、理氣之分、與形上形下之分，即已函心性情之三
分，心只是實然的心氣之心，而心不即是性。（伊川雖未說「心
氣」一詞，然其了解心之實義固如此也。故朱子得以隨而完成
之。）其與呂與叔論中，尙不及呂與叔之精透，已見其糾纏膠著而
彆扭。其與蘇季明論中和亦不精透圓熟。此亦因體上不透，故言多

支蔓，游移而恍惚，終于未定而止。其所定者只是一「敬」字。故曰：「學者莫若且先理會得敬，能敬則自知此矣。」此則對此工夫入路尚只是剛開始接觸，未能透澈確定，故留下許多疑團，遂令朱子煞費苦心也。至於居敬集義、致知格物，其爲工夫之入路似無問題。但明道言誠敬直通「於穆不已」、「純亦不已」之性體心體，故亦得曰誠體，曰敬體，與言忠言恕同。「維天之命，於穆不已，不其忠乎？」是則忠直通「於穆不已」，故亦得曰忠體，忠即是體。「天地變化草木蕃，不其恕乎？」是則承體起用即是恕，恕亦直通於體也。于恕見體，全體在用也。于忠言體，全用是體也。（皆見〈明道章・一本篇〉）是則即工夫便是本體，即本體便是工夫。但伊川之言敬，則只是「主一之謂敬」，只是「涵養須用敬」，只是「未有致知而不在敬者」，此則便只有工夫義，而不能直通「於穆不已」、「純亦不已」之性體心體也。（性體即心體，心體即性體，心性是一）。伊川無實體性的本心義。其言敬只是實然的心氣之經驗的凝聚，其言涵養只是涵養此敬心而已。由敬進而言集義。集義亦是孟子之所言。然孟子言集義是對「義襲而取」說，是以仁義內在爲背景，義是由實體性的本心發。但伊川言集義，則是根據其敬心之涵養而說，是求心情之發之如理。故由集義須進而言致知格物也。致知是致吾心氣之靈之知，格物是至于物而窮其超越的所以然之理以成其德性之知，伊川言德性之知是根據敬心而窮理，非根據實體性的本心而發誠體之明也。其所知者是物之超越之理，而心不即是理也。是則雖德性之知，亦永爲認知的能所關係者，而非性體自主自決自定方向之知也。伊川之思理大體爲朱子所釐清而確定，而亦遵守而不悖。是以朱子衷心贊佩伊川，且自

覺地紹述之，此固非一時之偶合，實有其生命本質上之相契也。

朱子是承伊川之居敬、涵養、致知、格物之義理間架以及對于中和問題之探討而確定其工夫之入路者。是則聖功之入路乃落在《中庸》（首章）與《大學》上而建立，《論》、《孟》乃是其補充與輔助，或只是參照與涉及，固不以之爲主幹也。

《中庸》在時間上本後于孟子。即就義理言之，《中庸》首章自「天命之謂性」說到「愼獨」、說到「致中和」，本是自客觀而超越的天命說下來。此是屬于「維天之命，於穆不已」一系之義理。而由「於穆不已」之天命說到性，而謂「天命之謂性」，並繼之言「率性之謂道，修道之謂敎」，成爲天道性命相貫通而爲一，此種義理決不在孟子建立性善以前，必是在孔子踐仁知天，孟子盡心知性知天以後，推進一步而成之自天命處說之貫通論。至于後半篇由誠以言盡己性、盡人性、盡物性，以至參天地贊化育，乃至由誠以言形著明動變化，乃至由誠以言「天地之道，爲物不貳，生物不測」，此更是孟子後而更切近于孟子，自主體以言心性天道通而爲一者，即貫通而成爲一本體宇宙論的實體之創生直貫義，成爲此一實體之創生直貫之「一本」者。假定對此天道性命通而爲一之實體，或心性天通而爲一只是一誠體之實體，有透澈之體悟，則性體是此實體，由之以言愼獨，（心體亦即此實體，亦可由之以言愼獨），而作爲「天下之大本」之「中」亦即是此實體，由此實體（中體）駕臨乎經驗層之喜怒哀樂以上而制衡之以言和，本亦並無不可者，而且本由《論》、《孟》後之貫通論而至者今復返而歸于此貫通，則雖由《中庸》首章開工夫之入路，而亦不悖于孔子言仁、孟子言心性之精神也。故由《中庸》首章建立聖功之入路實亦

為切要者。此雖由《論》、《孟》後之《中庸》說起，而仍可不悖
于《論》、《孟》。惟此中和問題伊川既不能澈之于前，而朱子之
釐清又不能當之于後，故其由此所確定之工夫入路遂成為與
《論》、《孟》相疏遠，甚至相違反。此則由於伊川與朱子對于此
本體宇宙論之實體體悟有不足故也。朱子在此所釐清而確定者只是
證成伊川理氣之二分與心性情之三分，並由之以建立涵養察識之分
屬而證成伊川「涵養須用敬，進學則在致知」之義耳。此只是伊川
之義理間架藉《中庸》而表現，既不能合于《中庸》之原義，亦不
能復返于《論》、《孟》之為本，而與其師延平亦有距離也。延平
觀未發前氣象為如何猶是超越體證之逆覺之路，此一義理間架猶合
于《中庸》之原義，而朱子順伊川之義理間架而成者卻只是順取之
路。故朱子由《中庸》開工夫入路既不能回歸于《論》、《孟》之
本，而又終於為歧出也。此歧出之完成乃在終于以《大學》為定本
也。

　　朱子由《大學》所開之聖功之入路乃更遠於孔、孟之精神。
《大學》之後出比《中庸》尤為無可疑。而且由《論》、《孟》至
《中庸》、《易傳》可視為一調適上遂之發展，而《大學》則是更
端別起，似是從外插進來者。《大學》一篇乃是就理想的太學制度
而立言。（依友人徐復觀先生之考證，古並無太學之制度。參看其
《中國人性論史》大學章。）雖整齊有條理，實就虛擬的教育制度
而客觀地以言之，實亦即形式地以言之。此固是儒家教義之所函，
不能謂其非儒家之義理，然就孔、孟個人之真實生命所呈現之義
理、智慧言，此固遠一層，而不足以由之以理解孔、孟之真實生
命、智慧也。此譬如由解說今之學校教育制度自亦可了解今之學術

乃至學人之大體共同傾向爲如何，然不能由之以了解某某人之獨特生命與思想。孔、孟個人之所說是由其獨特的眞實生命而發出，是存在地發出者，而《大學》則是客觀地說、形式地說，非存在地說。孔、孟之眞實生命之所發固可涵攝此一系，但由此一系之三綱領八條目卻不必能接觸到孔、孟之眞精神，固不必能密契孔子之仁與孟子之本心也。此即所謂遠一層而不免有隔者。朱子集畢生之力于《大學》，只注意于由小學至大學之發展過程而言聖功之途徑與一人之完成，其不能眞契悟于孔、孟之精神固其宜也。孔、孟之生命即是孔、孟之智慧，孔、孟之生命、智慧即是孔、孟義理之所在。此是人法合一之敎，而不是離人獨法之敎。不就孔、孟之生命、智慧、與義理而立聖功之途徑，而只就《大學》之致知格物以立言，則其遠于孔、孟也亦宜矣（此並非言孔、孟即不致知格物）。其言致知格物只成爲散列之「順取」，而只落實於存有之理之靜攝，則亦非孔子言仁、孟子言本心之精神也。此即所謂不能返于《論》、《孟》之本而終于爲歧出者也。

　　朱子雖注遍群書，而其實只以伊川之綱維落實於《大學》，由此以展開其靜涵靜攝之系統，即對於那屬於「本體論的存有」之存在之理之靜的函攝之系統。吾此處用「靜涵」一詞，乃心氣之靜的涵蓄淵淳之意；用「靜攝」一詞，乃認知的綜涵攝取之意。靜涵相應朱子本人所說之涵養，靜攝相應朱子本人所說之察識以及致知格物，格物窮理。此爲其最得力處，由之以展開其「心靜理明」之境界，以與先秦儒家所抒發而爲北宋濂溪、橫渠、明道所弘揚之本體宇宙論的實體之創生的直貫之縱貫系統爲對立。此對立爲縱橫之對立。朱子系統爲橫的靜攝系統（co-ordinated horizontal system of cognitive apprehension）。假定對於縱貫系統已透澈，則此橫的靜攝系統可為極有價值之補充。假定此在發展中被完成之縱橫兩度相融而為一完整之系統，則縱貫為本，橫攝為末；縱貫為經，橫攝為緯；縱貫為第一義，橫攝為第二義。就個人之生長言，假定先把握橫攝系統，則此只為初階，而非究竟，必上升而融入縱貫系統中始可得其歸宿而至於圓滿。假定先把握縱貫系統，則必該攝橫攝系統始可得其充實。假定兩相對立，欲以橫攝系統代替縱貫系統，以為只此橫攝系統是正道，縱貫者為異端，非正道，則非是。假定兩相對立，以為只此縱貫系統即已足（形式上是已足），斥橫攝者為支離，為不見道（自究竟言是如此），而不能欣賞其補充之作用與充實上之價值，則亦非是。前者是朱子之過，後者是象山之過。總之，兩者只能相即相融，而不能相斥相離。此非只心理上之寬容問題，乃是客觀上之實理問題。相斥相離始於朱子之不能了解縱貫系統之所說，即對于「於穆不已」、「純亦不已」這一本體宇宙論的實體之創生直貫義契悟有不足，對于孟子之「本心即性」義契悟有不足。此可以歷徵朱子之講解而明也。總癥結最後只落在此一點上，其他皆無關緊要者。

　　　　　　　※　　　　　　　　　※　　　　　　　　　※

　　《大學》是否如朱子之所解自有問題，然彼以伊川之綱維而著力于此，並於此得力，以展開其理境，則無可疑。以《大學》為初入手處亦並無不可，但問題在對于《論語》之仁、《孟子》之本心，以及《中庸》、《易傳》所說之「於穆不已」之實體契悟有不足。陽明是想以縱貫系統之第一義講《大學》之「明明德」與「致知在格物」，此在義理上自可通，而不必合于《大學》之本義。若

如朱子之所解，則斷然成為橫攝系統，而只以《論》、《孟》、《中庸》、《易傳》作點綴與附庸，是則縱貫系統挺立不起，而以橫攝系統為窮盡一切者，此則非是。

《朱子語類》卷第十四，〈《大學》一〉，綱領有云：

1. 某要人先讀《大學》以定其規模，次讀《論語》以立其根本，次讀《孟子》以觀其發越，次讀《中庸》以求古人之微妙處。〔……〕（徐寓錄）

2. 《論》、《孟》、《中庸》待《大學》通貫浹洽，無可得看後，方看乃佳。道學不明，元來不是上面欠缺工夫，乃是下面元無根脚。若信得及，脚踏實地，如此做去，良心自然不放，踐履自然純熟，非但讀書一事也。（金去偽錄）

3. 人之為學先讀《大學》，次讀《論語》。《大學》是個大坏模。《大學》譬如買田契，《論語》如田畝闊狹去處，逐段子耕將去。〔……〕（同上）

4. 問：欲專看一書，以何為先？
曰：先讀《大學》，可見古人為學首末次第。且就實處理會，卻好。不消得專去無形影處理會。（陳淳錄）

5. 今且須熟究《大學》作間架，卻以他書填補去。如此看得一兩書，便自占得分數多，後卻易為力。聖賢之言難精。難者既精，則後面粗者卻易曉。（余大雅錄）

6. 亞夫問《大學》大意。
曰：《大學》是修身治人底規模。如人起屋相似，須先打

個地盤。地盤既成，則可舉而行之矣。（潘時舉錄）

7.或問《大學》之書即是聖人做天下根本。

曰：此譬如人起屋，是畫一個大地盤在這裡。理會得這個了，他日若有材料，卻依此起將去。只此一個道理。明此以南面，堯之爲君也。明此以北面，舜之爲臣也。（潘履孫錄）

8.《大學》一書如行程相似。自某處到某處幾里，自某處到某處幾里。識得行程，須便行始得。若只讀得空殼子，亦無益也。（同上）

9.《大學》是一個腔子，而今卻要去填教實著。如他說格物，自家須是去格物後，填教實著。如他說誠意，自家須是去誠意後，亦填教實著。（甘節錄）

案：凡此所說，若只一般地看，亦並不錯。但若一涉《大學》內容之解析問題以及與《論》、《孟》、《中庸》（乃至《易傳》）相比《大學》之地位問題，則立見朱子將閱讀次序問題（先讀《大學》）與立教方向問題或聖功之本質問題（以《大學》爲定本）混而爲一爲不妥者。

　　從閱讀過程上說，「先讀《大學》以定其規模」，此並無不可。此所謂「規模」只是一個「間架」，是需要「材料」來「填教實著」。「規模」是修己治人的實踐之規模。依此，「填教實」是指實行說，意即眞要下工夫去作。自「明明德」以至修身、齊家、治國、平天下，都是下工夫處，都要下眞實工夫以充實這個「間架」。「若只讀得空殼子，亦無益也」。但《大學》說這個實踐間

架只是擺列出一個綱領，其間各步工夫都需要解析。原文雖有傳，然亦只大體說各步之關聯。各步之眞實下手工夫，尤其關于明明德、格物致知、正心誠意之眞實下手工夫，都可有不同的解析：可作經驗主義或實在論的解析，亦可從超越的本心處作先驗主義或道德理想主義的解析，《大學》本身未能決定也。朱子大體是依據伊川之義理綱維、依經驗主義與實在論的路數來解析。明道、象山、陽明則是依先驗主義與道德理想主義的路數來解析。朱子解析「明明德」似有先驗主義之傾向。但因心性之分，先驗主義似只適宜于性，而不適宜于心。即使對于心亦說其本有靈覺（人心之靈莫不有知），但亦是認知意義的，而不是實體性的、超越的道德本心之創生直貫之自主自律與自定方向。因此，遂使其先驗主義不能維持得住，不能極成道德的理想主義，而只向經驗主義與實在論之路數走。其講致知格物即完全依經驗主義與實在論之路數去講。至于明道、象山、陽明、乃至戴山，則完全向先驗主義與道德理想主義走。但此是否合乎《大學》之本義亦頗有問題。我看《大學》原文並不必有此義。如果《大學》原文所說之「明德」是繼承《尚書》中的「克明峻德」、「克明德愼罰」、「旣勤用明德」、「克愼明德」、「疾敬德」等而說下來，則「明德」或「德」只是光明的德行，或有德之人；「明明德」即是修明光明正大的德行，尙說不到因地上超越的本心或性體或性理。不但無象山、陽明等之澈底而完整的先驗主義，即朱子之半先驗主義亦不能到。我看《大學》原文只是現象學地平說。朱子講致知格物即順此平說而說下去。至于明德，則是以半先驗主義的態度說之，此是根據《中庸》「天命之謂性」以及其對于性與太極之理解而說。象山、陽明等以完整而澈底

的先驗主義講明德以及其他乃是根據孟子學的精神而說。凡此皆不是在《大學》內所能決定者。關此，吾已論之于〈伊川章・格物窮理篇〉附錄，讀者當覆看。是故《大學》之為實踐之規模，擺列出一個實踐之間架，只是現象學地平說。這平說的綱領條目自必為儒家教義所承認、所函攝。但尚不能由之透視到孔、孟的真精神真生命。這只是個形式的規模。若說是宗旨，亦只是就實踐之範圍列出個宗旨，至于真實而內容的宗旨當求之《論》、《孟》。是故尚不能一切定之于《大學》，以《大學》為立教之定本也。（《朱子語類》卷第十四，〈《大學》一〉，綱領，亦有一條云：「《大學》諸傳有解經處，有只引經傳讚揚處。其意只是**提起一事**，使人讀著常惺惺地。」此即吾所謂「現象學地平說」之意。）

朱子主張「先讀《大學》以定其規模」固可，然而膠著於《大學》，順《大學》之現象學地平說而膠著下去，以伊川義解說《大學》之致知格物為決定性之宗旨，為儒家立教之定本，為聖功之本質的入路，則非是。是則正表示其對於《論語》之仁、《孟子》之本心、《中庸》、《易傳》之本體宇宙論的實體之創生直貫義並無相應之契會。對於「明德」，只根據「天命之謂性」以及其對於性與太極之理解，以半先驗主義之態度講之，此雖非《大學》所原有，然如此溯因借用亦表示其漸遠於孔、孟之真精神，漸遠於《中庸》、《易傳》直貫義之理境。

說「次讀《論語》以立其根本」，以《論語》為根本固不錯。但彼對於《論語》之仁，以伊川「仁性愛情」之說為根據轉為「心之德愛之理」之方式以解之，即示對於孔子之仁無相應之契會，是則《論語》之為根本即立不住。彼謂「《大學》譬如買田契，《論

語》如田畝闊狹去處,逐段子耕將去」。是則彼視《論語》只爲博文約禮下學上達之敎,只散而爲零碎之篤行,而對於其指點仁之眞切處既無相應之契會(遠離孔子之眞精神眞生命),則孔子之仁敎遂亦星散泯失而爲無足輕重者。此「根本」處提不住(朱子所謂「根本」實只是小學涵養《大學》致知之篤行過程),則其膠著於《大學》,以半先驗主義講明德,以伊川義說致知格物爲決定性之工夫,亦其宜矣。

　　對於《論語》之爲「根本」既提不住,則對於《孟子》之本心亦不能有相應之契悟。彼亦根據伊川之分解表示,以心性情三分之格局解《孟子》,此則尤遠離於孟子之眞精神。彼謂「次讀《孟子》以觀其發越」,此只是彷彿之見。《孟子》實不只是「發越」而已。彼實開出一道德實踐之弘規,實開出一眞實工夫之眞切入路。吾人雖不必以《孟子》講《大學》之「明明德」,然《孟子》中所言之本心實比《大學》更爲契接孔子仁敎之眞精神。朱子對此不能有相應之契會,則其注定爲半先驗主義,爲以伊川義說致知格物爲決定性之宗旨,結果歸於爲橫列的靜涵靜攝之系統,而不能復歸於孔、孟仁敎本心之實踐弘規,亦無疑。

　　至於《中庸》、《易傳》所弘揚之本體宇宙論的實體之創生直貫義,彼尤不能相應。彼謂「次讀《中庸》以求古人之微妙處」。《中庸》實不只是一個儱侗的微妙,乃實承孔子之仁敎與孟子之本心調適上遂而徹底完成其本體宇宙論的實體之創生直貫義者。吾以爲由《論》、《孟》而發展至《中庸》、《易傳》完成此縱貫系統,乃先秦儒家之眞精神,亦是先秦儒家之原始義理,正本〈維天之命〉詩這一根源智慧而來,而復徹底完成之,相契接而不悖者。

這一發展是徹底的先驗主義與道德的理想主義之究極完成。總之，是一本體宇宙論的實體之創生直貫之縱貫系統。吾人雖不必直接以此系統解《大學》，然可以先保持《大學》之原義以此系統範域之，提挈之，不令其走失。而朱子因膠著於《大學》，卻擰轉而為橫列的靜涵靜攝之系統：主觀地說，是認知的靜涵靜攝系統；客觀地說，是本體論的存有之系統。以《大學》之致知格物義為定本，遂並《論》、《孟》、《中庸》、《易傳》之本義亦喪失。此其所以遠離孔、孟之真精神，遠離先秦儒家之縱貫系統，而為歧出者也。

　　朱子對於《論語》之仁、《孟子》之本心、《中庸》、《易傳》之本體宇宙論的實體之創生直貫義，不能有相應之契會，只膠著於《大學》之現象學地平說之致知格物義，以伊川之思理解之，以為決定性之工夫，以為立教之定本，彼以為此是下面的「根腳」。彼謂「道學不明，元來不是上面欠缺工夫，乃是下面元無根腳」（上錄第2.條）。又謂「且就實處理會卻好，不消得專去無形影處理會」（上錄第4.條）。彼以為《論》、《孟》、《中庸》、《易傳》都是上面的工夫，都是「無形影處」。「待《大學》通貫浹洽，無可得看後，方看乃佳」（上錄第2.條）。夫初學先從下面扎穩根腳固好，然以作為下面根腳之《大學》為決定性之工夫，為立教之定本，而對於其所謂上面「無形影處」無相應之契會，無真切之肯認，則亦非是。夫朱子對於《大學》不可謂不「通貫浹洽」也，然對於《論》、《孟》、《中庸》、《易傳》又如何？此處亦並非容易，是要真切正視，方能相應。道學之明不明，端繫於此。而朱子說的那麼容易（「元來不是上面欠缺工夫」），好像重點不

在此者。實則正因對這上面欠缺工夫，故儒者的眞精神不能明澈。朱子對這「上面」者都給泯失、星散、模糊，而擰轉了！不但欠缺工夫，且根本不能相應，故致體上宗旨不明。抑此又非上面下面之問題，乃是宗旨問題，立敎方向問題，聖功之本質的入路問題。《大學》只爲實踐列綱領，定條目，豈只是下面問題耶？實則亦通上面，亦通下面，其上面下面特未定耳。又《論》、《孟》、《中庸》、《易傳》豈只是上面「無形影」者耶？豈是專有待於以《大學》爲下面之「根脚」耶？視大學爲「根脚」實只以伊川所理解之致知格物義爲宗旨耳。

※　　　　　※　　　　　※

　北宋濂溪、橫渠、明道皆能相應地契會《中庸》、《易傳》本體宇宙論的實體之創生直貫義。雖言辭不同，而意義則一，可說皆是此直貫義之不同表示。明道尤能合之於《論》、《孟》，故極言「一本」，可謂明澈。而朱子則對於此三家之理解均有不足。彼對於濂溪雖極力「考訂注釋，表顯尊信」（象山語，見與朱子辨〈太極圖說〉第一書），毫無微辭，然對於《通書》之誠體、神體、寂感眞幾，並無相應之契會，亦並不能以《通書》之誠體、神體、寂感眞幾合釋〈太極圖說〉之太極，故其釋太極乃解爲「只是理」，而神義則脫落，是即喪失其創生直貫義。彼對於橫渠則極有微辭，而且似乎根本不能理解其「知虛空即氣，則有無、隱顯、神化、性命通一無二」之本體宇宙論的體用不二義。彼謂「橫渠闢釋氏輪迴之說，然其說聚散屈伸處，其弊卻是大輪迴。蓋釋氏是個個各自輪迴，橫渠是一發和了，依舊一大輪迴。」（《朱子語類》卷第九十九，〈張子書二〉）不知何以如此聯想？甚可怪異！按理似不應如

此隔閡，蓋朱子並非無形上學的悟解者，不知對於橫渠何以隔閡如此之甚！橫渠誠有滯辭，然其真意不可掩。朱子讀書極能平心理會，而且屢以此教人。不知何以對張子書竟不能平心理會！《語類》卷第九十八、九十九兩卷討論張子之書者，幾全部不能相應，故知其對於橫渠之本體宇宙論的體用不二義，全不能有理解也。

至其對於明道，雖極推尊，表面無微辭，然實隱含不滿之意，惟不便明言之耳。彼對於明道所言之神體、易體，皆有誤解；對於其表示「一本義」之語句皆略而不提；對於其創生直貫義的天理、天道，即本體宇宙論的實體，即活動即存有之實體，於穆不已、純亦不已之實體，皆不能有相應的契悟，而只依伊川分解表示的形而上形而下之道器、理氣之分以解之；或明是明道語，而只儱侗以程子稱之，而實只以伊川之思理為準則。〈識仁篇〉乃是明道最凸出之思想，而《近思錄》則託辭為地位高者之事而不錄。實則彼極不滿其對於仁之理解。對於其由醫家麻木不覺之說指點仁，向來很少提到，即偶爾提之，亦不予以真切的理會，然而卻集中攻擊於謝上蔡之以知覺訓仁，以及胡五峰門下之承上蔡而說者。是則其攻擊謝上蔡、胡五峰、胡廣仲、胡伯逢、吳晦叔，皆是攻擊明道之仁說也。唯為賢者諱，故攻擊其後繼者耳。此等後繼者之理解仁明是本明道而來者，然朱子從不說此是明道意，亦從不說此是本明道而來者。其為對于明道不滿而為之諱，豈不甚顯然矣乎？彼只本伊川仁性愛情之分，而以「心之德愛之理」之方式解之。凡明道之所說皆不能聲入心通，進入其生命中，故皆予以排拒，其排拒也，在明道則不提，在他人則攻擊。然則明道亦禪乎？亦似之而非乎？然而明道在宋、明儒中號為正宗，號為大家，其顯赫之地位、開創之功

績，遠在伊川以上，豈無足以實之者乎？豈真名實不相稱者耶？必不然矣。若如朱子之汰濾，則明道幾成若有若無之人矣。

以上朱子對于北宋三家之不相應，吾已于講濂溪、橫渠、明道時皆曾隨文指出，茲略言于此以明朱子對于先儒家本體宇宙論的實體之創生直貫義完全不能相應。吾茲不必再詳舉，茲舉以下兩段語錄以明朱子之別扭：

1. 問：龜山言道非禮則蕩而無止，禮非道則梏於器數儀章之末。則道乃是一虛無恍惚，無所準則之物。何故如此說道字？曰：不可曉。此類甚多。因問：如此說，則似禪矣。曰：固是。（《朱子語類》卷第一百一，〈程子門人〉，論楊中立處）

2. 問：天地設位而易行乎其中矣。和靖〈言行錄〉云：易行乎其中，聖人純亦不已處。莫說得太拘？天地設位而易行乎其中矣。如言天高地下，萬物散殊，而禮制行乎其中，無適而非也。今只言聖人純亦不已，莫太拘了？曰：亦不是拘，他說得不是。陰陽升降便是易。易者，陰陽是也。（《朱子語類》卷第一百一，〈程子門人〉，論尹彥明處）

案：龜山之語明是與伊川所作〈明道行狀〉中所云「窮神知化，由通於禮樂」之語意相同，而朱子云「不可曉」。問者已極愚癡無理解矣，而朱子竟隨之而曰「不可曉」！問者謂其「如此說，則似禪」，而朱子竟隨之曰：「固是！」此豈非癡人說夢乎？

又尹和靖之語明是本明道之意而說，見明道〈一本篇〉，而朱

子竟謂其「說得不是」。蓋朱子對于明道所說「其體則謂之易」一語有別解也。彼對于易只講成陰陽升降之形而下者，而明道卻是想由此「易體」指點於穆不已、純亦不已之天命實體或本心誠體之流行，故尹和靖本之而如此云也。此非和靖之非，乃是朱子對于明道所說之「易體」不能有相應之契悟也。

　　朱子自謂：「某於《大學》用工甚多。溫公作《通鑑》，言臣畢生精力盡在此書。某於《大學》亦然。《論》、《孟》、《中庸》，卻不費力。」（《朱子語類》卷第十四，〈《大學》一〉，綱領）《語類》同卷又記云：「說《大學》、《啟蒙》畢。因言某一生只看得這兩件文字透，見得前賢所未到處。若使天假之年，庶幾將許多書逐件看得恁地煞有工夫。」彼謂「畢生精力盡在此書」，此語不錯。《年譜》載臨卒前兩日猶修改《大學》誠意章。謂「一生只看得這件文字透」，吾意所謂「看得透」者，並非單指對于《大學》研究得恰當無誤，盡合原意而言，甚至人可說亦儘有不合原意者。但此並不要緊，吾人仍可說他看得透。所謂「透」者，實即依伊川之綱領，著實于《大學》，順《大學》之平說，浸潤復浸潤，如飲醇酒，如嚼橄欖，直教嚼破，滋味深長，能明澈而貫澈地講出一完整的橫列之靜攝系統而已。此不是與原文原意合不合的問題，乃是其生命本質之獨立發皇，適然可著力于此，故亦得力于此耳。其于「《論》、《孟》、《中庸》卻不費力」，乃是對于《論語》之仁、《孟子》之本心、《中庸》之本體宇宙論的實體之創生直貫義，不能有相應之契悟，于此用不上力，故亦于此不能得力。朱子于此之「不費力」固不必肯承認此意。但吾人亦不能謂其「不費力」乃因其自然有契悟，故于此可不必多用力。實則只是

用不上力，因而亦可說實「欠缺工夫」也。其漫長之著實而分解之
心靈之表現，在其一期生命中只完成一個靜涵靜攝之系統。「若使
天假之年，庶幾將許多書逐件看得恁地煞有工夫」，焉知不忽然靈
光爆破，由橫的靜攝系統再轉進而至嚼破縱貫系統耶？吾人不能期
望一有限之生命能爲無限之拉長，然繼起之生命以及同時並在之生
命，亦可視爲一個大生命之相繼與相接。一人一期生命不能至，而
他人繼之接之以續至或並發，則豈非更佳之事哉？然則不能滯于靜
攝系統以拒其他乃甚顯然者。排拒者乃一期生命之窒滯也。如此，
吾人對于朱子一期生命之窒滯不得視爲已至「至矣盡矣」之境，
《孔》、《孟》之教正有待于會通發展以觀其全耳。

　　朱子在其一期生命窒滯中，自「中和說」確定後，即依伊川之
綱領而復撰〈仁說〉及〈觀心說〉以批駁謝上蔡、胡五峰，及胡五
峰之子弟胡廣仲、胡伯逢與門人吳晦叔。此爲其第一階段之論敵。
至後期第二階段即批駁陸象山。其批駁謝、胡一系，顯出雙方工夫
入路之不同，此不同可說爲即是明道與伊川兄弟二人之不同。惟在
二程時，其兄弟二人之不同說法，可不必自覺到有衝突，而自朱子
自覺地研討確定的工夫入路時，始顯出有衝突，此是批判地、系統
地、自覺地找工夫入路時所形成者。歷來宗派之分皆**機發于此**。其
批駁陸象山，不但顯出是程氏兄弟之不同，且亦顯出根本是橫的靜
攝系統與縱的直貫系統之不同，且全部露出朱子對於《論語》之
仁、《孟子》之本心、《中庸》、《易傳》之本體宇宙論的、即活
動即存有的實體之創生直貫義，以及北宋濂溪、橫渠、明道之所契
接者，不能有相應之契悟，此即示其于體上工夫有欠缺，而象山亦
因而總斥其支離而見道不明也。

※　　　　　　※　　　　　　※

　　以上是綜述朱子因追求確定之工夫入路而顯出其承接伊川而成之工夫入路與彼謝、胡一系之承接明道而言者有不同，甚至有衝突，再擴大之，顯出其所凝成之橫的靜攝系統與先秦儒家所本有及北宋濂溪、橫渠、明道所妙悟之縱的直貫系統有不同，甚至有衝突。此是綜就其一生「的實見處」形成後而說者。但此「的實見處」是在其四十歲時，「中和新說」形成後，而始確定者。四十歲以前猶未有此「的實見處」也。彼自三十七歲起，開始參究中和問題，一直至三十九歲，猶在「中和舊說」所表示之恍惚路數中，此非其「的實見處」也。此恍惚路數是其三十七歲前所浮光掠影儲蓄以成者所留下之影子，未能眞切進入其生命中也。

　　于此，吾人欲一述其三十七歲前所儲蓄者之大體傾向。

　　朱子之父與延平同師事羅豫章，「日誦《大學》、《中庸》之書，以用力於致知誠意之地」。是則朱子幼時之家學淵源即以《大學》、《中庸》爲首出也。此二書，在伊川、龜山之承傳下，固較《論》、《孟》易爲學者初期用功所注目。《大學》重點在致知格物正心誠意，《中庸》首章則言愼獨、致中和，皆整然有條理，使學者易有把柄。但羅豫章與李延平，其工夫之重點卻在「危坐終日以驗夫喜怒哀樂未發之前氣象爲何如」，是則順《中庸》致中和而用功也。朱子自二十四歲初見延平，二十九歲再見延平，三十一歲始正式受學，執弟子禮，是其師承以觀未發氣象爲工夫入路也。李延平靜坐以觀未發氣象，其自身自有受用，然于義理上如何展示此未發之中、天下之大本，李延平並未作此工作，衡之其學路，彼似

亦無此理論解說之興趣。（然于《答問》中已有透露，見前第一節。）延平是一篤行之人，只切身涵養，自身受用，不著書，不講解，亦不出仕，故涵養得「如冰壺秋月，瑩澈無瑕」。此或不免于佛家所謂小乘型，然觀未發氣象，亦是要終歸于切身涵養，自身受用，以期達乎德行之純熟。內聖之功之基本義本是如此，本不只是靜坐之觀而已也。朱子習聞此入路已熟矣。然一入路依何方式而可以得力于己，本是隨人而不同者。延平之方式適于延平，不必適于朱子。朱子甚著實，理論興趣又極強，最不喜含混與儱侗，即使是切己篤行，亦要切己篤行得明澈與確定。字字有確義，義義要落實，使每一義要凸現挺立于眼前，而期于工夫之所施可以枝枝相對葉葉相當，無一可以含混游移軟罷而不確立者。此是朱子之勁力，合下是弘道之大器。然說到理論之解說，對此一問題，伊川本是無結果而終者，而延平又無理論展示之興趣。此在朱子，不能不形成一大疑團、一大煩悶。其所受于師承者，亦只是一入路而已。至于自己如何受用此入路，則要煞費苦心也。朱子三十四歲時，而延平歿。是則已無前輩之師可資扣問矣。故〈中和舊說序〉有「若窮人之無歸」之嘆也。惟朱子此時，順此入路，憑其所得于北宋諸家者，對于此未發之中，天下之大本，似有一彷彿之影像。《中庸》言致中和，是由「天命之謂性」、「道也者不可須臾離也」、「莫見乎隱，莫顯乎微，故君子必愼其獨」說下來。致中和實即自性體言愼獨之進一步的表示，即更具體的表示。如果作爲「天下之大本」之「中」不是在通于天命之性體以外別爲一大本，則「中」實即指目通于天命之性體而言。「中」必不是就喜怒哀樂之情未發時情之潛隱未分之渾融狀態言。如只如此，則仍屬于情，而不足爲天

下之大本。如視此爲大本，則必是在通于天命之性體以外別有一大本。但此恐非《中庸》之意。故《中庸》以「中」爲天下之大本必即是就通于天命之性體而言，必是就由喜怒哀樂之情異質地躍至超越之性體而言，而不是直認情之潛隱未分之渾融狀態爲「中」。

此中體，如統宇宙而言之，即是「維天之命於穆不已」這一本體宇宙論的、即活動即存有的實體。如就命于人而言之，即爲吾人之性體，此性體非他，即是此於穆不已之實體之具于個體中也。此實體，若就《中庸》（後半部）、《易傳》而言之，亦得曰誠體、神體、寂感眞幾，必不只是屬于「本體論的存有」之靜態的理，只是理，而脫落其神義、寂感義。如就其爲吾人之性體言，此性體亦是心、亦是理，性體即心體，心即是理。此是一本體宇宙論的創生直貫之實體、性體。此即是作爲「天下之大本」之中體、誠體、神體，亦得曰心體。如以此中體主宰調適吾人之情使之皆中節合度，這便是「和」。和也者中體之達于用而在用中行，故云「和也者天下之達道也」。中體呈現，和用暢遂，即謂之「致中和」。「致中和，則天地位，萬物育」，則中體即「於穆不已」之實體、性體，亦明矣。由中導和而至天地位，萬物育，此亦《易傳》所謂「顯諸仁，藏諸用，鼓萬物而不與聖人同憂」之意也。（此是客觀地、本體宇宙論地純就法體而言之。如人法統言，則亦憂亦無憂。）

如對于中體作如此之契悟，則既可根據《論語》之仁、《孟子》之本心會通《中庸》，講通其中和，亦可由《中庸》之中和而會歸于《論》、《孟》。如此講中和，則逕直而暢達，不至如朱子之糾結而迂曲，且亦與縱的直貫系統相應而不悖，不至如朱子之**撐轉**而爲**橫的靜攝系統**也。惜乎朱子對此作爲「天下之大本」之中體

契悟有不足，雖彷彿得一影像，而不能眞切進入其生命中。此一彷彿之影像即成功其「中和舊說」之所說，而不久即爲朱子所放棄，而終于承接伊川之糾結，釐清而爲橫的靜攝系統，此即其「中和新說」之所表現也。

在朱子正式受學于延平以至延平沒之同時，湖南方面張南軒亦正從學于衡山之胡五峰。朱子長南軒兩三歲。朱子于三十一歲正式受學于延平，于三十四歲時延平沒，而張南軒則于二十九或三十正式拜五峰爲師，後只一見而而五峰沒。是彼二人從師之時間正前後相差不多也。楊龜山在福建傳羅仲素而至延平。謝上蔡在湖北通過胡文定而至胡五峰。此是二程兩大門人在南渡時之傳授。胡五峰之《知言》即是根據《中庸》、《易傳》之性體會通《論語》之仁，《孟子》之本心而立言，並不承接伊川之糾結而前進，故其思理在《論》、《孟》與《中庸》、《易傳》方面實較明確而眞切，此大體是承接明道之〈識仁〉與橫渠之盡心成性義而下來，由此以開工夫入路者。朱子三十七歲時之「中和舊說」，對于未發之中，天下之大本，猶有一彷彿之影像，故其路數猶近于胡五峰，而在「舊說」下亦時稱贊胡五峰。但因對此本體宇宙論的實體、中體，乃至誠體、神體，契悟有不足，而對于《論語》之仁，《孟子》之本心，又無相應之理解，根本不能眞切地進入其生命中，故不久即放棄此「中和舊說」。及至四十歲「中和新說」確定後，即進而作〈知言疑義〉批評胡五峰，並力攻胡五峰之門人（所謂湖湘學者）。此由于其承接伊川之糾結轉成橫的靜攝系統之故也。

朱子十五六歲時亦開始留心于禪。自見延平後即漸漸放棄。此青年時所習得之禪當然不能算數。但後來即憑藉這一點舊聞，對凡

自縱貫系統而立言者皆斥之爲禪。此則形成朱子終身之固蔽。

　　于二十九歲時，又作〈存齋記〉，此猶是就孟子所言之本心而言者。但此義，就朱子言，實是不眞切之浮談，其不眞切亦與對于「於穆不已」之實體之不眞切同，故後來從不提及。此只可算是三十七歲前一時之興會與暫時之穎悟，並不能算作朱子之實學。

　　除未發之中一彷彿影像外，于三十三歲高宗內禪、孝宗即位時，復上封事就《大學》言致知格物正心誠意，以爲當以此爲帝王之正學。就朱子言，此時之言《大學》亦是膚言。《大學》之進入其生命中而爲其實學之所在，是在其「中和新說」成立之後。

　　綜上所述，可知朱子在三十七歲以前，雖已確定以《中庸》（首章）、《大學》爲入路，然對于其內容，則大體只是儱侗膚談。其眞切用功是在三十七歲以後。

　　吾茲所述重在表示朱子在三十七歲前，對于《中庸》、《易傳》所洞悟之實體、道體，雖亦有一彷彿之影子，對于《孟子》之本心，甚至《論語》之仁，亦似有一彷彿之影子，然契悟不眞，用不上力，終于以其著實之精神，分解之頭腦，予以拆散而成爲理氣二分、心性情三分之格局，承接伊川所未決之糾結而予以釐清，遂將先秦儒家所元有，北宋三家所妙悟之縱貫系統，於不知不覺中拆散、迷失、轉移而爲橫的靜攝系統。吾如此述，非是有意貶視朱子，實因客觀歸結本是如此，故不得不如此說。吾亦非不能欣賞朱子靜攝系統之莊嚴與弘偉，然其不能契悟原有之縱貫系統，則不可掩。此是總癥結之所在，吾只疏導而明之耳。

　　　　　　※　　　　　　※　　　　　　※

　　朱子嘗自謂實肯下工夫去理會道理，吾竊自謂亦實肯下工夫去

理會朱子。問題不在其靜攝系統本身有何難了解，而在其基本觀念
處常與縱貫系統相出入、相滑轉，彷彿相類似，而人不易察之耳。
幾微處彷彿差不多，而其歸結之顯著處，何以又爭辯得如此之激
烈？其批評胡五峰，批評胡五峰之門人，以及批評陸象山，顯出其
如此之不相契，豈真咬文嚼字徒為無謂之意氣之爭乎？豈真可如朱
子之斥之以禪而即了之乎？必不然矣。所謂差之毫釐，謬以千里。
千里處之爭辯，人易見之也，然而**莫能知其所以然**；毫釐處之差，
人亦能彷彿其一二也，然而鮮**能窺破其底蘊**。此幾微處之毫釐之
差，如對於「於穆不已」之實體之理解，對於性體、心體、仁體之
理解，在朱子當時，雙方當事人未能明澈地辨說出其如此說或如彼
說之原委諦義，只知實斥對方之不是。吾觀朱子批評謝上蔡之以覺
訓仁，覺其甚不合上蔡所謂「覺」之意義。其〈知言疑義〉亦甚不
能得胡五峰所謂性、所謂心、所謂仁之原意。其批評胡五峰之門人
亦同樣不能得其所謂「觀過知仁」以及「先有知識」之義。然而上
蔡、五峰往矣，而張南軒隨朱子腳跟轉，不能為其師辨此幾微處之
不同也。而守五峰之說者，如胡廣仲、胡伯逢、吳晦叔等，書札不
存，亦不知其如何辨也。象山只知斥朱子為支離，未能詳辨朱子對
於太極、對於心、對於性等之理解當有如何之歸結也。朱子只知斥
象山為禪，亦未能知其所言之心是何意義之心，其如此抒發道德實
踐之義理是何型之義理也。雙方不能反省地分解辨示己之所理解與
對方之所理解之原委諦義，以期互相觀摩，互相補充，乃至互相糾
正，只知就委著處或個人主觀方面所特有之姿態或情調而相責斥，
如是其基本觀念之幾微處如此說或如彼說之決定性乃成隱形的，人
只覺彷彿差不多，何至相爭如此之激烈，相駁斥如此之嚴厲！如是

講者迷離恍惚，游蕩出入，幾不能判決雙方義理型態之何所是；即偶有所中，亦不能澈盡其原委之全部。既不能澈盡其原委之全部，則所中之一點亦可因另一端緒而衝決，其究也竟亦不知其為中耶，抑為不中耶，而必然性亦喪失。偶有所中者猶如此，則其不中者尤可以出入游蕩而無法盡其異同之實矣。言之不中，盡成誤解，此先賢辨解力不足之故也。殊不知其基本觀念之幾微處如此說或如彼說，此在義理系統之形態上有決定性之作用。當事人雖隱而不能示，而其界脈彰彰，固不能掩也。此亦「莫見乎隱，莫顯乎微」之意，善觀者固瞭如指掌也。然非真透澈者不能至此也。「善力舉秋毫，善聽聞雷霆」，豈不信乎？然而達至善力善聽之境，豈易易哉？讀者可以知此中之艱難矣。若非真肯下工夫澈盡其究竟，固未易至此善力善聽之境也。

　　吾為此困惑甚久，累年而不能決。朱子《文集》、《語類》，卷帙浩繁。隨便徵引一段，順此說下去是如此，但又引一段，似又不然。如是出入游蕩，其實義究何在耶？若非明澈其義理形態與義理背景，則其表面相似之辭語蓋盡可以左右講也。衝突矛盾，觸目皆是。幾不可辨矣！然若澈盡其義理形態與義理背景，則其相似之辭語一見便知只可如此講，而不可如彼講，如是，則表面之衝突矛盾固皆假象，而其底子固甚清晰一貫也。朱子之頭腦甚明智而有條理，其邏輯之一致性亦甚堅強。故終能卓然凝結成其橫列的靜涵靜攝之系統，而決然與縱的直貫系統不相似也。彼似是阿坡羅型之心靈，而非第昂尼秀斯型之心靈。此類比或不必甚恰，然可以如此想。

　　朱子之業績如此其大，故在一般人心目中分量如此其重，不知

不覺常以之爲標準。其他諸家只成開端與過渡，或只補充與輔助，未能達其自性挺立之境也。吾今以之爲中心（焦點），而不以之爲標準。如是，吾乃仔細疏解濂溪之《通書》與〈太極圖說〉，覺朱子之理解未能盡其本體宇宙論的實體、誠體、神體之實也。仔細疏解橫渠之《正蒙》，覺朱子未能理解其「有無、隱顯、神化、性命、通一無二」之義也。仔細整理明道與伊川之〈語錄〉，覺其對于明道之一本論絲毫未有相應之契悟也。其所契接而完成之者只伊川之綱領耳。故對于伊川形而上下之分解，「性即理也」，以及「涵養須用敬，進學則在致知」諸義，衷心贊嘆而不能置。其對于上蔡之「以覺訓仁」，未能明也。其對于胡五峰之《知言》未能解其義理條貫也。其對于胡五峰門人之攻擊未能得其實也。其對于象山之斥責未能知其爲孟子學也。上溯而至先秦，其「仁性愛情」之說，「心之德愛之理」之格式，未能盡《論語》之仁之實蘊也。其以致知格物之義解孟子之盡心知性，乃根本不相應也。其對于《中庸》、《易傳》之本體宇宙論的、即活動即存有的實體之創生直貫義亦未能有相應之契悟也。彼只承接伊川之糾結而以理氣二分、心性情三分之格局解中和（與明德），順伊川之「進學在致知」而著力且得力于《大學》之致知格物，而以敬貫工夫之動靜耳。如是，吾乃見其所卓然形成者乃一靜涵靜攝之系統，而非先秦儒家所本有，北宋三家所妙悟，五峰系所承接，象山以及後來之陽明所盛揚之縱貫系統也。吾以之爲中心或焦點而不以之爲標準者，乃因見其所放射或所反映者，大都不相應，故得脫落而淨盡，而縱橫兩系統之差異亦因而得澄然而呈現也。試觀以下各章之編錄，即可瞭然而無疑矣。（選錄亦不易，非可隨意擇錄者。雖云見仁見智，似無定

準。實則此因不明澈而然。若統系一定，並無許多出入游蕩也。）

　　吾盡量利用王懋竑之《朱子年譜》及《考異》，故關于「中和說」之發展悉依其編錄而編錄。關于此部分，王氏之貢獻甚大，不可沒也。「中和說」確定後，尚有關于〈仁說〉之辨論。王氏對此部分，隻字不提，亦可見其對于朱子義理系統之全部未能明澈也。此其《年譜》之未能完善處。此兩部論辨確定後，則朱子之義理系統與形態全部朗然矣。此後，其以《大學》為規模，對于《孟子》之誤解，以及心性情之宇宙論的解析，理氣不離不雜形上學之完成，與夫晚年所確定表示之宗旨、境界，與方法學上之進路，皆其自然而必然之歸結。讀者若順此次序步步仔細理解下去，必亦自可見其為靜攝系統而無疑矣。

　　吾以下各章之疏解同時亦是一種選錄。朱子《文集》一百卷（外加《續集》十卷、《別集》十卷），《語類》一百四十卷，初學實難于其中握其綱要，對于今之讀者亦實為一種繁重之擔負。《宋元學案‧晦翁學案》實在了草雜亂，不可為準。王陽明之學有《傳習錄》足以代表之。人手一編，時加瀏覽，即可得其良知教之實義，不必非讀其全集不可也（當然再進而浸潤之以全集，更好）。而獨于朱子歷來無一簡約之選集足以代表其學之綱要。此固後起者研習之不精與不勤，而亦實難乎其為選錄也。茫茫大海，何處下手？隨意選取，適足害事。若不明其義理系統之發展與形成以及其發展形成中重要問題之關鍵，實不易下手選錄也。吾意以吾以下各章所疏解者之次序為根據，再繼讀《語類》首六卷（〈理氣上〉、〈理氣下〉、〈鬼神〉、〈性理一〉、〈性理二〉、〈性理三〉），則朱子學之綱要無出乎是矣。《語類》首六卷，是朱子思

想之獨立發皇，雖皆自其博學得來，與其所研習之經典有關，然實佛家所謂「隨自意語」，不是扣緊經典而講也。此固可代表其義理系統之何所是，然此大都是橫斷地平說，尚不能知其來歷。是以若冒然劈頭即從此六卷入手，隨意擇錄以講其義理系統，亦必不能得其實。即稍能得其實，亦必不能眞切明其所以，甚至亦可左右講而引至誤解也。是以此橫斷地平說之六卷必以其系統之縱貫的發展爲支點，然後可以卡住其實義與切義，而不至浮泛不實甚至誤解也。若作朱子選集，如《傳習錄》之代表陽明，則宜順吾以下各章所疏解者之次序，將其有關之文獻照原文全抄，不加節略，再繼之以《語類》首六卷，全錄而每條加以號碼，如此編次而成一簡約之小冊，即可代表朱子學之綱要。讀者人手一編，時加瀏覽，亦可知朱子學之主觀地說爲靜涵靜攝之系統，客觀地說爲本體論的存有之系統，一方欣賞其莊嚴與弘偉，一方與縱貫系統相對照而知其限度與不足。如此，庶可對于先秦儒家之本義以及有宋諸儒之弘揚，皆可得其諦義與確義而無憾矣。

　　歷來宗朱者多矣，宗陸者多矣。然無論在朱方，或陸方，其宗之或反之者，皆重在自得，忙于說自意語，而客觀研究以求其所宗與所反者之諦義與確義則甚少。是則了解他人之功力皆有所不足。吾人今日作此工作，雖非第一義，然處此時代，在弘揚儒家學術上，此亦爲必不可少之工作，不得動輒以「只是解悟」而薄之。殊不知處此混亂之時代，雖求一確定之解悟尚不可得，遑論其他？字句不解，辭語不明，觀念不淸，義理系統不澈，混雜亂說者觸目皆是，尚可妄肆菲薄解悟工作乎？

　　不滿意于朱子者，如陸、王，只是不滿其停滯于靜攝系統而不

能上達于縱貫系統。雖不能對其靜攝系統有通澈之理解，（陽明解說問題之關鍵稍多），然猶是針對問題而發，而對于朱子思想義理之豐富與踐履工夫之篤實與眞切猶不沒也。不但不沒，且因相激揚而益見其問題性之生動，而朱子之思想得以爲活的思想而不死，而永遠有其生命之繼續。即劉蕺山之不滿亦是想于體上講誠意愼獨而收攝朱子也。惟顏、李與戴東原等之濫反則已喪失內聖學之矩矱而脫離軌道矣。此不足論也。至于朱子後而宗朱子者，如宋末淸初之輩，則皆奄奄無生氣。旣不聞問對方之義理，只以異端或禪而抹之，又不能深入朱子靜攝系統之莊嚴與弘偉，復亦無其道德意識之精誠與眞切。只知順其「道問學」而成爲空泛之讀書，而道問學**遂虛浮而不實**；只知順其「涵養須用敬」而成爲無根之居敬，而**敬亦庸俗而不眞**。敬與學只成兩個表面的觸角，至此觸角之**所施與所根則皆割截而塌落**，成爲漆黑一團之不可觸。如是而宗朱，則朱子死矣。旣無思想，又無見識，尤無勇智。內聖之學轉而只成得一些鄉曲拘謹之好人，豈不哀哉！此豈朱子之所及料乎？王懋竑只可算是一考證型之學者，其考證中和問題甚有功，吾亦不泯沒，然而其人太缺乏思想義理之訓練。其考證中和問題之發展只是文獻之迹上不謬，此猶是外部的。至對于此中內部之義理，何以爲舊說，何以爲新說，吾不謂其能明澈也。其對于〈仁說〉之論辨隻字不提，其所抄之〈朱子論學切要語〉大抵限于讀書與居敬，則其不能深入朱子義理系統之莊嚴與弘偉亦明矣。彼將朱子委限于只是讀書與居敬，則朱子之**義理之大**與**道德之眞**全不能見，而朱子亦死矣！吾見唐鑑所撰《淸學案小識》中有傳道、翼道、守道之分類，酸腐肉麻，不堪入目。今人以傳道、衛道爲譏笑人之醜字，皆源于此書。夫濂

溪、橫渠、程、朱、陸、王皆以傳道對抗佛老自任，何以人皆致其
贊嘆而不以爲醜耶？亦未聞分誰爲傳道，分誰爲翼道，分誰爲守
道。傳道、翼道、守道之分，即可見其爲無聊而不通矣。假若有以
《清學案小識》中之傳道、翼道、守道而譏及周、張、程、朱、
陸、王者，則其人爲無知。然而清初宗朱者之酸腐庸陋，其累及朱
子者亦甚矣。近人又多喜談陽明，而很少有人講朱子，朱子似只成
爲陳腐之古董，則亦中國學術之不幸也。朱子豈眞如此哉？朱子之
潛德幽光猶待發揚也。

第二章　朱子參究中和問題之發展

第一節　三十七歲時之中和舊說二書

　　南宋孝宗乾道二年丙戌，朱子三十七歲。是年朱子有與張欽夫討論中和問題之二書：一自注爲「非是」；一自注爲「尤乖戾」。後來四十三歲時〈中和舊說序〉中有云：「暇日料檢故書，得當時往還書稿一編，輒序其所以，而題之曰『中和舊說』。」是則朱子當時所檢編之往還書稿而題之曰「中和舊說」者，不只此有自注之兩書。但吾人今日且以此有自注之兩書作爲「中和舊說」之標準，其餘則劃歸于舊說下之浸潤與議論。而此所劃歸者亦不是朱子當時所檢編者之舊，乃是依據王懋竑《朱子年譜》所考輯者而編成。朱子當時所檢編者，于編《朱文公文集》時，已被拆散而錯雜，或有脫失亦未可知。王懋竑以有自注之二書爲準，詳檢《文集》，重予類次，其功不可泯也。茲且先從有自注之二書討論起。

　　1.〈與張欽夫〉書：先生自注云：此書非是。但存之以見議論本末耳。下篇同此。

人自有生，即有知識。事物來交，應接不暇。念念遷革，以至于死。其間初無頃刻停息，舉世皆然也。然聖賢之言，則有所謂未發之中，**寂然不動**者。夫豈以日用流行者爲已發，而指夫暫而休息，不與事接之際，爲未發時耶？

嘗試以此求之，則泯然無覺之中，邪暗鬱塞，似非**虛明應物之體**，而幾微之際，一有覺焉，則又便爲已發，而非寂然之謂。蓋愈求而愈不可見。

於是退而驗之于日用之間，則凡感之而通，觸之而覺，蓋有**渾然全體應物而不窮者**，是乃天命流行，**生生不已之機**，雖一日之間，萬起萬滅，而其**寂然之本體**，則未嘗不寂然也。所謂未發，如是而已。夫豈別有一物、限於一時、拘於一處，而可以謂之中哉？

然則**天理本眞**，隨處發見，不少停息者，其體用固如是，而豈物欲之私所能壅遏而梏亡之哉？故雖汩于物欲流蕩之中，而其良心萌蘗亦未嘗不因事而發見。學者於是**致察而操存**之，則庶乎可以貫乎大本達道之全體而**復其初**矣。不能致察，使梏之反覆，至於夜氣不足以存，而陷於禽獸，則誰之罪哉？

周子曰：「五行一陰陽也，陰陽一太極也，太極本無極也。」其論至誠，則曰：「靜無而動有。」程子〔伊川〕曰：「未發之前，更如何求？只平日涵養便是。」又曰：「善觀者卻於已發之際觀之。」二先生之說如此，亦足以驗大本之無所不在，良心之未嘗不發也。（《朱文公文集》卷第三十，書，問答，〈與張欽夫〉十書之第三書）

案：此書所論，要點是以「天命流行，生生不已之機」為未發之中
體。此中體亦得曰「天理本真」，亦得曰本心或良心。至于工夫則
是「致察而操存」此本心或良心，由「良心萌蘖」、「因事而發
見」而「致察而操存之」。「致察」是致察此良心之發見，操存是
操存此本心或良心。能「致察而操存之，則庶乎可以貫乎大本達道
之全體而復其初矣」。此句是落在「致中和」上說。

此要點中之辭語須略加說明。

一、「天命流行，生生不已之機」，此是從《詩·周頌》「維
天之命，於穆不已」而來。「流行」是從「於穆不已」說。此天之
命之於穆不已，天之於穆不已地表示其命令之作用，便是宇宙之
「實體」。剋就「於穆不已」言，此實體亦曰「天命流行之體」，
言此「天命流行」即體也，即宇宙之實體也。有此於穆不已之天之
命，遂有萬物之「生生不已」。故此「天命流行之體」亦即萬物
「生生不已之機」。「機」者機竅，機是關捩點。撥動此關捩點，
則萬物遂得以生生而不已焉。故吾亦常說此「天命流行之體」即是
一創造之真幾，或創生之實體（creative reality）。（說「真幾」
之「幾」與說「機」不同。「機」是機竅、關捩點，是關聯著萬物
之生生不已說。說「真幾」是收歸到此實體自身說，此實體自身即
是「生物不測」之真幾。「幾」者，動之微。說「真幾」即是取
「動之微」義而說此實體即是一微妙而真實之動源、生源）。《中
庸》言誠體、言「為物不貳、生物不測」之天道，《易傳》言窮神
知化，皆是對于此「天命流行之體」之闡揚。而北宋濂溪、橫渠、
明道亦皆是重在對于此「天命流行之體」之體悟。朱子開始正式參
究中和問題，亦是從此「天命流行之體」說「中」。中是代表語，

即指目此「流行之體」而言，故亦得曰中體，中即是體。本來，從此「天命流行之體」說作為「天下之大本」之「中」正是諦當之論，並無不可處。朱子泛讀北宋諸家之說，自略有所聞。此書末段提及周子「無極而太極」，「靜無而動有」，亦正示由「天命流行之體」說「中」也。蓋周子「無極而太極」、「靜無而動有」諸語，亦正是對于天命、天道之體悟上之轉換表示也。至復提及伊川語，則非是，俟稍後再說。

二、「未發之中、寂然不動」，由未發已發很易想到寂然不動、感而遂通。《易‧繫辭‧上傳》第十章云：「易無思也，無為也，寂然不動，感而遂通天下之故，非天下之至神，其孰能與於此。」此為言寂感義之最初的文獻。同章上文又云：「是以君子將有為也，將有行也，問焉而以言，其受命也如響，無有遠近幽深，遂知來物，非天下之至精，其孰能與于此。」「其受命也如響，無有遠近幽深，遂知來物」亦「感而遂通天下之故」之意。此雖言占筮之事，然由其感應之神，亦足以象徵「於穆不已」之「天命流行之體」。《中庸》言「天地之道可一言而盡也，其為物不貳，則其生物不測」，此亦是以精誠不二純一不雜明天地之道也。天地之道即生道。其所以能「生物不測」，正由其純一不雜，精誠不二也。《易傳》由占筮受命時之「寂然不動，感而遂通天下之故」以及「其受命也如響，無有遠近幽深，遂知來物」，以明此事之至精與至神。吾人即由此至精與至神以及純一不雜精誠不二來體會此「於穆不已」之實體，故亦可由「寂然不動、感而遂通」來說此創生之實體。然一說寂感，即明此實體乃一虛靈、虛明之活物。此虛靈虛明之體即由神以實之，或由心以實之。心即天心也。惟神與心始可

說寂感。說「天命流行之體」，乃至說「創生之實體」，是形式地說，客觀地說，說心、說神、說寂感是實際地說，內容地說，亦是主觀地說。此即明此「於穆不已」之實體不只是理，亦是心，亦是神，總之亦可曰「寂感眞幾」（creative reality = creative feeling）。此是此實體在本體宇宙論處爲心理合一、是一之模型。若道德自覺地言之，便是孟子所說之本心或良心。心即理，此是那心理是一之模型之實踐地彰著。朱子由天命流行之體說未發之中很易想到寂感，亦很易想到「心」義，故有「虛明應物之體」之語。由此，亦很易想到孟子之本心或良心，故有「良心萌蘖亦未嘗不因事而發見」之語。朱子此書說中體幾完全以心體說之。天命流行之體即中體，亦即心體。如此說中，心體完全能客觀地，實體地挺立起，不是偏落一旁而與「天命流行之體」爲平行對立也。

　　三、「學者於是致察而操存之，則庶乎可以貫乎大本達道之全體而復其初矣。」此書言致察是察此良心之發見，操存是存此本心良心而不令放失。如此言工夫，是孟子「求放心」之路。（「學問之道無他，求其放心而已矣。」）「致察而操存之」，則本心呈現。「貫乎大本達道之全」，此即「擴而充之」，「沛然莫之能禦」之義。致察與操存唯施于此本心，亦明道「學者須先識仁，〔……〕識得此理，以誠敬存之而已」之義。胡五峰一系亦是此路。如胡五峰言「先識仁之體」，胡廣仲、胡伯逢、吳晦叔等言「觀過知仁」，「先有知識」，皆是表示致察與操存唯施于此本心，工夫唯是在使此本心呈現上用。因而有「先察識後涵養」之說。先察識者即「學者須先識仁」、「先識仁之體」之謂也。察、存雖可同時，然在義理次序上說「先察識後涵養」並無過。此先後

之語唯在明工夫之本質的關鍵，非于涵養有所輕忽也。朱子此書所說，其辭語所表示之方向亦是此路。

如上三點所說，好像此書亦未見得「非是」。然而朱子竟自注其為「非是」何耶？此示朱子此書雖在辭語上如此說，然對于此等辭語之實義，彼並無真切之體悟，亦並不真能信得及，其如此說亦並非真能自覺地清澈其原委而如此說，恐只是順北宋諸家之體悟而不自覺地浮光掠影如此說。此非其生命之本質，彼于此用不上力。故著實磨練幾年後，至四十歲而覺其「非是」。「非是」者是對四十歲時「中和新說」而說，亦是自朱子本人主觀地而言之，非是客觀義理上，此書之辭語所示之方向真有謬誤處也。此「非是」之實，吾斷其為：

㈠在三十七至四十歲之間，朱子對于此「天命流行之體」、寂感真幾、創生之實體，並無真切而相應之契悟，只是彷彿有一個儱侗的影像。至四十歲因與蔡季通問辨，忽然開朗，其著實而分解之精神得有真切落實處，遂將此「天命流行之體」拆散而轉為理氣二分、心性情三分之格局。在此格局下，雖與「天命流行之體」一詞之原義不相應，然卻足表示朱子對此亦有一切解。至四十歲以前，其心中並無切解，既對于原義無相應之切解，即其自己心中所以為切解者亦未形成，故只是一儱侗之影像。儱侗之影像不能落實于心中。及其一旦向另一方向趨而得有落實處，遂以此書為「非是」而放棄矣。

㈡在此期間，彼對于孟子所言之「本心」亦同樣只是一儱侗影像，並無真切之契會，對于「良心萌蘗因事而發見，于是致察而操存之」之為實踐工夫上之本質的意義亦並不能真切地信得及，故亦

終于在此不能用上力。及其著實而分解之精神一旦得有眞切落實處，對于孟子所言之「本心」有一自以爲眞切的理解時，則孟子之「本心」亦被拆散而爲心性情之三分矣。其對于孟子之本心之眞切理解既成爲心性情之三分，則工夫即轉爲先涵養後察識，靜時（平素）涵養爲本，動時察識致知（格物窮理）爲用，而致察操存之唯施于本心之工夫上之警策處以及其道德實踐上之本質的意義皆全不能理解而放棄矣。此其于此本不眞切，故亦用不上力，因而亦視此書所說爲「非是」矣。

　　㈢此書所說本自成一系義理，只因朱子對此並不眞切，亦不能淸楚地意識及此中之原委，故及其一旦覺察到此書所說之未發已發似不能落實于《中庸》之語句，遂以爲「非是」而放棄矣。蓋此書言未發已發皆是自「天命流行之體」上言。未發是此體之寂然不動，已發則是此體之顯現，發用流行，即良心萌蘖之因事發見。此只是「天命流行之體」之寂感無間之一體而流，故此書特重于並非「別有一物、限於一時、拘於一處、而可以謂之中」，而下第二書因張南軒之致疑，亦特重于未發已發之並非「二物」。此似有類于後來王學所謂「良知即是未發之中，即是發而中節之和」。此皆收歸至「體」之自身上而言之。故重在對于道體（大本）之體悟。然如此說未發已發並非《中庸》原文之意。《中庸》明是就喜怒哀樂說未發已發。而喜怒哀樂是情，非即道體（性體、心體、天命流行之體）也。《中庸》原意是就喜怒哀樂未發時見中體，非其不發自身便是中也。（伊川說是「在中」義，只不發便是中，非是。）就其發而中節時而說和。既是由發而中節而說和，則喜怒哀樂之發有中節時，亦有不中節時可知；有和時，亦有不和時亦可知。喜怒哀

樂自身並不函必有中節之和也。是則喜怒哀樂之發並不同于本心之「發見」。「已發」與「發見」非同義也，亦非同指也。已發之發是情之激發起，而「發見」則是本心中體之呈露。呈露即函有其創生之用、潤身之用，而此用亦非情之已發也。創生之用不離情，潤身之用節夫情，然而非即是情。朱子未能察及此兩發字之不同也。然彼似乎覺察到只從體上說未發已發顯非《中庸》原文之意。故下節所錄第二書（亦三十七歲時與張敬夫者）有云：「大抵目前所見，累書所陳者，只是儱侗地見得個大本達道底影像，便執認以為是了，卻於致中和一句全不曾入思議。」朱子此意尚不足以表示其已至四十歲時「中和新說」之程度，然吾人可藉此以表示其只從體上說已發未發實不足以直接落實于《中庸》致中和之原意。朱子一方對此中體、本心並不真切，只是見得一個儱侗的影像，一方又覺得從體上說已發未發並不合《中庸》原意，故遂以此書所說為「非是」矣。然此書所說，順其辭語之係絡與間架，客觀地實代表一系義理（不管朱子本人真切不真切），不容輕議其「非是」。只要知道從體上說的未發已發只是中體、本心自身之寂感無間，而非喜怒哀樂之未發已發，而喜怒哀樂之未發並不等于本心寂然不動之未發，而喜怒哀樂之已發亦不是本心發見之發，則由「天命流行之體」說中體，並由本心以實之，則由此中體之呈現而說中和亦甚逕直而顯豁，並非不可通者。蓋本心之寂感無間呈現，超越之體駕臨于感性層之喜怒哀樂之上主宰而順導之，則喜怒哀樂之發自無不中節而和矣。如此講，則超越之體與感性之喜怒哀樂之情分別既嚴，而超越之體之超越地順節夫喜怒哀樂之情之義亦顯。說實了，只是一本心之沛然莫之能禦，而形氣之發無不順命也。朱子此書中所云

「學者於是致察而操存之，則庶乎可以貫乎大本達直之全體而復其初矣」，實亦即是說的此義，此便足以落實地解「致中和」之義矣。但朱子對此義本不真切，其如此說，好像只是順便一說，並未意識得很清楚，亦並未進入其生命中，故說過便忘了，而以爲「卻於致中和一句全不曾入思議」，此其對于此義不澈可知矣。而又混喜怒哀樂之發與本心發見之發而爲一，將本心發見之發看作喜怒哀樂已發之發，故後來力反胡五峰一系先察識後涵養之義，以爲彼所說之察識即是其所說之動察（察識于喜怒哀樂之已發），而不知彼所謂「先察識」即是「先識仁之體」之義，亦即朱子此書所說之致察于「良心萌蘗之因事發見」之義，非察識于喜怒哀樂之已發也。朱子混而同之，不亦誤乎？因此混同，後來復以爲此舊說是「目心爲已發，而以性爲未發之中」（四十歲時〈已發未發說〉及〈與湖南諸公論中和〉第一書皆如此說），認此爲非是，此皆不諦之反省也。自家不諦，人亦莫能辨矣。殊不知就此舊說所應函之義理言，並非「目心爲已發、性爲未發」者。此皆由于混同本心發見之發爲喜怒哀樂之已發之發故也。舊說、新說之別乃是兩系義理之別。舊說乃是孟子系之義理，而新說則是朱子本人順伊川之糾結所清澈成之靜涵靜攝之系統。朱子既不清澈洞曉其舊說之何所是，故其反省亦不諦。因彼對于「天命流行之體」以及孟子所言之「本心」本不真切故也。

　　以上三點是朱子所以認此書爲「非是」之故。既對于「天命流行之體」與孟子之「本心」無諦見，而于此書所代表之一系義理又不能真切，因而亦信不及，故終于放棄，乃捨而順從伊川之糾結而前進。

此書末尾除提及周子「無極而太極」、「靜無而動有」外，復提及伊川「未發之前更如何求？只平日涵養便是」之語，以及「善觀者卻於已發之際觀之」之語。並最後謂：「二先生之說如此，亦足以驗大本之無所不在，良心之未嘗不發也。」夫由周子之語可以「驗大本之無所不在」，而由伊川之「於已發之際觀之」如何便能驗「良心之未嘗不發」？此明是混良心發見為喜怒哀樂之已發，而竟不知其全書所說者為何是，並亦不知伊川所說為何是也。伊川對此問題本已糾結不清矣，而朱子此書之提及伊川亦只是望文生義一提，亦本未能釐清其所說。然其後來終于順伊川之糾結而前進，則無疑。朱子對于伊川有生命本質上之偏好。捨由「天命流行之體」與孟子之「本心」說中和之康莊大道而不由，而卻欲從伊川之糾結迂曲而進行其釐清之工作，此亦見其于體上工夫有欠缺也。此由下第二書益足以明之。然則彼所以認此舊說為非是，自吾觀之，固由于其對于「天命流行之體」以及孟子之本心無諦見，然自朱子觀之，則實由于此舊說與伊川語不相合也。

2.又〈與張欽夫〉書：先生自注云：此書所論尤乖戾。所疑〈語錄〉皆非是。後自有辨說甚詳。

前書所扣，正恐未得端的，所以求正。茲辱誨諭，尚有認為兩物之弊。深所欲聞，幸甚幸甚。當時乍見此理，言之惟恐不親切分明，故有指東畫西、張皇走作之態。自今觀之，只一念間已具此體用。發者方往，而未發者方來，了無間斷隔截處。夫豈別有物可指兩名之哉？然天理無窮，而人之所見有遠近深淺之不一。不審如此見得，又果無差否？更望一言

垂教，幸幸。

所論龜山《中庸》可疑處，鄙意近亦謂然。又如所謂「學者于喜怒哀樂未發之際，以心驗之，則中之體自見」，亦未爲盡善。大抵此事渾然無分段時節先後之可言。今著一時字、一際字，便是病痛。當時只云寂然不動之體，又不知如何？〈語錄〉，亦嘗疑一處說「存養于未發之時」一句，及問者謂當中之時耳目無所見聞，而答語殊不痛快〔案：此指蘇季明問、伊川答而言。〈語錄〉，伊川〈語錄〉也。〕不知左右所疑是此處否？更望指誨也。

向見所著〈中論〉有云：「未發之前，心妙乎性；既發，則性行乎心之用矣。」於此竊亦有疑。蓋性無時不行乎心之用，但不妨**常有未行乎用之性耳**。今下一前字，亦微有前後隔截氣象。如何如何？熟玩《中庸》，只消著一未字，便是活處。此豈有一時停住時耶？只是來得無窮，便常有個未發底耳。若無此物，則天命有已時，生物有盡處，氣化斷絕，有古無今，久矣！此所謂天下之大本，若不眞的見得，亦無**揣摸處**也。（《朱文公文集》卷第三十，書，問答，〈與張欽夫〉十書之第四書）

案：此書所說是因張南軒致疑前書所論未發已發「尚有認爲兩物之弊」，而進一步自「天命流行之體」自身說未發已發之無間：「只一念間，已具此體用，發者方往，而未發者方來，了無間斷隔截處。」

張南軒何以覺得前書所論未發已發「尚有認爲兩物之弊」，亦

頗不好說。若衡之此書「發者方往，而未發者方來，了無間斷隔截處」之義，則前書所說似已能充分表示此意。「渾然全體應物而不窮」一語即可表示此意。「渾然全體」是「寂然之本體」，「應物而不窮」是動發而未已。這其間並無隔截處，亦無「兩物」之嫌，只是一體之流行。「天理本眞隨處發見，不少停息」，亦可以表示此意。然則南軒之疑亦只是一時之感覺，並非眞有間隙可被指摘。眞正問題並不在此。

自「天命流行之體」自身說未發已發並非《中庸》原文之意，但可以如此去體悟此體之流行無間。單就無間說，朱子能作到，其辭語並無甚滯礙。即措辭不善巧，稍有滯處，若能善通其意，亦不成過。問題不在此，不必於此斤斤也。眞正問題乃在：一、對此「天命流行之體」眞見到否？眞有相應之契悟否？二、此「天命流行之體」（中體、大本，即使未發已發了無間隔，亦只是此中體、大本）如何能落實于《中庸》原文而形成對于「致中和」之解析。關此兩問題，朱子此時皆未能作到。不但一時未能作到，至「中和新說」成立後，終生未能作到。蓋此是另一系義理，朱子未能入故也。

關于「天命流行之體」之自身，朱子並無眞切相應之契悟。首先，若眞有相應之契悟，而且眞能信得及，何至因南軒之疑，便謂「當時乍見此理，言之惟恐不眞切分明，故有指東畫西、張皇走作之態」？此自己已先恍惚搖蕩矣。雖在辭語上看不出有若何疵病，然在心中實不透澈也。北宋濂溪、橫渠、明道言此者多矣。有許多現成之辭語可用。稍有思理，辭語相連，亦自成係絡。然表面辭語自成條貫，而心中實不解者比比皆是。北宋諸家雖多有體悟，朱子

亦聞之熟矣，然自實得而言，在朱子卻只是「乍見」。此其所以恍
惚搖蕩，而自謂「只是儱侗地見得個大本達道底影像」之故也（見
下節第二書）。其次，從義理方面說，朱子對于此「天命流行之
體」似只著重在「流行之迹」上。殊不知此所謂「流行」是剋就
「於穆不已」言，而「於穆不已」是上屬而剋就「天命」自身說。
從「於穆不已」之天命而說成的「天命流行之體」，此體自身實無
所謂「流行」也。「流行」只是由其所引起之生化過程（亦曰氣化
過程）而倒映于其自身之虛相。而其自身「於穆不已」之命令作用
實無所謂「流行」，亦無所謂過程也。此是無迹的，此是「動而無
動、靜而無靜」之至神的，故曰體，此方是「於穆不已」之天命之
自身。其自身非真是一流行過程也。故「天命流行之體」，字面上
雖是一動態辭語，而此體自身實是靜態的——靜而無靜之靜態的，
當然亦是動而無動的。說「流行」者只是帶著其所引起之生化之
用、體用不離而說，以見凡有氣化之處皆無非是天命之所作用耳。
若只著于氣化不息之迹上，認此氣化不息之迹即是「天命流行之
體」，則落于現象主義之實然之平鋪，此則非是。孟子云：「原泉
混混，不舍晝夜。〔……〕有本者如是。」此是一象徵之譬喻。若
懂其意（重在說本），則這樣描畫指點地說之，亦是善喻。若依此
「源泉混混，不舍晝夜」之象徵的譬喻而觀之，朱子此書以及前書
所說，大體亦可不錯。「發者方往，而未發者方來，了無間斷隔截
處」，以及「只是來得無窮，便常有個未發底耳」，亦實可陳說此
「源泉混混，不舍晝夜」一語之辭面之意。在混混之流中，未發已
發實是一體而轉，何曾有「兩物」之嫌？何曾有「隔截氣象」？何
曾有「分段時節先後之可言」？但如此說，須能懂其意，須能提得

住，須能清澈明透到那「於穆不已」之天命之體，方能真切知得那
「來得無窮」之實以及其所以然。若不能清澈明透到那天命之體，
不能提得住，只是實然地平鋪地說個「發者方往，而未發者方
來」，「只是來得無窮，便常有個未發底耳」，只是從「來得無
窮」說未發之中，則便只是著于氣化不息之迹上說「天命流行之
體」，此則成大誤引。若再由此想到莊子所謂「方生方死，方死方
生」，以此為「了無間斷隔截」之一體而滾，則更是大悖。朱子于
此實未能明透也。北宋唯明道於此能清澈明透，既圓融，而又能提
得住。朱子于此不能有相應之契悟也。若真能相應，而能提得住、
信得及，則何至有「手忙足亂、無著身處」之自譏？（見下節第二
書）可見其未能真明透也。亦傀儡影像之見耳。傀儡非朱子之所能
安，影像終歸于要拆穿。後來朱子對此有其真切之處理，亦有其所
至之明透，然其真切明透所至者乃是將此「天命流行之體」拆散而
成為理氣二分、心性情三分格局下之只是理，而心、神則屬于氣。
此即非原有之「天命流行之體」之本意也。此即示仍無相應之契會
也。

　　關于此「天命流行之體」如何能落實于《中庸》原文而形成對
于「致中和」之解析一問題，朱子亦未能有明透之解答。其後來所
明透者只是「中和新說」所代表之義理，而非此舊說所指向之義理
也。若對于此「天命流行之體」有相應之契悟，則本體宇宙論地言
之，此體即中體，中體呈現，引生氣化，並主宰氣化，氣化無不中
節合度，順適條暢，此即所謂達道之和。若自人之道德實踐而言
之，此中體即是吾人之性體，亦即本心。本心呈現，創生德行，則
凡喜怒哀樂之發，四肢百體之動，無不有本心之律度以調節之，亦

無不在本心之潤澤中而得其暢遂，此即所謂睟面盎背，以道徇身，此亦即所謂達道之和也。若于此透澈而能信得及，則「先察識後涵養」，「先識仁之體」，乃工夫之切要而必然者。道德實踐之本質的關鍵唯在如何能使中體呈現以致達道之和，此即朱子前書所說于良心萌蘗之發見致察而操存之之義也。但朱子對此義不眞切，信不及，一無所受用，終于放棄如此解中和之路數。其所以不眞切、信不及、無受用者，只因其對于此中體不明透，卻只著實于氣化之迹上說那未發已發之無間，只成一條氣機鼓蕩之直線流，故「指東畫西、張皇走作」，「手忙足亂、無著身處」也。夫《中庸》之言「喜怒哀樂之未發謂之中」，明是言就喜怒哀樂未發時，靜見中體之大本，此是截斷眾流、復以見體之意。「未發」是就感性層之喜怒哀樂說，此是由感性層而進入超越層之機竅。今朱子將此「未發」移向「天命流行之體」上就其寂然不動處說未發，或就其「來得無窮，便常有個未發底」，把未發說成尚有未曾來者在，此是未發已發之錯置，同時亦將天命流行之體誤認為氣機之鼓蕩。就「天命流行之體」之寂然不動說未發尚不離格，至于就「尚有未曾來者在」說未發，則簡直是離格，完全走了樣子。未發已發本只能就經驗之事言。經驗之事或是感性之情（喜怒哀樂），或是氣機之化。于此方可言動靜以及未發與已發。動靜已發未發皆事變氣化上之時際，而中體則不可以如此等等之時際言也。即就中體言寂感，亦是體上之寂感一如，而非感性之情未發時之寂，亦非其已發時之感。體上之寂感一如無所謂未發已發也。（當卜筮時，蓍草乃無思無為之物，此是寂然不動，及問卜而受命如響，則是感而遂通。此言寂感是因就卜筮之事而言，故有寂時感時之異相。及將寂感用來說中

體、神體、天命流行之體，則只是即寂即感，寂感一如，而無時際異相之分，因而亦無所謂未發已發之分，此只是中體如如不已其神用。）即就中體言動靜，亦是體上「動而無動、靜而無靜，神也」之動靜一如之動靜，而非感性之情上未發時之靜、已發時之動也。如此妙悟中體，則中體不可著實于氣化之迹上拉成一條氣機鼓蕩之直線流之方往方來亦明矣。氣化事變方往方來之無窮盡，只在中體如如不已其神用下始可能，而亦只因在中體之主宰調節下始能成其中節之和而爲達道之行。致中和的問題只是由感性之情未發時見一異質之超越之體，復返而由此體以主宰情以成爲情發之和。決不能將未發已發移向體上平鋪地將體拉成一條未發已發之無間線。至于中體主宰氣化情變，將氣化情變全收攝于體上，成爲體用圓融之一體平鋪，則是另一義，而非以體爲未發者，以用爲已發者，未發已發無間而爲一條直線流也。未發已發皆是用上事。所謂「未發之中」乃是「于情變未發時見中體」之簡語，非是「就未發出來的說中」也。亦非伊川所謂「在中」，所謂只不發便是中也。此種語意決不可因隨口滑過而錯亂混擾也。

　　朱子不知就上兩問題仔細體會中體之創生義、直貫義，以及主宰義，而卻只因南軒之疑，將未發已發移向體上說，斤斤較量方往方來之無間，斤斤較量時字際字之病痛。龜山言「學者于喜怒哀樂未發之際，以心驗之，則中之體自見」，此義並無過差。明是就喜怒哀樂之情變言未發已發，如何不可「著一時字、際字」？氣機之化方往方來無隔截，「渾然無分段時節先後之可言」，豈礙吾人之情變有動靜之異時與夫未發已發之異際耶？即方往方來無隔截，渾然一體而轉，亦非無時之先後際也。不過是連續而往、連續而來而

已。據實言之，云「無間斷隔截」可，而言「渾然無分段時節先後之可言」則亦可亦不可，因明是在時流中也。斤斤于此，直鬧得難著一字，動輒得咎，甚無謂也。此不是真正問題之所在。

至于書中復提到南軒所著〈中論〉有云：「未發之前，心妙乎性。既發，則性行乎心之用。」此義亦可說。此言「未發之前」當然是就喜怒哀樂之情說。未發之前即是靜時。靜時性體昭然呈現，而心不敷施發用，內歛于性而妙之，心與性一，以見性非抽象之空懸，則性體之自存即是心體之淵渟。喜怒哀樂既發，則心體之敷施發用亦隨之，而性體即同其敷施發用而行乎其中以實之。心性兩者融于一而同節乎情，則情之發亦和矣。無論未發已發，皆顯超越的心性之為體。而朱子乃謂「下一前字，亦微有前後隔截氣象」，則是仍本其方往方來、未發已發一體無間之義而說也。此是錯置未發已發，故疑不對題。此不足論。但其提到南軒此語，即已接觸到心性問題。前書只言天命流行之體，只言寂感，亦只提到孟子之本心、良心，尚未提到性字，亦未心性對言。但此一問題，必正式接觸到心性始能內容地確定出朱子中和新舊說之異。蓋天命流行之體、中體，只是形式辭語。須有各分際上之種種辭義以規定之。如說到寂感，即已接觸到心字神字。但此心、神仍是本體宇宙論地說之者。自人之自覺地作道德實踐言，始接觸到孟子之本心。此本心亦即中體也。本體宇宙論地說，為「天命流行之體」，而自其具于個人言，則謂之性。是以此「天命流行之體」，若具體而內容地言之，即是誠體、神體、寂感真幾，本是心理合一者，而不只是理，因而亦可曰心體（此心體尚是本體宇宙論地言之之心體）。自其為吾人之性體言，其具體內容亦如此，因而亦即是心體，而心體之所

以成其爲心體是由道德的自覺而體證，此即孟子所謂本心。此本心
能自發律則，故心即是理。此「心即是理」之本心即是吾人所以能
作道德實踐，能成爲道德的存在，能發展其道德人格，乃至充其極
而至聖域之所以然之超越根據，此亦即人之所以爲人所以成聖之理
（此理以超越的根據即超越的所以然之義定，非單指律則之爲理之
理言），故亦即是人之性，亦得曰聖性（聖性即成聖之性，猶言佛
性）。故此本心即是性（此性亦以超越的根據即超越的所以然之義
定，非是單指那律則之爲理而言性）。心自發律則，就此律則言，
亦是理。此理是本心所自具之本質的、必然的內容。此理之義是實
說。至于此心理爲一綜起來而爲吾人之性，就此性而說理（人之所
以爲人乃至所以爲聖之理），此理之義是虛說。實說、虛說之理是
兩個層次上意義不同之理。不可混同。

　　南軒所謂「未發之前，心妙乎性。旣發，則性行乎心之用」，
此義心性對言，恐多少與胡五峰之思路有關。胡五峰言「性，天下
之大本也」，又言「性也者，天地所以立也」，又言「性也者，天
地鬼神之奧也，善不足以言之，況惡乎哉？」性爲超越之絕對體，
爲天地萬物之所以爲天地萬物之自性原則，亦曰客觀性原則。至于
其言心則曰：「心也者，知天地宰萬物以成性者也。六君子〔案：
即堯、舜、禹、湯、文王、仲尼〕盡心者也，故能立天下之大本，
人至于今賴焉。」是則心爲形著原則，亦曰主觀性原則。心之「成
性」是「形著」之成，非「本無今有」之成。盡心以「立天下之大
本」，立亦是形著之立，非本無今有之立。說性是客觀地形式地
說，其具體而眞實的內容全在心中見。性之具體而眞實化即是心。
此即是心之「成性」，亦即是「盡心故能立天下之大本」。自

「成」與「立」言，最後心性是一。性全融于心，心全浸于性。心性對言只是爲的要說此形著之成與立的關係，此是過渡之權言，及其經過此過渡，而客觀地落實以言之，則心性是一。故其心性對言不表示心性客觀地即是相對平行之二體（關于胡氏之義理詳解見〈胡五峰章〉）。南軒言心妙乎性，性行乎心之用（就未發已發言），雖與其師之義理不盡同，但其就未發已發說此義，恐多少亦淵源于其師。未發，「心妙乎性」，「妙」字亦甚妙，此見南軒之穎悟。未發時，心內歛于性體而與性體之自存同其自存，此時心與性皆歸于其自己而自持其自己，水乳交融而同是自存不失其自體，且是如如爲一地自存而不失其自體，然而主動卻在心，故言「心妙乎性」。此是靜時之心之形著義，妙亦形著也。發時，則心施布展現，而性亦密與俱現，令不放失，此即是「性行乎心之用」。此時主動在性，故偏重于性而言之。然而心之形著義未始泯沒也。此是動時之心之形著義。形著性而能使性行乎心之用，則性成矣，天下之大本亦于焉以立。此亦如濂溪之言「元亨，誠之通；利貞，誠之復」。「復」亦即成與立之義也。言于利貞處，誠體始能復而自見自立而不流逝而蹈虛也。發時心之施布展現，隨喜怒哀樂之情而主宰調節之，使之當喜而喜，而喜不過；當怒而怒，而怒不過；當哀而哀，而哀不過；當樂而樂，而樂不過；此即是心體之利貞也。心體之利貞而性之義具焉，此即是性之成與立。至于「心妙乎性」，則「元亨，誠之通」也。此雖心性對言，而其歸也亦是一而不二。故南軒此義恐亦是淵源于五峰而來也。南軒〈中論〉今不得見，彼于其師所得亦淺，彼說此語其所自覺之指歸究如何亦不得知，又彼此後常隨朱子腳根轉，其言心性全失五峰之遺規，然常常保留有五

峰之痕迹，此或其心態使然，不必眞能有清澈之自覺也。又此〈中
論〉之語，雖其自覺之指歸究如何不得知，然其如此言之心性總是
超越之體則無疑。

　　然朱子于此接觸到心性，則模糊。其于南軒此語亦有疑，而
云：「蓋性無時不行乎心之用，但不妨常有未行乎用之性耳。」前
句尚無緊要，而後句則有問題。其于此書所以如此說，蓋本其自
「天命流行之體」上，着實于氣化之迹，說方往方來、未發已發之
無間，「來得無窮，便常有個未發底」而來。「來得無窮便常有個
未發底」未曾發出來。從此「總有未曾發出來底在」而言，此即是
性，故云「不妨常有未行乎用之性耳」。故在此舊說中，朱子是以
未發爲性，已發爲心。下節所錄第一書即明言此義。其如此言性，
性之函義畢竟如何頗難說。蓋只是一儱侗空泛之詞。但由其空泛之
辭語所指引，吾人可知其所說之「性」好像是一個光源永遠不息不
盡而又無間地向外放射出光來，又好像是一個源泉永遠不息不盡而
又無間地向外流。故吾前文已提到孟子「源泉混混，不舍晝夜」之
語。他的空泛陳述（說嚴整一點，是形式陳述）正好是孟子此語辭
面之意義。（但孟子此語是指點語，非着實語。）此書方往方來，
來得無窮，固是此意，即前書由「渾然全體應物而不窮」（此就吾
人日用之間之感應言）說「天命流行生生不已之機」，彼亦體會成
只是此意。但如此說性，性被拉成一個氣化之流，只是此流之無盡
藏之源而已。「只是來得無窮，便常有個未發底」，從「常有個未
發底」說性，性即被拉散了、動盪了，歷來無如此體會性者。此既
不是朱子後來所說的「只是理」之性，因爲性只是理，尚能保住其
爲一超越體，而理亦不能被拉散而動盪；亦不是就誠體、神體、心

體、寂感眞幾而說性者，因爲無論是誠體、神體、心體、寂感眞幾，皆不能拉成一條氣化流而從「常有個未發底」說誠、說神、說心等等也。皆只是說精誠不二、純一不雜、動而無動、靜而無靜、即寂即感、寂感一如、遍常貞定、而非憧憧往來。有此於穆不已之眞體，故氣化無盡，而此體本身無所謂化，亦無所謂往來也。朱子此時如此說性，其對于大本之中，天命流行之體，無眞見，乃甚顯然者。

又將喜怒哀樂之情上之未發已發移向「天命流行之體」上說，而對於此體又只體會成一個無盡藏、無間來之源，則凡未曾發出來底是性，凡已發出來底是心乃至是情，把本心之「發見」亦都一律看成是已發出來底。如是，則不但本心與情無分別，即心、情與性亦無異質之分別，總之全無形上形下之分，全無感性層與超越層之別，只成一個渾淪無間的流。如此言心性，眞成骨肉皮毛一口吞，此眞所謂一團糟也。雖其辭語有「物欲流蕩」、「良心萌蘖」之分別，然其如此言未發已發，如此言性，又視「發見」與「已發出來的」同，則固應有此一團糟之歸結也。朱子後來（四十三歲）作〈中和舊說序〉謂舊說中以未發爲性，已發爲心，與胡五峰之意合，實則表面辭語合，而其實義並不合。胡五峰以性爲天下之大本、爲天地之所以立、爲天地鬼神之奧，以心爲知天地宰萬物以成性，以盡心爲立天下之大本。其以性爲未發，是說性只是一個至寂至靜至純至一之自存體，其具體而眞實之內容與意義須待心來形著。其以心爲已發，只是就形著義而說。其言未發已發仍就喜怒哀樂之情說，不移向體上就方往方來說也。其言性爲超越之體，其言心爲本心，甚顯。胡氏〈答曾吉甫〉書云：「未發之時，聖人與衆

同一性。已發，則無思無爲，寂然不動感而遂通天下之故，聖人之所獨。」又云：「故某嘗謂喜怒哀樂未發，沖漠無朕，同此大本，雖庸與聖無以異。而無思無爲，寂然不動，乃是指易而言。易則發矣。故無思無爲，寂然不動，聖人之所獨。」此明是盡心以成性義。心就聖人之所獨言，此明是《知言》中「六君子盡心者也，故能立天下之大本」。心明是本心，而且就聖人之能盡言。其言心爲已發，是就心之自覺動用言，是連寂感爲一而言，是則聖人之所獨者乃實是發而不發也。此即所謂常貞定。故其所謂發實即形著義。此與朱子舊說中所言根本不同。朱子見其〈答曾吉甫〉書與己意合，遂益自信而不疑（不疑舊說之所說），此以爲合者未能得彼己之情也。後來新說成立後，力攻胡氏之非，亦未能知胡氏之實也。

　　吾對于前書之疏解，重在順其辭語之係絡與間架明其所應函之義理方向爲如何，兼明其所以被朱子認爲「非是」之故，而對于此書之疏解，則重在明朱子對于大本之中，天命流行之體，乃至心性，全無諦當之契會。依前書，其應函之義理方向當該是縱貫系統，當該是孟子學，然而朱子未能洞澈明透也。依後書，乃見其對于此舊說所矇矓代表之義理方向中關于體上諸概念全無諦見。此顯是不成熟之粗疏「乍見」。朱子自譏爲「指東畫西、張皇走作」，「手忙足亂，無著身處」，「只是儱侗地見得個大本達道底影像，便執認以爲是了」，皆實語也。故不契其新說者，並不可即認此舊說爲是也。此舊說固矇矓間可代表另一系義理，然朱子根本未能入也。

　　至朱子認爲「此書所論尤乖戾」，其所以認爲「乖戾」者，自是對其新說而言，並非對另一系義理而言，期有以澈之也。故其所

至者終于是新說，而非縱貫系統也。又認爲「所疑〈語錄〉皆非是」，此倒是眞切者，故終于順伊川之糾結而前進也。

　　附識：《朱子語類》卷第六十二，〈《中庸》一〉，章句，討論首章「致中和」處有云：

> 問：未發之中寂然不動，如何見得是中？
> 曰：已發之中即時中也，中節之謂也，卻易見。未發更如何分別？某舊有一說，謂已發之中是已施去者，未發是方來不窮者。意思大故猛，要之卻是。伊川說未發是「在中」之義，最好。（大雅錄）

案：據此，朱子到晚年猶始終未能徹底檢討舊說所代表之義理方向爲如何，及何以不能明澈另一系義理之故。當初新說成立時，反省舊說爲「非是」，爲「乖戾」，今卻又自諒云：「意思大故猛，要之卻是。」實則根本非是。而又偏愛伊川「在中」之義，是則仍歸于舊說，而並與新說亦相反矣。伊川說未發是「在中」之意，並解之云：「只喜怒哀樂不發便中是也。」此則便失中體之超越義。朱子舊說不必是自覺地本伊川「在中」之義而說，但其方往方來之說卻是與之暗合。「不發便中」，則中只是喜怒哀樂之情之潛隱未分的混然狀態，而發只是這狀態之激發出來。朱子于此便說發是中體之發，而未發便是中體之不發。由此再疏通之以「天機活物」（見下節第一書），則未發已發自可一致無間而非「兩物」。然如此說之「中」能爲天下之大本乎？此中之方往方來能即是中節之和乎？是其著實于氣化不息之迹上說天命流行之體，說未發已發之無間，

既不合天命流行之體之意，亦不合《中庸》之意也。伊川「在中」
之說，若只就「喜怒哀樂之未發謂之中」一語句本身看，可容有此
一解。然《中庸》該段整文卻是有中與中節之和之曲折與抑揚，此
即顯出有異質線之界劃，不同分際之關聯。故融該段全文觀之，未
發句不能同質地直解爲「不發便中」之意。此顯是有一種異質的跳
躍，如此，始能見中爲天下之大本，而與「天命之謂性」之性體亦
相通。否則必是于性體之外，又有「不發便中」之大本。此在義理
爲不可通。「不發便中」，此「中」不必能爲天下之大本，亦不必
就是「天命之謂性」之性體。其發出來亦不必就能是中節之和。然
則只想在情變之同質的一條線上講中顯非《中庸》之意明矣。而朱
子猶戀戀不捨「在中」之義何耶？

第二節　三十七歲時舊說下之浸潤與議論

依王懋竑《朱子年譜》之考輯，朱子三十七歲年除前有自注之
兩書外，復有以下答張敬夫之兩書、答何叔京之三書、答羅參議之
兩書、答許順之之一書，共八書，皆舊說下之浸潤與議論也。茲依
次略加案語，錄如下：

1.〈答張敬夫〉書：

> 前書所稟寂然未發之旨，良心發見之端，自以爲有小異于疇
> 昔偏滯之見。但其間語病尚多，未爲精切。比遺書後，累日
> 潛玩，其於實體似益精明。因復取凡聖賢之書，及近世諸老
> 先生之遺語，讀而驗之，則又無一不合。蓋平日所疑而未白

者，今皆不待安排，往往自見洒落處。始竊自信，以爲天下
之理其果在是，而致知格物，居敬精義之功，自是其有所施
之矣。聖賢方策，豈欺我哉？

蓋通天下只是一個天機活物，流行發用，無間容息。據其已
發者而指其未發者，則已發者人心，而未發者皆其性也。亦
無一物而不備矣。夫豈別有一物，拘於一時、限於一處，而
名之哉？即夫日用之間渾然全體，如川流之不息，天運之不
窮耳。此所以體用、精粗、動靜、本末，無一毫之間，而鳶
飛魚躍，觸處朗然也。存者存此而已，養者養此而已。必有
事焉而勿正，心勿忘，勿助長也。從前是做多少安排，沒頓
著處。今覺得如水到船浮，解維正柂，而沿洄上下，唯意所
適矣。豈不易哉？始信明道所謂「未嘗致纖毫之力」者，眞
不浪語！而此一段事，程門先達，惟上蔡謝公所見透澈，無
隔礙處。自餘，雖不敢妄有指議，然味其言，亦可見矣。

近范伯崇來自邵武，相與講此甚詳。亦歎以爲得未曾有，而
悟前此用心之左。且〔案：當作「竊」〕以爲雖先覺發明指
示，不爲不切，而私意汨漂，不見頭緒。向非老兄抽關啓
鍵，直發其私，誨諭諄諄，不以愚昧而捨置之，何以得此？
其何感幸如之！區區筆舌，蓋不足以爲謝也。但未知自高明
觀之，復以爲如何爾。〔下論胡五峰《知言》性不可以善惡
名之義，略。〕（《朱文公文集》卷第三十二，書，問答，〈答
張敬夫〉十八書之第四書）

案：此書所陳未發已發之旨不出舊說兩書之外，惟明點「已發者人

心，而未發者皆其性也」，又申明其受用自得之洒落。此書恐是直接在舊說第一書之後，尚不見得是在舊說第二書之後。因此書開頭即說「前書所稟寂然未發之旨，良心發見之端」云云，此所謂「前書」顯是指舊說第一書而言。因舊說第一書乃正式陳述「寂然未發之旨，良心發見之端」者，而舊說第二書則卻只答辨張南軒「兩物」之疑。又此書不是答南軒之疑難而發者，乃是直隨先發之書而復發一書者，故云：「比遺書後，累日潛玩」云云。此似是直繼之重申舊說第一書之旨，並道其「累日潛玩，其於實體似益精明」之結果，而益確信者。故此書關此皆直陳自意語，並無酬對語，又顯自得受用之意。（惟末後言及胡五峰《知言》，似有酬對意，蓋彼二人以前恐早有商量《知言》之文字也。）而舊說第二書則開頭云：「前書所扣，正恐未得端的，所以求正。茲辱誨諭，尚有認為兩物之弊。深所疑聞，幸甚幸甚！」此恐是連發兩書後，遂得南軒「兩物」之疑之書，而朱子始有舊說第二書之答也。而南軒之疑著重在未發已發尚有「兩物」之嫌，而朱子舊說第一書以及此重申舊說第一書之旨之書以及答南軒「兩物」之疑之書（舊說第二書），皆重在自天命流行之體上說未發已發之無間也。舊說第一書及第二書已見前節，茲看此繼發之書云：「蓋通天下只是一個天機活物，流行發用，無間容息。據其已發者而指其未發者，則已發者人心，而未發者皆其性也。亦無一物而不備矣。夫豈別有一物，拘於一時、限於一處，而名之哉？即夫日用之間渾然全體，如川流之不息、天運之不窮耳。此所以體用、精粗、動靜、本末，無一毫之間，而鳶飛魚躍，觸處朗然也。存者存此而已，養者養此而已。」此所陳之意旨，甚至主要辭語，完全同于舊說第一書。主旨不過三

點：

一、「天機活物流行發用無間容息」，此即是未發已發之無間。

二、「據其已發者而指其未發者，則已發者人心，而未發者皆其性也」，此已函答南軒「兩物」之疑之書所說之方往方來以及「只是來得無窮，便常有一個未發底」之義。就「常有一個未發底」說中說性，而就發出來底說心，其混未發已發之發與「良心發現」之發而爲一仍自若也。（仍是骨肉皮毛一口吞的說法。）

三、「存者存此而已，養者養此而已」，亦可益之說「致察者致察此而已」。此仍是舊說第一書「良心萌蘖因事而發見，學者於此致察而操存之」云云之義。

此雖看來圓通無礙，「體用精粗、動靜本末、無一毫之間」，「亦無一物而不備」，然實是儱侗顢頇之見。其稱讚明道與上蔡皆只是光景耳。其一時之受用、自得、與自信，皆靠不住也。故一經南軒之再疑難，即全部搖蕩而不自安矣。一經其分解精神之著實即全部放棄而轉爲新說矣。

2.又〈答張敬夫〉書：

誨諭曲折數條，始皆不能無疑。既而思之，則或疑或信而不能相通。近深思之，乃知只是**一處不透**，所以觸處窒礙。雖或考索強通，終是不該貫。偶卻見得所以然者，輒具陳之，以卜是否？大抵目前所見，累書所陳者，只是**儱侗**地見得個大本達道底影像，便執認以爲是了，卻于**致中和**一句，全不曾入思議。所以累蒙教，告以求仁之爲急，而自覺殊無立腳

下工夫處。蓋只見得個直截根源，傾湫倒海底氣象，日用間但覺爲大化所驅，如在洪濤巨浪之中，不容少頃停泊。蓋其所見一向如是，以故應事物接物處，但覺粗厲勇果增倍於前，而寬裕雍容之氣，略無毫髮。雖竊病之，而不知其所自來也。

而今而後，乃知浩浩大化之中一家自有一個安宅，正是自家安身立命，主宰知覺處，所以立大本行達道之樞要。所謂「體用一源、顯微無間」者乃在于此。而前此方往方來之說，正是手忙足亂，無著身處。道邇求遠，乃至於是，亦可笑矣！

〔下因橫渠「《正蒙》可疑處」言及橫渠之病，略。〕

復見天地心之說，熹則以爲天地以生物爲心者也。雖氣有闔闢，物有盈虛，而天地之心則亙古亙今未始有毫釐之間斷也。故陽極於外而復生於內，聖人以爲於此可以見天地之心焉。蓋其復者氣也，其所以復者則有自來矣。向非天地之心生生不息，則陽之極也，一絕而不復續矣。尚何以復生於內而爲闔闢之無窮乎？此則所論〔當爲謂〕動之端者，乃一陽之所以動，非徒指夫一陽之已動者而爲言也。夜氣固未可謂之天地心，然正是氣之復處。苟求其故，則亦可以見天地之心矣。（《朱文公文集》卷第三十二，書，問答，〈答張敬夫〉十八書之第三書）

案：此書原在前書之前，同編于《文集》第三十二卷。今依書中內容移後。此書反省前兩書甚至三書之病（言「目前所見，累書所

陳」，則當時此書以前不只舊說兩書甚明），正見前節所說朱子對
于「天命流行之體」（中體）無相應之契會為不謬。然此書反省之
結果卻只說「浩浩大化之中，一家自有一個安宅，正是自家安身立
命，主宰知覺處」，卻不說出此「安宅」究竟是什麼。夫天命流行
之體、中體、本心、性體，正是自家之安宅，自家安身立命，主宰
知覺運動處。今乃謂「而今而後，乃知浩浩大化之中，一家自有一
個安宅」，則似前兩書所言之「天命流行之體」、中體、本心等等
竟是白費，好像全是些口耳之辭語，絲毫未進入意識中者。于以知
前兩書雖用了「天命流行之體」等辭語，而朱子所理解者卻只是着
實于氣化不息之迹上來理會，故只覺得是一個「浩浩大化」，只覺
得是「只見得個直截根源，傾湫倒海底氣象，日用間但覺得為大化
所驅，如在洪濤巨浪之中，不容少頃停泊」，只覺得是「只是儱侗
地見得個大本達道底影像，便執認以為是了，卻於致中和一句全不
曾入思議」。夫舊說第一書，依其辭語之係絡與間架，其所應函之
義理方向豈是如此耶？亦只是辭語如彼，而朱子所會者如此，故始
如此耳。此所謂無相應之契悟也。今經反省，不說自己對于「天命
流行之體」、中體、本心等理會錯了，今當仔細理會，期其相應，
卻說「浩浩大化之中一家自有一個安宅」，好像在前書所述之「天
命流行之體」、中體、本心等以外，別有一個安宅然。夫「浩浩大
化之中，自有安宅」是也，但此安宅即是中體、本心、天命流行之
體。故若于此等有相應之契會，則不待而今始知浩浩大化之中有安
宅也。故問題只在對于天命流行之體、中體、本心等是否有相應之
契會，以前是否理會錯了。反省只應在此着眼。若不知以前是錯
會，好像以前只知浩浩大化，今始知自有安宅，則若進一步問安宅

是什麼，則仍倒回以前之錯會，而安宅即成非安宅。天命流行之體仍可着于氣化不息之迹上而被拉散。故朱子此書之反省實仍未明澈問題之所在也。此書，若孤離地觀之，則甚好。若知其前兩書中之問題，則知此書之反省仍未中肯也。若問朱子此時對于「安宅」如何理解，彼必不能明澈解答也。對于此安宅之理解只有兩途。一是向中和新說之方向走，一是順舊說第一書中辭語之係絡與間架向另一系義理走。若其眞能順後者之方向而明澈，則必不肯向中和新說走。若其眞能順前者之方向而明澈，則中和新說不必待四十歲時始成立，即今時已成立矣。故知此書空提出一個安宅，雖是立意甚佳，然其向何方向明澈，並明澈到如何程度，則未敢必也。既是舊說下之浸潤與議論，則其理解此安宅之方向自當屬舊說所應函之義理方向。然其明澈到如何程度，則未敢必。蓋亦終未能澈底明透而至信得及復有眞切受用之境也。明透否之關鍵只在以下三點：

　　一、對于「天命流行之體」是否能明澈地知其爲是理、是心、亦是神？

　　二、中體、性體、本心是否能一？

　　三、喜怒哀樂未發已發之發與本心發見之發不同，如是，是否能明澈地知「先察識後涵養」在實踐工夫上之眞切的意義與本質的意義？

　　若能，則是縱貫系統，若不能，則必向中和新說所表示之靜涵靜攝系統走，無可逃也。

　　此書末段又論及「復見天地之心」，此雖與論中和爲兩論題，然其意指實相同，故于義理可有相助成之關係。「天地之心」即是「天命流行之體」。復以見天地之心即可直接類比由喜怒哀樂在未

發之靜時以見中體。然此段論復見天地之心，卻比較能保持天地之心之爲超越體，不像前書論中體時，把「天命流行之體」只著實于氣化不息之迹上說成方往方來之無間。如云：「蓋其復者氣也〔此直接就復卦一陽來復說〕，其所以復者則有自來矣。」又云：「所論〔謂〕動之端者，乃一陽之所以動，非徒指夫一陽之已動者而爲言也。」又云：「夜氣固未可謂之天地心，然正是氣之復處。苟求其故，則亦可以見天地之心矣。」凡此所云，皆表示就氣化不息之「所以然」而見天地之心，此即比較能表示天地之心之爲超越體之超越義。若于此亦同樣來體會天命流行之體、中體、本心，則可知天命流行之體、中體、本心、乃至天地之心等即是浩浩大化中之安宅，不必待而今于前書所說之「天命流行之體」等以外始知「浩浩大化之中一家自有一個安宅」也。故問題只在對于「天命流行之體」有無相應之契會耳，只在反省以前所理會者是否有謬誤耳。（朱子之意或許亦即是如此，然云「而今而後乃知浩浩大化之中一家自有一個安宅」，則來得突兀，此即爲問題之不切。）所謂「只是一處不透，所以觸處窒礙」，即是對于「天命流行之體」不透也。

　　此末段論「復見天地之心」雖比較能保持天地之心之爲超越體之超越義，然對此超越體之理會畢竟向何方向走，又畢竟理會到何程度，則亦難說。「所以然」是個形式的詞語，對于「所以然之故」可有不同的規定。此即有關于對于「天地之心」本身之體會爲如何。此與對于「天命流行之體」本身之體會爲如何同。如體會成實體性的心，體會成是理、是心、亦是神的心，則是縱貫系統。如體會成只是理，而天地生物之心只成虛說，則即向朱子本人之靜涵

靜攝系統走。順此末段之語勢觀之，其向靜涵靜攝系統走之趨勢甚為自然。如「夜氣固未可謂之天地心，然正是氣之復處。苟求其故，則亦可以見天地之心矣」。此正是套于「氣之復而求其故」之方式（一陰一陽互為其根之方式）以明天地之心，此則正是遠離孟子由夜氣之存以見本心之呈露之義。孟子非求夜氣之故以見本心也。由此觀之，其向靜涵靜攝之系統走，乃是其心態之自然，固隨時表露也（朱子合下是一實在論之心態）。如此，朱子此書雖空提一個安宅，而其對于此安宅之理會，則難保其必向縱貫系統走。此時雖仍在舊說所應函之義理方向下，似是向縱貫系統之方向去浸潤，然彼究竟能明澈到如何程度，真切受用到如何程度，則未敢必也。因此非其本質故也。

3.〈答何叔京〉書：

> 熹孤陋如昨。近得伯崇過此，講論踰月，甚覺有益。所恨者不得就正于高明耳。它日伯崇相見，或通書，當能備言之。或有差誤，不吝指誨，幸甚！
> 李先生教人大抵令於靜中體認大本未發時氣象分明，即處事應物自然中節。此乃龜山門下相傳指訣。然當時親炙之時，貪聽講論，又方竊好章句訓詁之習，不得盡心於此。至今若存若亡，無一的實見處。孤負教育之意，每一念此，未嘗不愧汗沾衣也。〔下略〕（《朱文公文集》卷第四十，書，問答，〈答何叔京〉三十二書之第二書）

案：此書言「李先生教人大抵令於靜中體認大本未發時氣象分明，

即處事應物自然中節。此乃龜山門下相傳指訣」。楊龜山、羅豫章、傳至李延平，實以此爲實踐工夫之中心課題。然「於靜中體驗大本未發時氣象」之語則有問題。朱子作〈延平行狀〉只云：「危坐終日，以驗夫喜怒哀樂未發之前氣象爲何如，而求所謂中者。」不言「體驗大本未發時氣象」爲何如也。《中庸》原意只說「喜怒哀樂之未發謂之中」，不言「大本未發時」謂之中也。龜山門下相傳亦是照此說，不誤也。此是最顯明之語意，亦是通常之理解，而朱子竟滑轉爲「體驗大本未發時氣象」爲何如。彼以爲喜怒哀樂未發之靜時所見之大本亦必隨之而爲未發之靜時。這方面是未發之靜，那方面亦是未發之靜，這方面是已發之動，那方面亦是已發之動。並且進而可說喜怒哀樂之未發已發即是大本之未發已發。兩者等同，故可滑轉也。實則由喜怒哀樂未發之靜時見大本之中是一事，而大本之中是否可以說未發已發，乃至說動靜，則又是一事。而邏輯上喜怒哀樂未發之靜並不必函大本之靜，其已發之動亦不必函大本之動。兩者並不等同，故亦不可滑轉。看來朱子所以有此滑轉，原因似乎是在「喜怒哀樂之未發謂之中」一句可有兩種不同的解析。

　　一解是即就喜怒哀樂未發時之潛隱未分的渾然狀態說中，因此，喜怒哀樂之未發，即是其潛隱未分的渾然中體之未發；已發，則即是渾然中體之發。發出來的即是此喜怒哀樂，未發出來的即是喜怒哀樂之退藏于密。退藏于密之渾然狀態蓋即伊川所謂「在中」之義。朱子在舊說中對于「喜怒哀樂之未發謂之中」似是即作如此之理解。在此理解下，再加上一種疏通的體會，遂由此說「渾然全體應物而不窮」，說「天命流行，生生不已之機」，說「天理本眞

隨處發見，不少停息」（皆見舊說第一書），說「通天下只是一個天機活物，流行發用，無閒容息」（見重申舊說第一書之旨之書），說「發者方往，而未發者方來，了無閒斷隔截處」（見舊說第二書），說「已發者人心，而未發者皆其性也」（見重申舊說第一書之旨之書）。並特重「此事渾然無分段時節先後之可言」，並特斥斥于「時」字、「際」字、「前」字之不妥而指出其病痛，並說：「熟玩《中庸》，只消著一未字便是活處。」（此即伊川所謂「在中」之意。伊川解之曰：「只喜怒哀樂不發便中是也。」此一系列之語句皆是從「就喜怒哀樂未發時之渾然狀態說中」而來。但此說法實不合《中庸》原意，亦是由急于想說未發已發一體而轉之妙理之心理而來者。但其實是對于《中庸》之誤解，如此體會大本，亦是對于天命流行之體（中體）之誤解。

　　另一解析是就《中庸》原意說。依《中庸》原意，其**義理間架**是如此，即：就喜怒哀樂未發之靜時見一超越之中體，故中體得為天下之大本。中體與喜怒哀樂之情乃異質之兩層，非同質同層之一體而轉者。故只能說為「危坐終日以驗夫喜怒哀樂未發之前氣象為何如」，而不能說為「於靜中體認大本未發時氣象」為何如。靜中「驗喜怒哀樂未發之前氣象為何如」即是靜復以見體或立體之義。「復其見天地之心」，「先王以至日閉關，商旅不行，后不省方」，乃至「慎獨」，皆是此一義理間架。濂溪「主靜立人極」，亦是此義。後來演變而為靜坐以及佛家之閉關，其作用亦如此。「閉關」乃是《易・復》卦〈象傳〉本有之詞，靜復以立體或見體亦是儒家本有之義理間架，非是來自佛家也。只因儒生經生長期昏沈，並無自覺地作道德實踐之工夫，作慎獨之工夫，乃忘記耳。至

周子出來講「主靜立人極」，此義理間架始恢復。明道多重在自體
上講一本之圓敎，然亦言「靜坐可以爲學」，此是學者悟道之第一
關。又其言「學者須先識仁」，亦函有此義理間架之本質的意義。
後來胡五峰一系即由此開出逆覺之工夫。逆覺即靜復也。其所謂
「須先識仁之體」，主張「先察識後涵養」，此察識乃是「於良心
萌蘖因事發見當下而體證之」之意，亦即靜復以立體之義也。惟至
伊川，將「喜怒哀樂之未發謂之中」講成「在中」，只不發便是
中，而又糾結不淸，始將此義理間架泯失。朱子繼承此「在中」之
義（在舊說時恐不必自覺），著實于氣化之迹上說那未發已發之無
間，此義理間架尤泯失。此義理間架之本質的意義即是靜中逆覺一
超越之體。體總是體，無所謂動時靜時，亦無所謂未發已發，更無
所謂「方往方來」也。若說在喜怒哀樂未發之靜時所體認之大本中
體只是大本中體之自身，尙未見其成用，此即是大本之靜時，大本
之未發，此亦不然。蓋所謂靜中所體認之大本中體只是大本中體之
自身，尙未見其成用，此義只是大本中體之在其自己，大本中體之
在抽象狀態中，是因吾人之靜觀反照而將大本中體從經驗流變中提
出來而投置于此以凸顯而默想（體認）其自己，此即是大本中體之
在其自己，亦是其在抽象狀態中。此只表示大本中體尙未得其具體
而眞實義。若停滯于此，即是後來所謂「光景」。並不是大本中體
自身有靜時與未發時也。若大本中體自身本質上誠有動靜未發已發
以爲其必然之屬性，則靜時所默想而體認者亦連此動靜未發已發之
必然屬性一起都在抽象狀態中，停滯于此，一起都是光景。故靜時
所默想體認之大本中體之在其自己與在抽象狀態中，此與靜而未發
並非同義。而何況大本中體自身根本無所謂動靜與未發已發耶？大

本中體之在其自己而爲抽象狀態只是道德實踐之一關（截斷衆流）。欲使其成爲具體而眞實的大本，則必須再歸于日常生活而體現之，此即所謂踐形，睟面盎背，以道徇身，亦即喜怒哀樂發而中節之和也。此是納普遍于特殊，融特殊于普遍。普遍者（大本中體）非抽象，非光景，即在特殊（喜怒哀樂）中作具體的呈現。而特殊者亦非只感性之激發與流蕩，盲爽與發狂，而是潤澤于普遍中有體以主宰而貞定之。有體主宰而貞定之，則雖特殊而亦有普遍之意義。此爲中體融于事變以爲事變之體，事變攝于中體以爲中體之用，體用圓融而爲一本之流行。然而事變乃至其成爲用非中體之動與發而來也。中體亦非事變之潛隱而未來者。自大本中體而言之體用圓融、體用無間、體用不二，不可以如此講也。不可不察也。

　　朱子旣依第一種解析方式去理解中體，自然兩不著邊，旣不是其新說之靜涵靜攝系統，亦未走上此舊說所應函之縱貫系統。此即爲舊說之對于大本中體，天命流行之體，無相應之契悟，亦是體上工夫有欠缺也。李延平雖對于其「危坐終日」中所體驗之大本究何如未有理論分解之解說，然其「危坐終日以驗夫喜怒哀樂未發之前氣象爲何如」，猶不失靜復以見體之格範，決不會講成「體認大本未發時氣象」也。若不然，則其「默坐澄心體認天理」決無是處。朱子承其指訣而前進，而不得此指訣之綱要，「至今若存若亡，無一的實見處」，亦誠可謂「孤負教育之意」矣。然朱子究不愧爲大賢，旣有此慚愧之心境，復有其精進之勁力，故不肯停于此儱侗浮泛之境，遂終于向新說而邁進矣。

　　附識一：「良知即是未發之中，即是發而中節之和」，此是自良知本體呈用上說中和，亦是將喜怒哀樂以及一切事

變盡收于良知天理上而說之圓頓之教。朱子舊說中著
實于氣化不息之迹上說未發已發之無間，尚透不到
此，亦提升不到此。看起來亦似是一體無間，然實是
「相似法流」，只是那體用圓融之影子。朱子要體認
那大本，自易想到這一體無間之妙理，然而體上工夫
欠缺，對于天命流行之體無相應之契悟，即易于陷落
而成爲儱侗之影子。此處若無眞工夫、眞見處，未易
言也。

附識二：後來劉蕺山亦言未發、已發「以表裡對待言，不以前
　　　　後際言」，又謂「存發總是一機，故中和渾是一
　　　　性」。此亦是將喜怒哀樂收于獨體上說。朱子舊說亦
　　　　透不到此。其言未發已發之無間亦非蕺山所說之義
　　　　也。

附識三：朱子此舊說中未發已發之無間雖于天命流行之體無相
　　　　應之契會，然其此種思考方式卻亦並未隨舊說之放棄
　　　　而全放棄，似是對于其後來對于太極性體之理解並非
　　　　無影響。此未發已發之無間，後來即轉爲「一陰一陽
　　　　互爲其根」之方式，即是由「實然」而推證「所以
　　　　然」以爲理道之方式，亦即是由夜氣之復而求其故以
　　　　見天地之心之方式。此種方式終於使他認太極性體爲
　　　　只是理，而心神則傍落，亦因而終於使他向新說之靜
　　　　涵靜攝系統走，而終於走不上縱貫系統也。

4.又〈答何叔京〉書：

昨承不鄙，惠然枉顧，得以奉教累日，啓發蒙陋，爲幸多
矣！杜門奉親，碌碌仍昔。體驗操存，雖不敢廢，然竟無脫
然自得處。但比之舊日，則亦有間矣。所患絕無朋友之助，
終日兀然。猛省提撥，僅免憒憒而已。一少懈，則復惘然。
此正天理人欲消長之幾，不敢不著力。不審別來高明所進復
如何？向來所疑已冰釋否？若果見得分明，則天性人心、未
發已發，渾然一致，更無別物。由是而克己居敬，以終其
業，則日用之間亦無適而非此事矣。《中庸》之書要當以是
爲主，而諸君子訓義，於此鮮無遺恨。比來讀之，亦覺其有
可疑者。雖程子之言，其門人所記錄，亦不能不失。蓋記者
之誤，不可不審所取也。〔下略〕（同上，〈答何叔京〉三十
二書之第三書）

案：此書「若果見得分明，則天性人心、未發已發，渾然一致，更
無別物」之語，若孤離地看之，並看不出有若何差誤。但套在舊說
下而觀之，則其實指既定，即可立見其有弊竇。此一整語即是舊說
之綜括。天性即是未發，人心即是已發。而「未發」是由「來得無
窮」見，已發是就大本之發出來說。而已發與良心發見，本心呈露
之發亦混而爲一。「未發已發渾然一致，更無別物」即是未發已發
了無間隔，一體而轉。

　　未發爲性，已發爲心，是中和舊說之主要特徵。朱子四十歲時
〈已發未發說〉對此反省云：「雖於心性之實未始有差，而未發已
發命名未當。」實則豈止命名未當？即心性之實亦差之甚矣！依縱
貫系統，于喜怒哀樂之未發，靜復以見中體，此中體即是吾人之性

體，此性體是心，亦是理，亦直曰本心。而本心或性體無所謂未發已發也。今視大本有已發未發，而就其「常有個未發底」說爲性，此即于性之實有差也。又本心之發見只是性體本心自己之呈露，並非大本「方往方來」之動發也。今皆劃歸于發出來的喜怒哀樂之內而一律視爲「已發爲心」，此即于心之實有差也。因於心性之實理解有差，故命名未當耳。依新說之靜涵靜攝系統說，心有喜怒哀樂未發時之寂然不動而知覺不昧，亦有動發時之感而遂通而品節不差。今卻說「大本已發爲心」，此于心之實有差也。又喜怒哀樂未發時而性體渾然，道義全具，已發時；則粲然明著，各主其事。而性即理，性理本身無所謂發與不發也，亦無所謂動靜也。今卻說「大本未發爲性」，此于性之實有差也。于心性之實理解有差，故命名未當耳。是則此舊說之主要特徵于**兩系義理皆無所當**也。

　　至于此時亦疑「程子之言亦不能不失」，則因其儱侗顢頇之見尚未至接上伊川之糾結而眞切地從事釐清之工作也。舊說第二書自注云：「所疑〈語錄〉皆非是」，則此疑之爲「非是」亦明矣。（當然客觀地說，伊川自有非是處，然在朱子，則此後總曲爲之護，大體是順其糾結而前進。）

　　5.又〈答何叔京〉書：

　　　〔上略〕。昔聞之師，以爲當於未發已發之幾默識而心契焉，然後文義事理觸類可通，莫非此理之所出，不待區區求之於**章句訓詁**之間也。向雖聞此，而莫測其所謂。由今觀之，始知其爲切要至當之說，而竟亦未能一蹴而至其域也。僭易陳聞，不識尊意以爲如何？

〔中略〕。

伯崇近過建陽相見，得兩夕之款。所論益精密可喜。其進未可量也。〔下略〕（同上，〈答何叔京〉三十二書之第四書）

案：體驗未發前大本氣象為何如是道德實踐工夫上之本質的一關，此自是自覺地作道德實踐之事，自與章句訓詁無關。朱子非不知此義，其系統中亦可承認此義。然不能因此即謂朱子已知尊德性而不支離。陽明系學者斤斤于此，以為朱子已有覺悟，甚無謂也。夫朱子豈不知尊德性者耶？夫象山之斥其為支離豈就其讀書、著書、從事于章句訓詁而說耶？象山雖不著書，豈不讀書者耶？（著不著書是個人一時之偶然，非關本質。）朱子斥其不讀書，離文字，以為是禪，亦是無謂。于此斤斤下去，擁朱者只成空泛之讀書，擁陸者只成其不學之藉口，好像讀書不讀書即足以決定朱陸之異者。末流之無思理有如此，甚可慨也。

6.〈答羅參議〉書：

某塊坐窮山，絕無師友之助，惟時得欽夫書問往來，講究此道，近方覺有脫然處。潛味之久，益覺日前所聞於西林〔朱子三一歲及三三歲曾居延平之西林院，朝夕問學於李延平〕而未之契者，皆不我欺矣。幸甚幸甚！恨未得質之高明也。元來此事與禪學十分相似，所爭毫末耳。然此毫末卻甚占地步。今之學者既不知禪，而禪者又不知學，互相排擊，都不劄者痛處，亦可笑耳。〔下略〕（《續集》卷第五）

案：明道于「於穆不已」、「純亦不已」之實體處辨儒佛，而朱子
此時卻說「元來此事與禪學十分相似，所爭毫末耳」。即此可見其
對于「天命流行之體」之不透。就此道德的、形而上的實體看，此
乃是儒佛之本質的差異處，何言只爭毫末耶？其「相似」乃是義理
形態之相似，成佛成聖工夫形態之相似，工夫進程上境界形態之相
似，而剛骨基體則根本不同也。禪學所繼承以言其「即心是佛」的
心原是如來藏自性清淨心，其所言之性仍是「諸行無常，諸法無
我」的空性，其所言之「無心爲道」乃是般若，其所言之「作用見
性」乃是詭辭爲用（般若之用）的「當下即是」之圓頓之教。儒家
的心乃是「仁義內在」之道德的心，性乃是「心即理」之道德的
性，合而言之，這一實體是道德創造之實體，是本體宇宙論的實
體，是即活動即存有之實體。兩家根本有異，此所謂剛骨基體不同
也。儒家的目標是通過道德實踐以成聖，佛家的目標是通過「流轉
還滅」以成佛，皆靠自力、自修、自證，與耶教之靠他力以祈禱不
同，就此而言，其義理形態（宗與教之形態）是大體相同也。儒家
之依道德實踐以成聖，自孟子始，即以本心、性體爲道德實踐之所
以可能之超越根據，故道德實踐唯是以「本心性體呈露而使吾人之
德行成爲自發自律自主的德行」爲本質的關鍵。佛家在印度發展至
眞常心（如來藏自性清淨心）系，在中國發展而爲華嚴與禪，亦是
肯定一眞心爲流轉還滅之超越根據，故成佛即是體現眞心，「心、
佛與眾生，是三無差別」，此所以有禪家之「即心是佛」也。就此
而言，其成佛與成聖之工夫方式（形態）相同也。至于工夫過程中
重視逆覺（在儒家爲靜復以見體、先識仁之體、先復其本心、先立
其大）以及境界上之圓融亦大體皆有相同處，此所謂工夫進程上境

界形態之相似也。凡此種種相似皆不礙其剛骨基體之本質的差異。朱子于此不澈，把表面相同者看爲「十分相似」，把剛骨基體處之本質的差異視爲毫末之爭，則所謂皮裡輕重倒置者矣。如果在剛骨基體處認爲「十分相似」，所爭只在「毫末」，則是于自于他兩皆不透也。

　　在佛家，如來藏系之宗旨，空宗只重般若，尚未至此，唯識宗只講阿賴耶緣起，智如爲二，亦透不至此。在宋、明儒中，朱子學是唯識宗之形態。濂溪、橫渠、明道、五峰、象山、陽明、乃至劉蕺山，雖有種種說，亦有偏全之差，然大體皆類眞常心之形態。此是中國先秦儒家原有之骨格。在佛家，眞常心義乃後起。中國佛教特喜此宗，亦是中國心態之反映，亦是孟子靈魂之再現于佛家，亦是因中國儒家原有如此之骨格。宋、明儒中要以繼承此骨格者爲大宗。此不是來自禪，乃是先秦儒家之原有。佛家之華嚴與禪所以特喜眞常心倒是不自覺地以中國儒家本有之骨格爲背景，此所以謂之爲中國心態之反映，謂之爲孟子靈魂之再現于佛家也。（如竺道生、如惠能，顯是孟子靈魂之再現于佛家。而陸象山與王陽明則是再現于儒家。）朱子于此不澈，後來對于凡自縱貫系統立言者，彼皆斥之爲禪，亦可謂不幸之甚矣。「中和舊說」第一書，依其辭語之係絡與間架，其所應函之義理方向本是向縱貫系統走，然彼體上不透，于心性之實了解有差，故終于是儱侗顢頇之見。彼此時覺得「此事與禪學十分相似」，然則新說成立後，視凡自縱貫系統而立言者皆爲禪，恐亦是此舊說中于體不透、不諦之見，所留下之反動心理使然也。因此反動心理，遂生許多無謂之忌諱，此亦儒學發展中不幸之事也。

7.又〈答羅參議〉書：

〔上略〕胡仁仲所著《知言》一冊，內呈。其語道極精切，
有實用處。暇日試熟看。有會心處，卻望垂喻。
〔中略〕
欽夫嘗收安問，警益甚多。大抵衡山之學，只就日用處操存
辨察，本末一致，尤易見功。某近來覺知如此。非面，未易
究也。〔下略〕（《續集》卷第五）

案：朱子此時猶稱贊胡五峰。本來舊說中于良心萌蘗致察而操存
之，察存工夫唯施于本心，其義理方向是胡五峰。然朱子于此不
切，混良心發見之發與喜怒哀樂未發已發之發而為一，故終于放
棄，而以後又力攻胡氏及胡氏之門人也。又其言大本之未發處為
性，已發處為心，表面雖與胡氏所說「未發之時，聖人與眾同一
性，已發，則無思無為，寂然不動，感而遂通天下之故，聖人之所
獨」，彷彿相似，然其實根本不同。此乃不知彼己之情之誤認也。
此則已辨之于前節。

8.〈答許順之〉書：

此間窮陋。夏秋間，伯崇來相聚，得數十日講論，稍有所
契。自其去，此間幾絕講矣。幸秋來，老人粗健。心閒無
事，得一意體驗。比之舊日，漸覺明快，方有下工夫處。目
前真是**一盲引眾盲**耳。〔中略〕
更有一絕云：「半畝方塘一鑑開，天光雲影共徘徊。問渠那

得清如許？爲有源頭活水來。」試舉似石丈如何？〔下略〕
（《朱文公文集》卷第三十九，書，問答，〈答許順之〉二十七書
之第十一書）

案：此有名之絕句亦是在「天機活物流行發用無間容息」之背景下
寫成者。「目前眞是一盲引眾盲」，可見于內聖之學，要想找一明
確之工夫入路之難。聖者開之于前，後賢繼之于後，五、六百年之
精力不唐捐也。佛家之發展亦如此。人類生命方向之學要非今之淺
薄者所能毀棄也。

　　附錄：王懋竑《朱子年譜》關于三十七歲時答張欽夫四書，答
何叔京三書，答羅參議兩書之《考異》：

　　按：〈與張欽夫〉兩書，朱子自注甚明。其別卷〔案：即
《文集》卷第三十二〕〈答張敬夫〉兩書與前兩書意同，而
在前兩書之後。其無注者，或朱子所自刪，而後人又收入
之。然〈中和舊說序〉云：「得當時往還書稿一編」，則必
不止兩書也。前第二書注云：「自有辨說甚詳。」今未之
見，豈指〈已發未發說〉及〈中和舊說序〉耶？姑記于此。
《朱子文集》三十卷〈與張欽夫〉書，三十一卷〈答張敬
夫〉書，大概以年敘。三十二卷所載，則不以年敘，且多未
定之論。故疑爲朱子所自刪，而後人復入之者。然未敢定
也。

案：朱子四十歲時「中和新說」書（見下第五節）及此處無注之兩

書皆在《文集》卷第三十二，不當刪。朱子明云「得當時往還書稿一編」，自必不止兩書，則無注之兩書不當刪。至四十歲時表示「中和新說」之一書尤不當刪。朱子必不自刪也。

　　按：朱子受延平求中未發之説未達而延平沒，求其説而不得。甲申〔三五歲〕晤南軒于豫章舟中。自是書問往來，皆講論未發之旨也。《南軒集》無所考，而朱子兩書自注甚明。別卷〔三二卷〕兩書無注。然詳其文義，實皆一時語也。向以〈中和舊説序〉云：「聞張欽夫得衡山胡氏之學，則往從而問焉」，爲至潭州時，〔時朱子年三八歲〕，故以四書在戊子〔三九歲〕。今以〈答羅宗約〉書考之，自指書問往來，而非至潭州時也。〈答何叔京〉書「未發已發渾然一致」，與此四書意相合。又言「程門記錄之誤」，與〈中和舊説序〉所云「以爲少作失傳而不之信」，亦正相合。而〈何書〉自在丙戌。（原註：〈何書〉言伯崇過建陽，在丙戌，〈許順之〉書亦及之。第三書「未」及〈雜學辨跋〉」，其在丙戌冬無疑）。彼此參考，四書之在丙戌而非戊子，確然矣。

案：注中「第三書未及〈雜學辨跋〉語中之「未」字衍，或「末」字之誤，或當爲「言」。非「未及」也。詳見下。

　　其以心爲已發，性爲未發，更不分時節，此朱子所自悟，非受之南軒。（原注：〈中和舊説序〉及〈與敬夫〉書，述伯

崇語，可考。）而南軒從胡氏之學，先察識，後涵養，不言未發，與朱子所見略同。南軒前書尚有「認爲兩物」之疑。朱子再與書，反復發明，于此蓋無異論也。

案：「先察識，後涵養，不言未發，與朱子所見略同」，此述語不諦。胡氏認「未發之時，聖人與衆同一性」，何言「不言未發」耶？惟其言未發已發仍就喜怒哀樂言，非如朱子舊說之移向大本言也。又胡氏言「先察識」是「先識仁之體」。此與舊說「於良心萌蘖因事發見，致察而操存之」之義貌同，但因朱子舊說混良心發見之發與未發已發之發而爲一，則又實不同。王懋竑皆未之知也。

至潭州後，講論之語無所考。南軒〈贈行詩〉云：「超然會太極，眼底無全牛」。朱子〈別詩〉云：「始知太極蘊，要妙難名論。謂有寧有迹？謂無復何存？惟應酬酢處，特達見本根。」皆以未發爲太極，即以心爲已發，性爲未發之旨，與四書同一意。至己丑〔四〇歲〕始悟其非，亟以書報欽夫，及當日同爲此論者。則潭州之所講論，與朱子所見皆同。而胡氏之學先察識後涵養，雖若小不同，而實無異指。此〈中和舊說序〉於潭州之行略而不言也。故今斷以四書皆在丙戌〔三七歲〕，而以答叔京三書，答宗約〔羅參議〕二書，繫之。

〈叔京〉書言「體認未發氣象爲龜山門下相傳指訣」，而有「愧汗沾衣」之語〔第一書〕，此求中而未達之時，當在丙戌之春。其言「未發已發渾然一致」〔第二書〕，則在既悟

性爲未發之後。又言延平謂學者「當於未發已發之幾默識而心契焉」〔第三書〕，則以己所悟合之延平所傳，與龜山門下指訣亦似少異。此在丙戌之冬。（原注：此書及〈雜學辨跋〉。跋在丙戌冬，此最明證。）

案：朱子有〈雜學辨〉一文，見《文集》卷第七十二。何叔京爲之作跋，附于〈雜學辨〉末。何氏跋文最後記云：「乾道丙戌孟冬晦日，臺溪何鎬謹跋」。此答何叔京第三書有云：「〈雜學辨〉出于妄作，乃蒙品題過當。深懼上累知言之明，伏讀恐悚不自勝。」所謂「品題過當」，即指何氏跋文而言也。「伏讀」云云亦指跋文而言也。故王懋竑關此注云：「此書及〈雜學辨跋〉。」「及」者言及、道及也。然則前注言「第三書未及〈雜學辨跋〉」，「未」字衍，無疑，當刪。或爲「末」字之形誤。

又〈答何叔京〉第一書可能在丙戌之春，但不必是「求中而未達」（在舊說悟未發爲性之前）之時，如此排列前後，太著。

若〈宗約〉書，宗約遠在西蜀，又卒于戊子之四月。二書必不在往潭州後。其言「欽夫書問往來，近方覺有脫然處」，自指丙戌之悟。又言「所聞於西林者皆不我欺」〔第一書〕，與〈叔京〉書亦相合。又言「衡山之學尤易見功，近乃覺知如此」〔第二書〕，則與〈中和舊說序〉所云：「欽夫告予以所聞，亦未有省，後得胡氏〈與曾吉父〉書，乃益自信」，亦正相合。則此書或丙戌之冬，丁亥之春夏，未可知也。

李本《年譜》〔案：即明李默、吉沖所刪定之本〕既一切不載，洪本〔案：即清康熙間洪去蕪本〕雜敘與欽夫諸書於往訪潭州時，其意未明。《通辨》〔案：即陳清瀾《學蔀通辨》〕亦不之及。而《閑闢錄》〔明：程瞳輯〕反以末卷〔案：「末」字當爲「別」，或指《文集》三二卷爲末卷〕與張敬夫兩書爲朱子尊德性之證，尤爲大誤。《正學考》〔案：朱止泉湘濤著有《正學考》〕已覺其誤。而以四書載于戊子，敘說雖多，其意終未明了。故於此特詳論之，以俟後之君子考訂其是非焉。（《朱子年譜考異》卷之一，乾道二年丙戌三十七歲下）

第三節　三十八歲往潭州晤南軒時之議論

王懋竑《朱子年譜》：「孝宗乾道三年丁亥，三十八歲。秋八月訪南軒張公敬夫于潭州。《年譜》〔李本〕：是時范念德侍行。嘗言二先生論《中庸》之義三日夜而不能合。」王懋竑關此作《考異》云：

按：朱子以九月八日至潭州，留兩月。講論之語，於《文集》、《語錄》皆無所考。李本極略，洪本所增爲多，而不無謬誤。今謹載李本數語，而洪本則別見於此而附論之。
洪本《年譜》云：
留長沙兩月，講論之語，無所考見。南軒贈行之詩曰：「遺經得抽繹，心事兩綢繆。超然會太極，眼底無全牛。」先生

答詩云：「昔我抱冰炭，從君識乾坤。始知太極蘊，要妙難名論。謂有寧有迹？謂無復何存？惟茲酬酢處，特達見本根。萬化從此流，千聖同茲源。曠然遠莫禦，惕若初不煩。」以二詩觀之，則其往復深相契者，太極之旨也。

又〈中和舊說序〉云：「余早從延平李先生學，受《中庸》書，求喜怒哀樂未發之旨，未達，而先生歿。聞張敬夫得衡山胡氏學，則往從而問焉。」是時范念德侍行，嘗言二先生論《中庸》之義，三日夜而不能合。其後先生卒更定其說，然則未發之旨蓋未相契也。

又云：

考先生與敬夫論中和，幾十年而始定。初〈與敬夫書〉，以為「人自有生即有知識」云云；又曰「通天下只是一個天機活物」云云；後〈答敬夫〉書又以「浩浩大化之中」云云；最後〈與敬夫〉書曰「近復體察，見得此理須以心為主而論之，則性情之德，中和之妙，皆有條而不紊」云云，及〈與湖南諸公論中和〉書，皆是此意。

按：洪本所云深契太極之旨，此以贈行詩與答詩臆度之耳。朱子自甲申〔三五歲〕後，與南軒往復，皆講未發之旨，而以心為已發，性為未發。蓋以未發為太極。詩所云太極，則指未發而言也。專言太極，則不識其意矣。

案：此雖可如此說，但不必如此之著。朱子答詩自是舊說第一書意旨之隱括，太極自指大本中體而言。此只表示對于大本中體有體會耳。但不必著實到「以心為已發，性為未發」上去。洪本《年譜》

言「深相契者，太極之旨」，「未發之旨蓋未相契」，此自是虛妄分別。

> 心為已發，性為未發，兩先生于此無異論。至潭州，當必共講之。〈中和舊說序〉云：「亟以書報欽夫及當日同為此論者」，則至潭州，與南軒同為此論，灼然可證。而謂「未發之旨未相契」者，真妄說也。

案：「心為已發，性為未發，兩先生于此無異論」，恐亦是表面相合。南軒之意恐以胡五峰為背景，其底子不必同于朱子之所悟也。惟南軒不必能真切自覺耳。

> 范念德言「兩先生論《中庸》之義三日夜而不能合」，此語絕無所據。洪本云：「其後先生卒更定其說」（原注：李本無此語），則指己丑〔四〇歲〕〈已發未發說〉而言，故以為歷十年而後定中和之旨。與南軒講論，在乙酉〔三六歲〕丙戌〔三七歲〕，至己丑即悟其非。以書報欽夫，欽夫以為然。不過四、五年間。惟先察識後涵養之說，欽夫執之尚堅。後卒從朱子說。雖不詳其時，大約不久而論定矣。以為十年而後定者，亦妄說也。

案：「先察識後涵養」乃胡五峰學之本質。朱子四十歲中和新說成立時（乃至其後），南軒執之尚堅，則其在潭州時表面相同者必有不同者在。「後卒從朱子說」，此語無據，王氏亦未能舉文獻以證

之，恐想當然耳。若並此而放棄，則不得為五峰之弟子矣。惟南軒
常隨朱子腳跟轉，對于其師之義亦常若存若亡也。「定」者是朱子
自己定，未必南軒亦隨之全投降也。「欽夫以為然」，亦然其所然
耳。范念德即范伯崇，其言「兩先生論《中庸》之義三日夜而不能
合」，非全無所據。蓋一因在往潭州前，南軒已屢有致疑，二因朱
子所悟與胡五峰並非全同，三因舊說第一書第二書本有許多儱侗顢
頇之見。于如此複雜糾結之問題而能謂兩先生「無異論」，則看得
太容易。即使對于「以心為已發，性為未發」表面「無異論」，恐
于其底子處終不能「無異論」也。謂其在潭州時于未發之旨全相
契，恐亦未必。洪本謂「與敬夫論中和幾十年而始定」，此則自
誤。

> 其敍丙戌〔三七歲〕三書為初未定之論，則是。然不載〈中
> 和舊說序〉，所云則指意不分明。
> 又載己丑〔四〇歲〕論心學一書〔案：當云「中和新說」
> 書〕以為定論。此書在己丑初悟已發未發之分時，尚多未定
> 之論。如以「靜中知覺不昧」為復，「寂而常感，感而常
> 寂」，「以靜為本」，諸論皆後來所不言。即如「仁中為
> 靜，義正為動」，與〈太極圖解〉正相反。豈可據以為定論
> 耶？

案：王懋竑以為「中和新說」書亦多未定之論。下四十歲時之《考
異》亦如此說。其所認為未定者皆非是。下第六節專節論之。

〈祭南軒文〉云：「蓋繳紛往復者，幾十有餘年，末乃同歸
而一致。」此統言之。如〈論語說〉、〈仁說〉之類，非指
〈中和說〉而言。洪譜蓋誤認此語也。

案：洪本自誤。但王懋竑所刪訂之《朱子年譜》對于〈仁說〉之論
辨隻字不提，則甚不該。〈仁說〉是朱子成熟之定論，乃專對明
道、上蔡、以及胡五峰與胡五峰之門人而發者。以如此大波瀾之文
字根本不錄，而對于〈仁說〉之論辨亦隻字不提，則其對于朱子思
想無理解可知。若通此而觀之，則知關于〈中和說〉之相契並非如
王懋竑所想之簡單。〈仁說〉論辨當在〈中和說〉之討論以後，南
軒乃顯出其思路全是來自明道，與朱子根本有異。不過常隨和朱子
耳。然胡廣仲、胡伯逢、吳晦叔等人，則仍堅守胡五峰學之獨特精
神。然則朱子中和舊說實不真同于胡氏也。而南軒亦未必真贊同其
新說之全部骨幹也。朱子謂「末乃同歸而一致」，亦友情主觀相契
之辭耳。若據此語而認南軒思路全同于朱子，則誤矣。

凡此，皆非果齋之舊〔案：即非李果齋原本《年譜》之
舊〕。李〔古沖〕為陽明之學，自主中和舊說，故於此多所
刪削，略而不言。而洪本則不勝其可疑也。姑附其說于此。
（原注：羅整菴〈與陽明〉書，引〈與敬夫〉最後一書以為
辨，而平湖〈讀朱隨筆〉亦以為朱子定論，與《年譜》略
同，恐皆未盡然也。）

案：「中和舊說」，依其辭語之係絡與間架，其所應函之義理方向

自是縱貫系統。但陽明學並不是以心為已發，以性為未發。一、良心發見，良知萌芽並非未發已發之發；二、良知本體無所謂未發已發、乃至動靜；三、心即理、心體即性體，更無所謂未發已發之分屬。是以若為陽明之學者以「中和舊說」之「已發為心，未發為性」而贊同之，則其人並不懂陽明學。若李古沖而如此，則李氏于陽明學之所得亦淺之甚矣。惟舊說致察操存之工夫唯施于本心一義，則為王學之所取。此義初步近胡五峰，再進即是陸、王學。朱子言此義之最顯明者，則為其三十九歲時〈答何叔京〉之一書（見下節）。陽明輯〈朱子晚年定論〉，雖時序顛倒，以朱子不定者為定，然並不錄其三十七歲時〈答張敬夫〉之四書，而卻錄其三十九歲時〈答何叔京〉之一書（其他亦錄，但不相干，唯此書為最重要）。其故蓋可知矣，以陽明之精透明察豈看不出舊說之儱侗顢頇耶？故只取其「致察操存之工夫唯施于本心」一義耳。此義，朱子雖不真切，又與已發混同，然客觀觀之，則有取焉。

「是時范念德侍行，嘗言兩先生論《中庸》之義，三日夜而不能合」。李、洪兩本皆載之。此或元本所有，非後人增入也。然於《文集》、《語錄》，皆無所考。而洪本以為未發之旨未相契者，非是。竊嘗考之，朱子從延平之學，南軒從衡山之學，各有師承。延平歿而問之南軒。南軒以所聞告之，亦未有省。已而朱子自悟性為未發，而合之延平所傳。（原注：見〈與何叔京〉、〈羅宗約〉書。）南軒則專主衡山，而以延平「默坐澄心，體認天理」為不然（原注：見《語錄》廖子晦問語。）〔《朱子語類》卷第一百一十

三〕。又力辨呂氏求中之非，（原注：見《文集·與呂士
瞻》書。）自與延平不合意，其所云不合者，或在於此。其
後朱子卒從南軒受衡山之學，（原注：其得胡氏〈與曾吉
父〉書，與己意合，必在此時。）以〈艮齋銘〉爲宗指，相
與守之。（原注：見〈與程允夫〉、〈曾裘父〉書。）先察
識、後涵養，則與延平異矣。〈與林擇之〉書：「後來所見
不同，不復致思。」蓋指此時。而戊子〔三九歲〕諸書，絕
不及延平，亦自可證。至己丑〔四〇歲〕始悟以性爲未發之
非，未發已發各有時節，而於未發仍守延平之說，又深以先
察識爲非。其先後異同大概如此。竊以意擬之，而未敢定
也。今仍李本，存此二語以俟考焉。

案：此論在潭州時「兩先生論《中庸》之義三日夜而不能合」，繞
出去解成與延平合不合之問題，乃不對題之論。但當就朱、張二人
論，以「中和舊說」意指爲標準，與延平無關也。一、朱子自悟性
爲未發、心爲已發，是在至潭州以前三十七歲時即已然。延平只提
供一用功之入路，至于對于未發已發則並無理論之分解，因而亦無
所謂朱子以其所自悟「合之延平所傳」也。南軒不贊成延平之「默
坐澄心，體認天理」，以及「力辨呂氏求中之非」，不足以構成
朱、張二人之「三日夜而不能合」。二、「其後朱子卒從南軒受衡
山之學」，此語尤乖謬。朱子非在至潭州前主延平，至潭州講論後
始與延平不同，遂折而從南軒受衡山之學也。其得見胡氏〈與曾吉
父〉書縱在至潭州時，亦是與其「中和舊說」有不謀而合處，非是
因此折而從胡氏學也。至潭州前即已如此。此正足以證兩人之本

合，如何能由此證明前不合而後合？三、〈艮齋銘〉是南軒所作，
文見下節，大體是孟子學之精神，亦是致察良心發見之義，此爲舊
說第一書所本有，如何能說是從南軒受衡山學耶？四、先察識後涵
養，依舊說之辭語與胡氏學而言，自有特殊意義，非可以朱子後來
所說之察識涵養義來泛說。察識是察識本心之發見而當下體證之，
是先識仁之體，是肯認一本心，非察于喜怒哀樂之已發也。惟朱子
于舊說時不自覺而混視之耳。此其所以與胡氏學貌合而實不合也。
朱子不自知耳。若就此殊特義說，則「危坐終日，驗夫喜怒哀樂未
發之前氣象爲何如」，「默坐澄心，體認天理」，皆是先察識也。
此不足以構成與延平異。惟若以朱子後來所說之察識爲準，或視察
識爲混同發見之發與已發之發而不自知時之察識，則先察識後涵
養，始與延平異。（實則若如此，倒過來，先涵養後察識亦與延平
異）。「新說」成立後，「深以先察識爲非」（此察識即朱子所說
之動察之察，非致察于良心之發見之察）、「而於未發仍守延平之
說」（意即涵養于未發），實亦與延平不相干，延平非只空頭涵養
于未發也，此自是朱子「中和新說」之義耳。是則若就延平之于朱
子只是一時之入路言，則朱子之義理系統自是歸宗于伊川，其與延
平合不合實不甚相干，而亦無顯明之合不合可說也。若就先察識之
殊特義說，則舊說尙有與延平可合處，而新說倒反根本不合也。王
懋竑于此中之義理曲折並不明澈，只就表面詞語比對，故多不諦之
論。

第四節　三十九歲時舊説下之浸潤與議論以及以南軒〈艮齋銘〉爲宗旨

孝宗乾道四年戊子，朱子年三十九歲。是年復有以下之三書：

1.〈答何叔京〉書：

〔上略〕向來妄論持敬之説，亦不記其云何，但因其良心發見之微，猛省提撕，使心不昧，則是做工夫底本領。本領既立，自然下學而上達矣。若不察於良心發見處，即渺渺茫茫，恐無下手處也

〔中略〕

所喻多識前言往行，固君子之所急。熹向來所見亦是如此。近因返求，未得個安穩處，卻始知此未免支離。如所謂因諸公以求程氏，因程氏以求聖人，是隔幾重公案！曷若默會諸心以立其本，而其言之得失自不能逃吾之鑑耶？

欽夫之學所以超脱自在，不爲言句所桎梏，亦爲合下入處親切。今日説話，雖未能絕無滲漏，終是本領是當，非吾輩所及。但詳觀所論，自可見矣。〔下略〕（《朱文公文集》卷第四十，書，問答，〈答何叔京〉三十二書之第十一書）

案：是書三段，一言「做工夫底本領」，二言「支離」，三言張欽夫之學「合下入處親切」，「本領是當」。意指最爲顯豁明當，幾亟近于陸、王之學矣。故王陽明〈朱子晚年定論〉錄此書而不錄三

十七歲時答張敬夫之四書也。然其言「因其良心發見之微，猛省提撕，使心不昧，則是做工夫底本領」，此仍是舊說第一書「於良心萌蘗之因事發見，致察而存操之」之義之持續。其說的如此顯豁而明當，或許是因至潭州與南軒講論後而更加印持之故。「於良心發見處」致察而操存之，察存工夫唯施于此，此確是道德實踐之最本質的關鍵，此是相應道德之本性而說工夫而毫無歧出者，此即朱子此書所謂「做工夫底本領」。「本領」者即本分上所當領有之義，即今語所謂「本質」。相應而不歧出即謂「本領」，凡迂曲而歧出者即非本領。不知此本質的關鍵，而空言敬，即迂曲而歧出，此非「做工夫底本領」，即入處不親切，本領上亦不當。「本領是當」，則下學上達，泛觀博覽，即有交代，無所謂支離。此即孟子所謂「學問之道無他，求其放心而已矣」，亦是其所謂「先立其大」之義，亦是象山所謂「宇宙內事乃己分內事」，讀者、著書有何不可哉？但是「求放心」這一步本領的工夫卻非泛觀博覽、守書冊、泥言語所能濟事。雖不無助緣之效，然終非「做工夫底本領」。即「緣」亦不能保其必為「助」，而很可成為「違」。故就本領工夫言，此即是「支離」。「支離」者歧出之謂。故朱子下書言：「此與守書冊、泥言語，全無交涉」，又言：「若使道可以多聞博觀而得，則世之知道者為不少矣。」後來象山斥朱子為支離，亦是就本領工夫說，非泛言其為支離也。朱子此時明知此義，何以以後又終落于支離耶？朱子非空泛讀書者，亦非只空泛地「守書冊、泥言語」者，何以又轉而為支離？必其新說成立後，其義理系統影響了其工夫之途徑，使其工夫途徑轉成曲折，因而入處遂不親切，本領上亦不是當。然則此書雖辭語上顯豁明當，而其實義，朱

子實並不能眞切悟入，此蓋終不能浹洽妥貼地進入其生命中也。或
以爲其言之如此顯豁明當，而謂其不能眞切悟入，似嫌過分。容或
此路所說之本領亦不免有問題也。然而並不過分，此路所說之本領
亦的然是本領，並無問題。其所以不能眞切悟入者蓋亦有故。非可
因其辭語顯豁明當即謂其已能眞切悟入也。蓋此中殺有深遠之義
理，一時之顯豁明當並不足以盡其蘊，故亦並不表示即能眞切悟入
也。此亦非完全是生命氣質問題，亦有客觀之實者在焉。惟生命氣
質近者易順適悟入，不近者則易轉折而之他。朱子正是生命本質不
近，故不易順適悟入，乃轉折而之他也。從客觀義理之實言，朱子
何以不能眞切悟入，亦必有故。又何以終向新說走，亦必有故。此
兩問題必須透澈，方能眞明朱子學生長之過程以及其特色。

　　關於此書所表示的「做工夫底本領」，朱子何故對之不能眞切
悟入，如以前各節所表示，說起來亦很簡單，即：混「良心發見」
之發與喜怒哀樂未發已發之發而爲一。因此即函：對于孟子四端之
心與《中庸》喜怒哀樂之情之混擾。因此復函：對于本心體悟之不
足。如果在此路下，本心與中體、性體、乃至天命流行之體最終是
一，則亦函：對于中體、性體體悟之不足，對于天命流行之體體悟
之不足，甚至無相應之契悟。由此復函：對于仁體體悟之不足。凡
此皆表示對于體上工夫有欠缺。此皆是此路下深遠之義理，朱子未
能明澈也。其此書之顯豁明當顯不能表示其即能眞切悟入此深遠義
理之蘊也。

　　此路既不能入，然則何以必轉折而向新說之路走？此關鍵亦甚
簡單，即伊川「凡言心者皆指已發而言」一語爲決定性的過轉關
鍵。伊川此語，三十七歲時諸書中皆未提到，好像與此語無關。人

若客觀地單看三十七歲時諸書，不參考其四十歲時之文獻，亦想不到伊川此語，只覺其儱侗顢頇，有一混擾（即上段所說之混擾），遂亦看不出其過轉之關鍵，亦何曾想到伊川此語有如此決定性之作用？然而其四十歲時〈已發未發說〉以及〈與湖南諸公論中和第一書〉（見下節），皆開頭即明顯表示其以前（舊說）所以認心為已發、性為未發，是因伊川此語而然。人孰想到伊川此語在朱子心中有如此之分量！伊川此語之有問題，甚為顯明。然而伊川之糾結卻佔滿了朱子之心靈。然則其舊說之「致察於良心之發見」之義實以伊川之糾結為背景也。辭語如彼，而背景如此，難怪其對于「致察於良心之發見」一路不能有真切悟入也，亦難怪人之看不出想不到伊川此語有如此之重大作用也。朱子當其講到「致察於良心之發見」以為做工夫底本領時（不管是在三十七或此三十九時），不去切實體會此義所以立之根源，不去切實體會孟子之本心、求放心，以及先立其大諸義，不去切實體會明道「須先識仁」之義，不去正視上蔡之以覺訓仁以及胡五峰「須先識仁之體」之義，再進而不去切實體會「天命流行之體」之義，不去切實體會濂溪之誠體、神體、寂感真幾以會通于太極，不去切實體會明道之「只心便是天，盡之便知性，知性便知天，當處便認取，更不可外求」之一本論，而卻膠著于伊川「凡言心者皆指已發而言」之一不諦之語，則誠可謂輕重倒置，不識肯要者矣。伊川此語見之于〈與呂與叔論中〉（〈未發問答〉）。在此問答中，關于本心中體，伊川實不及呂與叔（大臨）之精透，只見其游移支蔓，終不明澈。其與蘇季明論中和，亦是如此，故終于無結果而留下一團糾結與許多不諦之語。「凡言心者皆指已發而言」，此不諦之語經過呂大臨之致詰，伊川

已承認其爲「未當」而改之。朱子何不一留意而詳察耶？孰知此一不諦而已被認爲「未當」之語竟進入朱子之生命中而成爲一道封閉牆壁，由此遂堵塞朱子之靈光，使其永不能悟入「致察於良心發見」一路所蘊函之深遠義理，因而亦不能眞切于此「做工夫底本領」之警策處與眞切處，故而一旦發見「已發爲心，未發爲性」爲不妥時，遂全部自此路撤退，轉向而爲順伊川之糾結而前進矣！此是過轉至中和新說之關鍵也。此則讀朱子此〈答何叔京〉之書者所不可不知者也。

2.又〈答何叔京〉書：

〔上略〕前此僭易拜稟博觀之弊，誠不自揆。乃蒙見是，何幸如此！然觀來喻，似有未能遽舍之意何耶？此理甚明，何疑之有？若使道可以多聞博觀而得，則世之知道者爲不少矣。熹近日因事，方有少省發處。如鳶飛魚躍，明道以爲與必有事焉勿正之意同者，今乃曉然無疑。日用之間，觀此流行之體初無間斷「處」〔王懋竑《朱子年譜》錄此，注云：處疑作方〕有下工夫處。乃知日前自誑誑人之罪不可勝贖也。此與守書冊、泥言語，全無交涉！幸於日用間察之！知此，則知仁矣。〔下略〕（同上，〈答何叔京〉三十二書之第十三書）

案：此書之意前已言及，已曉，不煩再明。

3.〈答石子重〉書：

熹自去秋之中走長沙，閱月而後至，留兩月而後歸。在道繚
繞又五十餘日。還家，幸老人康健，諸況粗適。他無足言。
欽夫見處，卓然不可及。從遊之久，反復開益爲多。但其**天
姿明敏**，初從不歷階級而得之，故今日語人亦**多失之太高**。
湘中學子，從之遊者，遂一例學爲虛談，其流弊亦將**有害**。
比來頗覺此病矣。別後當有以捄之。然從遊之士，亦自絕難
得樸實頭理會者。可見此道之難明也。胡氏子弟及他門人亦
有語此者，然皆**無實得**。拈搥豎拂，幾如說禪矣。與文定合
下門庭大段相反，更無商量處。惟欽夫見得**表裡通澈**。舊來
習見，微有所偏。今此相見，盡覺釋去，儘好商量也。伯崇
精進之意反不逮前，而擇之見趣操持愈見精密。

敬字之説，深契鄙懷。只如《大學》次序，亦須如此看始
得。非格物致知全不用誠意正心，及其誠意正心卻都不用致
知格物。但下學處須是**密察**。見得後，便泰然**行將去**。此有
始終之異耳。其實始終是個敬字。但敬中須**有體察工夫**，方
能行著習察。不然，**兀然持敬**，又無**進步處**也。觀夫子答門
人爲仁之問不同，然大要以敬爲入門處。正要就日用純熟處
識得，便無走作。非如今之學者前後自爲兩段，行解各不相
資也。近方見此意思，亦患未得打成一片耳。

「大化之中自有安宅」，此立語固有病。然當時之意卻是要
見**自家主宰處**。所謂大化，須就此識得。然後鳶飛魚躍，觸
處洞然。若但泛然指天指地，說個大化便是安宅，安宅便是
大化，卻恐顛頂　侗，非聖門求仁之學也。不審高明以爲如
何？〔下略〕（《朱文公文集》卷第四十二，書，問答，〈答石

　　子重〉十二書之第五書）

案：此書稱讚張欽夫，大體是因舊說「致察于良心之發見」一路與胡五峰相合（儘管了解的背景有不同），而張南軒于其師之學亦彷彿一二，再益之以「天姿明敏」，故時有穎悟語。然朱子猶說其「失之太高」。實則此「做工夫底本領」須函體上明澈，無所謂「太高」也。朱子對此「做工夫底本領」不能真切受用，對于體上之深遠義理不能悟入明澈，故有「失之太高」之忌諱。（南軒究能明澈多少，亦自難說，故後來常隨朱子腳跟轉。）

　　「失之太高」之忌諱，自其少年學禪，後因延平而轉過來後，即在其生命中形成一種心態，後來到處使用，動輒以此斥人為禪。此亦是其合下是一實在論之心態之反映，而「太高」之忌諱亦在不諦不入之下形成太早也。「太高」、「一例學為虛談」，固是此路所可有之病象，然此只是個人熟不熟切不切的問題，非是此路本身的問題。朱子對此路不真切，對于體上不明澈，此即自家根本未入也。自家未入，因厭空談虛談，遂併此路本身而亦廢棄矣。三十七歲時〈答羅參議〉書云：「元來此事與禪學十分相似，所爭毫末耳。」吾已指其不諦。後來新說成立後，彼即對于凡自此路而立言者一律斥之為禪。今茲之斥胡氏子弟及其門人「拈搥豎拂、幾如說禪」，已開其機矣。胡氏子弟及門人很可能「無實得」，然吾觀後來關于〈仁說〉之論辨，胡廣仲、胡伯逢、吳晦叔等皆能堅守此路而不移，比張南軒實更能真切于此「做工夫底本領」，非全無實得者也。然朱子卻必依「心之德愛之理」之方式力攻之，而己亦遠離此「做工夫底本領」之路矣。然則其所謂空談、虛談、禪、無實

得,亦常只是路向之不同耳。空不空本是個人熟不熟切不切之另一
會事,然而朱子卻常連此路本身一起斥之為禪而廢棄之,此其不入
故也。如此,彼視為實而非禪者只在致知格物,而致知格物又只在
讀書博文,此何其與前條〈答何叔京〉書所云「此與守書冊、泥言
語,全無交涉」相反耶?于以知其對此「做工夫底本領」本不能真
切受用也。夫察良心之發見以使本心呈露,本是道德實踐之本質的
關鍵,此是相應道德本性而開工夫,而毫無歧出者。此是自覺地作
道德實踐所必有之事,亦是曾子守約戰兢、孟子求放心、《大
學》、《中庸》言慎獨以及致中和所本有之義。此一本領工夫既
立,則讀書博文、格物致知、一切助緣之事皆含在內,並無所謂
「太高」,亦無所謂「虛談」,更無所謂禪也。道德實踐之本性本
應是如此,唯一般人不能真切認識,亦常不能如此認真耳。此與高
與虛與禪有何關哉?故後來象山出,即言天下學術只有兩途;一途
樸實,一途議論。此路乃是樸實之路,而朱子卻迂曲而走向議論之
路,已失做工夫底本領,故歧出而支離也。象山點出此乃樸實之
途,則朱子之太高、虛談、禪之忌諱遂成無謂之忌諱而不靈矣。然
而朱子亦遂自成其靜涵靜攝之系統,而與儒家本有之縱貫系統相反
矣。(此相反自當相成,若執此以非他,則非是。)

　　此書次言敬以「密察」為主,此察仍是舊說察良心發見之察,
故繼之云:「見得後,便泰然行將去。」惟混發見之發與已發之發
而為一,則本領工夫終持不住而廢棄矣。

　　末言「大化之中自有安宅」,此是前錄三十七歲時〈答張敬
夫〉之第四書中之語。此反省之語,已論之于前。茲不贅。朱子此
處所說是。

　　以上三書乃自潭州（長沙）歸後所寫者。其意旨仍是舊說之持續而益顯豁明當。此時張南軒復有〈艮齋銘〉之作，亦是此路之表示。朱子亟稱之，以爲應當「相與守之」以爲宗旨。故王懋竑關于此年三書之《考異》云：

> 按自潭州歸後，以〈艮齋銘〉爲宗指。其見於與程允夫、曾裘父書甚明。〈艮齋銘〉以知止爲始，而格物致知專以察識端倪爲下手工夫，與學聚問辨之指不類。其云：「天心粹然，道義俱全。是曰至善，萬化之源。」與「至善，事理當然之極」註又不合。
>
> 〈與何叔京〉書：「因其良心發見之微，猛省提撕，使心不昧」，「默會諸心，以立其本」，是皆〈艮齋銘〉之指也。
>
> 〈石子重書〉：「非格物致知不用正心誠意，及其正心誠意卻不用致知格物」，其語自是，但以「密察」、「見得」爲格物致知，以「泰然行將去」爲正心誠意，亦仍是〈艮齋銘〉之指也。
>
> 大抵以心爲已發，以性爲未發，要從已發處識得未發。故曰：「惟應酬酢處，特達見本根。」凡戊子諸書皆是一意。平湖〔案：即陸平湖隴其〕謂「〈答叔京〉書易爲異學所借」，尚似有所未察。《正學考》不載〈與允夫〉書，則未見其宗指。而於講論多所反覆，似皆未得其要領也。故附論之。

案：《張南軒集》卷之七〈艮齋銘〉全文如下：

「艮齋」，建安魏元履燕居之室也。在《易》，艮爲止，止
其所也。予嘗考《大學》始終之序，以知止爲始，得其所止
爲終。而知止則有道矣。《易》與《大學》，其義一也。敬
爲之銘：

物之感人，其端無窮；人爲物誘，欲動乎中。不能反躬，殆
滅天理；聖昭厥猷，在知所止。**天心粹然，道義俱全**；是曰
至善，萬化之源。人所固存，曷自遠之？求之有道，夫何遠
爾！**四端之著，我則察之**；豈惟思慮？躬以達之。功深力
到，**大體可明**；**匪由外鑠，如春發生**。知其至矣，必由其
知；造次克念，戰兢自持。事物雖衆，各循其則；其則匪
他，**吾性之體**。動靜以時，光明篤實。艮止之妙，於斯爲
得。任重道遠，時不我留；嗟我同志，勉哉無休。繄我小
子，懼弗克立；咨爾同志，以起以捄。

此大體是孟子學之精神，合之《大學》「知止」而說耳。此重在相
應道德本性而爲道德實踐之本領工夫，亦是縱貫系統之義。從本心
說至善而爲「萬化之源」，即本心沛然莫之能禦之創生的直貫義
也。「四端之著，我則察之」，即察良心發見之義也。陸平湖不說
朱子不能眞切此義，卻說「〈答叔京〉書易爲異學所借」，然則孟
子亦異學乎？宗朱者斥陸、王爲異學，甚矣門戶陋見之爲害也！殊
不知朱子本已攀援此路而走不上耳。走不上，即爲異學乎？寧有斯
理耶？

　　《朱子文集》卷四十一，〈答程允夫〉十三書之第五書云：

去冬，走湖、湘，講論之益不少。然此事須是自做工夫，於日用間行住坐臥自有見處，然後從此操存，以至於極，方爲己物爾。欽夫所作〈艮齋銘〉便是做工夫底節次。近日相與考證古聖所傳，門庭建立此個宗旨相與守之。

《朱子文集》卷三十八，〈與曾裘父〉三書之第三書云：

欽夫爲元履作〈齋銘〉，嘗見之否？謾錄一本。其言雖約，然《大學》始終之義具焉。恐可置左右也。

熟知相守不一年而大變！

第五節　中和新說之發端與完成

孝宗乾道五年己丑，朱子四十歲。是年春，與蔡季通言未發之旨，問辨之際，忽然自疑。遂急轉直下，而有新說之發端與完成，此即以下一〈說〉二〈書〉之所示也。

1.〈已發未發說〉：

《中庸》未發已發之義，前此認得此心流行之體，又因程子「凡言心者皆指已發」之云，遂目心爲已發，而以性爲未發之中，自以爲安矣。比觀《程子文集》、《遺書》，見其所論多不符合。因再思之，乃知前日之說，雖於心性之實未始有差，而未發已發命名未當，且於日用之際欠缺本領一段工

夫，蓋所失者不但文義之間而已。因條其語，而附以己見，告於朋友，願相與講焉。恐或未然，當有以正之。

《文集》云：中即道也。又曰：道無不中，故以中形道。

又云：中即性也，此語極未安。中也者，所以狀性之體段，如天圓地方。

又云：中之爲義自過不及而立名。若只以中爲性，則中爲性不合。

又云：性道不可合一而言。中止可言體，而不可與性同德。

又云：中者，性之德，此爲近之。又云：不若謂之性中。

又云：喜怒哀樂之未發謂之中。赤子之心發而未遠乎中。若便謂之中，是不識大本也。

又云：赤子之心可以謂之和，不可謂之中。

案：以上大都見于〈與呂大臨論中〉。

《遺書》云：只喜怒哀樂不發便是中。

又云：既思，便是已發。喜怒哀樂一般。

又云：當中之時耳無聞、目無見，然見聞之理在始得。

又云：未發之前謂之靜則可，靜中須有物始得。這裡最是難處。能敬，則自知此矣。

又云：敬而無失，便是喜怒哀樂未發謂之中也。敬不可謂之中，但敬而無失，即所以中也。

又云：中者，天下之大本，天地間亭亭當當直上直下之正理。出則不是。惟敬而無失最盡。

案：此條爲明道語，非伊川語。

　又云：存養於未發之前可，求中於未發之前則不可。
　又云：未發更怎生求？只平日涵養便是。涵養久，則喜怒哀
　樂發而中節。
　又云：善觀者卻於已發之際觀之。

案：以上大都見于〈與蘇季明論中和〉。

　右，據此諸說，皆以思慮未萌、事物未至之時，爲喜怒哀樂
　之未發。當此之時，即是心體流行，寂然不動之處，而天命
　之性體段具焉。以其無過不及，不偏不倚，故謂之中。然已
　是就心體流行處見，故直謂之性則不可。呂博士〔案：即呂
　大臨〕論此，大概得之。特以中即是性，赤子之心即是未
　發，則大失之，故程子正之。（原注：解中亦有求中之意，
　蓋答書時，未暇辨耳。）蓋赤子之心動靜無常，非寂然不動
　之謂，故不可謂之中。然無營欲智巧之思，故爲未遠乎中
　耳。
　未發之中，本體自然，不須窮索。但當此之時，敬以持之，
　使此氣象常存而不失，則自此而發者，其必中節矣。此日用
　之際本領工夫。其曰：「卻於已發之處〔際〕觀之」者，所
　以察其端倪之動，而致擴充之功也。一不中，則非性之本
　然，而心之道或幾於息矣。故程子於此，每以「敬而無失」
　爲言。又曰：「入道莫如敬，未有致知而不在敬者。」又

曰：「涵養須用敬，進學則在致知。」以事言之，則有動有靜，以心言之，則周流貫澈，其工夫初無間斷也。但以**靜為本爾**。（原注：周子所謂主靜者，亦是此意。但言靜則偏，故程子又說敬。）

自來講論思索，直以心為已發，而所論**致知格物**亦以**察識端倪為初下手處**，以故缺卻平日涵養一段工夫。其日用意趣常偏於動，無復深潛純一之味，而其發之言語事為之間，亦常躁迫浮露，無古聖賢氣象，由所見之偏而然爾。

程子所謂「凡言心者皆指已發而言」，此卻指心體流行而言，非謂**事物思慮之交**也。然與《中庸》本文不合，故以為「未當」而復正之。固不可執其已改之言，而盡疑諸說之誤，又不可遂以為〔未〕當〔脫「未」字〕，而不究其所指之殊也。

周子曰：「無極而太極」。程子〔明道〕又曰：「人生而靜以上不容說，纔說時，便已不是性矣。」蓋聖賢論性，無不因心而發。若欲專言之，則是所謂無極而不容言者，亦無體段之可名矣。未審諸君子以為如何？（《朱文公文集》卷第六十七，〈雜著〉）

案：此文標題為〈說〉，故編于《文集雜著》中。下〈與湖南諸公〉書，內容與此〈說〉全同，只所條之伊川語則刪去耳。意此〈說〉為原稿，寫時即想寄與湖南諸公者，故首段有云：「因條其語而附以己見，告于朋友，願相與講焉。恐或未然，當有以正之。」而末尾又有「未審諸君子以為如何」之問語。此皆書函口

氣，非論說體之文所應有也。及寄發時，辭語稍有改易，而所條之
伊川語亦未錄寄，遂成為〈與湖南諸公論中和〉第一書，而原稿保
留，遂成為〈說〉而編于《雜著》中矣。實則乃同一書文也。此同
一書文乃因己丑之春與蔡季通問辨未發之旨，忽然自疑，而寫成者
（見〈中和舊說序〉。序文見下章第三節）。並慚懼舊說之「穿
穴」與「自誤」，而「亟以書報欽夫及嘗同為此論者」（亦見〈中
和舊說序〉），此即書題之所以標為〈與湖南諸公〉之故也。

　　舊說所陳，若真能真切於「致察良心之發見而操存之」之義，
並於本心、性體，乃至中體、天命流行之體有相應之契悟，則本甚
簡易明白。然而其所以令朱子有「紛糾而難明」、「冥迷而難喻」
之感者（見〈中和舊說序〉），則以其對此路本不真切，而復以伊
川之糾結為背景故也。

　　試看朱子所條錄之伊川語，大抵皆無謂之糾纏。其見於〈與呂
大臨論中〉者，尤無謂，只是中、性、道詞義之繳繞，其不及呂大
臨之明透遠甚。然此部分對於朱子中和新說之成立無甚關係，故可
置而不論。其見於〈與蘇季明論中和〉者，亦同樣繳繞，但在繳繞
中卻有幾個頭緒甚清楚，此則進入朱子之生命中而成為其新說之提
綱，而為朱子所釐清矣。此即：一、未發時不須窮索，不可尋覓，
「只涵養便是」；二、「善觀者卻於已發之際觀之」，兩義是也。
此兩義即是「靜養動察、敬貫動靜」義之全部工夫之所由立，而以
平時莊敬涵養為「本領工夫」。舊說以「察於良心之發見」為本領
工夫，而此忽轉而以靜時之涵養為本領工夫，則其前此未真切於
「良心發見」之義而又有混擾亦明矣。然而此一轉卻甚清澈明定而
亦復成為另一系統矣。若於心性之實有相應之了解，或就己敵雙方

言，有相同之了解，則只涵養察識本身之先後之爭論不是嚴重之問題。致察是察本心之發見，而操存涵養是存養本心不令放失，致察一本領工夫豈即廢並有礙於平時之莊敬涵養耶？延平「默坐澄心、體認天理」，「驗喜怒哀樂未發前氣象」，即靜時之識本體也。因事發見而致察之，是動時之識仁之體（本心等）也。無論靜時動時之察識，皆是重在先認識本心之呈露以為體，而後自覺的道德行為始能立。此種察識並不礙平時之涵養，亦不能廢平時之涵養。故延平之默坐體認之察識正是其平日涵養之所本也。「須先識仁」、「先識仁之體」，並不必限於動時也。動時因事發見而致察之，此只明雖在物欲汩沒之中而本心固隨時有呈露，此言本心並非抽象之空懸，亦非虛構而無實，故當下自覺體證之，則本心之體立矣。當下一認認定，則此後始可有真正自覺之道德行為。而平素之莊敬涵養只在使此行為成為純熟而自然而已。故此靜時之體認與動時之致察皆只重在先立體先明本，故此工夫為道德實踐之本質的關鍵，故曰本領工夫。非朱子混發見之發與已發之發而為一時之所謂察識也。以上是言由致察而至涵養。至若反過來，以平素莊敬涵養此本心而不令放失為本（此本是平素養之有素之意，非本質的關鍵義），而復於動時察吾喜怒哀樂之發是依據本心（合乎天理）而發耶？抑是情感衝動而發耶？此亦是造次顛沛不放逸之警覺，如此而言後察識亦無不可。此是言由涵養而至察識，此種先後亦不成爭論。故無論先察識（重立本）後涵養，或先涵養後察識，皆無不可，此只是一體工夫之循環無間，不能有爭論之發生也。

　　惟于本心、中體、性體，乃至天命流行之體無相應之了解，因而影響己敵雙方對于心性之實有不同之了解，朱子始覺先察識後涵

養爲非是，而必爭先涵養後察識以爲本領工夫。是則爭論之關鍵不在涵養察識之本身，而在于涵養察識所施之心性之實有不同之理解也。舊說顢頇儱侗，對于心性之實既無相應之契悟，亦無確定之表示，此朱子之所不能安也。及其心中所懷之糾結一旦釐清而落實，則對于心性之實之理解爲如何即確定表出矣。而其前此之議論之所以被感覺爲紛糾而難明，冥迷而難喩者，其背景亦全部透露出而明朗化矣。朱子實以伊川之糾結爲背景，未曾直接面對《孟子》、《中庸》、《易傳》所洞發，濂溪、明道所體會之本心、中體、性體，乃至天命流行之體而予以仔細之體會與相應之契悟也。他明顯地宣示舊說所陳之義是「認得此心流行之體，又因程子凡言心者皆指已發之云，遂目心爲已發，而以性爲未發」。而又明顯地宣示舊說之非是乃在：「雖於心性之實未始有差，而未發已發命名未當，且於日用之際欠缺本領一段工夫。」吾人于此可以看出，在此反省中，朱子不承認舊說對于「心性之實」理解「有差」，只是「未發已發命名未當」，即名心爲已發，名性爲未發，或視未發爲性，視已發爲心，爲未當。在如此之反省下，如果「心性之實」眞「未始有差」，則依新說所釐清而確定者觀之，舊說所說之心，即所認得之「此心流行之體」，是平看的實然的心，非孟子所說之「本心」，即非提起來看的應然的義理當然之心。朱子認爲其現在是如此看，其舊說亦是如此看，故「未始有差」也。但吾人順舊說辭語之係絡與間架，卻可以把其所說之心看成是孟子所說之本心，但其表示卻混本心發見之發與喜怒哀樂未發已發之發而爲一，故既有混擾，而對于心之實亦不能無差。如果朱子現在仍不承認此混擾，而以爲舊說所認得之「此心流行之體」亦即孟子所說之本心義，則根

本對于孟子有誤解，雖在其自義方面「未始有差」，然客觀地觀之，則實是有差。又順朱子之自義觀之，心之實雖「未始有差」，而對于性之實則卻難說。因舊說就「只是來得無窮，便常有箇未發底」說性，其如此說性是否同于新說，是否可為新說所承認，則不能無問題。因新說成立後，甚至即在新說中，朱子一貫而明確的態度是視性為理。伊川「性即理也」一語，在朱子決不能有搖動，似亦從未有問題。如果朱子認為舊說中對于性之說法可以合得上此義，或其心中亦意許有此義，則對于性之實，亦可以說「未始有差」。但如果合不上，或雖其心中意許有此義，而辭語之表示（即舊說之說法）很難合得上，則對于性之實即不能說「未始有差」。是以朱子說「雖於心性之實未始有差」，恐亦只是鬆泛自諒地如此說，未經仔細剖解也。至少吾人于新說中看不出其對于性之實有如舊說中之表示，是則無形中已改移矣。

又舊說中並無「此心流行之體」之語。今如此說，恐即是指「感之而通、觸之而覺，蓋有渾然全體、應物而不窮者」而言。「是乃天命流行、生生不已之機」，而朱子現在即以「此心流行之體」目之也。在舊說中，只有流行之體、天機活物這麼一個儱侗渾淪的說法，對于心性之實並未曾予以分解的剖示，而大體是從心之寂感無間而說此流行之體，故今得以「此心流行之體」而目之也。今在新說中卻皆予以分解撐開而有眉目矣，而重點亦不在著重時字、際字、前字之「病痛」矣。在舊說中，只就「天機活物」這一個儱侗渾淪的辭語說其未發已發之無間而流，故心固是平看的實然的心，即性亦未提得起也。總之是落在氣化不息之迹上說，故于「天命流行之體」決無相應之契會。此是舊說中之大病。在此渾淪

儱侗的說法中，雖對于心性之實未予以分解的剖示，因而亦未明顯地分別心性而爲二，只就未發已發之無間，「據其已發者而指其未發者，則已發者人心，而未發者皆其性也」，此好像**心性是一**，然而卻是**落在氣化不息之迹上的一**，非能在**超越之體上而爲一也**。此亦是舊說之大病。新說則于此有一淸澈明定之態度。

新說實比較淸澈明定：

一、仍就喜怒哀樂之情說未發已發，不就體上說大本未發已發之無間，不再斤斤時字、際字、前字之病痛。「以思慮未萌，事物未至之時，爲喜怒哀樂之未發」。此「未發」之時所顯之「中」直接是指心說即平靜之心境，朱子所謂「心體流行寂然不動」是也。在此可以用得上伊川「在中」之義，即「只〔……〕不發便中」。但同時復顯一異質的超越之體，此即是性。伊川「在中」之義對于性字未有交代，在此有了交代。

二、依此，「中」字可以兩面指：一曰心，二曰性。在情變未發時，「即是心體流行，寂然不動處，而天命之性體段具焉」。此語即函心性平行而非是一。「心體流行」是就「思慮未萌、事物未至」之靜時、未發時而說，故即接之以云「寂然不動處」。是則此時所說之「心體流行」似與反省舊說時所說之「前此認得此心流行之體」意並不同。舊說時「此心流行之體」是就天機活物無間流行而渾淪地說，而此「心體流行、寂然不動」則是單就情變未發時說，此是說心體默默任運而行，故即是「寂然不動」也。此是心之所以爲體。此「體」是「寂然不動」之心之自身爲體，是對其感發時之發用之爲「用」說。在心之寂然處，「而天命之性體段具焉」。性「就心體流行處見」，因而有「體段」之可言。此「體

段」即是下〈答張欽夫〉書所謂「一性渾然，道義全具」。是則
「渾然而道義全具」即是此時性之體段。若離開「心體流行、寂然
不動」，則亦無此體段之可言，是則「所謂無極而不容言者」。如
是，則心與性平行而為二體，由心之寂然而見性之渾然。「中」主
要是就心之寂然說，然而亦實隱涉性之渾然。「中」是個狀詞，被
支解而為二。其直接所狀者是心之寂然不動。若就其所狀所涉而說
一個超越的體，可以為天下之大本，則在此新說中，真正的超越之
體當該是性，而不是心。因為心與性既平行而為二體（二物），則
真正的超越之實體（大本）不能有二，故只能是性，而不能是心。
又因為心既是平看的實然的心，不是孟子所說的本心（在本心，心
即是理，心體即性體，心性是一），則其寂然只是由思慮未萌事物
未至之未發時而見，其自身不能分析地、必然地必為「發而中節」
之和，而且節之標準亦不在其自身，是則心固不能為真正的超越之
體也。由其寂然而言其為體是對其發用之用言。其本身有體用不表
示其可以為超越之實體也。（此〈已發未發說〉于此牽涉到呂大
臨，皆無謂，此是順伊川之繳繞而繳繞。下〈與湖南諸公〉書，即
刪去不提，而下〈答張欽夫〉書亦不提。故此不論。詳辨見〈伊川
章〉。又此處言「當此之時，即是心體流行，寂然不動之處，而天
命之性體段具焉。以其無過不及，不偏不倚，故謂之中。然已是就
心體流行處見，故直謂之性則不可」。此數語中，「以其無過不
及」句中之「以其」，「然已是」句中之「已是」，關聯的不清
楚。「以其」之「其」好像是指「心」說，直順下來，文法上當該
是如此。故中字當該說的是心。然下句一轉，「已是就心體流行處
見」，則又是說的是「性」，故「其」字、「中」字又似是指性

言。此即是關聯的不清楚。但下〈與湖南諸公〉書及〈答張欽夫〉書，皆順著直下，故「其」字「中」字皆指心說，甚顯明。故吾此處之解析是就「心」說，至對于性之體段則另起筆解析。而關于呂大臨者則置而不論。想此不至失朱子之原意。總之，中字直接指心說，而亦復隱涉性體，而超越的實體在性不在心，則甚明。此則合乎朱子之系統以及後來之一切說法，故如此解，決無謬誤。）

三、因爲靜時所見之寂然（心）與渾然（性）無可窮索，無可尋覓，即無法可辨察，故只能施涵養或存養之功，而不能施察識之功。此即此〈說〉所謂「敬以持之，使此氣象常存而不失，則自此而發者，其必中節矣。此日用之際本領工夫。其曰卻于已發之際觀之者，所以察其端倪之動，而致擴充之功也。」亦即下〈與湖南諸公〉書所謂「但平日莊敬涵養之功至，而無人欲之私以亂之，則其未發也，鏡明水止，而其發也，無不中節矣。此是日用本領工夫。至于隨事省察，即物推明，亦必以是爲本。而於已發之際觀之，則其具于未發之前者固可默識」。此靜養動察之分屬顯是繼承伊川之語而說者。關于靜養，則是繼承其「若言存養於喜怒哀樂未發之時則可，若言求中於喜怒哀樂未發之前則不可」之語而說。關于動察，則是繼承其「善觀者不如此，卻於喜怒哀樂已發之際觀之」之語而說。在靜時施「存養」之功自無問題，但其辨解卻糾纏混擾。因爲伊川所以說「言存養」可，而「言求中」則不可，是因爲「既思於喜怒哀樂未發之前求之，又卻是思也。既思即是已發。思與喜怒哀樂一般」。但此無謂之繳繞實是立言分際之混擾。若誠如伊川之辨駁，則《中庸》「喜怒哀樂之未發謂之中」一語即根本不應說。因爲其說此語亦是想于喜怒哀樂未發之前或時以求得或明得或

肯認或說一個中也。此想著、求得、明得、肯認、或說皆是思想之
發用,皆是已發也。延平「默坐澄心、體認天理」,「體認」亦是
已發也。「危坐終日,以驗夫喜怒哀樂未發之前氣象爲何如」,
「驗」亦是已發也。若以此求中之爲已發而即非中以明求中之不可
(自相矛盾),則根本是立言分際之混擾,所謂邏輯層次之混擾
也。吾人固可以思想活動了解所謂中也。吾之思想活動是一分際,
而所了解之中之爲寂然不動則又是另一分際,豈可混耶?是以在辨
解過程上,言求中可,言存養亦可。若就存養工夫之純熟言,則只
是實體之如是如是呈現,如是如是流行,只是一超自覺之默默存
養,此自不容擬議,不容辨求,一落擬議辨求即非中體之如如呈
現、如如流行,即非中體。此種弔詭又是一分際,此是圓頓之表
示。若在辨示求中與存養之過程中,因求中之爲已發即謂只可言存
養,不可言求中,則成分際之混擾。伊川之糾結混擾大都類此,此
其滯礙不熟處也。而朱子于此不通之混擾仍依樣照說,而不稍加致
疑,此無奈太保守乎?(關于伊川之糾纏混擾,吾已詳辨之于〈伊
川章〉,茲不重贅。)

　　四、靜養動察既有分屬,朱子此時即認未發時之「莊敬涵養」
爲「日用之際本領工夫」,而以舊說之以察于良心之發見爲本領工
夫爲不當。且認以前「所論致知格物亦以察識端倪爲初下手處,以
故缺卻平日涵養一段工夫」。蓋以前「直以心爲已發」,故只著重
動察,而缺卻涵養也。今知心有已發時,亦有未發時,則未發時之
須莊敬涵養自凸顯矣。此議是「本領工夫」之移位,亦函舊說對于
良心發見之發與喜怒哀樂未發已發之發之混擾,亦函舊說對于「察
于良心之發見」義爲不眞切。而此混擾與不眞切,朱子至今仍未看

出也。而且由其反省，更可著實其以前是混擾與不眞切，因其現在仍如此認定也。前三十九歲〈答何叔京〉書云：「若不察於良心發見處，即渺渺茫茫，恐無下手處也。」此辭語顯表示以「察於良心之發見」爲本領工夫，爲道德實踐之本質關鍵。此「察」之義是于良心之因事發見或時露端倪，直下體證而肯認之以立體，此函是一逆覺之工夫，亦是一種靜復之工夫，亦孟子所謂「反之」也，即不順習氣、私欲、利欲之流而滾下去之義。故現實生活雖是動，而此「察」字即表示靜。此種逆覺、靜復、反之之工夫，不管在靜時動時皆可作。靜時之驗夫喜怒哀樂未發前氣象爲如何（即于未發時或前求所謂中，或體認所謂中）是如此，動時之于因事發見而直下肯認之，亦是如此。此種逆覺工夫是表示一種本體論的當下體證，前者是隔離的超越的體證，後者是不隔離的而即在經驗中之內在的體證。不管前者或後者，皆是道德實踐之本領工夫，本質的關鍵。若不有此體證，誠是「渺渺茫茫，恐無下手處」，即永無自覺的眞實的道德行爲之可言，永在「習矣而不察」之不自覺中（不自覺與超自覺不同）。故此「察」是與延平之靜坐以驗未發前氣象，並與靜復以立體，爲同一層次，同一意義之工夫。《中庸》之未發謂之中，孟子之求放心，《易》復卦〈彖傳〉之「復其見天地之心」，周子之「主靜立人極」，明道之「學者須先識仁」，胡五峰之「須先識仁之體」，亦皆是說此本領工夫。惟伊川于此不透，泯失此靜復以立體之義，認爲于此不可說體證辨察之工夫，一說便是已發，而非未發，故只可言「存養」，不可言「求中」。朱子承之，遂有靜養動察之分屬，將「靜復以立體」之察拖下來而置于已發之動時說，認爲只可于此動時說察識，即于心隨喜怒哀樂之激發而發用，

而分別表現，而有眉目時，而察識其為如何。此義即函對于靜復以立體所體證之「本心」有誤解，亦函對于本心發見之發與情變已發之發之混擾，亦函其所說之心只是平說的實然的心，並非孟子所說之本心。故朱子在舊說中，雖辭語是「若不察於良心發見處，即渺渺茫茫，恐無下手處」，而于其實義卻有誤解，因而其所曾認為「本領工夫」者亦原不真切，故轉眼即成為非本領矣。若知靜復以立體之察非其所說之動察之察，則「察於良心之發見以體證而肯認之」之本領工夫豈礙于涵養耶？其「缺卻平日涵養一段工夫」豈因「察於良心之發見」而然耶？明道、延平皆有涵養，象山、陽明亦皆有涵養，是皆有靜復以立體之致察體證工夫者，何曾因「察於良心之發見」而即缺卻涵養耶？缺卻涵養自是個人一時之缺卻，並非因「察於良心之發見」而缺卻也。朱子之所以如此反省者，亦只因對于「察於良心之發見」一本領工夫有誤解耳。不知其為「靜復以立體」之義，不知其為道德實踐之本質的關鍵，而只視為動發時之察識，則只有逐物之動察（隨事變之情而察之），而無靜時之涵養，亦固然矣。若知察于良心之發見是「靜復以立體」之察，則靜時之涵養是養此體，動時之察識是察此體，涵養察識只可謂是日用之常行，即所謂勿忘勿助以期德行之純熟而已，非自覺地作道德實踐之本質的關鍵也。今朱子泯失「靜復以立體」之察辨體證義，而只于動察以外補之以靜時之涵養，則其涵養乃成不自覺之盲目者，空頭者，所謂平時之莊敬涵養只成外部地養成一種好習慣而已。此則並已與延平而相反矣。又因其認心性平行而為二，心為平說的實然的心，非義理當然之本心，則雖養其寂然不動之體，亦只是常常莊敬以養之，使之收斂凝聚，不至散亂昏沈，故于其發用時易合于

道耳，而其本身非能即道也。此其後來所以視心爲氣，而轉成靜涵靜攝系統之故也。〔朱子認舊說「所論致知格物，亦以察識端倪爲初下手處」。察識端倪本是靜復以立體之義，今只看成是對于心之動時發用之察，而又只目心爲已發，如此，固只專有動察，而涵養無安頓處，因而「缺卻平日涵養一段工夫」。此已辨明。但此語中，關于「致知格物」亦應附帶予以注意。察識端倪，無論是靜復以立體（本心），或只是朱子之動察（察心隨情變之激發而發用），皆只是就心言。此就心言之察識本與獨立意義認知意義的致知格物無多大關係，而將致知格物吞沒于察識端倪亦非朱子之實在論的心態所能安。故新說成立後，以《大學》爲定本，遂盡量著重致知格物之獨立義、認知義。雖泛統之以察識，而實以獨立意義之致知格物爲主，而成爲泛致知論。如是，其所涵養察識之心只透露其爲認知意義之心，只呈其用于格物窮理，而亦以格物窮理盡其用。其平看的實然之心固應易至于此也。雖其所說「察識端倪」明是道德意義之良心之端倪，然只是依附《孟子》隨便如此附帶說而已，實挺立不住此道德意義之良心或本心也。而其由已發未發所見之心之寂然與感發（通不通其自身不能決定），因其與性平行而爲二，非本心，固亦不函有此道德意義之良心之義，固不易凸現道德意義之良心也。此爲空頭的**涵養察識分屬下道德意義的良心本心之沈沒**。新說只能向心性情三分、理氣二分之格局走，故亦可說此爲**心性情三分、理氣二分格局下道德意義的良心本心之沈沒**。此則已完全脫離**縱貫系統矣**。〕

　　五、舊說認心爲已發，依朱子之反省，本因伊川「凡言心者皆指已發而言」之語而然。伊川此語，朱子在此解析爲「指心體流行

而言，非謂事物思慮之交」。此解固亦可通。伊川言「動而見天地
之心」。靜時所見之心雖寂然不動，而知覺不昧。伊川即于此而
曰：「既有知覺，卻是動也」。此是由靜復之主觀工夫移向所見之
心體自身之知覺不昧而說動也。朱子即據此而解之，故亦可通也。
然而此解卻非伊川說此語之原意，故下「〈與湖南諸公〉書」即改
爲「指赤子之心而言」。蓋伊川此語。見之于〈與呂大臨論中〉。
呂氏引述此語而加以反駁，伊川經此反駁，亦認爲「未當」，遂改
云：「心一也，有指體而言者，寂然不動是也。有指用而言者，感
而遂通天下之故是也。」當朱子著實見到伊川此改後之說法時，遂
覺舊說「以心爲已發」爲非是，遂有此新說已發未發之分說。（朱
子舊說「據其已發者而指其未發者，已發者皆人心，未發者皆其
性」，我看其當時說此義自是根據其方往方來無間而發之體悟而
來，不必是自覺地根據伊川此語而說。此只是反省時如此追認
耳。）心有情變未發時之寂然不動，亦有其隨情變之激發時之發
用，此種分說固較舊說爲妥當，然而其承接伊川此改後之說而如此
分說，其所見之心乃與性相平行而爲二者，此則既與舊說根本不
同，亦非「心體即性體」之本心。如此，此心乃成只是平看的實然
的心，因此，心之道德意義的實體性自不能有。其承接伊川此改後
之說法而分說，雖有寂然不動，感而遂通之語，然《易傳》說此語
是就「至神」說。在至神之感應上，寂然不動是必然地即能函著感
而遂通，故應用于本體宇宙論的實體上或應用于本心上亦皆是如
此，故即寂即感，寂感一如，寂然不動其自身即能決定其爲感而遂
通，此是本體論地分析的、必然的。然而其在朱子此新說之分說
下，雖借用此語，其寂然不動之體自身是否即能決定其爲感而遂通

（發而中節），則很有問題。據心性平行爲二而觀之，此平看的實然的心之寂然不動自身之不能決定其本身感而遂通固甚顯然。故其借用《易傳》此語只表示未發時之無色的寂然不動之體與已發時之無色的感發之用而已。其通不通，中節不中節，仍有待也，其自身不能決定也，由其無色的寂然不動之體固不能必然地分析地即函著其感而遂通，發而中節之用也。伊川言心本無實體性的本心義。其「不發便中」之說，雖借用《易傳》語，于不發時言寂然不動，爲心之體；于發時言感而遂通，爲心之用，然亦只是借用而已。其「不發便中」之中自身仍不能保其必感而遂通，發而中節也。彼雖于性無交代，然心爲實然的心理學的心則無疑。至朱子此新說，心性平行，心仍順伊川爲平看的實然的心，則其自身不能決定其必爲感而遂通，發而中節，則固甚顯然也。此義，下〈答張欽夫〉書表示的尤爲明白，故吾敢如此斷定也。

六、最後，朱子言及「聖賢論性，無不因心而發。若專言之，則是所謂無極而不容言者，亦無體段之可名矣」。所謂「因心而發」即因心而發其論，或因心而說，因心而見之意。若離開心而專即其自體而言之，則是「無極而太極」之無極，「人生而靜以上不容說，纔說時，便已不是性矣」。「不是性」是說「生之謂性」（明道意是斷自有生以後說性，非告子原意），性與氣雜流，已不是性之自體，並非說實不是性而已變成別的。性還是此性也。只因關聯著氣，與氣雜流，始有種種分際上之義可說，詳見明道〈生之謂性篇〉。朱子即因此義以明性「因心而發」始有體段可言。如因心之寂然不動而見「一性渾然，道義全具」，因心之感而遂通，而見性理之分別表現，粲然明著，此渾然粲然即是性之體段，此皆因

心而見者。朱子此義即下〈答張欽夫〉書開頭所謂「須以心爲主而論之」一語之意。此義即函心與性有一種關係。但朱子所謂「因心而發」、「以心爲主而論之」之語所表示之關係究如何,則頗難說。胡五峰說「心以成性」,心是形著原則,結果心性是一。伊川言「性之有形者謂之心」,似未能表示此義。邵堯夫說「性者道之形體,心者性之郭廓」,亦能表示最後心、性、道是一。但朱子所謂「因心而發」、「以心爲主而論之」,卻似不能表示這種形著義、心性是一義。性因心而有體段,似亦能表示形著義。但此形著卻不能表示心性是一。因此,他這形著是平列的關聯的形著,而胡五峰之「心以成性」之形著則是立體的實體性的形著。前者心性是二,後者心性是一。此亦如朱子後來亦常言「心具衆理」。而太極亦含萬理,「一性渾然、道義全具」,此即性亦具衆理。但心具與性具在朱子新說後之系統中,並不相同。「性具」是分析地具,必然地具,性即理。而心具則不是分析地具、必然地具,心不即是理。心具是綜和地關聯地具,其本身亦可以具,亦可以不具。其具是因著收歛凝聚而合道而始具,此是合的具,不是本具的具。此即所以爲靜涵靜攝系統之故。其「因心而發」所表示之形著義亦是如此。其底子是心性平行爲二,心不即是理,故心體亦不即是性體。其「因心而發」、「以心爲主而論之」,結果即是「心統性情」之義。伊川「性即理也」,橫渠「心統性情」,此兩語深深進入朱子之生命中,是其靜涵靜攝系統所由完成之綱領原則。而卻決不說心即是理。心傍落爲平看的實然的地位,心神俱屬于氣。此爲中和新說所必函,而亦所以爲主觀地說,是靜涵靜攝系統,客觀地說,是本體論的存有之系統,而遠離縱貫系統之故也。

　　以上就〈已發未發說〉詳爲疏解，義賅下列二書。下列〈與湖南諸公〉書內容及次序與此〈說〉全同。只因寄與友人，辭語稍加修改，故較簡潔明當。〈答張欽夫〉書是新說之完成，是根據前一〈說〉一〈書〉（實即一文）之內容重新予以消化而組織得更有條理而完整，而且直陳己意，不關聯著舊說與伊川《語錄》說，而實則其義一也。對此二書不再贅解。

　　又〈答張欽夫〉書前半篇是直陳己意，後半篇是答辨張南軒，皆全錄，不加刪節。此書可名曰「中和新說」書，此大體是朱子成熟之思想，可視爲定論。其後來之發展悉以此新說爲根據，而亦無出此新說綱領之外者。王懋竑以爲「亦多未定之論」，並列舉七點以明之。其實其所列舉之七點無一而通。吾將于下專節以辨之，藉此可對于此「中和新說」書有一間接之疏解，而其義亦益明。

　　2.〈與湖南諸公論中和〉第一書：

　　　　《中庸》未發已發之義，前此認得此心流行之體，又因程子「凡言心者皆指已發而言」，遂目心爲已發，性爲未發。然觀程子之書，多所不合。因復思之，乃知前日之說，非惟心性之名，命之不當，而日用工夫全無本領。蓋所失者不但文義之間而已。

　　　　按《文集》、《遺書》諸說，似皆以思慮未萌、事物未至之時，爲喜怒哀樂之未發。當此之時，卻是此心寂然不動之體，而天命之性當體具焉。以其無過不及，不偏不倚，故謂之中。及其感而遂通天下之故，則喜怒哀樂之情發焉，而心之用可見。以其無不中節，無所乖戾，故謂之和。此則人心

之正，而性情之德然也。

然未發之前，不可尋覓，已發之後，不容安排。但平日莊敬涵養之功至，而無人欲之私以亂之，則其未發也，鏡明水止，而其發也，無不中節矣。此是日用本領工夫。至於隨事省察，即物推明，亦必以是爲本。而「於已發之際觀之」，則其具於未發之前者，固可默識。故程子之答蘇季明，反復論辨，極於詳密，而卒之不過以敬爲言。又曰：「敬而無失，即所以中。」又曰：「入道莫如敬，未有致知而不在敬者。」又曰：「涵養須用敬，進學則在致知。」蓋爲此也。向來講論思索，直以心爲已發，而日用工夫亦止以察識端倪爲最初下手處，以故闕卻平日涵養一段工夫，使人胸中擾擾，無深潛純一之味，而其發之言語事爲之間，亦常急迫浮露，無復雍容深厚之風。蓋所見一差，其害乃至於此。不可以不審也。

程子所謂「凡言心者皆指已發而言」，此乃指赤子之心而言。而謂「凡言心者」，則其爲說之誤，故又自以爲「未當」，而復正之。固不可徒執已改之言，而盡疑諸說之誤，又不可遂以爲「未爲」，而不究其所指之殊也。不審諸君子以爲如何？

（《朱文公文集》卷第六十四，書，問答。）

3.〈答張欽夫〉書：

諸說例蒙印可，而未發之旨尤其樞要。既無異論，何慰如之！然比觀舊說，卻覺無甚綱領。因復體察，見得此理須以

心爲主而論之，則性情之德、中和之妙，皆有條而不紊矣。

案：「諸說例蒙印可」語中之「諸說」即指前〈與湖南諸公〉書中所表示之各點而言。「然比觀舊說」，此「舊說」亦指〈與湖南諸公〉書言，非指三十七歲時之「中和舊說」言也。蓋前書只是反省三十九歲前舊說之非，並辨正伊川《語錄》各點，未有完整之陳述，故「覺無甚綱領」。此書是重新消化以後寫者。

> 然人之一身，知覺運用，莫非心之所爲，則心者固所以主于身，而無動靜語默之間者也。然方其靜也，事物未至，思慮未萌，而一性渾然、道義全具；其所謂中，是乃心之所以爲體、而寂然不動者也。及其動也，事物交至，思慮萌焉，則七情迭用，各有攸主；其所謂和，是乃心之所以爲用，感而遂通者也。

案：此即「以心爲主而論之」之義。中與和皆直接就心言。心是綱領。由心之體用周流貫澈而性之渾然與粲然亦於焉以顯。心性平行。綱領是「論之」之綱領，而眞正的超越實體則在性而不在心。心因平行而傍落。「主於身」是虛說，眞正的主是在性而不在心。

> 然性之靜也，而不能不動；情之動也，而必有節焉，是則心之所以寂然感通、周流貫澈、而體用未始相離者也。

案：「性之靜也，而不能不動」。性是理，無所謂動靜，其靜是以

理言。至於「不能不動」，如何動法，則頗難言。依朱子，理實不能動，其動實只是假氣之動而顯現，因而現爲動相，其自身實只是氣動之所以然之理也。其如此云，只是因襲〈樂記〉「人生而靜，天之性也，感於物而動，性之欲也」而說。朱子不自覺地常如此。

　　然人有是心，而或不仁，則無以著此心之妙。人雖欲仁，而或不敬，則無以致求仁之功。蓋心主乎一身，而無動靜語默之間，是以君子之於敬，亦無動靜語默而不用其力焉。未發之前是敬也，固已立乎存養之實；已發之際是敬也，又常行於省察之間。方其存也，思慮未萌，而知覺不昧，是則靜中之動，復之所以見天地之心也。及其察也，事物紛糾，而品節不差，是則動中之靜，艮之所以不獲其身，不見其人也。有以主乎靜中之動，是以寂而未嘗不感。有以察乎動中之靜，是以感而未嘗不寂。寂而常感，感而常寂，此心之所以周流貫澈，而無一息之不仁也。然則君子之所以致中和，而天地位、萬物育者，在此而已。蓋主於身而無動靜語默之間者，心也。仁則心之道，而敬則心之貞也。此澈上澈下之道，聖學之本。統明乎此，則性情之德、中和之妙，可一言而盡矣。

案：以上爲前半篇，爲直陳己意之正文，極圓整而有條理。

　　熹向來之說，固未及此。而來喻曲折，雖多所發明，然於提綱振領處，似亦有未盡。

又如所謂「學者須先察識端倪之發，然後可加存養之功。」則憙于此不能無疑。蓋發處固當察識，但人自有**未發時**，此處便合存養。豈可必待發而後察，察而後存耶？且從初不曾存養，便欲隨事察識，竊恐浩浩茫茫，無下手處。而毫釐之差，千里之謬，將有不可勝言者。此程子所以每言「孟子才高，學之無可依據，人須是學顏子之學，則入聖人爲近，有用力處」。其微意亦可見矣。且如**洒掃應對進退，此存養之事也**。不知學者將先於此，而後察之耶？抑將先察識，而後存養耶？以此觀之，則用力之先後，判然可觀矣。

案：前三十九歲時〈答何叔京〉書云：「若不察於良心發見處，即渺渺茫茫，恐無下手處。」今則忽轉而爲「且從初不曾存養，便欲隨事察識，竊恐浩浩茫茫，無下手處」。此誠爲有趣之對照。且前〈與湖南諸公〉書反省辨解已甚詳明，而南軒仍主「先察識端倪之發」，則此中本有問題亦明矣。唯南軒不甚能透澈自覺耳。如朱子所說，只成空頭的涵養察識論。靜復以立體或證體一關不在工夫內矣。程子說「孟子才高」，此不相干。此是道德實踐之本質的關鍵問題。不得因「孟子才高」而永退于冥行。其察識不能代替靜復以立體或證體之一關。

來教又謂「動中涵靜，所謂復見天地之心」，亦所未喩。憙前以**復爲靜中之動**者，蓋觀卦象，便自可見。而伊川先生之意似亦如此。來教又謂「言靜，則溺於虛無」，此固所當深慮。然此二字，如佛者之論，則誠有此患。若以天理觀之，

則動之不能無靜，猶靜之不能無動也，靜之不能無養，猶動之不可不察也。但見得一動一靜，互爲其根，敬義夾持，不容間斷之意，則雖下一靜字，元非死物。**至靜之中，蓋有動之端焉**，是乃所以見天地之心者。而先王之所以至日閉關，蓋當此之時，則**安靜以養乎此爾**。固非遠事絕物，閉目兀坐，而偏於靜之謂。但未接物時，便有敬以主乎其中，則事至物來，善端昭著，而所以察之者益精明爾。伊川先生所謂「卻於已發之際觀之」者，正謂未發則只有存養而已，發則方有可觀也。

周子之言主靜，乃就中正仁義而言。以正對中，則**中爲重**。以義配仁，則**仁爲本爾**。非四者之外別有主靜一段事也。

來教又謂熹言以靜爲本，不若遂言以**敬**爲本。此固然也。然敬字工夫通貫動靜，而必以靜爲本。故熹向來輒有是語。今若遂易爲敬，雖若完全，然卻不見**敬之所施有先有後**。則亦未得爲諦當也。

至如來教所謂「要須察夫動以見靜之所存，靜以涵動之所本，動靜相須，體用不離，而後爲無滲漏也」。此數句卓然，意語俱到。然上兩句次序似未甚安。意謂易而置之，乃有可行之實。不審尊意以爲如何？（《朱文公文集》卷第三十二，書，問答，〈答張敬夫〉十八書之第十八書）

附錄：王懋竑《朱子年譜考異》卷之一——關于乾道五年己丑四十歲時一說兩書之考異：

按〈已發未發說〉、〈與湖南諸公論中和〉第一書，皆在己丑之春。蓋乍易舊說，猶多有未定之論。如「凡言心者皆指已發而言」，程子自以為未當。而〈已發未發說〉，則以為「指心體流行而言，非指事物思慮之交」。〈與湖南諸公書〉，又以為「指赤子之心而言」，但不當言「凡言心者」。此皆有所未安。呂博士說，《中庸或問》力辨其失，而此以為「大概得之」。又謂「涵養之功至，則其發也無不中節」，又似刪卻已發工夫。皆早年未定之論也。

〈中和舊說序〉在壬辰〔四三歲〕，距己丑又三年，不及前諸說，則其所見已不同矣。

〈中和舊說序〉云：「亟以書報欽夫及當時同為此論者。」今其書不見於與欽夫答問中。豈即〈與湖南諸公書〉耶？既云第一書，則尚有第二書第三書矣。此書序年當在前，而編次於六十四卷之末，與答或人為類。此皆編次之失。恨不得起勉齋諸公而一質問之也。

〈與張欽夫〉：「諸說例蒙印可」一書，當在〈與湖南諸公書〉之後，亦已丑答也。其中亦多未定之論。如「以心為主」，即「心體流行」之見。〔案：原書「以心為主」不函「即心體流行之見」。此意解非是。〕又云：「仁者心之道，而敬者心之貞也。」後來都無此語。〔案：「後來無此語」不函此語之非，或已變此說。〕又云：「靜中之動，動中之靜。」動靜自是兩時，不必互說。〔案：說之亦並無不可。此不足表示為「未定之論」。〕又云：「寂而常感，感而常寂。」感者，已發也；寂者，未發也。今若曰：已發而

常未發，未發而常已發，可乎？〔案：此乃不通義理之問。若如王氏之拘滯，則朱子殆矣。只有驅朱子於考據家之林！論之定未定，不能由此決定也。〕又云：「以靜爲本」，亦似偏於靜。〈已發未發說〉小註已自明言之。而篇末二語亦自平說。〔案：「以靜爲本」，主觀工夫言之，表示以涵養爲本，客觀義理言之，表示靜以立體之義。朱子講太極時亦時有此說。此與敬貫動靜、動靜平說等並不衝突。王氏由此認爲未定之論，陋矣！〕凡此恐皆未定之論。如以靜中知覺爲復，後來改之。而太極解以仁中爲靜，義正爲動，與今解相反。豈可據此書以爲定論耶？〔案：「以仁中爲靜，義正爲動」，書中無此語，亦無此意。乃王氏之誤認。「後來改之」，容或可換一種表示，豈定示此書所云爲非是耶？〕整菴羅氏引此書與陽明辨，平湖陸氏亦以此書爲定論，恐皆有所未察也。〔案：所謂以此書爲新說、爲定說、或定論者，是言朱子學大體規模定于此，理氣二分、心性情三分定于此，動靜工夫定于此，先涵養後察識定于此，此皆截然異於舊說者，而亦函攝未來之發展與小出入。如此書力言先涵養後察識，而後來《語錄》亦有「問致知涵養先後，曰須先致知，而後涵養」之說。若執此，便認此書爲未定可乎？是故雖有小出入，或時更換其辭，不礙其學之規模格局大體定于此。蓋此種義理本時有可多面說者，不能執一以拘也。羅整菴引此書與陽明辨，不誤也。平湖陸稼書讔其以此書爲定論亦不誤也。蓋此新說代表朱子學之精神，而舊說則儱侗地近於胡五峰，當屬於孟子學之義理，朱子在此用不上力，故翻

　　然棄之，而又力反胡氏也。此則非王懋竑所能及知矣。〕

第六節　王懋竑認新說「亦多未定之論」之非是

　　王懋竑于朱子三十八歲年之《考異》及四十歲年之《考異》俱提到己丑四十歲時「諸說例蒙印可」一書（即「中和新說」書）「亦多未定之論」。其所列舉之「未定之論」共七點如下：

　　1.「『以心爲主』即『心體流行』之見」（三十八歲年《考異》未提此點）

　　2.「『仁者心之道，而敬者心之貞也。』後來都無此語。」（三十八歲年《考異》亦未提此點）

　　3.「『靜中之動，動中之靜。』動靜自是兩時，不必互說。」

　　4.「『寂而常感，感而常寂。』感者已發也，寂者未發也。今若曰：已發而常未發，未發而常已發，可乎？」

　　5.「『以靜爲本』亦是偏於靜。〈已發未發說〉已自明言之，而篇末二語亦自平說。」

　　6.「以『靜中知覺』爲復〔三十八歲年《考異》則云『以靜中知覺不昧爲復』〕，後來改之。」

　　7.「太極解以仁中爲靜，義正爲動，與今解相反。」

案：以上七點皆非是。茲分別論之如下：

　　關於第一點，「以心爲主即心體流行之見」，此語非是。書中謂：「因復體察，見得此理須以心爲主而論之，則性情之德、中和之妙，皆有條而不紊矣。」書中「以心爲主」一語只此一見，並無「即心體流行之見」之意。書中下文申之曰：「然人之一身知覺運

用莫非心之所爲，則心者固所以主於身而無動靜語默之間者也。」
又下復云：「蓋心主乎一身，而無動靜語默之間，是以君子之於敬
亦無動靜語默而不用其力焉。」凡此所說皆表示心主宰于身而無動
靜語默之間。此是就客觀實義而說。因此客觀實義，遂有主觀的、
方法學上的「以心爲主而論之」之說。「以心爲主而論之」，即
「縮著心而論之」之意，亦即〈已發未發說〉中「蓋聖賢論性無不
因心而發」之意。「因心而發」即因心而發其論也。此是主觀地、
方法論地說。「以心爲主」之主非「心主乎一身」之主。「主乎一
身」之主是主宰義，「以心爲主」之主是關鍵義。「心主乎一身」
固非「即心體流行之見」，即「以心爲主」亦非指「心體流行」而
言。

　　〈已發未發說〉中有云：「據此諸說，皆以思慮未萌、事物未
至之時爲喜怒哀樂之未發。當此之時即是**心體流行寂然不動**之處，
而天命之性體段具焉。」又云：「程子所謂凡言心者皆指已發而
言，此卻指**心體流行**而言，非謂事物思慮之交也。」如果王氏所謂
「即心體流行之見」是指此〈說〉中之「心體流行」而言，則根本
非是。朱子明謂此「心體流行」非「事物思慮之交」之動時之心。
然何以以此解程子（伊川）所謂「凡言心者皆指已發而言」之義？
此明屬於未發之靜時，何以能說是「已發」耶？蓋此是朱子之解
析，其意似是以爲心是活靈之物，以動用爲性。「事物思慮之交」
之動時，心固彰其動用矣，即未有事物之交、思慮之萌之靜時，心
亦並非死物，仍是發用流行而未嘗止息也。惟此是知覺不昧之默默
運行之發用，姑亦可說爲「於穆不已」之發用（朱子對於「於穆不
已」之天命雖無相應之理解，然吾可藉此以明其以「心體流行」爲

已發之意），而非動時事物之交思慮之萌之發用也。此是從心體自身上說已發。朱子此解並非無據，伊川已有此義。伊川與蘇季明論中和而謂靜時「既有知覺，卻是動也」，又謂：「自古儒者皆言靜見天地之心，惟某言動而見天地之心。」朱子即據此而意解伊川「凡言心者皆指已發而言」之語為「指心體流行而言」也。（「靜見天地之心」是就「復」言。「先王以至日閉關，商旅不行，后不省方」，即是靜時之復。復是逆回來，不憧憧往來滾下去。「動而見天地之心」是客觀地就心體自身說，是就一陽生於下說。復而見生機兆焉。復是靜，生機兆是動。兩者分際不同，並不衝突。而伊川說成對遮，此分際混也。然「生機兆」之動即是靜復時之心體默默運行，亦即知覺不昧之心體流行，雖潛生默運于下，而實未彰顯發用于外，故得謂為靜體也。而就潛生默運、生機兆言，則亦是發用之動也。故伊川得以謂「動而見天地之心」，而朱子亦得以「心體流行」意解伊川所謂「凡言心者皆指已發而言」中之「已發」也。）然以靜時之知覺不昧、心體流行為已發，不合《中庸》所謂「已發」之義，故伊川後「以為未當而復正之」。（此是就朱子此〈說〉中之意解而說）伊川此語究可以如朱子此〈說〉中之所意解否，自有問題。即朱子亦未能一致。在〈與湖南諸公論中和第一書〉中，則又解為「指赤子之心而言」。此則王懋竑已知之矣（見四十歲年關于〈已發未發說〉及〈與湖南諸公論中和〉第一書之《考異》）。衡之伊川〈與呂與叔論中〉書（所謂「未發問答」），此「未當」之語中之「已發」實隱指「赤子之心」而言。蓋伊川以「赤子之心」為已發，而呂與叔則取其「純一無偽與聖人同」而視為未發之中也。赤子之心，若實然地觀之（呂與叔是取

義），視為已發，亦不算錯，但不能謂「凡言心者」皆如此，故「以為未當而復正之」，遂云：「心一也，有指體而言者，寂然不動是也。有指用而言者，感而遂通天下之故是也。」（「未發問答」）然則朱子之解，〈與湖南諸公論中和〉第一書中所說是，而〈已發未發說〉中所意解則非也。解為「指心體流行而言」，雖然義理可通，然既不合《中庸》之原義（《中庸》明就喜怒哀樂之激發而言已發，不就心體流行而言已發），亦不合伊川說此「未當」之語中之「已發」之所隱指。

　　王懋竑謂朱子「諸說例蒙印可」一書中「以心為主」即「心體流行」之見，如果此所謂「心體流行」即朱子〈已發未發說〉中解未發時之「心體流行」，或〈說〉中解伊川「未當」語時所說之「心體流行」，則根本為差謬。「以心為主而論之」，「聖賢論性莫不因心而發」，此所謂心豈指靜時之知覺不昧心體默默運行（所謂「心體流行」）而言耶？不知王懋竑何以聯想至此！其意似是：既以伊川視心體流行為已發為「未當」矣（此只是朱子之意解，伊川本人實未如此視），而此書復「以心為主」，蓋猶仍是「視心體流行為已發」之未當之見也。若果如此，則朱子此新說書根本無此意。此書言「以心為主而論之」，是賅貫心之動靜語默而綜言其為論中和問題之關鍵義與提綱義，亦即後來所常說之「心統性情」義，非指「心體流行」而言也，亦非「心主乎一身」之主宰之主也。如果于朱子此書中亦想找一「心體流行」義，則「心體流行」正是朱子所謂：「方其靜也，事物未至、思慮未萌，而一性渾然，道義全具，其所謂中是乃心之所以為體而寂然不動者也。」又亦即其所謂：「方其存也，思慮未萌，而知覺不昧，是則靜中之動，復

之所以見天地之心也。」如此說之「心體流行」正是指靜時之寂然
不動而知覺不昧言。〈已發未發說〉以及〈與湖南諸公論中和〉第
一書皆如此言未發，亦皆如此言「心體流行」，即以「心體流行」
為未發。「以心為主而論之」，豈是說此義耶？何得云「即心體流
行之見」？此豈非未解文義乎？如果王氏所意謂之「心體流行」是
指賅貫動靜語默或寂然感通而綜言，則非朱子于〈已發未發說〉中
用此語之原意。因朱子用此語之原意明說「非謂事物思慮之交
也」，是即明不可以賅動時之「心之所以為用感而遂通也」。朱子
此新說書言：「性之靜也，而不能不動；情之動也，而必有節焉，
是則心之所以寂然感通、周流貫澈，而體用未始相離者也。」此是
綜貫動靜體用而言「周流貫澈」。如果王氏所謂「心體流行」心目
中是指此「周流貫澈」之語言，則此義並無過，亦非「未定之
論」，朱子後來亦並未改動或放棄。蓋此義實可成立而無過，亦不
影響朱子之系統，而朱子學之所以為靜涵靜攝之系統，以及其對於
心與性視為平行之二而不一之見地，實皆原于此書也。不可因其言
「周流貫澈，體用未始相離」，即認為有類乎謝、胡、陸、王一系
之所說，或認為有重反於「中和舊說」之嫌，或認為尚有「中和舊
說」所留之痕迹。若如王氏所說，似乎朱子根本不應「以心為主而
論之」，而「心體流行」，「寂然感通、周流貫澈，體用未始相
離」等辭語亦似乎根本不應說。朱子不如此之枯萎也。故王懋竑謂
「以心為主即心體流行之見」，以此為「中和新說」一書亦為「未
定之論」之一證，乃根本失指之疑。吾不知其何以說此語。吾疑其
對于朱子「以心為主」之語以及「心體流行」之語似乎根本未有確
解也。亦徵其對於朱子之義理根本未入也。

　　關於第二點，朱子此新說書有云：「仁則心之道，而敬則心之貞也。」王氏以爲「後來都無此語」，以此爲此書爲「未定之論」之一證。夫後來無此語即足以證此書爲「未定之論」乎？豈必一一皆重說耶？其無思理有如此！胡五峰云：「誠者命之道乎？中者性之道乎？仁者心之道乎？」朱子言「仁則心之道」顯本五峰而來。朱子對於胡五峰之思想雖多方致難，然對此三語卻極稱賞。《朱子語類》卷一百一論五峰處云「此數句說得密」。《語類》所記皆是朱子後期之思想，至少是在「中和新說」及〈仁說〉之後。故其「後來都無此語」不表示此語爲有病而已被放棄。其所以「無此語」者只因朱子自有其用語之習慣，有其慣常之用語。朱子了解此語不必同於五峰。朱子雖說此語「說得密」（精密），然此類語句實不能決定思想系統之差異。五峰說「誠者命之道」實只就《中庸》之「誠」與天命於穆不已之體之合一而言命之所以爲命，誠即是天命之體之所以爲天命之體者。此「所以」是內在固具的「所以」，是表示體性或本質義。「誠者命之道」是言誠即是天命之體所依據以成其爲天命之體之內在的體性或本質。「中者性之道」是就《中庸》「天命之謂性」與「中也者天下之大本」中與性之爲一而言中是性體之所以爲性體者（惟「中」字較虛，而「誠」字則實）。「仁者心之道」是就孔子所言之仁與孟子所言之心將兩者打併爲一而言是本心之所以爲本心者，仁是本心所依據以成其爲本心之內在的體性或本質（仁與誠皆實，中字則虛）。此類語句實只是形式的陳述，實大體人皆可說，單視其對於誠、命、中、性、仁、心各字了解爲如何耳。在五峰，誠與命是一，中與性是一，仁與心是一，而在朱子則皆不能是一。是以雖皆言「仁者心之道」，而了

解則異也。故朱子雖極稱賞五峰此語，而對於其言仁、言心、言性皆不能同意。朱子是依據伊川之思理去了解仁、心，與性。就朱子本人言，其後來不說「仁則心之道」一類話，不表示此語爲有病，依其自己之了解，彼實仍可說。其所以不說者非因其有病而不說也。只因彼自有慣常之用語耳。爲能因「後來無此語」，便謂此「中和新說」書爲「未定之論」乎？

王氏或以爲說「仁則心之道」有類於「心即理」之義。然朱子豈不亦常言「心具衆理」乎？「心具衆理」豈不尤近於「心即理」乎？然而吾人不能因朱子常言「心具衆理」即謂其亦主張「心即理」，而彼所謂「心具衆理」亦實非「心即理」之義，是以其所謂「具」須別講也。「仁則心之道」，在朱子亦不理解爲「心即理」之義也。然而仍不妨礙其可以說此語。朱子亦常言「仁是心之德，愛之理」，「心之德」尤近於「心即理」，然而朱子仍不以爲此即是「心即理」。

朱子在「中和新說」後，終生牢守伊川「仁性愛情」之說，視仁爲性爲理。此雖在〈仁說〉中始正式宣明，在「中和新說」書中尚無明文宣布，然其寫「中和新說」書時，心中必已預定此義，必早已知伊川「仁性愛情」之說以及「性即理」之說。〈仁說〉與「中和新說」書相次而來，乃同時醞釀成熟者。是以此新說書中言「仁則心之道」決不表示「心即理」之義。視仁爲道等於視仁爲理。在此書中，仁與心並非同一，仍是分別言，其屬於不同之範疇已甚顯。此由「人有是心而或不仁，則無以著此心之妙」之語即可知之。是則「心之寂然不動、感而遂通、周流貫澈、體用未始相離」之妙，惟因仁道之顯現始能如此。仁道不顯，則心雖在靜時

「寂然不動」，然未必能動時「感而遂通」，發而中節也。而所以
使仁道顯現以著此心「寂然感通、周流貫徹」之妙者，則惟賴
「敬」以致之。故繼之又云：「人雖欲仁而或不敬，則無以致求仁
之功。」是則由敬之工夫以顯現仁道（求仁），由仁道之顯現以著
此心之妙，乃三層義理，而就心與仁言，則仍是兩行分別平說也。
心合道，始爲道心。道心者，如道之心也，非心即道也。（心即
道，心即理，此心爲本體宇宙論的、即活動即存有的、實體性的創
生直貫之心。朱子視心屬氣，無此實體性的超越心之義。）心合
道，始著此心之妙。心不合道，則「寂然感通、周流貫徹」之妙即
不能著。是則心自身是現象學地平說的**中性的心**、**實然的心**，雖分
解說有靜時「寂然不動、知覺不昧」之心體流行，然發而中節或不
中節，感而遂通或不遂通，其自身並不能作主也。是即非「心即
理」之義，而「寂然不動、感而遂通」之語亦只是借用，非《易
傳》之原義。在《易傳》，即寂即感，寂感一如，「寂然不動」必
然函著「感而遂通」，寂然與感通是分析關係；而在朱子，伊川亦
然，則是綜和關係，賴「敬以顯仁」以著之，即靠一後天的主觀的
敬與一先天的客觀的仁以綜和之也。然則「仁則心之道」一語有何
未安處而視爲「未定之論」耶？亦有何背於朱子後來成熟之靜涵靜
攝之系統耶？而且其後來成熟之靜涵靜攝之系統正決於此新說書心
與仁之兩行平說也。（「仁則心之道」一語，朱子之理解自不同於
五峰。在五峰，仁是本心所依據以成其爲本心之內在而固具的體性
或本質。而在朱子，心是實然的中性的心，仁是理；仁與心的關係
是外在的關係；仁是實然的心所依據以成其爲道心之外在而不固具
之理：是故如理即爲道心，不如理即爲人心。）

　　至於「敬則心之貞」，此語實甚佳。在朱子系統中，其意即是心氣之貞定與凝聚，非從本體性的超越心而言也。敬，外在地說，即是齋莊之儀容，內在地通於心說，即是心氣之貞定。心氣自身亦可如此，亦可不如此，故必須先從外部齋莊整肅以收斂凝聚之，使之常如此，此即所謂敬的工夫，亦即涵養也。如此言敬是純屬後天工夫意義的敬，非如明道所說之直通於穆不已、純亦不已之本體性的心之敬也，非「即本體便是工夫、即工夫便是本體」之敬體也。然既通過外部的齋莊整肅之工夫而使之收斂凝聚矣，則即可說「敬則心之貞」，即，敬便是心氣之貞定與凝聚。此義亦不悖於朱子靜涵靜攝之系統，有何未安而視爲「未定之論」耶？王懋竑似以爲一說「心之貞」便成心學矣，而外部敬的工夫之義即喪失。似此枯萎、外限、無生氣之道德工夫之論徒使敬成爲庸俗而不眞而已矣。夫朱子何曾如此乎？然則王氏未明此語之切義亦甚顯然矣。朱子正是由心氣之貞定凝聚所至之靜涵以使心合於道乃至從事于格物窮理以靜攝存有之理，以成其爲靜涵靜攝之系統也。王懋竑枉讀朱子書，其讀之徧與熟，徒用心於考證，未嘗知其實義也。

　　關於第三點，「靜中之動，動中之靜」，王氏以爲「動靜自是兩時，不必互說」。此尤癡騃之議。朱子於此新說書中有云：「方其存也，思慮未萌而知覺不昧，是則靜中之動，〈復〉之所以見天地之心也。及其察也，事物紛糾而品節不差，是則動中之靜，〈艮〉之所以不獲其身、不見其人也。」王氏此第三點之議即指此兩聯文而言。此駢行之兩聯，于義理亦無過，並無未安處。

　　夫「動靜自是兩時」固也，然此就思慮之萌不萌、事物之交不交而言。萌，動時也，不萌則靜時。交，動時也，不交則靜時。此

所謂動靜時也。然靜時雖事物不交、思慮未萌，而知覺不昧，心體默默運行，此即「靜中之動」。此明是根據伊川「動而見天地之心」而言。此「動」是就心體自身說，而靜則是吾現實生活之一關節。應用於〈復〉卦而言，靜時是復，復而見天地之心，則一陽潛生于下而生機兆是「動」。此「動」是就天地之心之生機不泯說，非事物之交、思慮之萌之動時之動，故是動而不動，亦是不動而動。動靜兩時有何礙于此「靜中之動」而不可互說耶？

　　至于動時，雖事物已交，思慮已萌，然當喜而喜，當怒而怒，發而中節，順理而動，則雖動而亦靜，此即所謂「動中之靜」。此「靜」是以中節順理定，非靜時之靜也。此亦即是「止於仁」、「止於敬」之止，故得以〈艮〉卦之「不獲其身不見其人」說之也。此亦即明道所常言之「物各付物」之大定。朱子對於此等義理並無異議，亦非無體會，亦不悖其靜涵靜攝之系統。然則動靜兩時又何礙于此「動中之靜」而不可互說耶？

　　此「靜中之動、動中之靜」是由通過存養察識中之敬的工夫以致仁道顯現（綜言之，是性理顯現），故而至此。此所謂「著此心之妙也」。若「人有是心而或不仁」，或「人雖欲仁而或不敬」，則「無以致求仁之功」，亦「無以著此心之妙」。雖于靜時可有「知覺不昧」，而並不必能「感而遂通」、「品節不差」，以至有此「動中之靜」也。此則動為浮動、妄動、亂動，動而終未有止處也。動時既如此，則靜時雖事物不交，而心猿意馬，胡思亂想，亦未能思慮不萌也。此則靜而不靜，而其知覺不昧之心體亦遂隱而不顯，亦未能有此「靜中之動」之義也。是則剝而又剝，而終未嘗有復也。

　　朱子畢竟是大家，以其精誠之生命從事于此，故能深入此中之義理而道出之。雖其言心猶是其靜涵靜攝系統中之心，尚未達至實體性的創生直貫之心，然「靜中之動、動中之靜」之義仍可說，而王懋竑竟拘于動靜兩時而謂不必作此互說，亦云陋矣！何足以知朱子哉？彼似以爲一作此互說，便有類于心學之玄談，故心存禁忌而必欲去之也。以此爲此新說書爲「未定之論」之一證決無是處。朱子必不首肯也。《語類》卷第十二、論主靜處，猶申明此義，何言此爲「未定之論」耶？詳見下章附錄。

　　關於第四點，「寂而常感，感而常寂」，王懋竑以爲「感者已發也，寂者未發也。今若曰：已發而常未發，未發而常已發，可乎？」此問太不通！如此而宗朱，眞相隔霄壤。其一生辛勤于朱子之書，原來只是作文獻之編次。若云義理，還要到朱子門下從頭訓練起！

　　朱子於此新說書中云：「有以主乎靜中之動，是以寂而未嘗不感。有以察乎動中之靜，是以感而未嘗不寂。寂而常感，感而常寂，此心之所以周流貫澈而無一息之不仁也。」王懋竑之疑即對此段文而說。此段文是承上文「靜中之動」與「動中之靜」說下來。上文無問題，此段文亦自無問題。此皆預定「敬以求仁」以著此心之妙。

　　「有以主乎靜中之動」，是由「敬以存養」以主之也。有存養之功以主之（主乎心氣使之「知覺不昧」，得就此而言「心體流行」），則「靜中之動」之「心體流行」始能彰其用，故亦能「感而遂通」也。若無存養之功以主之，則靜中未必能「知覺不昧」，而「心體流行」亦不能說，是即等于「昏沈」而永剝不復也。永剝

不復，則亦不能有「感而遂通」之用。其感而不通，或亂動浮動而迷失者多矣。是即等於「掉舉」也。惟若有存養之功以主之，則靜時始能「知覺不昧」，心體默運，雖「寂然不動」，而亦能「感而遂通」也。而「感而遂通」與「寂然不動」亦非兩截而相隔離。是以雖有動靜之時之不同，而心體之寂然與感通固未始相隔而不通也。此即「寂而未嘗不感」一語之意。若無存養之功以致仁道顯現，則寂為昏沈，並非不昧之惺惺，而感則掉舉亦未必能「感而遂通」也。

「有以察乎動中之靜」，是由「敬以察識」以期動之中節而合度也。有察識之功，則是非明晰，應事合宜，其發也自無不中節而合度，故可雖動而常靜，此即「感而未嘗不寂」一語之意。此「寂」即貞定義，是以中節合度定。此就心體發用之順理言，非就動靜異時之靜時言也。（案：察是省察動發時之如理或不如理，察之本身即含具一戒懼之功。「動中之靜」是發之如理者。察非只察識此如理之成果也。朱子說：「有以主乎靜中之動」，「有以察乎動中之靜」，此兩句於功夫之因果不甚顯豁。「有以主」句尚不甚顯，「有以察」句則甚不顯豁。故此兩聯全文若如下修改，則較好：「有存養以主乎靜，故能知覺不昧，寂而未嘗不感。有察識以懼乎動，故能動而順理，感而未嘗不寂。寂而常感，感而常寂，此心之所以周流貫澈而無一息之不仁也」。如此，則功夫之因果便甚顯豁，而亦不失朱子之意。）

由「寂而未嘗不感」，即可說「寂而常感」。由「感而未嘗不寂」，即可說「感而常寂」。此皆就心之體用之暢通順適言，故結之云：「此心之所以周流貫澈而無一息之不仁也。」此乃由通過存

養察識之功以致仁道顯現而至者。至乎此境，則由中導和，和以存中，何以不可說「寂而常感、感而常寂」之義耶？而王懋竑竟拘於已發未發之分，動靜時之異，而謂此為不可通，亦愚頑之甚矣！即就已發未發言，「動中之靜」，「感而未嘗不寂」，「感而常寂」，是則表示常常發即常常不發，亦即發而未嘗蕩於發，如何不可說「已發而常未發」耶？已發言其動用，未發言其順理。此是順心體呈用之自義說，非順動靜之異時說。同理，「靜中之動」，「寂而未嘗不感」，「寂而常感」，是即常常不發即常常發，亦即雖不發而原非昏沈之死物，如何不可說「未發而常已發」耶？未發言其寂然不動而知覺不昧，已發言其知覺不昧故能感而遂通。此亦是順心體自義說，非順動靜之異時說也。若已發未發順動靜異時說，自然已發時不是未發時，未發時不是已發時，此中不能有弔詭之互辭。然從心體自義說，則容許此迴旋之弔詭。此則非王懋竑所能知也。於此迴旋之弔詭，如不精熟，亦不甚要緊。然至少亦應知順動靜異時說與順心體自義說分際之不同。若於此尚看不清，則即未容置喙也。

　　王懋竑似以為一說「寂而常感，感而常寂」，便有類於王學中之玄談，故一見此說，便生厭心，因而認此為不可通，而視為「未定之論」。殊不知朱子言心雖未達陸、王之境，而亦未始不可深入此中義理。此示其存養察識之真切，故能澈至心性之微，從本源上提住其格物窮理與居敬之功。雖其對於動靜寂感之圓融尚不能達至王學之精熟與明透，此因其言心是實然的心氣之心，與性為平行，而非本體性的創生直貫之心，故其對於動靜寂感之迴旋互說猶是異際曲折而通之。依其心性平行之義，亦只能如此說。然而若謂其如

此說爲不可通，則是割截其心性之源而只下委於空泛之讀書（道問
學）與無本之居敬，對於此心性之源處之義理之微若不可觸，讓其
成爲漆黑一團之混沌，以爲如此始可別異於王學。夫豈知若如此，
則不但排除王學於內聖之學之外，並朱子而亦被排除矣。如此而宗
朱，則朱子死矣。朱子與象山爭，乃至後來陽明與朱子爭，猶是自
家內部之爭，同屬於內聖之學門內之事也。若如王懋竑等之宗朱，
則是拖朱子於內聖之學之門外，朱子必不肯受也。自朱子視之，汝
等之宗我全在門外，尚不如陸、王等之與我爭而不宗我也。汝何得
遽斷我此說爲「未定之論」耶？

　　關於第五點，「以靜爲本」，王懋竑以爲「亦是偏於靜」，亦
以此點作爲此新說書爲「未定之論」之一證。夫「以靜爲本」者是
說以靜時之涵養工夫爲本，此正是先涵養後察識之義。非以動靜異
時異事中之靜時與靜事爲本也。若自時與事言，則動靜無端互爲其
根，自不能單「以靜爲本」。朱子於此新說書中辨張南軒之疑云：
「來教又謂熹言以靜爲本，不若逕言以敬爲本。此固然也。然敬字
工夫通貫動靜，而必以靜爲本。故熹向來輒有是語。今若逕易爲
敬，雖若完全，然卻不見敬之所施有先有後，則亦未得爲諦當
矣。」此辨可謂已甚明白。此明是以敬所施之靜時之涵養工夫爲先
爲本。而王氏猶視爲「偏於靜」，認爲「未定之論」何耶？

　　朱子自謂「向來輒有是語」。今案〈已發未發說〉中有云：
「以事言之，則有動有靜，以心言之，則周流貫澈，其工夫初無間
斷也。但以**靜爲本爾**。」（注意此中「以事言」與「以心言」兩分
際之不同。）此亦是以靜時涵養工夫爲本也。此下有注云：「周子
所謂主靜者亦是此意。但言靜則偏，故程子又說敬。」王懋竑即據

此注而謂此新說書之「以靜爲本」爲「偏於靜」，爲「未定之論」。夫此注亦只是一提而欲使人憶及程子（伊川）之所以說敬。此只是另提一義，非欲以此代「以靜時涵養工夫爲本」之義也。但注中謂周子言主靜亦是此意，則不甚諦。蓋周子言「主靜立人極」是靜復以立體之義，非是以靜時涵養工夫爲本，先涵養後察識之論也。注語「但言靜則偏」，朱子此一提及，遂脫離涵養工夫而單成動靜之靜矣。單是動靜之時，主靜則偏，故提敬以代之。若以靜時涵養工夫爲先爲本，此豈有偏耶？此豈可只以敬代之耶？此只是敬之先施處，非可只說敬也。若此而亦有偏，則何必言「先涵養後察識」乎！王懋竑單看靜，而忘涵養，遂視「以靜爲本」爲「未定之論」矣。此未審讀此新說書原文之故也。

　　「以靜爲本」復亦有「靜復以立體或見體」之義。朱子解〈太極圖說〉亦常有「靜以立太極之體，動以達太極之用」之語。若就此義說，「以靜爲本」亦非「未定之論」，而朱子亦未以此語爲有病而不說也。王懋竑不解此語之實義，一見〈已發未發說〉中有「偏于靜」之一提，遂據以爲此語爲「未定之論」之證，此其見理不澈而妄言也。此非若取年月前後以爲證者之機械也。

　　彼又謂「篇末二語亦自平說」，所謂「二語」何所指亦不甚明。其意似是動靜平說，未嘗「以靜爲本」。然考此新說書篇末是稱讚南軒之語，朱子未有自說之「二語」也。篇末云：「至於來教所謂要須察夫動以見靜之所存，靜以涵動之所本，動靜相須，體用不離，而後爲無滲漏也。此數句卓然，意語俱到。謹以書之座右，出入觀省。然上兩句次序似未甚安。意謂易而置之，乃有可行之實。不審尊意以爲如何？」「中和新說」書全文至此止。據此，則

知是稱讚南軒者。王氏所謂「篇末二語」何所指？指「動以見靜之所存，靜以涵動之所本」而言乎？若然，則此兩語與朱子此新說書前文所陳之「方其存也」云云，「及其察也」云云，以及「有以主」云云，「有以察」云云，無以異也，故極為朱子所稱賞。「動以見靜之所存」即動時見靜時之所存養者也。所存養者何？即「中」之體是也。依朱子之分解而言之，即心之「知覺不昧」而「一性渾然」也。「靜以涵動之所本」即靜時之存養足以涵動時所依據之體而使動不為妄動也。所依據之體仍是「中」之體也。依朱子，仍是「知覺不昧」與「一性渾然」也。此雖交互平說，所謂「動靜相須，體用不離」，然仍是「以靜時之涵養為本」之義，非徒然以靜時之靜為本也。就動靜之時或事言，則循環無端，互為其根，靜是動之根，動是靜之根，濂溪〈太極圖說〉所謂「一動一靜互為其根」，以及《通書・動靜章》所謂「水陰根陽，火陽根陰」是也。此非「以靜為本」中所意指之中體（靜復以立體或見體），或「以靜時涵養工夫為本」之義也。王懋竑只見「動靜相須」，未見「體用不離」，只見「動以見靜之所存，靜以涵動之所本」為動靜交互平說，而未見「靜之所存」、「動之所本」中有「所存」與「所本」之實指，遂以為此只是動靜之平說，而無「以靜為本」之意，此顯然未明南軒語之語意，而于朱子之欲易置此兩語之次序之意亦未看到也。〔《宋元學案・濂溪學案》下，關于〈太極圖說〉處，黃宗羲有案語云：「朱子以為陽之動為用之所以行也，陰之靜為體之所以立也。夫太極既為之體，則陰陽皆是其用。如天之春夏陽也，秋冬陰也。人之呼陽也，吸陰也。寧可以春夏與呼為用，秋冬與吸為體哉？緣朱子以下文主靜立人極，故不得不以體歸之靜。

先師云：循理爲靜，非動靜對待之靜，一語點破，曠若發矇矣。」
案：此疑非是，其未解朱子之語意同于王懋竑。夫朱子之「以靜爲
本」，由「陰之靜」以立體（以見太極之體之自己），豈是以秋多
與吸爲體者哉？豈是以「陰」爲體者哉？豈是以動靜對待之「靜」
爲體者哉？朱子不如此之不通也。劉蕺山所謂「循理爲靜」，朱子
豈不知之？前言「動中之靜」、「感而常寂」，即是以循理爲靜爲
寂也。然此義豈礙「以靜爲本」（以靜時涵養工夫爲本）以及「陰
之靜爲體之所以立」之義乎？對于人之語意不解不明即是無眞工
夫，故無諦見，只是浮泛其辭輕致疑耳！〕

　　關于第六點，「以靜中知覺不昧爲復」，王懋竑亦以爲乃「未
定之論」，而謂朱子「後來改之」。案其所謂「後來改之」不知如
何改法。王氏亦未指出見于何處何文。吾愧未能遍查朱子書。然詳
審此義，並無未安處。就朱子整個系統言，此義亦無改動之必要。
轉換表示容或有之。然若謂因此義未安而改之，則恐未必。今察此
新說書前言「靜中之動」，已說此義矣。（「方其存也，思慮未萌
而知覺不昧，是則靜中之動，復之所以見天地之心也。」）後辨張
南軒之說，又說此義，如云：「來敎又謂動中涵靜，所謂復見天地
之心。亦所未喻。熹前以復爲靜中之動者，蓋觀卦象便自可見，而
伊川先生之意似亦如此。」

　　南軒之說亦未爲不是。由「動中涵靜」說「復見天地之心」
者，蓋就動而能收斂凝聚，不順動而滾下去，由至動而逆反于靜，
淵然有所存主，即是復以見天地之心也。此亦篇末引南軒所謂「動
以見靜之所存」之義。在動中而能靜，即足以見「復」。如此說
復，只歸到「靜」字上即足，而又重在即動而能靜，不必離開動專

言靜時始見復也。只歸到靜字上即足，此無寧是通常之說法。重在即動而能靜，則尤見警策。此亦內在的逆覺體證義，此本是承五峰而來者。朱子是專就靜時而又推進一步移至「心體本身之靈昭不昧為動」而說復，故以「靜中之動」為復也。此「動」是剋就心體自身之靈昭不昧說，不就動時之動說。此明是本伊川「動而見天地之心」之義而來。伊川此語中之「動」即是一陽生于下而生機兆之動，亦是從主觀面之靜時移就客觀面之天地之心本身說。實則此只是伊川之故鬧彆扭，實為多餘。通常說「復其見天地之心」重在「復」字中所涵之靜，此是本〈復〉卦〈象傳〉「先王以至日閉關，商旅不行，后不省方」而說也。「復」即是不順動而滾下去而收回來，收回來即表示靜。靜則見天地之心淵然呈現而靈昭不昧，此即是「復」義，不必再移就天地之心本身說一個「動」義也。然如知其抒義之分際，則本之以言「靜中之動為復」亦無不可。但不必以此遮彼，而謂南軒之說為不可喻也。朱子謂其說有「所未喻」，此朱子之滯，非南軒之誤也。無論朱子說或南軒說，關捩點總在靜。不過一是關聯著已成之動說靜（南軒），一是斷自靜而復移就心體本身之不昧以說動（朱子）。兩說皆可，無不通也。

朱子此說，于此書下文復由辨南軒之疑而見，如云：「來教又謂言靜則淪于虛無。此固所當深慮。然此二字，如佛者之論，則誠有此患。若以天理觀之，則動之不能無靜，猶靜之不能無動也。靜之不能無養，猶動之不可不察也。但見得一動一靜互為其根，敬義夾持，不容間斷之意，則雖下靜字，元非死物。**至靜之中，蓋有動之端焉**。是乃所以見天地之心者。而先王之所以至日閉關，蓋當此之時，則安靜以養乎此爾。固非遠事絕物，閉目兀坐，而偏於靜之

謂。」此辨可謂明矣。吾未見有何未安而須要改動處。王懋竑何未
之察耶？

　　若曰此是此書之說，以後容有改動處。然則試看朱子《周易本
義》復卦〈彖傳〉「復其見天地之心乎」句下注云：「積陰之下，
一陽復生。天地生物之心幾于滅息，而至此乃復見耳。在人則爲靜
極而動，惡極而善，本心幾息而復見之端也。程子論之詳矣。而邵
子之詩亦曰：多至子之半，天心無改移。一陽初動處，萬物未生
時。玄酒味方淡，太音聲正希。此言如不信，更請問包羲。至哉言
也！學者宜盡心焉。」〈象傳〉：「雷在地中，復。先王以至日閉
關，商旅不行，后不省方。」此下注云：「安靜以養微陽也。〈月
令〉：是月齋戒掩身，以待陰陽之所定。」合此兩傳之注而觀之，
朱子之意絲毫未變也。此兩注皆本此「中和新說」書之義理而言。
其「靜中之動」之義未變，其本于伊川亦仍未變也。依《年譜》，
《周易本義》成于朱子四十八歲之年，已在「中和新說」書後八年
矣，未見有改動也。豈《本義》猶不足爲憑乎？王懋竑謂「後來改
之」，又不明指其見于何處何文，又不明言「以靜中知覺不昧爲
復」、「以復爲靜中之動」，其不妥處究何在，而只儱侗云：「後
來改之」，則其所云之「改」恐未必有當也。此不必待遍查朱子書
而即可知也。

　　「復其見天地之心」一語，觀念甚淸，義理甚顯。對此句之語
意大體皆有定解。只要稍識文意，並略有生活上之體驗，即大體不
會誤解，亦決不會有許多異解出現。朱子如非太差，何至于此而尙
有未安未定處？何況其義理自當，自不容隨便有改動。即南軒之說
亦無異指也。蓋此顯明之義理自有一定之範域，決無許多游移也。

子欲使朱子向何處改動耶？

　　關于第七點，「太極解以仁中爲靜，義正爲動」，王懋竑以爲此「與今解相反」。「今解」者即現行之〈太極圖說解〉也。此「中和新說」書中有云：「周子之言主靜乃就中正仁義而言。以正對中，則中爲重。以義配仁，則仁爲本爾。非四者之外別有主靜一段事也。」王懋竑即據此文而謂此書言及〈太極圖說〉是「以仁中爲靜，義正爲動」。「中爲重」，「仁爲本」，只是「靜中之動」，以仁中爲靜時所立或所見之體，而此體卻是靈昭不昧之動端也。何得直云「以仁中爲靜，義正爲動」耶？「今解」以仁中爲動爲用，以義正爲靜爲體，此又是另一義，並非以此書所說爲不妥而改之。兩說皆可，並非有衝突處也。今以此爲「未定之論」，則其未解此書中「仁爲本」、「中爲重」之義甚明。

　　《朱子語類》卷第九十四，〈周子之書〉，討論〈太極圖說〉處，有以下各條：

> 1. 問：周子言仁義中正亦甚大。今乃自偏言，止是屬於陽動陰靜。
>   曰：不可如此看，反覆皆可。
>   問：仁爲用，義爲體。若以體統論之，仁卻是體，義卻是用。
>   曰：是仁爲體，義爲用。大抵仁義中又各自有體用。
> 2. 中正仁義一節，仁義自分體用，是一般說。仁義中正分體用，又是一般說〔「一般」猶言「一樣」或「一種」〕。
>   偏言、專言者，只說仁，便是體；才說義，便是就仁中分

出一個道理。如人家有兄弟，只說戶頭上，言兄足矣。才說弟，便更別有一人。〔……〕

3. 聖人定之以中正仁義，正字義字卻是體，中仁卻是發用處。

問：義是如何？

曰：義有個斷制一定之體。

又問：仁卻恐是體。

曰：隨這事上說，在這裡，仁卻是發用。只是一個仁，都說得。

4. 問：聖人定之以中正仁義。

曰：本無先後。此四字配金木水火而言。中有禮底道理，正有智底道理。如乾之元亨利貞，元即仁，亨即中，利即義，貞即正。皆是此理。至於主靜，是以正與義為體，中與仁為用。聖人只是主靜，自有動底道理。譬如人說話，也須是先沈默，然後可以說話，蓋沈默中便有個言語底意思。

5. 問：聖人定之以中正仁義而主靜，何耶？

曰：中正仁義分屬動靜，而聖人則主於靜。蓋正所以能中，義所以能仁。克己復禮，義也。義故能仁。易言「利貞者性情也」。元亨是發用處；必至於利貞，乃見乾之實體。萬物到秋冬收斂成實，方見得他本質，故曰性情。此亦主靜之說也。

6. 聖人定之以中正仁義，此四物常在這裡流轉，然常靠著個靜做主。若無夜，則做得晝不分曉。若無冬，則做得春夏

不長茂。如人終日應接，卻歸來這裡空處少歇，便精神較健。如生物而無冬，只管一向生去，元氣也會竭了。**中仁是動，正義是靜**。《通書》都是恁地說。如云「禮先而樂後」。

吾不必煩為疏解，讀者試詳看此六條，「中仁是動，正義是靜」與「仁中為體，義正為用」足以構成衝突否？足以證明「仁中為體，義正為用」為未安之「未定之論」否？

大凡此種道理有各種分際之各樣說，要在能得其意。若只是浮看字面，見有不同字樣，便執此以疑彼，或摭彼以議此，便是義理不通，未能得其意也。王懋竑于此太差，故所云無一而通，不但不諦而已也。

朱子此新說書中關此第七點只說「中為重」、「仁為本」，未曾「以仁中為靜，義正為動」也。以仁中為本為體，此體是**體統之體，專言之體**。就此**只可說動，不可說靜**。要說靜，則靜是靜復之靜，靜時之靜，由此「靜」以見「仁中之為體」之動，所謂「靜中之動」也。王氏未解「靜中之動」義，故見此書中言「中為重」，「仁為本」，遂直謂朱子「以仁中為靜」矣。實則朱子未有如此之不通，乃王氏之誤認也。（「仁中之為體」之動，依〈太極圖解〉，嚴格言之，只是「陽之動，太極之用所以行也」一語之意。）

仁中為本為體，而義正則為開出來的末與用，此猶如「戶頭上只說兄足矣，才說弟，便是別有一人」。「只說仁，便是體，才說義，便是就仁中分出一個道理。」是故「仁為體，義為用」。就義

之爲末與用言，**只可說靜，不可說動**，用非必即是動也。此處之
「靜」是義正之**收斂義，貞定義**。就義正之收斂貞定義而說其爲
體，此體是**斷制定體之體**，是**貞定持體之體**，非體統之體。（嚴格
言之，只是〈太極圖解〉：「陰之靜，太極之體所以立也」一語之
意。）以義正爲體，仁中爲用，是**貞下起元**之意。即以義正收斂貞
定之**靜體**（定體、自體）起下仁中體統之**動用**。此用與「義正爲
用」之用，意義亦不一。王氏不解「義正爲用」之義，而直以動靜
之動說之，遂直謂朱子「以義正爲動」矣。朱子未有如此之不通，
亦王氏之誤認也。

　　須知「仁中爲體爲動，義正爲用爲靜」，此爲一系之義理；而
「義正爲體爲靜，仁中爲用爲動」，此又是另一系之義理。朱子于
此甚爲通貫，而措辭亦無差謬。王氏不解，遂以此書中之「仁中爲
體，義正爲用」（誤說爲「仁中爲靜，義正爲動」）爲「未定之
論」矣。豈不謬哉！

　　〔濂溪〈太極圖解〉說：「聖人定之以中正仁義而主靜立人極
焉。」此是承上文「唯人也得其秀而最靈，形旣生矣，神發知矣，
五性感動而善惡分、萬事出矣」而說。此是說于五性感動、善惡萬
事紛糾之中，「定之以中正仁義之道」以爲超越之標準。此是客觀
地、原則地先提出理道以爲標準。「而主靜立人極焉」，則是通過
靜復的工夫以見或立此理道以爲定體，而人極亦于焉以立。人極不
能在「五性感動」上立，只能在中正仁義處立。如此，便分際甚
明。若再就中正仁義說其體用動靜，乃至于其中就義正說主靜，那
是進一步把中正仁義普泛化而說之。朱子此新說書中關此謂「周子
之言主靜乃就中正仁義而言，〔……〕非四者之外別有主靜一段事

也」。「就中正仁義而言」，固可通，但非周子原文之意。且將語
意分際本屬兩層者混而爲一層。將主靜工夫直拉于中正仁義之中而
言之，把中正仁義亦套于陰陽動靜體用之宇宙論的格局中而說之，
此即減殺原文「立人極」之道德的警策之意。朱子常喜**平鋪泛說**，
此其弊也。亦其靜涵靜攝（實在論的）心態之一例證也。〕

　　以上七點，王懋竑所謂「未定之論」，無一可通。可見其對于
此「中和新說」書之義理根本未明。若如王氏所說，此書幾無一語
而安，幾全部要廢棄。其爲「未是」與「乖戾」且甚于「中和舊
說」之二書。此能爲朱子所首肯乎？朱子有知，見此七端「未定之
論」之議，必始而惶恐慚悚，繼而大爲驚訝，最後則終之以嘆氣不
置矣。吾察《朱子語類》卷第六十二、〈《中庸》一〉、討論章句
第一章致中和處，大體皆是以此新說書爲背景，無有越出此書綱領
之外者。正因此書條貫整齊，朱子學之爲靜涵靜攝系統以及其理氣
二分、心性情三分之格局俱定于此，此乃朱子終身不變者，而謂其
「亦多未定之論」，不亦異乎？

第三章　中和新說下之浸潤與議論

第一節　四十歲時之浸潤與議論

　　朱子於四十歲年除表示新說之發端與完成之一說兩書外，又有以下之六書，皆新說下之浸潤與議論者：

　　1.〈答林擇之〉書：

　　　〔上略〕近得南軒書，諸說皆相然諾。但**先察識後涵養之論，執之猶堅**。未發已發，條理亦未甚明。蓋乍易**舊說**，猶待就所安耳。〔下略〕（《朱文公文集》卷第四十三，書，問答，〈答林擇之〉三十三書之第三書）

　　案：此書表示新舊說之事甚爲顯明，此在考證上爲最有價值之文獻。但王懋竑《朱子年譜》卻不錄，不知何故。今補錄於此以清眉目。此書恐在「中和新說」書〈答張欽夫〉書之後或同時，至少是在〈與湖南諸公〉書並得南軒覆書後而寫者。

2.又〈答林擇之〉書：

〔上略〕昨日書中論未發者，看得如何？兩日思之，疑舊來所說，於心性之實未有差，而未發已發字頓放得未甚穩當。疑未發只是思慮事物之未接時，於此便可見性之體段，故可謂之中，而不可謂之性也。發而中節，是思慮事物已交之際皆得其理，故可謂之和，而不可謂之心。心則貫通乎已發未發之間，乃《大易》生生流行，一動一靜之全體也。云云。舊疑《遺書》所記不審，今以此勘之，無一不合。信乎天下之書未可輕讀，聖賢指趣未易明，道體精微未易究也。（同上，〈答林擇之〉三十三書之第六書）

案：此書所述同於〈已發未發說〉，恐在該說之後，或甚至在其前而正欲擬之者亦未可知。此書表示新舊說之轉關亦甚清楚，亦是考證上最有價值之文獻，而王懋竑亦未錄，甚可怪也。

未發「可謂之中，而不可謂之性」，此是承伊川反對呂大臨「中即性」之說而來。伊川云：「中即性也，此語極未安。中也者，所以狀性之體段。」（〈與呂與叔論中〉，亦曰〈未發問答〉）朱子承之，故如此云。意即在「思慮事物未接時」，由心之寂然不動見「性之體段」之為渾然。中與性自是兩個概念，就《中庸》原文說，亦本是於未發時說中，而尤要者，在伊川與朱子，中兼指心與性兩面言，故特顯其為狀詞，而不能等同於任一面。就性言，其為中之體段，或為渾然之體段，是由心之寂然而見。中字直接是指心之寂然，無過不及，不偏不倚，而即在此亦見性之渾然，

道義全具。依〈已發未發說〉，朱子且進而表示只有關聯著心，性始有體段可言。「聖賢論性無不因心而發。若欲專言之，則是所謂無極而不容言者，亦無體段之可名矣。」在伊川與朱子，中狀心是實，狀性是虛。重點實只在狀心之寂然。因心之寂然或感發，而見性之渾然或粲然，而性自身則無所謂偏倚或過不及也。故朱子於〈已發未發說〉中字尚兼指心性兩面言，而至〈與湖南諸公〉書及〈答張欽夫〉書（此亦曰「中和新說」書），則單就心之寂然不動說中矣，只是由心之寂然見性之渾然耳。但在呂大臨，「中」字即指目性體而言，亦即指本心而言，而本心、性體是一，而由中以代表之耳。「中」字固由未發而見，其義為無過不及、不偏不倚，故為狀詞，或狀一種境況，或狀一種體段，然狀詞轉而為名詞，即可代表本心、性體，與普通之狀詞如方圓黑白等不同也。（伊川以方圓為例，非是。）此如「誠」字為「真實無妄」，此亦是狀詞義，但轉為形容名詞，即代表實體，故曰誠體。誠即是體也。象山云：「字之指歸，又有虛實。虛字，則但當論字義。實字，則當論所指之實。論其所指之實，則有非字義所能拘者。如元字有始義，有長義，有大義。〈坤〉五之元吉、〈屯〉之元亨，則是虛字，專為大義，不可復以他義參之。如乾元之元，則是實字。論其所指之實，則〈文言〉所謂善，所謂仁，皆元也。亦豈可以字義拘之哉？」（見〈與朱子論太極圖說〉第二書）。依象山此論，中字、誠字皆實字也。伊川不明此義，徒為無謂之糾纏。朱子謹守伊川之意而為之解，然此亦不甚緊要，蓋人有使用字義之自由，如此分別即允其如此分別而已耳。要者是在：在此分解下心性為平行，而不即是一。此新說之實義也。至于「發而中節」，只「可謂之和，而不可

謂之心」，此亦當然可說。蓋此是就喜怒哀樂本身言，和是情之
和，自非即心也。心由此情之和而見其「感而遂通」焉。前一句是
由情變之未發而見心之寂然不動之體，由此心之寂然不動之體而見
性之渾然。此後一句是由情變之發而中節而見心之感而遂通之用，
由此感而遂通之用而見性之粲然。此新說之間架也。在此間架下，
顯然有心性情三分之支柱，而心性平行而非一，眞正之超越實體在
性而不在心，心傍落而爲平說之中性的、實然的，此即吾所說之道
德意義之良心、本心之沈沒。

　　道德意義之良心、本心雖然沈沒，然在此間架下，平說的中性
的實然的心，在論中和上卻有提綱挈領之作用。「心則通貫乎已發
未發之間」，即「中和新說」書中「須以心爲主而論之」之意，亦
即〈已發未發說〉中「聖賢論性無不因心而發」之意，亦即後來所
謂「心統性情」也。心通貫乎未發，即其寂然不動之體也。通貫乎
已發，即其感而遂通之用也。此即「中和新說」書中所謂「寂然感
通、周流貫澈，而體用未始相離者也」，以及所謂「周流貫澈而無
一息之不仁也」。此則就中和說心之「周流貫澈」。由中字而見性
之渾然，由和字而見情之中節，皆由心以通貫之，是所謂「心統性
情」也。通貫乎未發即是其寂然不動而通貫乎性也。通貫乎已發即
是其感而遂通而通貫乎情也。由其通貫乎性情而見其自身「寂然感
通、周流貫澈，而體用未始相離」，「或周流貫澈而無一息之不
仁」。朱子于此書，復就此「周流貫澈」而想到「大《易》生生流
行，一動一靜之全體」。此雖是借用，但亦可以說。然其實義卻不
可不諦審也。「大《易》生生流行，一動一靜」，原是宇宙論的辭
語。朱子言「易」是落在氣上說。「生生流行，一動一靜」即是氣

化之不息。動是陽，根于陰之極而來；靜是陰，根于陽之極而來。此是「一動一靜，互爲其根」之義也。而所以能一動一靜而不息者則是理之故也。理即是太極、性體。將此分疏用于此心之周流貫澈上，則心之寂然即靜，心之感通即動，是則心亦氣也。其周流貫澈即是心氣之「一動一靜」而「生生流行」不息也。性則其所以然之理也。（若依〈太極圖解〉形而上學地言之，則未發之靜即是「陰之靜，太極之體所以立也」。已發之和即是「陽之動，太極之用所以行也」。）是則心性情之三分即歸約而爲理氣之二分。心與情皆氣也。情是心之具體地說，或散殊地說，而心則是情之抽象地說，或總持地說。眞正的超越實體在性而不在心。然而「心之寂然感通、周流貫澈、體用未始相離」並不是心之本性自身即能如此。由情變之發而見之心之「寂然不動」，雖是借用《易傳》之辭語，然實非「至神」之「寂然不動」，故其自身亦並不能必然地分析地即函「感而遂通」，因此心並非孟子之本心也，乃屬于氣者也。故須通過「敬」之工夫（所謂莊敬涵養）使之收歛凝聚而合于道（靜攝于道），與道偕行，始能主宰乎情變，而使之發而中節，因而亦見其爲「感而遂通」，而性亦粲然而明著矣。若非敬之工夫，則其「寂然不動」不必能函「感而遂通」也。此所以「中和新說」書云：「人有是心，而或不仁，則無以著此心之妙。人雖欲仁，而或不敬，則無以致求仁之功。」此兩聯乃是「中和新說」書中分量最重之語句，是了解並形成「中和新說」書中之間架之關鍵句子。若依至誠之神或孟子之本心言，焉有「人有是心，而或不仁」之說？至誠之神與本心即仁體也。又焉有「人雖欲仁，而或不敬」之疑？至誠之神與本心即敬體也。心之妙不待心外之仁以著之也，心即是

仁也。心之仁不待仁外之敬以求之也，仁體即敬也。此是本體宇宙論的實體之創生直貫義，非心、仁、敬三者之關聯義也。由此關聯義而見其為靜涵靜攝之系統，而非創生直貫之縱貫系統也。是以雖言心之寂然感通、周流貫澈，而實是靜涵靜攝之周流貫澈，而非立體的實體之創生直貫所成之周流貫澈也。若用宇宙論的詞語言之，即是氣化之周流貫澈，而所以成此周流貫澈者則是理也。而理非氣也，是以性亦非心也。

以上所言，俱見前章。茲再就此書而綜括述之如此。

3.又〈答林擇之〉書：

> 所引「人生而靜」，不知如何看靜字？恐此亦指未感物而言耳。蓋當此之時，此心渾然天理全具。所謂**中者狀性之體**，正於此見之。但《中庸》、〈樂記〉之言，有疏密之異。《中庸》澈頭澈尾說個謹獨工夫，即所謂「**敬而無失，平日涵養**」之意。〈樂記〉卻直到好惡無節處，方說「**不能反躬，天理滅矣**」。殊不知未感物時，若**無主宰，則亦不能安其靜，只此便自昏了天性，不待交物之引，然後差也**。蓋中和二字「**皆**」道之體用〔「皆」字當作「乃」〕。以人言之，則未發已發之謂。但不能慎獨，則雖事物未至，固已紛綸膠擾，無復未發之時，既無以致夫所謂中，而其發必乖，又無以致夫所謂和。惟其戒謹恐懼，不敢須臾離，然後中和可致，而大本達道乃在我矣。二先生蓋屢言之。而龜山所謂「未發之際能體所謂中，已發之際能得所謂和」，此語為近之。然未免有病。

舊聞李先生論此最詳。後來所見不同，遂不復致思。今乃知
其爲人深切，然恨已不能盡記其曲折矣。如云：「人固有無
所喜怒哀樂之時，然謂之未發則不可，言無主也。」又云：
「致字如致師之致。」又如「**先言慎獨，然後及中和**」，此
意亦嘗言之。但當時既不領略，後來又不深思，遂成蹉過，
孤負此翁耳。〔下略〕（同上，〈答林擇之〉三十三書之第二十
書）

案：首段「當此之時，此心渾然天理全具」當該說爲「當此之時，
此心寂然不動，而渾然之天理全具」。此與〈已發未發說〉所謂
「當此之時，即是心體流行，寂然不動之處，而天命之性體段具
焉」，〈與湖南諸公〉書所謂「當此之時，即是此心寂然不動之
體，而天命之性當體具焉」，以及〈答張欽夫〉書（「中和新說」
書）所謂「方其靜也，事物未至，思慮未萌，而一性渾然，道義全
具，其所謂中，是乃心之所以爲體，而寂然不動者也」，三種說法
之意指相同。「此心渾然天理全具」，全具者言渾然之天理全具于
此心之寂然不動之時（或處）也。「天命之性體段具焉」，言天命
之性之體段（渾然）即具備于此心之寂然不動之處也。「天命之性
當體具焉」，言天命之性之自體即具于「此心寂然不動之體」處而
有其渾然之體段可言也。凡此三種說法皆直接表示一種「心具」
義。具于此心，反過來即是「心具」。但第四種說法「一性渾然，
道義全具」，好像是「渾然之性道義全具」，此似是「性具」。但
即使如此，亦不要緊。具備全部道義的性體亦即具于此心寂然不動
之處（或時），此亦仍表示一「心具」義。問題即在此「心具」是

如何具法？後來朱子即常言「心具衆理」，或言「心之德」，如「仁是心之德愛之理」是。照此等辭語所表示之「心具」義，表面觀之，好像亦是「心即理」。「心之德」，「心具衆理」，尤其類似「心即理」。然朱子終不能指謂地（斷定地）說「心即理」何也？是以此等辭語必須了解其思想底據，通其義理底據而解之，不可爲其辭語相似而誤引也。「全具」、「具焉」等所表示之「心具」實只是關聯地具，而其實義是渾然之性或性之體段具顯于或具存于此時或此處，而非即是「心即理」之義也。故終于是心性平行而爲二，而非即是一。後來更積極地說爲「心具衆理」，實亦只是關聯地「當具」，而非分析地、必然地「本具」。「心之德」更爲積極，然亦只是關聯地當有此德，而非分析地、必然地、仁義內在地固具此德。心通過莊敬涵養工夫，收歛凝聚而合理或能表現理，方始具有此理而成爲其自身之德，否則即不能具此理而有此德。此即非「固具」之義也。「人心之靈莫不有知」，即通過此知（靈覺）的靜攝關係而具有之以爲其自身之德也。是以從心寂然不動，而性體之渾然體段具顯于或具存于此時，到心具衆理而爲其自身之德，須通過莊敬涵養之**靜涵工夫**以及知的**靜攝工夫**（察識、致知格物）始能具有之以爲其自身之德。此即爲後天地具，非先天地具；關聯地當具，非分析地本具。此其所以爲靜涵靜攝系統，而非本體宇宙論的實體（本心）之創生直貫之縱貫系統也。吾信此是朱子思路之本義、實義，無可移也。

　　第二段，《中庸》言愼獨固亦含有「平日涵養」之意，但亦不只是伊川與朱子所謂「敬而無失、平日涵養」之意。蓋朱子所謂涵養是空頭的，並無察識體證之意在內，而《中庸》之言愼獨則正是

在不睹不聞之中自覺地要面對森然之性體而體證之。「莫見乎隱，莫顯乎微」正是雖在不睹不聞，喜怒哀樂未發，而無有可觀可察之時，仍然昭然若揭，屹立于吾人之面前，而有**可體可驗之氣象**，此即在戒懼涵養之中而有一種察識體證之工夫在，此即是**本體論的體證**，即隔離中的**超越的體證**。此即「先識仁之體」之先察識之義也。此即非空頭的涵養。而所體證的性體即是本心，決非心性平行，心爲中性的實然的心，而性只是理也。「殊不知未感物時，若無主宰，則亦不能安其靜。」此義亦不錯。但朱子所說之「主宰」，卻只是**空頭的涵養之外部的主宰**，即外部的涵養工夫爲**主宰**，而不是所體證的實體之**內部的主宰**，即**不是內部的性體本心之實體自身爲主宰**。此非《中庸》慎獨之意也。《中庸》實是由「慎獨」講到致中和。朱子于此看出《中庸》比〈樂記〉爲密，此不錯。但其講由「慎獨」到致中和，卻只把慎獨套在其先涵養後察識之格式中看成只是空頭的涵養，此即非《中庸》慎獨之原意。慎獨是自覺地作道德實踐之本質的工夫，此是由曾子之守約戰兢而開出者。《中庸》之由慎獨到致中和只是由形式地說更進一步而爲落實地說、具體地說而已，其義理間架是一也。故慎獨決非只是平時之涵養，決非涵養、察識分屬中之空頭的涵養。龜山不失此意，延平亦不失此意。只到伊川「在中」之說乃喪失此意，至朱子之先涵養後察識尤喪失此意。

　　如末段延平云：「人固有無所喜怒哀樂之時，然謂之未發則不可，言無主也。」此所無之主，豈只是是空頭的涵養之主乎？「無所喜怒哀樂之時」，如依伊川「只不發便中」（在中）之義，此即是「不發」也。此「不發」豈便即能是中乎？顯然延平已看出此並

不必是中。可見延平是從主說中，而此主宰須由未發時作本體論的體證，超越地、異質地見一實體，始能得。然則延平之靜坐以驗未發氣象決非只是空頭的涵養之意也。其言「先言愼獨，然後及中和」，其所謂「愼獨」恐亦非只是空頭的涵養也。朱子之涵養察識分屬，而必反對「須先識仁」以及「先識仁之體」之本體論的體證中之先察識，恐決非延平之路也。只是承接伊川之糾結而不透地著實下來所成之格局而已。是以如以爲朱子最後歸于「先涵養後察識」即爲仍歸于延平，恐亦誤也。〔延平之于朱子只是提供一入路，而朱子之所思實與延平無多大關係。延平當初所說，朱子「當時既不領略，後來又不深思」（因「所見不同，遂不復致思」），則其所思與延平無多大關係可知。即新說成立後，「覺其爲人深切」，好像已歸合于延平，然吾以爲延平恐決非主如朱子所意謂之「先涵養後察識」之論者。朱子自恨「已不能盡記其曲折」，則其新說與延平當初所說有距離亦顯然矣。眞可謂「孤負此翁」也。〕

　　4.又〈答林擇之〉書：

　　　〔上略〕。前日中和之說看得如何？但恐其間言語不能無病。其大體莫無可疑。

　　　數日來玩味此意，日用間極覺得力。乃知日前所以**若有若亡**，不能得純熟，而氣象浮淺，**易得動搖**，其病皆在此。湖南諸友，其病亦似是如此。近看南軒文字，大抵都無前面一**截工夫也**。大抵心體通有無、該動靜，故工夫亦通有無、該動靜，方無透漏。若必待其發而後察，察而後存，則工夫之所不至〔者〕多矣〔脫「者」字〕。惟涵養於未發之前，則

其發處自然中節者多，不中節者少。體察之際亦甚明審，易
為著力，與異時無本可據之說大不同矣。

用此意看《遺書》，多有符合。讀之，上下文極活絡分明，
無凝滯處。亦曾如此看否？（同上，〈答林擇之〉三十三書之
第二十二書）

案：「心體通有無、該動靜，故工夫亦通有無、該動靜」，此為
「中和新說」書中所已言者，不過「語默」改為「有無」而已。在
無時、靜時（未發時、默時）只合涵養，無可察識。「若必待其發
而後察，察而後存，則工夫之所不至者多矣」，此仍未覺察到「良
心發見」之發與未發已發之發之不同。「日前所以若有若亡
〔……〕易得動搖」，只因對於良心發見處直下作本體論的體證
之工夫不真切，而又誤認良心發見之發為情變已發之發，故精神專
移注於憧憧往來之已發而察識之，此其所以「若有若亡，不能得純
熟，而氣象浮淺，易得動搖」之故。若真能真切于本體論的體證，
則揭然有所存，靦體挺立，八風吹不動，何至有「氣象浮淺，易得
動搖」之病？即使不能至純熟，行之若無事之境，然中有存主（延
平所說之主），與無本者異矣。若就此而再益之以平日之莊敬涵
養，以及動發時之精察，則自可期純熟之境。此非空頭的涵養與察
識也。若如朱子所論，只于空頭的察識外，知尚有未發時，故復補
之以空頭的涵養，此雖亦可得力，然所養成者只是不自覺的好習
慣，以此為本只是**外部的空頭涵養工夫之為本**，非**內部的性體本心
之實體自身**之為本也。此非諦實之見，及其一旦有事，仍未必定得
住也。至少此是與真正的道德行為不相應之見，對于真正的道德行

爲之知見決不能止於此。朱子若只對一般人作勸誡說，則可，若必據此而反對本體論的體證中之先察識，則成對於眞正道德行爲的**本質之知見問題**。澈不澈、諦不諦、實不實，俱在此見，非細事也。（人之道德行爲是否眞能定得住而又純熟，條件衆多，自非易事，然論其本質的關鍵工夫，則必如此論，而不能止于朱子之所說。）

5. 又〈答林擇之〉書：

> 古人自「幼子常視〔示〕毋誑」以上，洒掃應對進退之間，便是做涵養底工夫了。此豈待先識端倪而後加涵養哉？但從此涵養中，漸漸體出這端倪來，則一一便爲己物。又只如平常地涵養將去，自然純熟。今曰：「即日所學便當察此端倪而加涵養之功」，似非古人爲學之序也。
>
> 〔中略〕
>
> 蓋義理，人心之固有。苟得其養，而無物欲之昏，則自然發見明著，不待別求。格物致知亦因其明而明之爾。今乃謂「不先察識端倪，則涵養個甚底」，不亦太急廹乎？
>
> 敬字通貫動靜。但未發時，則渾然是敬之體，非是知其未發，方下敬底工夫也。既發，則隨事省察，而敬之用行焉。然非其體素立，則省察之功亦無自而施也。故敬義非兩截事。必有事焉而勿正，心勿忘，勿助長，則此心卓然通貫動靜，敬立義行，無適而非天理之正矣。〔下略〕（同上，〈答林擇之〉三十三書之第二十一書）

案：此書首段，朱子以小學教育即爲「做涵養底工夫」，此即爲空

頭的涵養。此是混教育程序與自覺地作道德實踐之工夫而爲一，而不知其有別也。「先識端倪而後加涵養」，此是自覺地作道德實踐之事，教育程序並不足以取而代之。此根本是兩事，焉可混同？小學教育之涵養固不足以取而代之，即從此「涵養將去，自然純熟」，仍是空頭的涵養，仍是習慣之事，亦仍不足以取而代之。即「從此涵養中漸漸體出這端倪來」，亦仍是不自覺的自然生長，還仍不是自覺地作道德實踐之事。人能涵養成一種好習慣，不加鑿喪，其良心得其滋養，亦自能自然生長，隨時容易表露出來，此即朱子所謂「漸漸體出這端倪來」。但此是自然的不自覺的事，但知其當然而不知其所以然，此是風俗習慣中之好人，於此並無眞正的道德行爲。所謂「漸漸體出這端倪來」，所謂良心之得其養而自然生長，隨時表露出來，這良心端倪只是在習氣中，在感性中混雜而流，人於此並不眞能知何者是良心，何者是良心之端倪。金沙混雜，人並不眞能知何者是金子，何者是沙子。小孩豈不更能自然地表露其天眞之心？然而小孩並不知何者是其眞正的天心，何者是其利欲玩皮之心（雖然表現時亦很天眞）。即使其天眞表現都是好的，在教育涵養中使他能體出這端倪來，然吾人仍不能於此天眞表現說是眞正的道德行爲。是以朱子如此講空頭的涵養以遮「先識端倪」之本體論的體證，實是混習慣與自覺而爲一。此皆非孔子講仁、曾子講守約戰兢、孟子講本心、《大學》講誠意、《中庸》講愼獨、致中和之本意。因凡此皆非只教育程序習慣涵養之事。朱子以其空頭的涵養察識之分屬來籠統這些義理顯然不能相應。雖在其架格中亦粘附著這些義理說，有時亦可以套得上（此朱子學之所以難董理），然究非相應之論。雖然孔子、孟子、《大學》、《中

庸》並無如吾此處分疏之言，雖然孟子亦說「苟得其養，無物不長；苟失其養，無物不消」，然其所抒發之義理實應如此分疏始能相應，而其義理之本意亦實函蘊著如此分疏始能自持自立自成其自己，決不會向著朱子之格式走也。因爲若用今語言之，孔子講仁、曾子講守約戰兢、孟子講本心、《大學》講誠意、《中庸》講愼獨、致中和，皆非自然主義、習慣主義也。朱子如此講涵養顯然不夠。但自新說成立後，以《大學》爲定本，著力於致知格物，以格物爲夢覺關，又云「論先後當以致知爲先，論輕重當以力行〔涵養〕爲重」（見下第五章）。就此而看，朱子亦終于不是自然主義、習慣主義。原來朱子是將「先識端倪」之夢覺關移向致知格物處講，本體論的體證之先察識亦移向致知格物處講（以致知爲先），將向內轉者轉而爲向外轉，將向上透者轉而爲向下拖，而其本體論的體證（體悟）所體證、體悟之太極卻只成致知格物中之觀解的，此非延平之靜坐以驗未發氣象之路也，亦非明道「須先識仁」、五峰「先識仁之體」之本體論的體證也，此其所以爲歧出也，此其所以終於爲他律道德之本質系統，而非自律道德之方向系統，所以終於爲靜涵靜攝系統、本體論的存有之系統，而非本體宇宙論的、即活動即存有的實體之創生直貫義之縱貫系統也。（後朱子關於〈仁說〉之論辨，最後與吳晦叔論及「先知後行」問題，乃是以古代小學、大學之教育程序講涵養察識，其爲空頭的涵養、察識甚爲顯明。若此處之問題明澈，則該處之爭辯亦自明矣。）

　　第二段「義理，人心之固有」，此亦是依附孟子而說。但朱子對于此義之理解卻須善會其意。其心中所理解者決非孟子之本意也。其所意謂之「固有」決非孟子心即理、本心即性體系統中之

「固有」。朱子對於「仁義內在」並不眞能透澈。其所意謂之「固有」仍是認知心的靜攝之關聯的固有。其意蓋謂人心之靈覺本有知是非（義理）之明。「苟得其養，而無物欲之昏，則自然發見明著，不待別求。」「發見明著」是發見明著其認知之明，故繼之云：「格物致知亦因其明而明之爾。」此是由本有之認知之明之靜攝義理而把義理帶進來而說「固有」，此是認知靜攝之關聯的固有，非孟子「本心即理」之實體性的自發自律之固有也。然朱子卻亦粘附孟子而如此說，此即其所以令人困惑而極難明其實義也。然若眞能明澈其思路，透澈其所堅持與所辨駁者，則其心中之所意謂顯然與孟子有距離。其界脈與義理方向固自朗然有異也。唯朱子不自覺，而人亦不易察之耳。苟明乎此，則其所意謂之「端倪」亦決非孟子所說之良心本心之端倪也。吾人決不可因其詞語之相同而混擾。若明乎此，則林擇之所說「不先察識端倪，則涵養個甚底」，決非「急迫」與否之問題。此無所謂「太急迫」也。此只是本體論的體證，自覺地作道德實踐之本質的關鍵問題。只因朱子所了解的本心、端倪等有不同，又混本心發見之發與情變已發之發而爲一，遂覺只先在此施察識爲「太急迫」。須如此「先識端倪」之識是本體論的體證，非落于情變上憧憧往來之急迫浮露也。此種本質的關鍵，人雖不必能精切明澈，然亦似易感到，故一般大體皆易傾向于此，惟朱子力掃千軍，必欲個個擊破耳。人不能精切明澈，雖明知此中有別扭處，然亦很難置其辨也。然此中之有服人之口不足以服人之心處，固彰彰明甚。又一般亦皆無朱子之勁力與學力。故朱子得以卓然成家，而其餘則靈光一閃，若有若無，遂皆泄沓不振矣。以象山、陽明之明達與辭辨之暢遂，于學力猶有憾。此固不礙其自

立，然於**辨章同異、判叙教次**，猶有不足也。

第三段「敬字通貫動靜」，「中和新說」書中言之甚明。未發時，則莊敬以涵養，即伊川「涵養須用敬」之義，是則「敬」字本先施于涵養以成其爲涵養者。已發時，則敬以致察，即伊川「未有致知而不在敬者」之義，是則「敬」字復後施于察識以成其爲察識者。敬本只是一種外部的工夫義。今復進一步說：「未發時，則渾然是敬之體，非是知其未發，方下敬底工夫也。」此是將敬字收于心體上說。但若未發時，此心寂然不動之體即「渾然是敬之體」，不是外部所加的工夫，則在朱子，亦只是這樣一說而已，其如此置定並無心體上的根據。蓋其所意謂之心是平說的實然的（中性的）心，其未發時寂然不動之體之自身不必即能渾然是敬。延平亦說：「人固有無所喜怒哀樂之時，然謂之未發則不可，言無主也。」亦是此意。然則雖寂然不動，不必即能渾然是敬。孟子說「恭敬之心，禮也」，「仁義禮智，我固有之也，非由外鑠我也。」此是說的本心，心即理、本心即性體之本心。就此本心而言，則說「渾然是敬之體」可。然在朱子，若直下如此說，則不可。明道言忠、言恕、言誠、言敬、皆直通「於穆不已、純亦不已」之實體，此是**即本體開工夫，即工夫是本體**，于此說心體即「渾然是敬之體」亦可，但在朱子所意謂之「心體」，如此說，則不可。此甚顯然也。當然，若通過外部莊敬涵養的工夫，浸潤復浸潤、灌注復灌注，心氣常能收斂凝聚，此時再將敬字收攝於**此心氣之體**上說，則說此時**心氣之體渾然是敬**，自無不可。但直下如此說，則不可。蓋此渾然是敬是有條件的，有所待的，不是其**心氣之體本身固如此也**。「中和新說」書中「敬則心之貞」，亦是如此。朱子學中常有此等妙

語，皆易起混擾而令人困惑。若順此等妙語說下去，而不知其義理之背景，則很可以說成孟子學，說成象山、陽明學，然而朱子實非孟子學，亦實非象山、陽明學，是以看此等語句不可不審慎也。大抵朱子有其自己著力自得之間架，其他妙語皆是浮光掠影得來，常只是粘附著作點綴而已。彼自亦有其穎悟，亦常在對遮上隨著興會說。然非義理骨幹之實也。

6.〈答林謙之〉書：

〔上略〕抑熹久欲有請於門下，而未敢以進。今輒因執事之問，而一言之。

蓋熹聞之，自昔聖賢教人之法，莫不使之以**孝弟忠信、莊敬持養為下學之本**，而後**博觀衆理，近思密察，因踐履之實，以致其知**。其發端啓要，又皆簡易明白，初若無難解者；而及其至也，則有學者終身思勉而不能至焉。蓋非思慮揣度之難，而躬行默契之不易。故曰：「夫子之文章可得而聞也，夫子之言性與天道不可得而聞也。」夫聖門之學所以從容積累，涵養成就，隨其淺深，無非實學者，其以此與？

今之學者則不然。蓋未明一理，而已傲然自處，以上智生知之流，視聖賢平日指示學者入德之門至親切處，則以為鈍根小子之學，無足留意。其平居道說無非子貢所謂「不可得而聞」者。往往務為險怪懸絕之言以相高，甚者至於周行卻立，瞬目揚眉，內以自欺，外以惑衆。此風肆行，日以益甚。使聖賢至誠善誘之教反為荒幻險薄之資。仁義充塞，甚可懼也。〔下略〕（《朱文公文集》卷第三十八，書，問答〈答

林謙之〉）

案：此書「自昔聖賢教人之法」句即古代小學、大學之教育程序。朱子即順此習學程序展開其靜涵靜攝之系統。習學程序，任何人不能廢。然謂孔、孟之教即盡于此則非是。《論》、《孟》、《學》、《庸》之所說皆有其習學程序中自覺地作道德實踐之轉進。後人取法孔、孟，就其所說而了解內聖之學之途徑自不能止于教育程序為已足。朱子欲使人只應限于教育程序之「順取」，而不准人言「逆覺」，**顯混教育程序與本質程序而為一**，而不知其有差別，故終于與孔、孟精神不能相應也。夫芸芸之徒之蹈虛與恍惚，固不能免，然不能因此流弊而即堵絕「逆覺」之途徑。此須疏導而會通，而不能堵塞也。朱子于此起無謂之忌諱，見靜坐以驗未發氣象，即由靜而起忌諱，見「須先識仁之體」，即由逆覺而起忌諱，凡由此所生之言論姿態，彼皆一律視為禪，或甚至視為「險怪懸絕之言」，而不知其尚有**內聖之學上之本質的**意義。故終於只停于靜涵靜攝之系統而與《論語》、《孟子》、《中庸》、《易傳》之縱貫系統相乖違也。此其合下是實在論之心態使然，而亦未曾上透明澈即下落，忌諱太早之故也。（後來顧亭林〈與友人論學書〉即脫胎于此書，亦不足論矣。）

　　附錄：王懋竑關於以上3.4.5.三書之《考異》：

　　〈答林擇之〉三書皆辨先察識後涵養之非，而於涵養特重，於已發工夫未免少略。如云：「從涵養中漸漸體出這端倪來。」（原註：陳、湛之學似此。）又云：「苟得其養而無

物欲之昏,自然發見昭著,不待別求。」(原注:陽明之學
似此。)是皆早年未定之論,而後來所不取也。羅整菴嘗
言:「後人創為異說者,乃拾前人之所棄以自珍。」正謂是
爾!

案:此皆瞽說,未得三書之意。不足辨也。讀者自知之。

第二節 四十一、二、三歲時之浸潤與議論

孝宗乾道六年庚寅,朱子四十一歲。是年又有以下三書,皆言
伊川「涵養須用敬,進學則在致知」兩語者。

1.〈答呂伯恭〉書:

〔上略〕熹舊讀程子之書有年矣,而不得其要。比因講究
《中庸》首章之旨,乃知所謂「涵養須用敬,進學在致知」
者,兩言雖約,其實入德之門無踰於此。方竊洗心以事斯
語,而未有得也。不敢自外,輒以為獻。以左右之明,尊而
行之,不為異端荒虛浮誕之談所邊惑,不為世俗卑近苟簡之
論所拘牽,加以歲月,久而不舍,竊意其將高明光大,不可
量矣。

承喻所疑,為賜甚厚。所未安者,別紙求教。然其**大概**,則
有可以一言舉者。其病在乎知道體之渾然無所不具,而不知
渾然無所不具之中,精粗本末賓主內外,蓋有不可以毫髮差
者。是以其言常**喜合而惡離**。卻不知雖文理密察,縷析毫

分,而初不害乎其本體之渾然也。

往年見汪丈舉張子韶語明道「至誠無內外」之句,以爲「至誠」二字有病,不若只下個「中」字。大抵近世一種似是而非之說,皆是此個意見,唯恐說得不鶻突。眞是謾人自謾,誤人自誤。士大夫無意於學,則恬不知覺。有志於學,則必入於此。此熹之所以深憂永嘆,不量強弱,而極力以排之,雖以得罪於當世而不敢辭也。〔下略〕(《朱文公文集》卷第三十三,書,問答,〈答呂伯恭〉四十九書之第四書)

案:其所「未安」于伯恭之疑者不知爲如何,伯恭對于道體亦非眞能有體悟者,然朱子所總言之伯恭之「大概」之病決非「道體渾然無所不具」與「無所不具之中,精粗本末賓主內外,蓋有不可以毫髮差者」(如朱子之所分疏)之問題,亦非只是「常喜合而惡離」之問題。其所說之張子韶語亦是如此。張子韶誠有病,不足爲憑,吾不爲之辨護。但其所總言之「近世一種似是而非之說」亦不只是「唯恐說得不鶻突」。朱子所謂「大概」之病,以及所謂「近世」之說,大體是指從明道、上蔡下來,包括湖湘一系學者,所形成之流行風氣而言。在此流風餘韵中,固不必個個皆能精透,亦不必個個皆有切見,然朦朧中卻是代表一種期于道德有所體悟而不必同于朱子者之傾向。此問題是對于「於穆不已」之天命流行之體、中體、性體,乃至本心,是否有相應之契悟問題。朱子于此不加精透之體悟以期有所會通,乃只儱侗地視爲「渾然無所不具」與「鶻突」,而只想「極力以排之」,此顯然不是善于弘揚內聖之學者。在此排擊與堵截之下,其所「縷析毫分」,而認爲「有不可以毫髮

差者」，所根據之原則，只是以下四條：

一、「心統性情」。

二、「涵養須用敬，進學則在致知」。

三、「性即理也」。

四、「陰陽氣也，所以陰陽理也」。

此四條為朱子之主觀地說為靜涵靜攝系統，客觀地說為本體論的存有之系統，所以形成之綱領原則，亦即其義理間架所由成之主要關節。顯然此一間架不能盡孔孟立教之精神。何遽對于縱貫系統不稍加留意而即予以堵截排擊耶？

2.〈答劉子澄〉書：

〔上略〕程夫子曰：「涵養須用敬，進學則在致知。」此二言者，體用本末無不該備。試用一日之功，當得其趣。不然，空抱疑悔，不惟無益，反有害矣。夫**涵養之功**，則非他人所得與，在賢者加之意而已。若**致知之事**，則正須**友朋講學之助**，庶有發明。〔下略〕（《朱文公文集》卷第三十五，書，問答，〈答劉子澄〉十六書之第二書）

案：「涵養之功」固須自己作，「非他人所得與」，然朱子說此意卻正顯示其空頭的涵養實無可著講學之力，所應注意者唯是自己莊敬而已。其真實著力而又能得力者惟在察識方面之致知，即格物窮理。其所謂「講學」亦只限于此。而所謂致知格物落實處亦只在讀書博文，講究典籍，以明其曲折之理。此大體是屬于第二義之經驗知識之事。此固須講習，亦須博考，亦須友朋之助，而且愈多愈

好，此即老子所謂「為學日益」。朱子所謂講學，以及其著力重
點，實只在此。縱其本人篤信事事物物皆有其「當然而不容已」與
「所以然而不可易」之理，由此而滲透至太極以為眾理之匯歸，然
其下手與著力處仍在讀書博文、稽考典籍，此所謂「即物窮理」，
亦所謂「學、問、思、辨」也。至若涵養，則只是一敬而已，實無
事可作也。然若在「須先識仁之體」之先察識之本體論的體證中之
涵養則似不如此，至少亦不只如此。此中之涵養固亦須自己作，但
講學之重點卻正落在此本體論的體證中。此正須師友講習啟悟。未
悟，密在師邊。既悟，密在己邊。然無論密在師邊或己邊，總須自
己有一真切而相應之體認與肯認。師友講習亦只是啟迪而已。密在
師邊，亦非其師能將此秘密取來賦諸己身也。只是相與啟迪各認其
自己之秘密耳。講學、傳道、授業、解惑，大抵重點亦只在此，不
在第二義之知識之講求也。（當然此亦是應作之事，但不是問題重
點之所在。）朱子必又以為此是禪矣。然而孔門生命義理之相傳授
而得以號稱儒聖之道者卻亦的是在此，決不在禮樂度數之相傳授
也。蓋此是**生命方向之學**，不是**知識之學**也。雖然在現實歷史之各
階段中常不離某些文制與典籍，然本質的重點不應不知也。此則縱
貫系統為相應矣。朱子所謂講學其重點只落在致知格物，而不在涵
養，正以其是空頭的涵養之故也。此則讀此書者之所應知者也。

　　3.〈答陳師德〉書：

　　　　程夫子之言曰：「涵養須用敬，進學則在致知。」此二言
　　　者，實學者立身進步之要，而二者之功，蓋未嘗不交相發
　　　也。然夫子教人持敬，不過以整衣冠、齊容貌為先；而所謂

致知者，又不過讀書史、應事物之間，求其理之所在而已。
皆非如近世荒誕怪謫，不近人情之說也。〔中略〕
抑讀書之法，要當循序而有常，致一而不懈，從容乎句讀文
義之間，而體驗於操存踐履之實，然後心靜理明，漸見意
味。不然，則雖廣求博取，日誦五車，亦奚益於學哉？〔下
略〕（《朱文公文集》卷第五十六，書，問答，〈答陳師德〉二書
之第一書）

案：「心靜理明」一語正好代表靜涵靜攝系統之諦義。其對于伊川
稱之曰程夫子，或直曰夫子，其尊崇可謂至矣。而其對于「涵養須
用敬，進學則在致知」兩語，其感受之眞切亦可謂至矣。此卻不是
浮泛地說者。

4.《語錄》：

4.1李先生當時說學已有許多意思。只爲說敬字不分明，所
以許多時無捉摸處。（《朱子語類》卷第一百三，〈羅氏門
人〉，李愿中）

4.2舊來失了此物多時，今收來，尚未便入腔窠。但當盡此
生之力而後已。（《朱子語類》卷第一百四，〈朱子〉，自
論爲學工夫）

案：其不滿于延平，而歸宗于伊川，可知矣。延平「說敬字不分
明」，只因延平未將敬字分屬于涵養與察識之格局而已。

附錄：王懋竑關于以上庚寅四十一歲1.2.3.三書之《考異》：

按自庚寅〈與呂東萊〉、〈劉子澄〉書，拈出程子兩語，生平學問大旨蓋定於此，即《中庸》尊德性、道問學，《易·大傳》之敬以直內、義以方外。從古聖賢所傳若合符節。至甲寅〔65歲〕〈與孫敬甫〉書云：「程夫子之言曰：涵養須用敬，進學則在致知。此兩言者，如車兩輪，如鳥兩翼。未有廢其一而可行可飛者也。」尤爲直截分明。蓋相距二十五年矣，而其言無毫髮異也。自庚寅以後，書問往來，雖因人說法，間有所獨重，而其大指不出此兩語。晚年爲〈鄂州稽古閣記〉、〈福州經史閣記〉，正以此兩語相對發明，其指意尤曉然矣。《通辨》〔《學蔀通辨》〕、《正學考》，皆不載此二書，今據《文集》補入。

〈陳師德〉書不詳何時。師德卒于甲午〔朱子斯年45歲〕，此書當去庚寅不遠，故附載之。

孝宗乾道七年辛卯，朱子四十二歲。是年又有以下兩書：
1.〈答林擇之〉書：

熹哀苦之餘〔四十歲時丁母憂〕，無他外誘，痛自歛飭，乃知敬字之功，親切要妙乃如此。而前日不知於此用力，徒以口耳浪費光陰。人欲橫流，天理幾滅。今而思之，怛然震慄，蓋不知所以措其躬也。（《朱文公文集》卷第四十三，書，問答，〈答林擇之〉三十三書之第十書）

2.又〈答林擇之〉書：

比因朋友講論，深究近世學者之病，只是合下欠缺持敬工夫，所以事事滅裂。其言敬者，又只說能存此心，自然中理。至於容貌詞氣，往往全不加工。設使真能如此存得，亦與釋、老何異？（原注：上蔡說便有此病了。）又況心慮荒忽，未必真能存得耶？程子言敬，必以整齊嚴肅、正衣冠、尊瞻視為先。又言：「未有箕踞而心不慢者。」如此乃是至論。而先聖說克己復禮。尋常講說，於禮字每不快意，必訓作理字然後已。今乃知其精微縝密，非常情所及耳。〔下略〕（同上，〈答林擇之〉三十三書之第九書）

案：「能存此心，自然中理。」此所存之心是孟子所說之本心。「自然中理」是就行為之道德的意義說。至於應事接物，或某種特殊問題之解決，自須知識之補充，乃至須容貌詞氣種種條件來助成。人非萬能，但若能存此心而有精誠，則己不知，自能詢及他人，乃至詢及蒭蕘，何況容貌詞氣之恭敬辭讓乎？此心是道德的、實體性的本心，此正與釋、老之所以不同之本質的差異處。何言「設使真能如此存得，亦與釋、老何異？」釋、老豈不講「正衣冠、尊瞻視」者耶？此皆只任聯想，不加諦審之語也。

孝宗乾道八年壬辰，朱子四十三歲。是年又有以下兩書：

1.〈答薛士龍〉書：

〔上略〕熹自少愚鈍，事事不能及人。顧嘗側聞先生君子之餘教，粗知有志於學，而求之不得其術。蓋舍近求遠、處下窺高、馳心空妙之域者，二十餘年。比乃困而自悔，始復進

而求之於句讀文義之間，謹之於視聽言動之際，而亦未有聞也。方將與同志一二友朋，並心合力，以從事於其間，庶幾銖積絲累、分寸躋攀，以幸其粗知理義之實，不爲小人之歸。而歲月侵尋，齒髮遽如許矣。〔下略〕（《朱文公文集》卷第三十八，書，問答，〈答薛士龍〉二書之第一書）

2.〈答汪尚書〉書：

〔上略〕又蒙語及前此妄論平易、蹉過之言，稱許甚過，尤切皇恐。然竊觀來意，似以爲先有見處，乃能造夫平易。此則又似禪家之說，眞有所不能無疑也。

聖門之教，下學上達，自平易處講究討論。積慮潛心，優柔饜飫，久而漸有得焉，則日見其高深遠大而不可窮矣。程夫子所謂：「善學者求言必自近，易於近者，非知言者也。」亦謂此耳。今曰：「此事非言語臆度所及，必先有見，然後有以造夫平易。」則是欲先上達，而後下學，譬之是猶先察秋毫而後睹山岳，先舉萬石而後勝匹雛也。夫道固有非言語臆度所及者，然非顏、曾以上幾於化者，不能與也。今日爲學用力之初，正當學問思辨而力行之，乃可以變化氣質，而入於道。顧乃先自禁切，不學不思，以坐待其無故忽然而有見，無乃溺心於無用之地，玩歲愒日，而卒不見其成功乎？就使僥倖於恍惚之間，亦與天理人心、叙秩命討之實，了無交涉，其所謂有得者，適足爲自私自利之資而已。此則釋氏之禍橫流稽天而不可遏者，有志之士所以隱憂浩歎，而欲火

其書也！〔下略〕（《朱文公文集》卷第三十，書，問答，〈答汪尙書〉十一書之第七書）

案：內聖之學（道德實踐之學）有自**教育程序**言，有自**本質程序**言，有自體現本心性體純熟不純熟之**境界**言，有自體現上種種條件之**補充**言。汪尙書之造詣如何，吾人不得而知，其原書詳情如何，吾人亦不得而知。但客觀地就其「必先有見，然後有以造夫平易」之辭語而觀之，則此應是屬於本質程序中本質關鍵問題。小學涵養、大學致知，是教育程序問題。此對本質的關鍵言，是初步預備之階段，亦可是此關鍵後日用之常行。「顏、曾以上幾於化者」，是體現本心性體（仁體）純熟不純熟之境界問題。「學問思辨而力行之」與「銖積絲累、分寸躋攀」之「下學上達」，是體現上知識之充實與種種條件之補充問題。凡此皆有分際，不可概混，亦相輔成，無一可少。今朱子必欲以教育程序與下學上達之義而概混之，以斥「必先有見」爲禪家之言，是則不識本質程序中「自覺地相應道德本性而爲道德實踐」之爲本質的關鍵也。有此本質的關鍵，則「小學涵養、大學致知」是常行，而此常行不足據以抹殺此本質的關鍵也。有此本質的關鍵，則「學、問、思、辨、行」之下學上達是體現上之充實與補充之助緣，而此助緣不足以取彼本質的關鍵而代之也。有此本質的關鍵，始可言體現上純熟不純熟之境界，而此純熟之化境非與本質的關鍵爲衝突，因而必去此本質的關鍵也；亦非是只由下學上達始可幾及此化境，以爲一言「必先有見」，即與「下學上達有礙也」。夫道「非言語臆度所及」，故須在體現之化境上以證實之，在「必先有見」之本體論的體證中就其自體而肯認

之，非可因其為化境上之事即必否認「必先有見」之本體論的體證也，而何況只下學上達未必即能至此「幾於化」之境乎？若如朱子所言，吾人只可通過空頭的下學上達以企及之，不可「先有見」以為下學上達端正其方向，夫如此隔絕，道將「黑淬淬地」永置於彼岸，而永不可企及也，此豈孔、孟之教之本質乎？于以知否認「必先有見」之本質的關鍵必無是處，此皆因忌諱心理而形成對於智慧之障蔽，故面對真理而不敢認，而必欲多方責斥之也。而亦可知凡朱子之所責斥為禪者，皆是指此**本質的程序**而言也。有是理乎？

在當時以弘揚聖教之立場，與異教劃清界限是當該者，甚至加以闢斥亦有值得同情者。然要不能只以教育程序與下學上達為尺度，斷定凡主「先有見處，乃能造夫平易」之說者皆為「禪家之說」。孔子固有「下學而上達」之語，固亦施博文約禮之教，固亦不廢經驗之學習，然其念念不忘于仁，教門弟子為君子儒，勿為小人儒，而不輕許人以仁，則亦是「先有見處」也。仁之覺悟與理會非只下學上達與教育程序所能把握也。若不知仁之為何物，則只空頭的下學未必即能上達，即有上達，未必即能達于仁以知天也。時時在學中，亦時時在「先有見處」以定方向中。學是常行，亦是補充，而「先有見處」則是本質的關鍵，是定盤針。若必以為一言本質的關鍵即是「禪家之說」，則先對于「天命之性」、「無極而太極」、「寂然不動之體」，乃至此「中和」問題之參究等，有所見者，亦是「禪家之說」乎？顯然不可矣。平易、平實是其踐履之純熟，非專「下學上達」、「求言必自近」為平易、平實也。仁體本心隨時呈露，就其呈露而當下體證之，亦是平易、平實也，亦是至近之處也，非必「求之於句讀文義之間，謹之於視聽言動之際」始

爲平易平實爲至近之處也。「必先有見」非「先自禁切，不學不思，以坐待其無故忽然而有見」，「溺心於無用之地」之謂也。亦只是眞切見到徒教育程序之習慣順取不必眞能有眞正的道德行爲以至成聖之境，故必須有此本體論的體證以爲自覺地作道德實踐之本質的關鍵耳。「必先有見」固不必即能**純熟**；其所見者或許只在**抽象之階段**，尙未達**具體之體現**；未達具體之體現，即不得爲**眞實**，也許是**光景**；牢執之，也許是**幻念**；入而不出，也許是**鬼窟**；抽離遠置，不能消化于生命中以清澈自己之生命，亦可能是**意見**，亦可能「適足爲**自私自利之資**」：然此皆工夫過程中**純熟不純熟之問題**。若自此而言「就使僥倖於恍惚之間，亦與天理人心、叙秩命討之實，了無交涉，其所自謂有得者，適足爲自私自利之資而已」，則可也。若原則上認定「先有見」即是如此，而根本反對此「先有見」之本質的轉進，且斷定其即爲「禪家之說」，則大不可也。夫此義理間架乃先秦儒家所本有，中國佛家喜言眞常心而成爲華嚴、禪，乃根本是中國心靈之反映，是孟子靈魂之再現于佛家，此則吾已言之矣。（見上章第二節〈答羅參議〉書處）今朱子**久失故物，認非本有，全推給禪家**，此亦**不幸之甚矣**！凡重「就事順取」之路者，皆藉口平實以斥本質程序中「逆覺」之路爲禪、爲佛老。朱子藉口「下學上達」與教育程序以斥順明道、上蔡下來者，以及後來之象山爲禪，葉水心即據堯、舜、禹、湯、文、武之原始綜和構造之業績以斥曾子、子思、孟子、《中庸》、《易傳》爲自亂，並孔子而亦不滿，至于周、張、二程以及朱子本人更被視爲學問之歧途，而與佛老辨不淸矣。言學至此，適成聖學之自殺。故凡無謂不諦不實之忌諱，皆當審思明辨以解除之。開其心量，朗其慧照，順

理而辨，不以妖妄蚊虻自亂，不以無謂之忌諱自限，則學問之理境
大，而真同異亦得而明矣。朱子于此甚有憾也。至于耳食之徒，順
朱子無謂之忌諱而下滾者，則只能誤引朱子于考據之途，並朱子學
之真精神亦全喪失而無餘，而朱子亦死矣！

第三節　〈中和舊説序〉之回顧與道説經過兼論
　　　　朱子與延平之異同

朱子于四十三歲時復有〈中和舊說序〉一文，自道從舊說轉新
說之經過。序文如下：

> 余早年從延平李先生學，受《中庸》之書，求喜怒哀樂未發
> 之旨，未達，而先生沒。余竊自悼其不敏，若窮人之無歸。
> 聞張欽夫得衡山胡氏學，則往從而問焉。欽夫告予以所聞，
> 予亦未之省也。退而沈思，殆忘寢食。一日喟然嘆曰：人自
> 嬰兒以至老死，雖其語默動靜之不同，然其大體莫非已發，
> 特其未發者為未嘗發爾。自此，不復有疑，以爲《中庸》之
> 旨果不外乎此矣。後得胡氏書，有與曾吉父論未發之旨者，
> 其論又適與余意合，用是益自信。雖程子之言有不合者，亦
> 直以爲少作失傳，而不之信也。然間以語人，則未見有能深
> 領會者。
> 乾道己丑之春，爲友人蔡季通言之。問辨之際，予忽自疑。
> 斯理也，雖吾之所默識，然亦未有不可以告人者。今析之如
> 此其紛糾而難明也，聽之如此其冥迷而難喻也，意者乾坤易

簡之理，人心所同然者，殆不如是。而程子之言出其門人高弟之手，亦**不應一切謬誤以至於此**。然則予之所自信者，其無乃反自誤乎？則復取程氏書，虛心平氣而徐讀之，**未及數行，凍解冰釋**。然後知情性之本然，聖賢之微旨，其平正明白乃如此。而前日讀之不詳，**妄生穿穴**，凡所辛苦而僅得之者，適足以**自誤而已**。至於推類究極，反求諸身，則又見其**為害之大**，蓋不但名言之失而已也。於是，又竊自懼，亟以書報欽夫及嘗同爲此論者。惟欽夫復書深以爲然，其餘則或信或疑，或至於今累年而未定也。夫忽近求遠，厭常喜新，其弊乃至於此，可不戒哉！

暇日料檢故書，得當時往還書稿一編，輒序其所以，而題之曰「中和舊說」。蓋所以深懲前日之病，亦使有志於學者讀之，因予之所戒而知所戒也。獨恨不得奉而質諸李氏之門。**然以先生之所已言者推之，知其所未言者，其或不遠矣**。壬辰八月。（《朱文公文集》卷第七十五，序）

案：此序文所言重要關節，如：一、舊說所論之未發；二、與胡五峰所論適相合；三、程子所言不應謬誤以至于此；四、最後「不得奉而質諸李氏之門」以見與延平之間究如何諸點，當依前所疏解而理解之。

王懋竑之輯錄于文獻之跡不謬，而理解太差。王陽明不加深考，編〈朱子晚年定論〉，予人以口實。然陽明所錄，雖時序顛倒，而于舊說諸書，除三十九歲〈答何叔京〉一書外，皆不錄，其所錄者大抵皆不相干，即于義理骨幹皆無決定性作用者，即新說成

立後，朱子亦仍可說那些話也。是則陽明並非不知其有已被廢棄之
舊說也。其如此作，本意在取和解之作用。惟黃梨洲編《宋元學
案・晦翁學案》，對此「中和說」之發展悉依劉蕺山之編排而不加
辨認，遂成糾雜割裂，面目全非，此則甚爲不該。

　　實則明儒胡敬齋弟子余子積（名祐，號訒齋）已見到朱子關於
中和說發展之大略。《明儒學案》卷三，〈崇仁學案三〉，黃梨洲
論述侍郎余訒齋先生祐云：

> 時文成〈朱子晚年定論〉初出，以朱子到底歸於存養。
> 〔案：此種話乃不諦之語。朱子于新說後豈不講存養耶？〕
> 先生謂文公論心學凡三變。如〈存齋記〉所言：「心之爲物
> 不可以形體求，不可以聞見求。惟存之之久，則日用之間若
> 有見焉。」此則少年學禪，見得昭昭靈靈意思。及見延平，
> 盡悟其失。後會南軒，始聞五峰之學，以察識端倪爲最初下
> 手處，未免闕卻平時涵養一節工夫。〈別南軒〉詩：「惟應
> 酬酢處，特達見本根。」〈答叔京〉書尾謂：「南軒入處精
> 切。」皆謂此也。後來自悟其失，改定已發未發之論，然後
> 體用不偏，動靜交致其力，工夫方得渾全。此其終身定見
> 也。安得以其入門工夫謂之晚年哉？愚按此辨，正先生之得
> 統於師門處。

據此，余子積所說雖略，然大體得之。〈存齋記〉雖作于二十九歲
時，然其中之思想實大體保留于「中和舊說」中，實無所謂三變
也。黃梨洲謂其此辨正見其「得統於師門」，實則此是事實問題，

豈只「得統於師門」而已哉？黃氏編〈晦翁學案〉何不一參考而仍依從戢山之割裂耶？編學術史者不應如此也。

新舊說之異俱已言之于前。今茲再稍注意新說成立後，與延平之關係為如何。王懋竑《朱子年譜考異》卷之一，于「高宗紹興三十年，庚辰，三十一歲。冬見李先生於延平，始受學焉」下，作《考異》云：

> 按：《年譜》「道統之傳始有所歸」語，必果齋元本所有。然不如〈行狀〉所敘之為得也。自龜山受學程子，以傳之豫章羅先生、延平李先生，以及朱子，其的緒相承如此。然朱子之學受之延平，而發明盛大，有不盡於延平所傳者。《大學章句・序》敘道統直接二程，龜山以下，皆在私淑之列，其大指亦可見矣。
>
> 〈延平行狀〉言求中未發甚悉，而反而求之，未得所安。於是往問之南軒，而胡氏之學與延平不合。其後朱子自悟心為已發、性為未發，而又以己所悟合之延平所傳。其云「已發未發之機，默識而心契焉」，則與「體認未發氣象」亦小不同，而與胡氏先察識後涵養之論反相近。及至潭洲，與南軒共講之，南軒蓋深以延平「默坐澄心，體認天理」為不然。（原注：見《語錄》廖子晦問語。）〔案：見《朱子語類》卷第一百一十三，〈朱子十〉，〈訓門人一〉，訓廖德明處。〕又力辨呂氏求中之說，（原注：見《文集・與呂士瞻》書。）而朱子卒從南軒受胡氏之學，以〔南軒〕〈艮齋銘〉為宗指，（原注：見〈與程允夫〉書）則與延平異矣。

故戊子〔三九歲〕諸書不及延平。迄已丑〔四〇歲〕又悟其
非，更定已發未發之分，以胡氏先察識後涵養爲不然。而於
未發，仍守延平之說。其云「以靜爲本」，又云：「從靜中
漸漸養出端倪來」，則猶「體認未發氣象」之論也。〔案：
此不諦〕。庚寅〔四一歲〕始拈出程子「涵養須用敬，進學
則在致知」二語。學問大指定於此。而壬辰〔四三歲〕作
〈中和舊說序〉謂「不得奉而質諸李氏之門」，「於所已言
者，而未言者可推」，則已不專主延平之說。癸巳〔四四
歲〕以後，往來講論，亦不及延平。至甲辰〔五五歲〕〈與
呂士瞻〉書，戊申〔五九歲〕〈與方賓王〉書，明言程子之
說不可移易，延平自是一時入處，未免合有商量。晚年《語
錄》，楊道夫、葉味道、陳安卿、廖子晦，所記尤詳。《中
庸或問》力辨呂氏求中之非，而謂龜山亦未免呂氏之失。龜
山之說，則延平之所自出也。此其前後異同之故，亦大略可
考矣。故今從〈行狀〉，而《年譜》所載，則附論於此，未
知後之君子以爲何如也。

王懋竑此段文字旨在說明朱子在參究中和問題之發展中前後與延平
之同異，並明最後實已超出延平而直歸宗于伊川，藉以明果齋原本
《年譜》所說「道統之傳始有所歸」一語爲不妥，言延平實不足擔
當「道統之傳」之重任，而朱子于「道統之傳」上亦不直接繼承延
平，而只經由之以上接伊川也。故云「《大學章句・序》敘道統直
接二程，龜山以下皆在私淑之列」。

　　延平之分量自較輕，朱子亦常不滿足于延平，言其實超出延平

而歸宗于伊川誠不誤，但其所言前後與延平之同異，則多不諦，即表面大致不差，亦不能盡其所以，因而亦不能盡朱子之所以超出延平而歸宗于伊川者之實。

一、首先須知朱子繼承伊川之糾結而講中和實非**健全之途**。延平雖無多理論之分解，然就朱子所記述之各點觀之，其人胸懷恬淡，思理甚清。其終日危坐以驗未發氣象以求所謂中，以及「默坐澄心、體認天理」，皆顯然不順伊川之糾結前進，而是直接去自證自悟自得者。其「默坐澄心、體認天理」，或危坐終日以驗未發前氣象所函之**義理間架**，乃是一種「**本體論的體證**」，不過卻是**隔離的超越的體證**，即在隔離中（默坐、危坐）**超越地去體證**。其所超越地體證的大本、中體、性體，雖未必即是本心，亦未必即能達至本心性體是一之境，其或根本亦未意識及此，然恐亦不必就是朱子心性平行而不一之論。要者是在此本體論的體證之義理間架中即含有一種對于大本中體之超越地體證、體認，順當時用語說，此亦是一種察識——超越的察識，單面對面直接認識大本，而此乃為伊川一時之糾結而為朱子所肯認之所謂「求中」而不許可者。但延平卻不管你「在中」、「求中」之糾纏，而仍自作其超越的體證之工夫。此步工夫只是一關，其如此體證之大本，當然是在抽象而隔離的狀態中。但如此清澈一下亦甚好，可以使超越之體徹底淨化，以與感性之私欲混雜徹底分開而取得一對照。是故朱子于〈延平行狀〉中記其言曰：「學問之道不在多言，但默坐澄心、體認天理。若見，雖一毫私欲之發，亦退聽矣。久久用力於此，庶幾漸明，講學始有得力耳。」天理與私欲在此體證中有顯明的對照。「講學」是就此處講，「得力」是在此處得，非如朱子之在新說成立後單就

其所意謂之察識而講、而得力也。但延平亦知單停在此抽象隔離狀態中為不夠，故朱子復記曰：「學者之病在於未有洒然冰解凍釋處。縱有力持守，不過苟免顯然尤悔而已。若此者，恐未足道也。」此即是不熟、不自然。停在抽象隔離狀態中，亦是「未有洒然冰解凍釋」也。此即函再進一步須至道之具體呈現方算是冰解凍釋而為具體而真實的道（大本中體）。其言「理一分殊」亦是此意。抽象狀態只是「理一」，必達至具體呈現，始能貫至「分殊」。此一義理間架甚為清楚，此含有由超越體證而至具體呈現（冰解凍釋）之全部工夫過程。真正自覺地作道德實踐，其工夫亦不過如此而已。雖其言之甚略，而義理間架則甚清晰而相應也。此大體言之，亦當屬于縱貫系統者。而朱子之義理間架則顯不如此。

　　二、朱子在舊說中，就其「致察良心之發見」之辭語言，是近乎順明道、上察下來之胡五峰之路。但王懋竑所謂「以己所悟，合之延平所傳」，則不相干。延平只出一個題目，而文章是朱子之所自作，無所謂「合之延平所傳」也。人人皆可自致中和之路入。而朱子亦未說其所自悟即延平意也。又雖其表面辭語近五峰，而實不相合。此亦非王氏之所知也。又以南軒不以延平「默坐澄心、體認天理」為然，以及「力辨呂氏求中之非」，來證明朱子之不同于延平而反近于胡氏，並因而卒從南軒受胡氏學。其言「卒從南軒受胡氏學」非是，此好像朱子是因南軒之辨駁延平而被拉過來者。此只是朱子之自悟而自以為暗合于五峰，與南軒之辨駁延平無關。朱子亦自未理會延平之義理間架為如何也。因自朱子觀之，延平只給一個題目而已。其自傷「未達，而先生沒」，可見其所自悟者與延平意如何為不相干也。非是認為相干，而且自以為合，後因與南軒

言，而始被南軒拉過來者。

三、南軒之所以「深以延平默坐澄心、體認天理爲不然，又力辨呂氏求中之非」，此只見之于朱子《語錄》以及〈與呂士瞻〉書（見下）之提及，其詳不得而知。然窺朱子之提及，其所以深不以爲然，又「力辨呂氏求中之非」者，其根據恐是五峰之思路。依胡氏意，其「識仁之體」是就良心發見（雖在利欲中）當下逆覺而體證之。此不必須「默坐澄心」而體認之，亦不必須「危坐終日」以驗求之。此亦是本體論的體證，但卻是不隔的、內在的體證，即在經驗感性生活中就其發見而當下逆覺而體證之。南軒恐即根據此義不以延平之路爲然也。然則其不以延平爲然乃根本是**內在的體證**與**超越的體證**之爭。同屬于本體論的體證，而有**隔**與**不隔**之**兩形態**。南軒不能通其義，執著不隔以非隔也。朱子〈答呂士瞻〉書中提到南軒時說「其意，一切**要於鬧處承當**」，此即不隔之體證也。此本是五峰之思路。但延平之路卻是要隔一下，在危坐中作超越的體證。呂氏「求中」于未發之前，依伊川之糾纏，亦是隔者，是以自南軒觀之，亦不是當下體證之意，故亦力辨其非。然此本體論的體證之兩形態，吾已言之，實不足構成衝突，此只是南軒之執耳。靜坐體證可，當下體證亦可。其本質的意義要在表示「逆覺」，都是靜復以見體之義。即在當下體證中，感性經驗生活是動，而就此逆覺而體證本心仁體，此逆覺本身即是靜。而且都重在顯體。此不隔之顯體，就其逆覺以顯體言，體仍是在抽象而隔離之狀態中，此與延平之由隔以顯體同。人固有靜時與動時，若作證體之工夫，則在動時與靜時皆可也。靜時用力即是延平，動時用力即是五峰，何足成礙乎？當然動時當下體證更見警策，而危坐閉關體證亦有其明澈

處。當下體證仁之體亦尙非「冰解凍釋」之自然流行也。就此而言，朱子如果在舊說中眞能精切此當下體證義，倒反與延平之精神、路向合，而表面之不合（所謂先察識後涵養）實非也。蓋延平之超越體證並非空頭涵養也。南軒之辨難固不足以知延平，即朱子亦不解其師之義理間架也。彼只以空頭儱侗之涵養視之矣。

四、朱子于新說成立後，「以胡氏先察識後涵養爲不然」，好像復歸于延平，其實彼所成之義理間架旣非胡五峰之內在的體證，亦非延平之超越的體證，不因其「先涵養後察識」，即歸于延平也。蓋彼之涵養于未發是空頭的涵養，而延平之涵養于未發是在默坐之超越的體證中。又朱子之分解中和，視心性平行而爲二，視心爲平說的、實然的心，這一分解理論並不包含在其涵養察識分屬之全部工夫中而爲一種本體論的逆覺體證，嚴格言之，尤其不含在其所意謂之涵養中而爲一種本體論的逆覺體證。其作這一步參究工作好像只是一套解說，而其如此解說亦不能使之收進來成爲一種體證（超越的體證）之工夫。故其到說工夫時，其所意謂之涵養只是一種莊敬涵養所成之好習慣，只是一種不自覺的養習，只是類比于小學之教育程序，而于本體則不能有所決定，此其所以爲空頭也。涵養旣空頭，則察識亦成空頭的。其著力而得力處只在「心靜理明」。涵養得心靜故理明。所謂理明，或在情變之發處知其爲是耶？抑爲非耶？或在格物窮理處能逐步滲透或靜攝那存有之理。此即成全部向外轉，而並不能于此察識中以檢驗吾之情變之發是順于本心性體耶？抑違于本心性體耶？是本心性體之具體地顯現耶？抑是順軀殼起念耶？即此種察識只能決定（靜攝地決定）客觀的存有之理，而不能決定吾人內部之本心性體。其涵養所決定的，是心氣

之清明，並無一種超越之體證。其察識所決定的，是看情變之發是
否是清明心氣之表現，亦非是看本心性體之是否顯現？王懋竑云：
「其云以靜爲本，又云從靜中漸漸養出端倪來，則猶體認未發氣象
之論也」，以爲此「仍守延平之說」。表面上好像是，其實不是。
蓋朱子所謂「以靜爲本」是「以靜時涵養工夫爲本」，而涵養只是
平日莊敬涵養，並不函一超越的體證，是即並非延平之靜坐以體認
未發前氣象之義。其有時亦宇宙論地說靜以見或立太極之體，此亦
是「以靜爲本」義，但此義並未用在其涵養工夫上以成一超越之體
證。蓋因其所涵養者只是實然的心氣，並非超越之本心性體也。其
在四十歲時〈答林擇之〉書所謂「從此涵養中漸漸體出這端倪
來」，這端倪，吾已明其只是心知之明之自然發露，並非孟子之本
心。延平之超越的體證雖未明言即是「本心即性體」，然亦未分心
性爲二，總是對于大本作一超越的體證。故由朱子此語，亦不能說
即是延平「靜坐以體認未發前氣象」之義也。然則朱子于新說成立
後，表面雖似同于延平，以涵養爲本，而義理間架實更遠于延平。
蓋其所成者是空頭的涵養故也。朱子實只是繼承伊川之糾結而成功
其空頭的涵養察識之分屬論，以成爲靜涵靜攝之系統，而非延平之
本體論的體證之大體屬于縱貫系統也。朱子不解其師之義理間架，
只以空頭儱侗的涵養視之，逐常不滿其靜坐求中之工夫矣。王懋竑
知其新說成立後漸遠于延平，而不知其所以然之實也。

　　王懋竑謂朱子「至甲辰〔五五歲〕〈與呂士瞻〉書，戊申〔五
九歲〕〈與方賓王〉書，明言程子之說不可移易，延平自是一時入
處，未免合有商量。晚年《語錄》、楊道夫、葉味道、陳安卿、廖
子晦、所記尤詳。」凡此文獻，王氏皆輯錄于孝宗淳熙十五年戊申

五十九歲下。今稍加補充錄之于下。觀之，知以上所言爲不謬也。

1.〈答呂士瞻〉書：

〔上略〕南軒辨呂與叔中庸，其間多病。後本已爲刪去矣。
但程先生云：「涵養于未發之前則可，求中于未發之前則不
可。」此語切當不可移易。李先生當日用功，未知於此兩句
爲如何，後學未敢輕議。但今當只以程先生之語爲正，則欽
夫之説亦未爲非。但其意，**一切要於鬧處承當**，更無程子涵
養之意，則又自爲大病耳。渠後來此意亦改。晚年説話，儘
不干事也。〔王氏注云甲辰後〕（《朱文公文集》卷第四十
六，書，問答，〈答呂士瞻〉（竦））

2.〈答方賓王〉書：

〔上略〕〈延平行狀〉中語，乃是當時所聞其用功之次第。
今以聖賢之言，進修之實驗之，恐亦自是**其一時入處**，未免
更有商量也。〔下略〕（戊申）（《朱文公文集》卷第五十
六，書，問答，〈答方賓王〉十五書之第一書）

3.《語錄》，廖子晦問語：

問：前承先生書云：「李先生云，**賴天之靈常在目前**，如此
安得不進？」蓋李先生爲「默坐澄心」之學，持守得固。後
來南軒深以「默坐澄心」爲非，自此學者工夫愈見散漫，反

不如「默坐澄心」之專。

先生曰：只爲李先生不出仕，做得此工夫。若是仕宦，須出來理會事。向見吳公濟爲此學時，方授徒，終日在裡默坐。諸生在外，都不成模樣。蓋一向如此不得。

問：龜山之學，云以身體之、以心驗之，從容自得於燕閒靜一之中。李先生學於龜山，其源流是如此。

曰：龜山只是要閒散，然卻讀書。尹和靖便不讀書。（《朱子語類》卷第一百一十三，〈朱子十〉，〈訓門人一〉，訓廖德明處）

4.《語錄》，楊道夫錄：

道夫言：羅先生教學者靜坐中看喜怒哀樂未發謂之中，未發作何氣象。李先生以爲此意不唯於進學有力，兼亦是養心之要。而《遺書》有云：「既思則是已發。」昔嘗疑其與前所舉有礙。細思亦甚緊要，不可以不考。

直卿曰：此問亦甚切。但程先生剖析毫釐，體用明白。羅先生探索本源，洞見道體。二者皆有大功於世。善觀之，則亦並行而不相悖矣。況羅先生於靜坐觀之，乃其思慮未萌，虛靈不昧，自有以見其氣象，則初未害於未發。蘇季明以「求」字爲問，則「求」非思慮不可。此伊川所以力辨其差也。

先生曰：公雖是如此分解，羅先生說終恐做病。如明道亦說靜坐可以爲學，謝上蔡亦言多著靜不妨。此說終是小偏。才

偏，便做病。道理自有動時，自有靜時。學者只是敬以直內，義以方外，見得世間無處不是道理，雖至微至小處，亦有道理，便以道理處之。**不可專要去靜處求。**所以伊川謂「只用敬，不用靜」，便說得平。也是他經歷多，故見得恁地正而不偏。若以世之大段紛擾人觀之，**若會靜得**，固好；若講學，則不可有毫髮之偏也。如天雄、附子，冷底人吃，也好。如要通天下吃，便不可。（《朱子語類》卷第一百二，〈楊氏門人〉，羅仲素）

5.《語錄》，葉賀孫錄：

問：先生所作李先生〈行狀〉云：「終日危坐以驗夫喜怒哀樂未發之前氣象爲如何，而求所謂中者」，與伊川之說**若不相似。**

曰：這處是舊日下得語太重。今以伊川語格之，則其下工夫處，亦是**有些子偏**。只是被李先生靜得極了，便自見得是有**個覺處**，不似別人。今終日危坐，只是且收歛在此，勝如奔馳。若一向如此，又似坐禪入定。（《朱子語類》卷第一百三，〈羅氏門人〉，李愿中）

6.《語錄》，陳淳錄：

問：延平欲於未發之前觀其氣象，此與楊氏體驗於未發之前者，異同如何？

曰：這個亦有些病。那「體驗」字是有個思量了，便是已發。若觀時，恁著意看，便也是已發。

問：此體驗是著意觀，只恁平常否？

曰：此亦是以不觀觀之。（同上）

7.或問：延平先生何故驗於喜怒哀樂未發之前，而求所謂中？

曰：只是要見氣象。

陳後之曰：持守良久，亦可見未發氣象。

曰：延平即是此意。若一向這裡，又差從釋氏去。（同上）

8.《語錄》、沈僴錄：

或問：近見廖子晦言：「今年見先生，問延平先生靜坐之說，先生頗不以爲然。」不知如何？

曰：這事難說。靜坐理會道理，自不妨。只是討要靜坐，則不可。理會得道理明透，自然是靜。今人都是討靜坐以省事，則不可。〔下略〕（同上）

9.《語錄》，廖德明錄：

問擇之云：先生作〈延平行狀〉，言「默坐澄心，觀四者未發以前氣象。」此語如何？

曰：先生亦自說有病。後復以問。先生云：「學者不須如此。某少時未有知，亦曾學禪。只李先生極言其不是。後來

　　　　考究，卻是這邊味長。才這邊長得一寸，那邊便縮了一寸。
　　　　到今銷鑠無餘矣。畢竟佛學無是處。」（《朱子語類》卷第一
　　　　百四，〈朱子一〉，自論爲學工夫）

案：以上文獻俱當根據吾以上之四點疏解來了解，庶可得其眉目與
其所以如此說之義理根據。

　　一、延平之默坐澄心，驗未發氣象函有一超越體證之義理間
架。

　　二、南軒之不以「默坐澄心」爲然，是根據胡五峰之內在體證
而說。

　　三、朱子之義理間架是繼承伊川「在中」、「求中」之糾纏而
成之空頭的涵養察識之分屬論，終於成爲主觀地說是靜涵靜攝之系
統，客觀地說是本體論的存有之系統。

　　朱子即根據其自己所成之義理間架而不滿于其師之偏靜，而不
知其靜坐並不是泛泛的靜，而是含有一種超越體證之義理間架在
內。此與偏不偏、不出仕、體驗觀求即是已發等毫無關係，亦不只
是「且收歛在此，勝如奔馳」，亦與「坐禪入定」毫無關係。朱子
明謂少時學禪，「只李先生極言其不是」。既極言禪不是，何以自
己又默坐澄心驗未發氣象？可見延平並不以此爲忌諱也，亦並不以
此即是禪也。禪不禪但當看其義理內容，不當單看方法入路與境界
形態。朱子視凡自超越體證或內在體證入者皆爲禪，顯然無謂，且
甚不幸之事。彼轉而只從學問思辨、下學上達以別于禪，此顯然不
中肯。

　　關于「中和說」之發展至此止。下章則是關于〈仁說〉之論

辨。

第四節　新説後關于持守、居敬、主靜工夫之定論

附錄:《朱子語類》卷第十二,〈學六〉:論持守、居敬與主靜

一、關于持守者:

1. 自古聖賢皆以心地爲本。

1.1 聖賢千言萬語,只要人不失其本心。

1.2 古人言志帥、心君。須心有主張始得。

1.3 心若不存,一身便無所主宰。

1.4 心在,群妄自然退聽。

1.5 人只有個心,若不降伏得,更做什麼人?

1.6 人只有一心。識得此心,使無走作,雖不加防閑,此心常在。

1.7 未有心不定而能進學者。人心萬事之主。走東走西,如何了得!

2. 人昏時便是不明。纔知那昏時便是明也。

2.1 人心常烱烱在此,則四體不待羈束而自入規矩。只爲人心有散緩時,故立許多規矩來維持之。但常常提警,教身入規矩內,則此心不放逸,而烱然在矣。心既常惺惺,又以規矩繩檢之,此內外交相養之道也。

2.2 今人心聳然在此,尚無情慢之氣。況心常能惺惺者乎?故

心常惺惺自無客慮。

2.3 心只是一個心，非是以一個心治一個心。所謂存，所謂
收，只是喚醒。

2.4 人惟有一心是主，要常常喚醒。

3.學者爲學，未問眞知與力行。且要收拾此心，令有個頓放
處。若收欲都在義理上安頓，無許多胡思亂想，則久久自
於物欲上輕，於義理上重。須是教義理心重於物欲，如秤
令有低昂，即見得義理自端的，自有欲罷不能之意，其於
物欲自無暇及之矣。苟操舍存亡之間，無所主宰，縱說
得，亦何益？

3.1 今於日用間空閒時，收得此心在**這裡截然**，這便是**喜怒哀
樂未發之中**，便是**渾然天理**。事物之來，隨其是非，便自
見得分曉。是底便是天理，非底便是逆天理。常常恁地收
拾得這心在，便如執權衡以度物。

3.2 人若要洗刷舊習都淨了，卻去理會此道理者，無是理。只
是收放心，把持在這裡，便須有個**眞心發見**，從此便去**窮
理**。

3.3 今說求放心，說來說去，卻似釋、老說入定一般。但彼到
此便死了，吾輩卻要得此心主宰得定，方賴此做事業，所
以不同也。如《中庸》說「天命之謂性」，即此心也。
「率性之謂道」，亦此心也。「修道之謂教」，亦此心
也。以至於「致中和」、「贊化育」，亦只此心也。致
知，即心知也。格物，即心格也。克己，即心克也。非禮
勿視聽言動，勿與不勿，只爭毫髮地爾。所以明道說聖賢

千言萬語只是欲人將已放之心收拾入身來,自能尋向上
去。今且須就心上做得主定,方驗得聖賢之言有歸著,自
然有契。如《中庸》所謂「尊德性」、「致廣大」、「極
高明」,蓋此心本自如此廣大,但爲物欲隔塞,故其廣大
有虧。本自高明,但爲物欲係累,故於高明有蔽。若能常
自省察警覺,則高明廣大者常自若,非有所增損之也。其
「道問學」、「盡精微」、「道中庸」等工夫,皆自此
做,儘有商量也。若此心上工夫,則不待商量賭當,即今
見得如此,則更無閒時。行時、坐時、讀書時、應事接物
時,皆有著力處。大抵只要見得,收之甚易而不難也。

3.4 學者須是求放心,然後識得此性之善。人性無不善。只緣
自放其心,遂流於惡。天命之謂性,即天命在人無不善
處。發而中節亦是善,不中節便是惡。人之一性完然具
足。二氣五行之所稟賦,何嘗有不善?人自不向善上去,
茲其所以爲惡爾。韓愈論孟子之後不得其傳,只爲後世學
者不去心上理會。堯舜相傳,不過論人心道心、精一執中
而已。天下只是善惡兩端。譬如陰陽在天地間,風和日
暖,萬物發生,此是善底意思。及羣陰用事,則萬物彫
瘁。惡之在人亦然。天地之理固是抑遏陰氣勿使常勝。學
者之於善惡,亦要於兩夾界處,攔截分曉,勿使纖惡間絕
善端。動靜日用,時加體察,持養久之,自然成熟。

3.5 再問存心。曰:非是別將事物存心。(原注:賜錄云:
「非是活捉一物來存著。」)孔子曰:「居處恭、執事
敬、與人忠。」便是存心之法。如說話,覺得不是便莫

說。做事，覺得不是便莫做。亦是〔賜錄作「只此便是」〕存心之法。

3.6問存心。曰：存心不在紙上寫底。且體認自家心是何物。聖賢說得極分曉。孟子恐後人不識，又說四端。於此尤好**玩索**。

4.平日涵養之功，臨事持守之力，涵養持守之久，則臨事愈益精明。平日養得根本，固善。若平日不曾養得，臨事時便做根本工夫，從這裡積將去。若要去討平日涵養，幾時得？又曰：涵養之則，凡非禮勿視聽言動，禮儀三百，威儀三千，皆是。

4.1明底人便明了。其他須是養。養非是如何椎鑿用工。只是心虛靜久則自明。

4.2或言靜中常用存養。曰：說得有病。一動一靜，無時不養。

4.3平居須是儼然若思。

4.4學者須敬守此心，不可急迫，當栽培深厚。栽只如種得一物在此。但涵養持守之功，繼繼不已，是謂栽培深厚。如此而優游涵泳於其間，則浹洽而有以自得矣。苟急迫求之，則此心已自躁迫紛亂，只是私已而已。終不能優游涵泳，以達於道。

4.5人心本明，只被物事在上蓋蔽了，不曾得露頭面，故燭理難。且做了蓋蔽底事，待它自出來行兩匝看。它既喚做心，自然知得是非善惡。

4.6**心得其正，方能知性之善**。

4.7人心無不思慮之理。若當思而思，自不當苦苦排抑，反成
不靜。異端之學，以性自私，固爲大病。然又不察氣質情
欲之偏，率意妄行，便謂無非至理，此尤害事。近世儒者
之論，亦有流入此者，不可不察。

二、關于居敬者：

1.聖人相傳只是一個字。堯曰欽明，舜曰溫恭，聖敬日躋，
君子篤恭而天下平。

1.1堯是初頭出治，第一個聖人。《尚書‧堯典》是第一篇典
籍，說堯之德，都未下別字，欽是第一個字。如今看聖賢
千言萬語，大事小事，莫不本於敬。收拾得自家精神在
此，方看得道理盡。看道理不盡，只是不曾專一。或云：
主一之謂敬，敬莫只是主一？曰：主一又是敬字注解。要
之，事無小無大，常令自家精神思慮盡在此。遇事時如
此，無事時也如此。

1.2孔子所謂克己復禮，《中庸》所謂致中和、尊德性、道問
學，《大學》所謂明明德，《書》曰：「人心惟危，道心
惟微，惟精惟一，允執厥中。」聖賢千言萬語只是教人明
天理去人欲。天理明，自不消講學。人性本明，如寶珠沈
溷水中，明不可見。去了溷水，則寶珠依舊自明。自家若
得知是人欲蔽了，便是明處。只是這上便緊緊著力主定，
一面格物，今日格一物，明日格一物，正如游兵攻圍夜
守，人欲自消鑠去。所以程先生說敬字，只是謂我自有一

個明底物事在這裡，把個敬字抵敵。常常存個敬在這裡，則人欲自然來不得。夫子曰：「爲仁由己，而由人乎哉？」緊要處正在這裡。

1.3 聖賢言語大約似乎不同，然未始不貫。只如夫子言非禮勿視聽言動，出門如見大賓，使民如承大祭，言忠信，行篤敬，這是一副當說話。到孟子，又卻說求放心、存心養性。《大學》則又有所謂格物致知、正心誠意。至程先生，又專一發明一個敬字。若只恁看，似乎參錯不齊。千頭萬緒，其實只一理。

道夫曰：泛泛於文字間，祇覺得異。實下工，則貫通之理始見。

曰：然。只是就一處下工夫，則餘者皆攝在裡。聖賢之道，如一室然。雖門戶不同，自一處行來便入得。但恐不下工夫爾。

1.4 因嘆敬字工夫之妙，聖學之所以成始成終者皆由此。故曰修己以敬。下面安人安百姓，皆由于此。只緣子路問不置，故聖人復以此答之。要之，只是個修己以敬，則其事皆了。

或曰：自秦、漢以來，諸儒皆不識這敬字，直至程子方說得親切，學者知所用力。

曰：程子說得如此親切了，近世程沙隨猶非之，以爲聖賢無單獨說敬字時，只是敬親、敬君、敬長。方著個敬字，全不成說話。聖人說修己以敬，曰敬而無失，曰聖敬日躋，何嘗不單獨說來？若說有君有親有長時用敬，則無君

無親無長之時，將不敬乎？都不思量，只是信口胡說！

1.5因說敬，曰：聖人言語，當初未曾關聚。如說出門如見大
　　賓，使民如承大祭等類，皆是敬之目。到程子始關聚，說
　　出一個敬來教人。然敬有甚物？只如畏字相似。不是愧然
　　兀坐，耳無聞，目無見，全不省事之謂。只收斂身心、整
　　齊純一、不恁地放縱，便是敬。

1.6程子只教人持敬。孔子告仲弓，亦只是說如見大賓，如承
　　大祭。此心常存得，便見得仁。

　2.爲學有大要。若論看文字，則逐句看將去。若論爲學，則
　　自有個大要。所以程子推出一個「敬」字與學者說。要且
　　將個「敬」字收斂個身心，放在模匣子裡面，不走作了，
　　然後逐事逐物看道理。嘗愛古人說得「學有緝熙於光
　　明」，此句最好。蓋心地本自光明，只被利欲昏了。今所
　　以爲學者，要令其光明處，轉光明。所以下緝熙字。（緝
　　如「緝麻」之「緝」，連緝不已之意。熙則訓明字。）心
　　地光明，則此事有此理，此物有此理，自然見得。且如人
　　心何嘗不光明？見他人做得是，便道是，做得不是，便知
　　不是，何嘗不光明？然只是才明便昏了。又有一種人自謂
　　光明，而事事物物元不曾照見。似此光明，亦不濟得事。
　　今釋氏自謂光明，然父子則不知其所謂親，君臣則不知其
　　所謂義，說它光明，則是亂道。

2.1今說此話卻似險，難說。故周先生只說一者無欲也。然這
　　話頭高，卒急難湊泊。尋常人如何便得無欲？故伊川只說
　　個敬字教人。只就這敬字上崖去，庶幾執捉得定，有個下

手處。縱不得，亦不至失。要之，皆只要人於此心上見得分明，自然有得爾。然今之言敬者，乃皆裝點外事，不知直截於心上求功，遂覺累墜，不快活。不若眼下於求放心處有功，則尤省力也。但此事甚易。只如此提惺，莫令昏昧，一二日便可見效，且易而省力。只在念不念之間耳，何難而不爲！

2.2敬字，前輩多輕説過了。唯程子看得重。人只是要求放心。何者爲心？只是個敬。人纔敬時，這心便在身上了。

2.3人之爲學，千頭萬緒，豈可無本領？此程先生所以有持敬之語。只是提撕此心，教他光明，則於事無不見。久之，自然剛健有力。

2.4程先生所以有功於後學者，最是敬之一字有力。人之心性，敬則常存，不敬則不存。如釋、老等人，卻是能持敬。但是他只知得那上面一截事，卻沒下面一截事。覺而今恁地做工夫，卻是有下面一截，又怕沒那上面一截。那上面一截卻是個根本底。

2.5今人皆不肯於根本上理會。如敬字，只是將來説，更不做將去。根本不立，故其他零碎工夫無湊泊處。明道、延平、皆教人靜坐。看來須是靜坐。

　　3.敬字工夫乃聖門第一義。澈頭澈尾，不可頃刻間斷。

3.1敬之一字，眞聖門之綱領，存養之要法。一主乎此，更無內外精粗之間。

3.2先立乎其大者。（持敬）

3.3敬則萬理具在。

3.4 人能存得敬，則吾心湛然，天理粲然。無一分著力處，亦無一分不著力處。

3.5 學者當知孔門所指求仁之方，日用之間以敬爲主。不論感與未感，平日常是如此涵養，則善端之發自然明著。少有間斷，而察識存養，擴而充之，皆不難乎爲力矣。造次顛沛，無時不習。此心之全體皆貫乎動靜語默之間而無一息之間斷，其所謂仁乎？

3.6 大率把捉不定，皆是不仁。人心湛然虛定者，仁之本體。抱捉不定者，私欲奪之，而動搖紛擾矣。然則把捉得定，其惟篤於持敬乎？

3.7 問：主敬時，私欲全不萌，此固是仁。或於物欲中打一覺悟，是時私欲全無，天理盡見，即此便是仁之全體否？

曰：便是不如此。且如此在靜坐時，固敬。應事接物能免不差否？只才被人叫時，自家便隨它去了。須於應事接物上不錯方是。這個便是難。

4. 問：嘗學持敬。讀書心在書，爲事心在事。如此頗覺有力。只是瞑目靜坐時，支遣思慮不去。或云：只瞑目時，已是生妄想之端。讀書心在書，爲事心在事。只是收聚得心，未見敬之體。

曰：靜坐而不能遣思慮，便是靜坐時不曾敬。敬只是敬，更尋甚敬之體？似此支離，病痛愈多。更不曾做得工夫，只了得安排杜撰也。

4.1 大凡學者須先理會敬字。敬是立腳去處。程子謂「涵養須用敬，進學則在致知」，此語最妙。

或問：持敬易間斷，如何？

曰：常要自省得。才省得，便在此。

或以爲此事最難。

曰：患不省察爾。覺得間斷，便已接續，何難之有？「操則存，舍則亡。」只在操舍兩字之間。要之，只消一個操字。到緊要處，全不消許多文字言語。若此意成熟，雖操字亦不須用。「習矣不察」，人多錯看此一語。人固有事親孝、事兄弟，交朋友亦有信，而終不識其所以然者，習矣而不察也。此察字非察物之察，乃識其所以然也。習是用工夫處，察是知識處。今人多於察字用功，反輕了習字。才欲作一事，卻又分一心去察一心。胸中擾擾，轉覺多事。如張子韶說《論語》，謂：「察其事親從兄之心靄然如春，則爲仁，肅然似秋則爲義。」只要自察其心，反不知其事親從兄爲如何也。故夫子教人只說習。如「克己復禮」，是說習也。視聽言動亦是習。「請事斯語」亦是習。孟子恐人不識，方說出察字。而察字最輕，習字最重也。

5. 敬有死敬，有活敬。若只守著主一之敬，遇事不濟之以義，辨其是非，則不活。若熟後，敬便有義，義便有敬。靜則察其敬與不敬，動則察其義與不義。如出門如見大賓，使民如承大祭，不敬時如何？坐如尸，立如齊，不敬時如何？須敬義夾持，循環無端，則內外透澈。

5.1 涵養須用敬，處事須是集義。

5.2 敬義只是一事。如兩腳立定是敬，不行是義。合目是敬，
　　開眼見物便是義。

5.3 方未有事時，只得說敬以直內。若事物之來，當辨別一個
　　是非。不成只管敬去？敬義不是兩事。

5.4 敬者守於此而不易之謂，義者施於彼而合宜之謂。

5.5 敬要回頭看，義要向前看。

5.6 敬。義（義是其間物來能名，事至能斷者是。）

三、關于主靜者：

　1. 明道教人靜坐，李先生亦叫人靜坐。蓋精神不定，則道理
　　無湊泊處。又云：須是靜坐，方能收歛。

1.1 始學工夫須是靜坐。靜坐則本原定。雖不免逐物，及收歸
　　來，也有個安頓處。譬如人居家熟了，便是出外，到家便
　　安。如茫茫在外，不曾下工夫，便要收歛向裡面，也無個
　　著落處。

　2. 或問：不拘靜坐與應事，皆要專一否？

　　曰：靜坐非是要如坐禪入定，斷絕思慮。只收歛此心，莫
　　令走作、閑思慮，則此心湛然無事，自然專一。及其有
　　事，則隨事而應。事已，則復湛然矣。不要因一事而惹出
　　三件兩件。如此，則雜然無頭項，何以得他專一？只觀文
　　王雝雝在宮，肅肅在廟，不顯亦臨，無射亦保，便可見敬
　　只是如此。古人自少小時，便做了這工夫。故方其灑掃
　　時，加帚之禮，至於學詩、學樂舞、學弦誦，皆要專一。

　　且如學射時，心若不在，何以能中？學御時，心若不在，
何以使得他馬？書、數皆然。今既自小不曾做得，不奈
何，須著從今做去方得。若不做這工夫，卻要讀書看義
理，恰似要立屋無基地，且無安頓屋柱處。今且說那營營
底心，會與道理相入否？會與聖賢之心相契否？今求此
心，正爲要立個基址，得此心光明，有個存主處，然後爲
學便有歸著不錯。若心雜然昏亂，自無頭當。卻學從那頭
去？又何處是收功處？故程先生須令就敬字上做工夫，正
爲此也。

2.1 人也有靜坐無思念底時節，也有思量道理底時節。豈可畫
爲兩途，說靜坐時與讀書時，工夫迥然不同？當靜坐涵養
時，正要體察思繹道理，只此便是涵養。不是說喚醒提
撕，將道理去卻那邪思妄念。只自家思量道理時，自然邪
念不作。言忠信，行篤敬，立則見其參於前，在輿則見其
倚於衡，只是常常見這忠信篤敬在眼前，自然邪妄無自而
入。非是要存這忠信篤敬，去除那不忠不敬底心。今人之
病，正在於靜坐讀書時，二者工夫不一，所以差。

3. 一之問：存養多用靜否？

　　曰：不必然。孔子卻都就用處教人做工夫。今雖說主靜，
然亦非棄事物以求靜。既爲人，自然用事君親、交朋友、
撫妻子、御僮僕。不成捐棄了，只閉門靜坐，事物之來，
且曰候我存養？又不可只茫茫隨它事物中走。二者須有個
思量倒斷始得。

　　頃之復曰：動時，靜便在這裡，動時也有靜。順理而應，

則雖動亦靜也。故曰知止而後有定，定而後能靜。事物之
來，若不順理而應，則雖愧然不交於物以求靜，心亦不能
得靜。惟動時能順理，則無事時能靜。靜時能存，則動時
得力。須是動時也做工夫，靜時也做工夫，兩莫相靠，使
工夫無間斷始得。若無間斷，靜時固靜，動時心亦不動，
動亦靜也。若無工夫，則動時固動，靜時雖欲求靜，亦不
可得而靜，靜亦動也。

動靜如舡之在水，潮至則動，潮退則止。有事則動，無事
則靜。雖然，動靜無端，亦無截然為動為靜之理。如人之
氣，吸則靜，噓則動。又問答之際，答則動也，止則靜
矣。凡事皆然。且如涵養致知，亦何所始？但學者須自截
從一處做去。程子謂莫先於致知，是知在先。又曰：未有
致知而不在敬者，則敬也在先。從此推去，只管恁地。

3.1 靜為主，動為客。靜如家舍，動如道路。（不翕，則不能
直遂。）

3.2 靜中動，起念時。動中靜，是物各付物。

3.3 人身只有個動靜。靜者養動之根，動者所以行其靜。動中
有靜，如發而皆中節處便是動中之靜。

3.4 為人君止於仁，為人臣止於敬。止於仁敬者靜也，要止於
仁與敬者便是動。只管是一動一靜，循環無端，所以謂動
極復靜，靜極復動。如人噓吸，若噓而不吸，則須絕。吸
而不噓，亦必壅滯著不得。噓者所以為吸之基。尺蠖之屈
以求信也。龍蛇之蟄以存身也。精義入神以致用也。利用
安身以崇德也。大凡這個都是一屈一信、一消一息、一往

一來、一闔一闢。大底有大底闔闢消息，小底有小底闔闢消息，皆只是這道理。

第四章　中和新說後關于〈仁說〉之論辨

第一節　引言：明道與伊川理解仁之綱領

　　朱子于「中和新說」成立二、三年後即進而撰〈仁說〉，直接批駁湖湘系學者之承胡五峰而言仁者，如張南軒、胡廣仲、胡伯逢、吳晦叔等人，間接是批駁謝上蔡之以覺訓仁，再間接是不滿于程明道對于仁之理解。由此，遂展開與湖湘系學者關於〈仁說〉之論辨。

　　朱子此部工作大體是在四十三歲以後。中和新說之成立是在四十歲。四十一、二、三，主要用心是關于新說之浸潤與議論。此部工作既確定，而同時對于仁之理解即生長成熟于此時。現行之〈仁說〉其正面內容與〈克齋記〉相同。〈克齋記〉是四十三歲時為石子重而作。與張欽夫四論〈仁說〉書中有云：「熹向所呈似〈仁說〉，其間不免尚有此意，方欲改之而未暇。來教以為不如〈克齋〉之云是也。然於此卻有所未察。」（見下第三節〈與張欽夫論仁說〉之第四書）其所「欲改」者為何暫不必管，至少可知〈仁

說〉之初稿是在〈克齋記〉以前，現行之定文是在四十三歲以後。而與張欽夫等之論辨亦大體在四十三歲以後也。（文字論辨之時並不即是思想蘊釀成熟之時。其思理方向在此不在彼，常在論辨之前即已確定。亦有因論辨而修改，或甚至根本改變方向者。此如中和舊說是。但在朱子之〈仁說〉，其論辨時實已成熟確定，且後來終生不變，與中和新說同。是其參究中和問題時亦即是仁之問題之蘊釀時，中和問題定，仁之理解亦隨之而定，而仁之論辨則在後。）

　　關此之論辨大體開始于四十三歲，其結束當在四十六、七之間。惟此三、四年間如許之信函，其確定年月恐不必能詳考。此或王懋竑《朱子年譜》所以不列載此部論辨之故與？朱子〈祭南軒文〉云：「蓋繳紛往反者幾十有餘年，末乃同歸而一致。」洪本《年譜》以爲「與敬夫論中和幾十年而始定」。王懋竑指出其非，以爲祭文中「幾十有餘年」一語乃「統言之，如〈論語說〉、〈仁說〉之類，非指「中和說」而言，洪譜蓋誤認此語也。」（見前第二章第三節）依此而言，「中和說」自三十七歲開始，至四十歲新說成立，不過四年，再加上二、三年之浸潤，至四十三歲完全確定，而〈仁說〉之論辨大體是在四十三歲之後，繼續至四十六、七而止，故前後統言之「幾十有餘年」也。大體如此分判，〈仁說〉之論辨總在「中和說」之後可斷言也。其論辨諸書雖不能確定其年月，亦無甚妨礙。如有能考而定之者，則更佳。王懋竑《朱子年譜》根本不提此一論辨總非是。蓋〈仁說〉與〈論語說〉不同。朱子大概在「中和說」前即有關于《論語》之講習。此只是初步之鑽研，不必是成熟之作。其問題最後乃集中于〈仁說〉。〈仁說〉是成熟之作。〈仁說〉既定，「論語說」即廢棄。其定見皆收于此後

之《集註》中。〈論語說〉是過渡，而「中和新說」與〈仁說〉則是其義理系統所由建立之綱領也。此不可以不大書而特書者者。〔依《年譜》，三十四歲成《論語要義》與《論語訓蒙口義》，四十三歲成《論孟精義》（是書後名《要義》，又改名《集義》），四十八歲成《論孟集註》與《或問》。〈論語說〉蓋是當時初步講習《論語》一時之名，非成書之名。〕

　　朱子了解《論語》之仁，開始當然以明道與伊川所說爲綱領。但明道本綱領，彼始終湊泊不上，故終於捨明道而從伊川。《朱文公文集》卷第三十九，〈答許順之〉二十七書之第一書中有云：「熹〈論語說〉方了第十三篇。小小疑悟時有之，但終**未見道體親切處**。如說『**仁者渾然與物同體**』之類，皆未有**實見處**。反思茫然，爲將奈何？」前三十三歲曾錄有〈答許順之〉一書（見第一章第三節）。今此書言及〈論語說〉，其確定年月雖未能詳考，然大體當亦是三十二、三歲時所寫，不會早于三十四歲。書中「仁者渾然與物同體」之語是明道語。朱子當時自亦想從明道〈識仁篇〉所說悟入，然彼明言「終未見**道體親切處**」。對于「仁者渾然與物同體」一語亦終「**未有實見處**」。不但當時「未有」，即後來亦終于未有。此足見朱子心態根本與明道有距離。明道此語在〈識仁篇〉中（普通所說之〈識仁篇〉）雖來得突兀，然會通吾所定之〈識仁篇〉其他條觀之，畢竟是相應而妥貼之語，並不突兀。朱子對此總無「親切處」，無「實見處」，則見其具體感悟實差，其對于孔子所多方指點之「仁」總無相應之感悟。其體會、玩味，所謂優柔厭飫者總在另一方向走。仁不可以**字義**訓，不可以**定義方式說**，孔子本人根本未走此兩路。朱子自亦非如漢儒純從字義說者。其對于

《論語》之體會、玩味,表面雖剋就字句說,然其背後實有一義理之間架。此義理間架是來自伊川,不來自明道。

明道言仁之綱領如下:

一、「仁者渾然與物同體」,「仁者以天地萬物為一體,莫非己也」。
二、「醫書言手足痿痺為不仁,此言最善名狀。」
三、「學者識得仁體,實有諸己,只要義理栽培。」
四、「切脈最可體仁」,「觀雞雛,此可觀仁」,「觀天地生物氣象」。
五、「萬物之生意最可觀,此元者善之長也,斯所謂仁也」。

伊川之綱領如下:

一、「愛自是情,仁自是性。」
二、「仁之道,要之,只消道一公字。公即是仁之理,不可將公便喚做仁。公而以人體之,故為仁。」
三、「仁是性也,孝弟是用也。性中只有仁義禮智四者,幾曾有孝弟來?〔趙本作:幾曾有許多般數來?〕」
四、「心生道也。有斯心,斯有是形以生。惻隱之心,人之生道也。」
五、「心是所主言,仁是就事言。」、「心譬如穀種,生之性便是仁也。」

　　關于明道者已詳解于〈明道章〉，關于伊川者已詳解于〈伊川章〉。這兩個綱領顯然不同。然最後都說仁是生道，朱子〈仁說〉開頭亦以此義爲提綱。仁是生道可說是共許之義。但理解此生道之義理背景卻不同。朱子接不上明道，因明道說話渾淪，學者難看。他只能順伊川之抽象的、分解的思路入。但正因此，其所了解之仁亦是抽象的、理智的、乾枯的、死板的（以定義、名義的方式入），與《論語》之仁不相應。其表面雖著重體會、玩味、優柔厭飫，而其義理背景實不優柔厭飫，亦不具體活潑，亦不親切浹洽。他依據伊川仁性愛情之說，把「仁體」支解爲心性情三分、理氣二分，而以「心之德愛之理」之方式去說，這便把仁定死了。故對于道體、仁體終于未有「親切處」，未有「實見處」，而明道之綱領卻正是相應「仁體」而說者。明道並非眞是渾淪，其表面之渾淪亦如孔子之渾淪，皆是指點語，其骨子甚淸晰。彼亦非形下形上不分者。如誠不分，何言「仁體」？其對于仁體之體悟亦如其對于「於穆不已」之天命流行之體、易體、誠體、忠體、敬體、乃至神體、心體之體悟，彼不是心性情三分、理氣二分，仁只是性、只是理，而心傍落，心神與情俱屬于氣之格局。彼所體悟之仁是理、是心、亦是情，而心是本心，不是心統性情之心，情是本情，不是喜怒哀樂之以氣言之情，是以能維持住其爲仁體之義，而仍不失形上形下之分。至于形上形下之圓融乃是進一步說。此仁體之特性曰覺曰健，以感通爲性，以潤物爲用，其本身是全德，是一切德之源，故即本體開工夫，即工夫是本體，此是一道德的眞實的創造性，此是一道德創造的實體，與「於穆不已」、「純亦不已」之天命流行之體意義全同，此其所以爲**生道**。「天地之道可一言而盡，其爲物不

貳，則其生物不測。」仁體就是這樣的一個生道。言其本身實是一
能創生萬事萬物之實體也。生者、化者之實事是氣，而所以使之然
者則是此仁體，此天命流行之體。此實體是即活動即存有之實體，
是本體宇宙論的創生實體，而非是只存有而不活動的只是本體論的
存有。其本身是活動，此活動不是氣之動，是「動而無動，靜而無
靜」之純動、神動，所以它即是本心，即是心體、神體。它本身是
活動，同時亦是最高的存有。一切其他存在是因這實體而有其存
在，它是一切存在之「**存在性**」（存有、實有）。一切存在之存在
性是統攝于這「即活動即存有」之實體，而亦通過這實體而得理
解。仁心之覺潤、覺潤之所在即是存在之所在：覺潤之即是存在
之。此是本體創生直貫之實體。仁體遍潤一切而爲之體，故就其爲
我之眞體言，即可說「萬物皆備於我」。仁體感通遍潤本無阻隔，
故明道得由「渾然與物同體」識仁，而曰：「仁者渾然與物同
體。」（同體是一體義，非言同一本體。）又言：「仁者以天地萬
物爲一體，莫非己也」。蓋仁心覺潤其感通之性無有窒滯，故其潤
物之用亦無阻隔也。即此而言「渾然與物同體」矣。此豈眞渾淪無
實者乎？朱子何于此無絲毫悟解耶？于以知其對于孔子所多方指點
之仁只解爲「愛之理」全不相應矣。而于「渾然與物同體」只解爲
「仁之量」（仁之無不愛），「而非仁之所以爲體之眞」，爲根本
非是矣。其視明道所說之「覺」（不麻木）爲智之事，「可以見仁
之包乎智，而非仁之所以得名之實」，尤其差謬不可言！伊川謂仁
「只消道一公字」，以公字作體仁之方（公所以體仁，所以用力之
方），此公字既來得無根，且使仁落抽象而乾枯之境，只能表示其
客觀義、形式義，此實稍近于義道，（由公字而逼限者），而不類

于仁體之覺潤。此即是伊川之隔與歧出，而朱子卻順此膠著而前進，其下手即不相應亦明矣。

以上之綱領明，即可進而了解其〈仁說〉。

第二節　〈仁說〉之分析

1.〈仁說〉：

天地以生物爲心者也。而人物之生又各得夫天地之心以爲心者也。故語心之德，雖其總攝貫通，無所不備，然一言以蔽之，則曰仁而已矣。

請試詳之。蓋天地之心，其德有四，曰元亨利貞，而元無不統。其運行焉，則爲春夏秋冬之序，而春生之氣無所不通。故人之爲心，其德亦有四，曰仁義禮智，而仁無不包。其發用焉，則爲愛、恭、宜、別之情，而惻隱之心無所不貫。故論天地之心者，則曰乾元坤元，則四德之體用不待悉數而足。論人心之妙者，則曰仁人心也，則四德之體用亦不偏舉而賅。

蓋仁之爲道，乃天地生物之心即物而在。情之未發，而此體已具，情之既發，而其用不窮。誠能體而存之，則衆善之源，百行之本，莫不在是。此孔門之教所以必使學者汲汲於求仁也。

其言有曰：「克己復禮爲仁」，言能克去己私，復乎天理，則此心之體無不在，而此心之用無不行也。又曰：「居處

恭、執事敬、與人忠」，則亦所以存此心也。又曰：「事親孝、事兄弟、及物恕」，則亦所以行此心也。又曰：「求仁得仁」，則以讓國而逃，諫伐而餓，爲能不失乎此心也。又曰：「殺身成仁」，則以欲甚於生，惡甚於死，而能不害乎此心也。此心何心也？在天地，則**塊然生物之心**；在人，則**溫然愛人利物之心，包四德而貫四端者也**。

或曰：若子之言，則程子〔伊川〕所謂「愛情仁性，不可以愛爲仁」者非與？曰：不然。程子之所訶，以愛之發而名仁者也。吾之所論，以愛之理而名仁者也。蓋所謂情性者，雖其**分域**之不同，然其脈絡之通，各有**攸屬者**，則曷嘗**判然離絕**而不相管哉？吾方病夫學者誦程子之言而不求其意，遂至於判然離愛而言仁，故特論此以發明其遺意，而子顧以爲異乎程子之說，不亦誤哉？

或曰：程氏之徒言仁多矣。蓋有謂愛非仁，而以「萬物與我爲一」爲仁之體者矣。亦有謂愛非仁，而以「心有知覺」釋仁之名者矣。今子之言若是，然則彼皆非與？

曰：彼謂「物我爲一」者，可以見仁之無不愛矣，而非仁之所以爲體之眞也。彼謂「心有知覺」者，可以見仁之包乎智矣，而非仁之所以得名之實也。觀孔子答子貢博施濟衆之問，與程子〔伊川〕所謂「覺不可以訓仁」者，則可見矣。子尚安得復以此而論仁哉？

抑泛言「同體」者，使人含糊昏緩，而無**警切**之功，其弊或至於認物爲己者有之矣。專言「知覺」者，使人張皇迫躁，而無**沈潛**之味，其弊或至於認欲爲理者有之矣。一忘一助，

二者蓋胥失之。而知覺之云者，於聖門所示**樂山能守**之氣象，尤不相似，子尚安得以此而論仁哉？因並記其語，作〈仁說〉。（《朱文公文集》卷第六十七，〈雜著〉）

案：此爲〈仁說〉之全文。前四段是直陳己意之正文，第五段申明伊川「仁性愛情」之說之意以明己說之所紹述，後三段辨駁「與物同體」以及「以知覺訓仁」之非與弊。全文辭整而義備，亦似賅通而無罅漏矣。然其所隱伏之義理間架則頗難言，人不易察覺也。

一、首先所謂「天地之心」，所謂「天地以生物爲心」，乃至所謂「在天地則塊然生物之心」，此心是**虛說之心**，抑還是**實說之心**？虛說，則心是假託義、象徵義，而並非是**實體性的心**。實說，則心是直就於**穆不已之天命流行之體**而說，此是**誠體**、**神體**，亦即是**心體**。此雖是本體宇宙論地說，然卻是實體性的心。衡之朱子後來的分解與抽引，其所謂「天地之心」實是**虛說的心**，而非**實說的心**。

《朱子語類》卷第一，〈理氣上〉，論天地之心處，朱子申明「無心」是**化之自然義**，「有心」是**理之定然義**。無心有心兩面以觀，「天地生物之心」被融解而爲理氣，其自身遂成虛脫，是即成虛說之心。「天地生物之心」，若從此正面「有心」之義而觀之，心只是理之定然義，心被**吞沒于理**（此非「**心卽理**」義）。「天地無心而成化」，若從此反面「無心」之義而觀之，心只成氣化之自然義，心被**吞沒于氣**（此不是**本心呈用之自然**）。在朱子之義理間架中，心實未能自持其自己而成爲一實體性之本心天心也。（關于有心無心詳見下第八章）

又當胡五峰之《知言》說到心無死生（無存亡），永恆常在遍在時，朱子見此「無生死」之辭語，便大不相契，而曰：「天地生物，人得其秀而最靈。所謂心者乃虛靈知覺之性，猶耳目之有見聞爾。在天地，則通古今而無成壞；在人物，則隨形氣而有始終。知其理一而分殊，則又何必爲是心無生死之說以駭學者之聽聞乎？」（〈知言疑義〉）胡五峰明言：「子無以形觀心，而以心觀心，則其知之矣。」而朱子卻正是落在氣化上以形氣視心者（心是氣之靈）。「在天地，則通古今而無成壞」，此即陰陽氣化之不息也。而並無實體性的心之義。「在人物，則隨形氣而有始終」，此雖可以說心，而卻是形氣之心，非永恆常在遍在之道德的實體性的本心天心也。（〈知言疑義〉之作當在「中和新說」之後，與〈仁說〉之成相差不遠。關于胡五峰之《知言》，詳解見〈胡五峰章〉）。

又《朱子語類》卷第九十五、〈程子之書一〉，討論明道「上天之載，無聲無臭，其體則謂之易，其理則謂之道，其用則謂之神」時，以陰陽之氣變爲易，「體是體質之體，猶言骨子也」。「其體則謂之易」言氣之變易「與道爲體」，即陰陽變易爲表現道之資具，或托體，「非此，則實理無所頓放」。以**心類比易**，以**情類比神**，以**性類比道**（理）。心與情，易與神，俱屬于氣，而天命天道之自身即只成理（太極亦只是理）。是則「於穆不已」之天命只被理解成理，而心與神則屬于氣，心亦虛脫。此亦表示「天地之心」只成虛說之心。

又「復其見天地之心」，朱子亦喜以伊川「動而見天地之心」之說解之，而謂一陽生于下，動之端見焉。此是落于陰陽邊說「天地之心」。就卦論卦，此或不錯。然復卦〈彖傳〉說此語是象徵的

意義。由此一陽來復、生于下，見**天命誠體之於穆不已**也。即此而言天地之心，非是着迹于**陽之動本身**而說天地之心也。大抵濂溪、橫渠、明道，皆是如此體會道體，故天地之心亦是直通於穆不已之天命誠體而爲一實體性的心也。就陽動言，實並無實體性的心義。而就一陽來復生于下之象徵義，象徵於穆不已之天命誠體，則天地之心乃是實說，即直通「於穆不已」之天命誠體而爲一實體性之天心。天命誠體不只是理，亦是心，亦是神。天命誠體是實，則心、神亦是實，故曰心體、神體。此雖是**本體宇宙論地說**，尚不是孔子之**道德地說仁**，孟子之**道德地說本心**，然天心之爲實體義卻能**提得住而不散失。**朱子於此總提不起，**旣不能相應天命誠體**而**理解天地之心**，復亦不能**自覺到仁心體物不遺，萬物皆備于我**之道德的本心之**常在遍在之爲體**義，總喜**散落在氣化**上說，此即**太着迹**，而天心本心之義**逐泯失**。此即其合下是實在論、經驗主義的心態，而不能理想主義地、超越地體悟天心本心也。

　　二、「**人物之生又各得夫天地之心以爲心**」，天地之心旣虛脫，則人物之生又如何能**得夫天地之心以爲心**？又畢竟是**如何得法**？人（不要說物）確有心覺作用。然此心覺又如何是**從天地之心得來**？此亦只是行文時如此說而已。恐並無實義可言也。順孟子而言本心或良心本體者不言此本心或良知本體是**得天地之心以爲心者**，乃是由道德自覺當**下體證而肯認之**。本體宇宙論地說的天心即是於穆不已之天命誠體，此亦是由道德自覺通過此本心或良知本體之肯認而直下體證而肯認之，此所謂**盡心知性知天也**。但順《中庸》、《易傳》之路先客觀地即本體宇宙論地說天命誠體神體者，則可以實說「得夫天地之心以爲心」，因在此路，「天地之心」一

詞語雖亦可有時是虛說，而心之實並未虛脫，而人之「心體即性體」之心體亦並未虛脫。「得夫天地之心以為心」即得夫本體宇宙論地說的天命誠體神體以為吾人之性體，而此性體即心體也。本體性的心體之實並未從性體中脫落也。但在朱子，則此語並無實義。

天地以生物為心，此即天地之心。人以仁為心，而仁亦生道也。此是類比地虛籠著說，此蓋即朱子所謂「得夫天地之心以為心」者。如果只是這樣類比虛籠着說，則可，蓋此並不表示兩者一定有**原委關係**。如果「得夫天地之心以為心」一定要表示一種原委關係，則在朱子處頗不好講。朱子《中庸》「天命之謂性」句注云：「命猶令也，性即理也。天以陰陽五行化生萬物，氣以成形，而理亦賦焉，猶命令也。於是人物之生因各得其所賦之理以為健順五常之德，所謂性也。」順此注而觀之，此仍是理氣之原委關係，即**氣以成形，理以成性**，但並無**心**之原委關係。然則在心處要講原委關係當該如何講呢？若必欲講之，似當如此。原來心在天地處，是就氣化虛說。在人處，雖是實說（人實有心覺作用），卻仍是落在氣化上說，即就人之動靜語默而說心，所謂「知覺運用」者是也，亦即「中和新說」書所謂「人之一身知覺運用莫非心之所為」之意。天地以生物為心（氣化之自然是無心，理之定然是有心），人得此氣以成形而有動靜語默、知覺運用，此莫非心之所為，是即「得夫天地之心以為心」者。在天地與在人之間，心之原委關係是**由氣化流行**而說。即依據天地處之氣化流行與人處之語默動靜而從天地之心過渡到人之心。天由氣化流行以生物（此見天地之心），人由語默動靜而理寓焉以成德（理不寓不成德，此見人之心），而德之大者（統貫諸德者）則曰「仁」。在天地處，天地之心成虛

脫，是虛說；在人處，心是實，未虛脫，故「知覺運用莫非心之所為」，「心主乎一身而無動靜語默之間」。然雖是實而未虛脫，卻亦不是**實體性的心**，而只是「隨形氣而有始終」之**實然的心**，經驗的心，**氣之靈之心**，此只可說是**心理學的心**，而非**道德的超越的本心也**。

　　三、心之德有四：曰仁義禮智。此亦只是順孟子之文如此說而已。其所隱伏之義理間架與其心中之所意謂實皆不同于孟子也。孟子說「惻隱之心仁也」云云，又說「惻隱之心，仁之端也」云云，又說「仁義禮智根於心」，從辨解的進路說，是由「仁義內在」而來（內在當然是內在于心而為心之自發自律），從正面的直述說，是道德的超越的本心**內在地本質地固具如此之德**。故惻隱之心，不忍人之心，就是仁。孔子說：「食夫稻，衣夫錦，於女安乎」？此一問語所表示之不安之心就是仁。故當宰予答之曰「安」時，而孔子斥之曰：「甚矣！予之不仁也。」仁就是悱惻、不忍、不安之心之代表字。即抽象地、分解地言之，說仁是心之德（義禮智等同），亦是內在地本質地固具此德，此德全**滲透于此心而為一**，而不是**仁性愛情**、**心統性情**、**心性情三分**之關聯的說法。即「惻隱之心仁之端也」，端對擴充而言，自可解為端倪、端緒、端芽之端，但即使如此，亦不必是「仁性愛情」、「仁是愛之理」之說法。端緒只是對應一特殊之機而顯，好像不能盡仁心之全體，是以若與仁心全體對言之，此亦當只是**局限與否**的問題，而其**本質的意義**是一，亦如一錢金子與一兩金子其為純金是一。說仁心全體是抽象地說仁心自體之絕對的普遍性（由遍體萬物而不遺而見），但仁心是要具體地呈現的。一言具體呈現，即不能離特殊之事機。在事機中

呈現而不爲事機所限，此即是具體的普遍，普遍之體全在此特殊事機中呈現。而對應一特殊事機而呈現之具體的惻隱之心雖儼若爲特殊事機所拘而顯一**局限相**，然而其實即是那普遍之體之全部**流注于此**，不因有此局限相，端緒與仁體即成爲**異質之兩物也**。故惻隱之心即是仁也。孟子言「凡有四端于我者，知皆擴而充之矣，若火之始然，泉之始達」云云，此所謂擴充即是一處惻隱，處處惻隱，擴充此惻隱之心至其極而無間隔窒塞處之謂也。不言**端是情、仁是性**也。若如伊川與朱子之所云，則雖擴充至其極，亦仍只是情、而不是性。劉蕺山謂「惻隱之心仁之端也」，只是相對其餘三端而如此言，端只是項義，意即從四方面言一本心而已：惻隱之心是本心之仁一面，羞惡之心是本心之義一面，恭敬之心是本心之禮一面，是非之心是本心之智一面。此說雖稍著，不必是孟子言端之本意，然卻能表示「惻隱之心即仁」之義，無所謂仁性愛情之說也。

只伊川開始說：「愛自是情，仁自是性。豈可專以愛爲仁？孟子言惻隱爲仁，蓋謂前已言惻隱之心仁之端也。既曰仁之端，則不可便謂之仁。」須知惻隱之心固含有愛之表現，但亦並不等于愛。伊川一見「惻隱」便認爲是愛，此已順流逐末，泯失惻隱之心之本義，而復以端爲「愛之發」之情，視仁爲其所以發之理，即性。視性爲只是理，是一個普遍的理，而愛與惻隱乃至孝弟都視同一律，一律視爲心氣依這普遍之理而發的特殊表現，而表現出來的卻不是理，如是，仁與惻隱遂成爲**性與情之異質的兩物**，此非孟子之本意也。朱子牢守此說，以爲界脈分明，遂有「仁是心之德愛之理」一陳述之出現。此一陳述當然有其道理。此完全是從伊川「陰陽氣也，所以陰陽理也」一格式套下來。氣是形而下者，理是形而上

者。如是，遂將心**一概視爲形而下者**，一往是**氣之事**。惻隱、羞惡、辭讓、是非之心亦皆是**形而下者**，皆是**氣之事**。此一義理間架完全非孟子言本心之本義。如此言理或性是由「然」以推證其「所以然」之方式而言，此是一種本體論（存有論）的推證之方式。如此所言之理是屬于「**存有論的存有**」之理，而不必是**道德之理**。但仁義禮智決然是道德之理。心之自發此理（此爲心之自律）足以決定並創生一道德行爲之存在，但卻不是由**存在之然**以**推證出者**。孟子講性善，正是要開闢道德實踐中創生一道德行爲之先天根據（超越的根據）。其所謂性，正是以本心自發此理爲性，此正是道德性之性，而足以決定並創生一道德行爲者。此性決不只是理，由存在之然以推證者，而是「心理爲一、心即是理」之性（此「心理爲一、心即是理」就是吾人之性）。「性」字之通義皆有「所以然之理」（根據）之義。此「心理爲一」之性，如對吾人道德行爲道德人格之創造言，亦可說此性是道德行爲、道德人格之所以然（所以可能）之理、之根據——超越的根據。但如此所言之理（根據）是個形式字，虛位字，其層次不同于「心理爲一」中之「理」。朱子不加分別，一概由**存在之然**以**推證其所以然以爲理**，而此理又**不內在于心**而**爲心之所自發**，如是其所言之理或性乃只成一屬于**存有論的存有之理**，**靜擺在那裡**，其于吾人之道德行爲乃**無力者**，只有當吾人敬以凝聚吾人之**心氣**時，始能**靜涵地面對其尊嚴**。若如孟子所言之性之本義，性乃是具體、活潑、而有力者，此其所以爲**實體**（性體、心體）創生之立體的直貫也。而朱子卻只轉成**主觀地說爲靜涵靜攝之形態**，**客觀地說爲本體論的存有之形態**。而最大之弊病即在不能說明**自發自律之道德**，而只流于**他律之道德**。此即爲性之

道德義之減殺。是以「陰陽氣也，所以陰陽理也」，「仁是性，愛是情」，「仁是心之德，愛之理」，這一系思考方式所成之義理間架決不合先秦儒家所本有，北宋濂溪、橫渠、明道所契悟之**立體直貫之系統**。象山〈語錄〉記云；「近來學者言擴而充之，須於四端上逐一充，焉有此理？孟子當來只是發出人有是四端，以明人性之善，不可自暴自棄。苟**此心之存**，則**此理自明**。當惻隱處自惻隱，當羞惡、當辭遜，是非在前自能明之。又云：當寬裕溫柔自寬裕溫柔，當發強剛毅自發強剛毅。所謂**溥博淵泉**而時出之。」又記云：「先生言萬物森然於方寸之間。滿心而發，充塞宇宙，無非此理。孟子就四端上指示人，豈是人心只有這四端而已？又就乍見孺子入井，皆有怵惕惻隱之心一端指示人，又得此心昭然。但能充此心足矣。」此卻合乎孟子之本義。朱子偏不如此去理解，卻只要順伊川思路去理解，此亦非善讀《孟子》者也。

　　依朱子「中和新說」書所表示之義理間架，心並不是道德的超越的本心，而只是知覺運用之實然的心，氣之靈之心，即心理學的心；仁義禮智本是性體中所含具之理，是**實然之情之所以然之理**；心之具此理而成為其德是「**當具**」而不是「**本具**」，是**外在地關聯地具**，而不是**本質地必然地具**，是**認知地靜攝地具**，而不是**本心直貫之自發自律地具**，此顯非孟子言本心之骨架。朱子此〈仁說〉中自謂「吾之所論，以愛之理而名仁者也。蓋所謂情性者，雖其分域之不同，然其脈絡之通，各有攸屬者，則曷嘗判然離絕而不相管哉？」此即是將一精誠惻怛之本心仁體支解而為三項，「分域不同」，「各有攸屬」。然「愛之理」則表示**然與所以然之關聯**，「心之德」則表示**認知的靜攝的關聯**，心統性情則是心發而為情即

統情，心情爲一面；心與性爲兩行平行之**外在的管攝之關聯**，即統性，此即其所謂「脈絡之通」而非「判然離絕」者也。此一「分域不同」，而又非「判然離絕」之義理間架顯非孟子言本心之骨幹。此合下是**實在論之心態、分解對列的思考方式之所凝結**，乃**漸教、他律、重智**之道德系統也。其順孟子辭語而如此說，亦只是順文引用而已，非孟子言本心之意也。彼不知其所自覺地分解成之義理間架常與其所援引之辭語相衝突。此即朱子書之所以**難讀**而常令人**困惑**處。象山〈語錄〉云：「吾嘗與晦翁書云：揣量模寫之工，依倣假借之似，其條畫足以自信，其節目足以自安。」（與朱子辨〈太極圖說〉第二書）此言切中晦翁之膏肓。象山此語，初看之，似稍過分。若統朱子學之全體言，此評斥亦覺稍爲過分。然對孟子而言，則象山之語實不過分。「揣量模寫之工，依倣假借之似」，人爲其所吸引，而不易察覺其與孟子全不相應也。對孟子而言，實只是「揣量模寫，依倣假借」。〈仁說〉與「中和新說」書皆足以表示其言之之工整。對孟子而言，皆「似」之而非，全不相應。然就其自身之**靜涵靜攝**系統言，則其條畫、節目（與朱子書中作「習熟」），誠有足以**自信自安**者。在此，朱子確有其實得而相應處，不可一概揮斥爲「揣量模寫、依倣假借」也。

　　如是，依朱子之義理間架，仁之名義可修改如下：

　　仁是愛之所以然之理，而爲心知之明之所靜攝（**心靜理明**）。常默識其超越之尊嚴，彼即足以引發心氣之凝聚向上，而使心氣能發爲「溫然愛人利物之行」（**理生氣**）。久久如此，即可謂心氣漸漸攝具此理（當具），以爲其自身之德（**心之德，理轉成德**）。

　　簡言之，即是：仁者愛之所以然之理而爲心所當具之德也。

其他義禮智等皆如此解。

在此解析中，須有以下之注解：

a.「所以然」是超越的所以然：理是靜態的理，是屬于本體論的存有之理，是實然之愛、愛之存在之**存在性**；心與情有已發未發，而理無所謂已發未發，理是只存有而無所謂動靜者。（存在之存在性，在朱子，是只存有而不活動者。在直貫系統，則是「即存有即活動」者。此須注意。）

b.心是氣之靈之心，而非超越的道德的自發自律之本心，其本性是**知覺**，其自身是**中性的、無色的**，是**形而下者**，是**實然的**，也是一個**實然之存在**。但存在必有其所以存在之理，是以知覺亦有其**所以為知覺之理**。此理只是知覺之性，是知覺存在之存在性，與仁義禮智之為理或性不同。不可混。

c.心氣具仁義禮智之理首先是「認知地具」，其具是先通過格物窮理之靜攝工夫而具，此時是心知之明之認知地關聯地具，而非道德的本心之自發自律的「本具」。此即朱子所謂「**心具衆理**」之義。

d.其次心知靜攝此理而默識其超越的尊嚴，此理即能引發心氣凝聚向上而使心氣發為溫然愛人利物之行，此即朱子所謂「**理生氣**」之義。所謂「生」當然不是氣存在地從理生出來之意，而是依理而可以引發心氣之變化。此當然亦不是心神理是一之實體之立體直貫的創生。

e.最後，久久如此引發心氣，則心氣即可現實地實踐地攝具此理以為其自身之德。德，從心說，是愛人利物之心，是心氣之一屬性；從行說，是愛人利物之德行。此時，心即為仁德之心，行即為

仁德之行。此即朱子所謂「**心之德**」之義。德不同于仁義禮智之爲理，乃是通過心氣之認知地與實踐地攝具此理，而由理而轉成者。德者得也。理能認知地與實踐地被得于心，方謂之德。但無論是認知地具或實踐地具，就心氣自身言，總是「**當具**」，而不是「**本具**」。

如此疏解，則可與孟子截然分開，而不必「依傍假借」矣。

四、人心之具德既如上論，則「天地之心其德有四，曰元亨利貞，而元無不統」，其隱伏之義理間架亦與《易傳》不相應。蓋全成虛文虛說之工似，人未能覺其非也。蓋「天地之心」既虛脫，則元亨利貞四德自亦必無著落，只好落在**氣化**上說，是則並非心之四德，而是氣化流行之四德也。而且此四德亦與仁義禮智之爲四德並不相同，不過朱子喜歡類比地說之而已。而此兩者，朱子又喜以春夏秋冬比擬之。其所以如此類比與比擬，亦有其故。蓋天地之心之四德與人之心之四德皆在**氣化**上見故也。但在天地處，心只是虛說，故直接只說氣化，在人處，心雖是實，然卻是心氣之知覺運用，此所謂「人之一身知覺運用莫非心之所爲」，以及「心主乎一身而無動靜語默之間」，亦即所謂「心之周流貫澈」，心之已發未發之過程也。都拉成過程，自然可以相類比，又皆可以以春夏秋冬比擬之也。此就氣化流行或心氣之周流貫澈上說，可以相類比。但亦有其不同處。即仁義禮智本是性體中所含具之理，簡言之，本即是性，心具之（當具），即爲其德。而元亨利貞則只是陰陽氣化之四階段；心既虛脫，則此四德亦只是氣化之四德，而氣之所以如此變化者則是太極之理也。是則結果只是理氣，而並無心之義。故朱子注解乾卦直說「乾者健也，陽之性也」。注解坤卦直說「坤者順

也，陰之性也」。依其義理間架，則除此陰陽之氣外，尚有一太極之理。太極方是**超越的真體**。乾坤雖言元，只是萬物**資以爲始，資以爲生之氣化上的元**。若嚴格言之，**真正無對之元，當在太極之理**。然依《易傳》，則恐不是此意。

　　陰陽以氣言，乾坤以德言，天地以位言。雖說乾，而重乾之德；雖說天，而重天之道，或天之所以爲天，亦即天之德。此言天言乾皆直接象徵**天道實體**或**天命誠體**之「**於穆不已**」與「**生物不測**」，並不落在陰陽之氣上說。乾元坤元代表兩個原則。乾元是創生原則，坤元是凝聚原則，或亦曰終成原則。乾元是**心知**（乾知大始，乾以易知），坤元是**質能**（坤作成物，坤以簡能）。乾元即是天命誠體，故濂溪即以誠體流行解元亨利貞也。《通書》第一章云：「大哉乾元，萬物資始，誠之源也。乾道變化，各正性命，誠斯立焉。」又云：「元亨誠之通，利貞誠之復。」元亨利貞即是**誠體顯現**之四相。天命誠體即**太極**也。于其元亨利貞之流行過程中，坤元即寓焉（在利貞處見坤元）。以乾元爲主綱（亦可以說爲因致因與形式因），故統之于乾元而言也。乾元既即代表天命誠體，天道創生之真體，則其顯現而成始成終，而有元亨利貞之四相，固不能離氣化之迹而獨行，但亦不能**只局限于陽而言之**。陰陽只能落在氣化之迹上說。乾元代表體，則坤元實即含**陰陽之氣**而**總言之**。由陰陽之氣以**終成之**，而萬物**生成之實**以見，故總曰**終成原則**而目之曰**坤元**也。（終成是**質體之終成**，而**形式地終成之**還是在乾元，故利貞亦得爲誠體流行之一相。）非是以**坤元屬陰、乾元屬陽**也。（坤元之爲凝聚終成原則，直接的意思固是陰之意味重，但坤元既代表質能，屬于氣，則其陰之收斂即含攝陽之申展，此是生成之

實,即質因,故總曰坤元。)乾元既爲天命誠體,故元亨利貞四德
有所屬,此即實體性的天心之四德(說四相較妥),而非虛脫而只
成爲氣化之自然也。蓋天命誠體並非只是屬于本體論的存有之只是
理,乃是心神俱含于其中而爲心神理是一者。此與朱子之義理間架
顯然有不同。吾信此較能相應《易傳》之本義,濂溪《通書》之契
悟不誤也。惟朱子不能會通《通書》以解太極耳。凡此已見〈濂溪
章〉,可覆案。

以上四點說明朱子于天地之心成虛脫,于人之心,以愛之所以
然之理,心所當具之德說仁,如此說仁爲生道決不足以盡孔子言仁
之蘊,甚至根本不相應。以下再言其所辨駁之一面。

五、其辨駁「物我爲一」與「以覺訓仁」之說,前者直接指龜
山說,後者直接指上蔡說,而此兩說皆來自明道,故間接是辨駁明
道。在明道,此兩說實即一義。「醫書言手足痿痺爲不仁,此言最
善名狀。仁者以天地萬物爲一體,莫非己也」。「莫非己」之「一
體」直接承「痿痺爲不仁」而說下來,故兩義實即一義。明道如此
言仁,乃當時最顯著之文獻。伊川爲其胞弟,不應不知。龜山、上
蔡是程門之高第弟子,不應無所注意。彼二人紹述其師之說而發揮
之,未可謂非。伊川陳義不同于其兄。但當時也許只是根據其兄之
所提點而欲分解地確定地另說一義耳。彼或以爲可互相補充,而不
必有衝突。說仁不只是愛,而推進一步說是性,儱侗觀之,亦未爲
非是。明道由「不痿痺」與「莫非己」指點仁,視仁爲眞生命,爲
眞實的道德創造之源(覺與健),爲遍體萬物而不遺之覺潤之體
(感通與潤物),實已表示仁比愛更根本。此覺潤之仁體即心體,
即性體,皆表示是吾人道德創造之源,成聖之本,故即吾人之性,

以故視仁爲性，亦未爲非是。仁心感潤無隔，自是廓然而大公，謂
仁「只消道一公字」，亦未始不可。惟伊川究不如其兄之明透，彼
對于其兄所說，亦未必眞仔細理會過，恐亦只是稍一聞之，即自我
作主說己意耳。合下退歸于其自己之心態，而即由其自己之分解方
式以從事，故一轉兩轉，遂陷于膠著與局限。「公即是仁之理，不
可將公便喚做仁。公而以人體之，故爲仁。只爲公，則物兼照」。
是則以公爲首出，比仁更根本，由公以逼近之。公來得甚突兀，公
成一個寡頭物，是即推出去憑空說一個公字。但如依明道，即說
公，亦是依仁體感潤無隔而說公，公隸屬于仁體之感潤，仁體爲本
爲主，公只是其一屬性或一境界，並非推出去憑空說一個公字，以
公爲首出（爲仁之理）。伊川所說實是本末主從之顛倒。「公而以
人體之，故爲仁」，是先有一個公爲籠統的形式的提綱，而仁則是
由「人」字帶過來（朱子有此語，見下節〈答張欽夫論仁說〉第二
書）。此即所謂膠著，遠離其兄所說而別成一套矣。如此所說，仁
全成外在的，依空頭的公而以人體之（以人道之所應爲所須爲而體
現體證之），故爲外在的。「公而以人體之」，此「體之」之實處
在愛，故仁即對應愛而成爲性，而愛則是情。此即所謂局限。仁只
成愛之性，一轉即是朱子所說之「愛之理」。夫依孔子多方之指
點，「體之」之實處豈只在愛耶？豈不亦在恭、敬、忠，乃至恭、
寬、信、敏、惠，乃至不厭不倦、不安不忍等等耶？伊川說此義，
不必想到與其兄所說有衝突，亦不必想到是在辨駁其兄之所說。
（但朱子謂程子言「覺不可以訓仁」，此程子自指伊川說。是則伊
川已自覺地辨駁其兄矣。惟伊川此語，不見《二程遺書》，見之于
《二程粹言》。參看〈伊川章・性情篇〉13條）。

　　但到朱子，則看出此中確有不同，確守伊川之思路前進，認爲伊川所說界脈分明，並認爲「明道說話渾淪，學者難看」。故見「物我一體」，「以覺訓仁」，便感頭腦昏漲，故其辨駁龜山、上蔡，實即辨駁明道。縱明道未明言「以覺訓仁」，但「痿痺爲不仁」，即是麻木不覺，是則惻然有感覺而不麻木即可指點仁。此義親切，是實義、是諦義，無可反對。（「以覺訓仁」非是字義訓詁之事）伊川、朱子不應不知，但竟懵然無視何耶？于「痿痺爲不仁」之義既無視，則于其感潤無隔「莫非己」之義尤其無視。此則不可解也。如此親切而清楚之諦義實義竟視爲渾淪難看，則知朱子之心態根本接不上明道，亦根本無法相應孔子所說之仁也。

　　朱子謂「彼謂物我爲一者，可以見仁之無不愛矣，而非仁之所以爲體之眞也」。夫言「仁者渾然與物同體」，「仁者以天地萬物爲一體」，皆是本仁體之體物不遺而來，而仁體之體物不遺則是本仁心之感潤無隔而來，而仁心之感潤無隔則是本仁心之惻然有覺而不麻木而來。惻然有覺而不麻木即是純亦不已之眞心之呈露。眞心仁體昭然呈露，自能「克己復禮」，自能恭、敬、忠，乃至恭、寬、信、敏、惠，自能「其言也訒」，自能于不安處惻然不安，自能「愛人」，自能悱啓憤發，不厭不倦，自能與人爲徒而不崖岸自高，自能「樂山能守」，而不憂不懼，自能「久處約長處樂」，自然「能好人能惡人」，自能「造次必於是，顚沛必於是」，自能「無求生以害仁，有殺身以成仁」。是故仁爲全德，爲一切德行之源，爲道德創造之創造實體、眞實創造性之自己。由任一德皆可指點到此實體，而未嘗爲任一德所限。孔子未曾就字義訓仁（如二人偶之類），亦未嘗以概念定義方式解仁（如心之德愛之理之類）。

其所說者皆是指點語、啓發語，期人由此悟入仁爲一道德創造之實體。此正是開闢創造之源、德行之本者。故由其指點與啓發而可總謂此體之本質實性曰覺曰健，以感通爲性，以潤物爲用。是以其「純亦不已」（覺與健）正是其「所以爲體之眞」，其感潤無方而無窒滯亦正是其「所以爲體之眞」。「渾然與物同體」，「以天地萬物爲一體」，正是由渾然一體而無隔以示仁體之無外，此正表示眞心仁體之覺健與無窒滯，此正是「仁之所以爲體之眞」。「與物同體」、「以天地萬物爲一體」，是相應眞心仁體之實性而說者。如此說仁（見仁之體）是**內容的說法**，不是**外延的說法**，正是說**仁之質**（所以爲體之眞），不是說「**仁之量**」（仁之無不愛）。而朱子卻認爲此是「仁之量」，「非仁之所以爲體之眞」，其未能順孔子之指點與啓發而悟入亦明矣，其只順伊川之膠著與局限而未能明透並提不住亦顯然矣。

　　孔子答子貢博施濟衆之問，其所以如此答正爲子貢是量之頭腦，故云：「堯舜其猶病諸。」其云：「必也聖乎」，是客氣語。實則即使是天大的聖人亦作不到也。此非了解仁之道，仁不仁不在能否博施濟衆也。一人能有多少財力物力？即貴爲天子，富有四海，握有政治措施之大權，亦不能以博施濟衆之方式表現其仁政。不然，孟子何以批評子產爲「惠而不知爲政」？于無聲無臭之中按時搭一個橋梁，人人皆得過去，此即施惠于民而能濟衆矣。汝能以汝之乘輿將每天渡河之人一一盡抬過去乎？受渡之人固感戴于汝，但未受渡者豈不憎恨于汝？此即莊生所謂「仁常而不周」也。以此例仁亦如此。故孔子答曰：「夫仁者己欲立而立人，己欲達而達人，能近取譬，可謂仁之方也已。」此即是**由量歸之質**。就近取

譬，指點人各啓迪其自己之眞生命，此即是「仁之方」。立是啓悟之以讓其自立，非吾所可代之而立也。達是調潤之以讓其自達，非吾所可代之而達也。忠恕各盡其己以相啓迪相感召而已。如必博施于民始可爲仁，則顏子陋巷即不仁乎？宗教家言博愛是根據上帝之「普遍的愛」而來，亦非慈善事業之謂。耶穌「放棄」之精神正在藉放棄與犧牲，將己之光與熱全部達到對方以促使其悔改與覺悟，此即體現上帝之普遍的愛矣。此亦是質地顯仁，而非是量地顯仁也。朱子以此**博施濟衆之量混同**「**物我爲一**」，亦謬之甚矣。

至于其駁「以覺訓仁」之說，則謂「彼謂心有知覺者，可以見仁之包乎智矣，而非仁之所以得名之實也」。夫以覺訓仁者，此所謂覺顯然是本明道麻木不覺、「痿痺爲不仁」而來。覺是「惻然有所覺」之覺，是不安不忍之覺，是道德眞情之覺，是寂感一如之覺，是仁心之惻然之事，而非智之事，是相當于" feeling "，而非" perception "之意。（當然仁心惻然不昧，是非在前自能明之。）今朱子以智之事解之，而謂「心有知覺，可以見仁之包乎智，而非仁之所以得名之實」，此則差謬太甚。以朱子之明，何至如此之乖違！不麻木而惻然有所覺正是**仁體所以得名之實**。今乃一見「覺」字，便向「知覺運用」之知覺處想，不知覺有道德眞情寂感一如之覺與認知的知覺運用之覺之不同，遂只准于智字言覺，不准于仁心言覺矣。此駁最爲悖理，其非甚顯，不必多言。

又由感潤無隔而至物我一體，此正是生命之警策，眞心之呈露，何至「使人含糊昏緩，而無警切之功，其弊或至於認物爲己」？「萬物皆備於我，反身而誠，樂莫大焉」，亦「含糊昏緩」，「認物爲己」乎？物我爲一豈是生命之物化、固結于昏墮而

下趨者乎？歷來無有如此言「物我為一」者。「物我為一」正是向上警策之最高境界（大而化之之境）。「大人者與天地合其德，與日月合其明，與四時合其序，與鬼神合其吉凶」，此亦「含糊昏緩」，「認物為己」乎？此豈是昏忘者之所能至乎？朱子把向上者之「同體」、「莫非己」，視為向下之昏墮，真真豈有此理！不知何以竟如此差謬！

又惻然有所覺、不麻木、不痿痺，全是一精誠惻怛之心之流露，明道所謂「滿腔子是惻隱之心」，該不安則不安，該不忍則不忍，自能久處約長處樂，不憂不懼，惟是一天心仁體之貞定，何至「使人張皇迫躁，而無沈潛之味，其弊或至于認欲為理」？又何至與「聖門所示樂山能守之氣象尤不相似」？不知朱子何以聯想至此！蓋彼視此惻然之覺為知覺運用之覺，又誤想為禪家之作用見性也。此則太差，不可言矣。朱子視言「同體」者為**忘**，視言「知覺」者為**助**，蓋皆謬誤之甚。忘與助之失何竟能用于此耶？（關于知覺運用、作用見性，參看第三部〈明道章・生之謂性篇〉附識二：〈朱子論生之謂性〉。）

朱子自說己意尚成理數，其辨駁明道簡直乖謬，非但不諦而已也。睽隔如此之甚，亦可怪矣。

以上五點是對于〈仁說〉之分析。以下與張南軒辨，與胡廣仲、胡伯逢、吳晦叔辨，皆不出此範圍。屆時，吾只隨文點醒而已。

※　　　　　※　　　　　※

2.附錄：《朱子語類》卷第六，〈性理三〉，仁義禮智等名義，辨解「仁」處有以下各條：

2.1當來得於天者只是個仁，所以爲心之全體。卻自仁中分四界子：一界子上是仁之仁，一界子是仁之義，一界子是仁之禮，一界子是仁之智。一個物事，四腳撑在裡面，唯仁兼統之。心裡只有此四物，萬事萬物皆自此出。

2.2以生字說仁，生自是上一節事。當來天地生我底意，我而今須要自體認得。

試自看一個物堅硬如頑石，成甚物事？此便是不仁。

試自看溫和柔軟時如何？此所以孝弟爲仁之本。若如頑石，更下種不得。俗說硬心腸，可以見。硬心腸，如何可以與他說話？

2.3仁字說得廣處是全體。惻隱慈愛底，是說他本相。

2.31仁固有知覺。喚知覺做仁，卻不得。

2.32以名義言之，仁自是愛之體，覺自是智之用。本不相同。

但仁包四德。苟仁矣，安有不覺者乎？

2.4問：以愛名仁，是仁之迹。以覺言仁，是仁之端。程子〔伊川〕曰：「仁道難名，惟公近之，不可便以公爲仁。」畢竟仁之全體如何識認？「克己復禮，天下歸仁」，孟子所謂「萬物皆備於我」，是仁之體否？

先生曰：覺，決不可以言仁，雖足以知仁，自屬智了。愛分明是仁之迹。「浩曰」（原注：「浩曰」二字可疑。）〔案：此條爲邵浩所錄。可能是錯入。當刪。〕惻隱是仁，情之動處。要識仁，須是兼義禮智看。有個宜底意思是義，有個讓底意思是禮，有個別白底意思是智，有個愛底意思是仁。仁是天理，公是天理。故伊川謂「惟公近

之」。又恐人滯著，隨即曰：「不可便以公爲仁。」萬物皆備固是仁，然仁之得名卻不然。

2.5問：先生答湖湘學者書，以「愛」字言仁，如何？

曰：緣上蔡說得「覺」字太重，便相似說禪。

問：龜山卻推「惻隱」二字。

曰：龜山言「萬物與我爲一」云云，說亦太寬。

問：此還是仁之體否？

曰：此不是仁之體，卻是仁之量。仁者固能覺，謂「覺」爲仁，不可。仁者固能與物爲一，謂「萬物爲一」爲仁，亦不可。譬如說屋，不論屋是木做柱，竹做壁，卻只說屋如此大，容得許多物。如萬物爲一，只是說得仁之量。

（原附注：因舉禪語，是說得量邊事，云云。）

2.6問：程門以「知覺」言仁，〈克齋記〉乃不取何也？

曰：仁離愛不得。上蔡諸公不把愛做仁。他見伊川言「博愛非仁也」、「仁是性，愛是情」。伊川也不是道愛不是仁。若當初有人會問，必說道愛是仁之情，仁是愛之性。如此方分曉。惜門人只領那意，便專以「知覺」言之。於「愛」之說，若將浼焉。遂蹉過仁地位去說，將仁更無安頓處。見孺子匍匐將入井，皆有怵惕惻隱之心。這處見得親切。聖賢言仁，皆從這處說。

又問：知覺亦有生意。

曰：固是。將知覺說來，冷了。覺在知上卻多，只些小搭在仁邊。仁是和底意。然添一句，又成一重。須自看得，便都理會得。

2.7 湖南學者說仁，舊來都是深空說出一片。頃見王日休解
《孟子》云：麒麟者獅子也。仁本是惻隱溫厚底物事，卻
被他們說得攙虛打險，瞠眉弩眼，卻似說麒麟做獅子，有
吞伏百獸之狀，蓋自知覺之說起之。

2.8 仁義如陰陽，只是一氣。陽是正長底氣，陰是方消底氣。
仁便是方生底義，義便是收回頭底仁。要之仁未能**盡得道
體**。道則平鋪地散在裡。仁固**未能盡得，然仁卻是足以該
道之體**。若識得陽，便識得陰。識得仁，便識得義。識得
一個，便曉得其餘個。

案：此八條（細分共十條）不出〈仁說〉之範圍，亦仍是〈仁說〉
之重提。讀者必須依朱子之義理間架去理解，方免得混淆與依似。
甚至讀《語類》第六卷全部亦須如此。朱子是把仁專限于愛，依概
念定義之方式去理解，然後再由此講其統貫以及與義禮智等之關
聯。就《論語》言，孔子多方指點仁，仁是全德、是一切德之源、
是「純亦不已」之真生命、是道德創造之實體，終極地說，仁即足
以「盡得道體」。故明道以「痿痺為不仁」指點，以「莫非己」、
「萬物為一體」盡其「為體之真」與實。而朱子于此不明透、提不
住，卻轉而從「頑石」與「硬心腸」來作專限的體會（溫和柔
軟）。溫厚慈愛，溫和柔軟，本亦不錯。但依明道，覺潤而不已之
仁心真體一旦呈現，則當寬裕溫柔自寬裕溫柔，當發強剛毅自發強
剛毅，並不專限，此其所以為全德，為真幾，並不如朱子所說之統
貫與關聯也。（朱子所說之統貫與關聯是落在氣與情之**引發相生相
成**上說，此即非仁體之為**全德義**。）就《孟子》說，孟子雖仁義禮

智並言，然卻是總直指一本心，本心即理，心體即性體，並非心性情之三分，將仁專限于愛而爲愛之理也。明得孔子之**仁體**與孟子之**本心性體**，始眞可以說「生物之心」。生是仁體之創生，是承體起用。「生物之心」是實，並非虛說。只要在此明透，便見朱子所說自是另一系統。不可掩也。其餘委細處，縱說橫說，種種形容體會，皆無關緊要，自亦不揜其根本處之**不透**與**提不住**。朱子合下自是**實在論的心態**，是平置散列的**分解思考方式**。故喪失孔、孟之具體指點之活潑明透與生動有力。其心態與思考方式根本上是不宜于講《論》、《孟》與《中庸》、《易傳》的。雖以孔子之渾然天成，此自是聖人之化境平平，亦非其實在論的心態、平置散列的分解思考方式下所說之平實與溫和柔軟。象山〈語錄〉云：「夫子以仁發明斯道，其言渾無罅縫。孟子十字打開，更無隱遁。」順此諦語悟解是相應者。再看明道對于「一本」與「識仁」之指點以及〈聖賢氣象篇〉之所說，順此悟入，亦是相應者。惟順伊川綱領下來的實在論心態下的**平置散列的分解方式**則不能相應。順象山、明道所說，亦非全是渾淪含糊，亦可作分解的展現，但卻不是**實在論心態下的平置散列的分解**。此不可不知也。總之，此是縱貫與橫攝兩個系統之不同。

3.附錄：〈克齋記〉：

性情之德，無所不備，而一言足以盡其妙，曰仁而已。所以求仁者蓋亦多術，而一言足以舉其要，曰克己復禮而已。

蓋仁也者，天地所以生物之心，而人物之所得以爲心者也。惟其得夫天地生物之心以爲心，是以未發之前四德具焉，曰

仁義禮智，而仁無不統。已發之際，四端著焉，曰惻隱、羞
惡、辭讓、是非，而惻隱之心無所不通。此仁之體用所以涵
育渾全、周流貫澈，專一心之妙，而為眾善之長也。

然人有是身，則有耳目鼻口四肢之欲，而或不能無害夫仁。
人既不仁，則其所以滅天理而窮人欲者，將益無所不至。此
君子之學所以汲汲於求仁，而求仁之要亦曰去其所以害仁者
而已。

蓋非禮而視，人欲之害仁也。非禮而聽，人欲之害仁也。非
禮而言且動焉，人欲之害仁也。知人欲之所以害仁者在是，
於是乎有以拔其本塞其源，克之克之，而又克之，以至於一
旦豁然欲盡而理純，則其胸中之所存者，豈不粹然天地生物
之心，而藹然其若春陽之溫哉？默而成之，固無一理之不
具，而無一物之不該也。感而通焉，則無事之不得於理、而
無物之不被其愛矣。嗚乎！此仁之為德所以一言而可以盡性
情之妙，而其所以求之之要，則夫子之所以告顏淵者亦可謂
一言而舉也與？

〔下略〕乾道壬辰月日，新安朱熹謹記。〔朱子斯年四三
歲〕（《朱文公文集》卷第七十七，記）

4.附錄：〈答呂伯恭〉書：

〈仁說〉近再改定，比舊稍分明詳密，已復呈錄矣。此說固
太淺，少含蓄。然竊意此等名義，古人之教，自其小學之
時，已有白直分明訓說，而未有後世許多淺陋玄空上下走作

之弊。故其學者亦曉然知得如此名字但是如此道理，不可不著實踐履。所以聖門學者皆以求仁爲務。蓋皆已略曉其名義，而求實造其地位也。若似今人茫然理會不得，則其所汲汲以求者，乃其平生所不識之物，復何所向望「愛說」〔案：此兩字不明，《備要》本、《叢刊》本同，疑錯衍，當刪〕，而知所以用其力耶？〔案：孔子前雖不無仁字，然多方指點，盛明仁道以大其義，則自孔子始。此豈字義之事耶？「聖門學者以求仁爲務」，其所以問來問去固非名義之事。彼等並非不識字者，說其「已略曉其名義」亦自無不可。但即使「已略曉名義」，亦仍可「茫然理會不得」。鄭康成謂「二人偶」，此非「已曉名義」者乎？然能謂鄭氏即不茫然乎？又彼等聖門學者即使已略曉名義，其所曉者亦不必是「心之德愛之理」。我看即使孔子亦不必想到「心之德愛之理」。是以即使略曉名義，仍可「茫然」也。又古人之教，小學時「已有白直分明訓說」，已曉仁之名義，此恐是隨意說，決非歷史事實。即使是如此，對于孔子之仁亦未必即能免于茫然也。「後世許多淺陋玄空上下走作之弊」豈盡因無此名義之知識乎？進一步，豈即「心之德愛之理」所能解決乎？〕故今日之言比之古人，誠爲淺露，然有所不得已者。其實亦只是祖述伊川仁性愛情之說，但剔得名義，稍分界分，脈絡有條理，免得學者枉費心神，胡亂揣摸，喚東作西偏！〔案：說「祖述伊川仁性愛情之說」，此卻是實情。前段古人云云，誠大可不必。又「免得學者枉費心神」，實則此處實應當費點精神，所謂體上工夫也。此決非「剔得名

義」分明，即可解決。「以覺言仁」決非「喚東作西」，只
朱子錯解耳。〕

若不實下恭敬存養、克己復禮之功，則此説雖精，亦與彼有
何干涉耶？故卻謂此説，正所以爲學者向望之標準，而初未
嘗侵過學者用功地步。明者試一思之，以爲如何？似不必深
以爲疑也。自己功夫與語人之法固不同。然如此説，卻似有
王氏所謂高明中庸之弊也。須更究其曲折，略與彼説破，乃
佳。（《朱文公文集》卷第三十三，書，問答，〈答呂伯恭〉四九
書之第二四書）

第三節　與張南軒論〈仁説〉

1.〈答張欽夫〉論〈仁説〉：

「天地以生物爲心」，此語恐未安。

熹竊謂此語，恐未有病。蓋天地之間，品物萬形，各有所
事。惟天確然於上，地隤然於下，一無所爲，只以生物爲
事。故《易》曰：「天地之大德曰生。」而程子亦曰：「天
只是以生爲道。」〔案：此係明道語〕其論復見天地之心，
又以動之端言之〔案：此爲伊川意〕。其理亦已明矣。然所
謂以生爲道者，亦非謂將生來做道也。凡若此類，恐當且認
正意，而不以文害詞焉，則辨詰不煩，而所論之本指得矣。

案：南軒謂「天地以生物爲心」之語爲「未安」，其故不詳。此語

自可說。《易傳》曰：「天地之大德曰生。」《中庸》曰：「天地之道可一言而盡也，其爲物不貳，則其生物不測。」「天地以生物爲心」即根據《易傳》語與《中庸》語而說。明道謂「天只是以生爲道」，亦是根據《易傳》語與《中庸》語而說。故此語無「未安」處。南軒疑之，不知何故（亦可見他們當時討論並未至十分成熟處）。惟《易傳》語、明道語，以及朱子此語，就字面觀之，大抵皆是指點語，即指點一生之所以生之超越實體（既超越而又內在之超越實體）。「天確然於上，地隤然於下」，此所謂「天地」是象徵之詞。由其創生萬物之「大德」而象徵地指點一「創生的實體」。「天只是以生爲道」，亦是如此。意即天只是以創生萬物爲它的**本質的作用**。由此本質的作用象徵地指點一「**創生的實體**」。「創生的實體」是實說的實體字。此實體可直曰「天道」，或「天命流行之體」（於穆不已之天命實體），故天道、天命流行之體，亦皆是實說的實體字。但「天地之大德曰生」，「天只是以生爲道」，此語句本身卻只是象徵地指點地虛說。朱子于此提醒云：「所謂以生爲道者，亦非謂將生來做道也。」此語是。不是這「生之事」本身是道，乃是生之事之所以然（超越的所以然之實體）是道。「以生爲道」之道，「大德曰生」之德，皆是虛說。前者是「**本質的作用**」義，後者是「**功德**」義。此皆是描述字，就「生」來作描述地說，由此以象徵地指點出一「**超越的實體**」。此實體是實說字。當「天」或「天地」融化于此實體而直說天道，或天地之道，或天命流行之體時，則便皆是實說的實體字。故《中庸》「天地之道可一言而盡，其爲物不貳，則其生物不測」，是實說，是直就**道體**而實說。朱子「天地以生物爲心」之語，此語句本身亦是虛

說。意即天地以創生萬物爲其**主要的意向**。由此「主要的意向」象徵地指點一「超越的實體」。此實體即曰「道」，此是實說。而「以生物爲心」之心字卻是虛說的虛位字。「復其見天地之心」，以及朱子所謂「在天地則塊然生物之心」，此兩心字亦皆是虛說的虛位字，皆象徵地指點一「超越的實體」。問題是在：就此超越的實體說，此實體（道、天道、天命流行之體）究竟還有「心」之義否？此「心」之義是實說的**實體性的心**，非虛說的**虛位字之心**。當朱子說「天地之心」，以及說「人物之生又得夫天地之心以爲心」時，此心字是實說。但在天地處，此實說之心卻又爲其分解的思考弄成虛脫了。**無心是化之自然義，有心是理之定然義**。心融解于化之自然義，固已無心之義，即融解于理之定然義之「有心」，心被吞沒于理，心成虛脫，亦無心義。是以在朱子，超越的實體**只成理**，而**心**義與**神**義俱虛脫。實說的心與神結果只屬于氣，而不屬于超越的實體，是即無實體性的心。在天地處是如此，在人處，人實有心，故心自不是虛位字。但在人處之實說的心，依朱子之分解思考，又被分解成只是**屬于氣**之**實然的心**，而超越的實體（性體）則只是仁義禮智之理。仁性，愛情。對仁言，「溫然愛人利物之心」只是情。如是，心雖是實位字，卻不是實體性的心。但當其由「天地之心」以及人「得夫天地之心以爲心」以說仁時，實在是由**仁心**以說**仁體**，由仁體以說**超越的實體**，此仁心、仁體實即代表那超越的實體。故由「天地之心」以說乾元，「而元無不統」，由人之「得夫天地之心以爲心」而說仁，「而仁無不包」。「無不統」、「無不包」，是即仁心即仁體（仁即是心，仁心即是體），仁體即代表超越的實體（天道、天命流行之體）也。此籠統的說法**並不**

錯。但經過其自覺的分解思考，超越的實體卻只成理，而並無實體性的心義（乃至神義），而仁亦只成理，而並非是心，仁理是性，而仁心卻只是情，是亦無實體性的心義。此是朱子祖述伊川而背棄明道所成之〈仁說〉中之癥結，南軒固不足以知之，而卻疑其「天地以生物爲心」之語。殊不知此語本身固無「未安」處也。

> 不忍之心可以包四者乎？
> 熹謂孟子論四端，自首章至孺子入井，皆只是發明不忍之心一端而已，初無義禮智之心也。至其下文乃云無四者之心非人也。此可見不忍之心足以包夫四端矣。蓋仁包四德，故其用亦如此。前說之失，但不曾分得體用。若謂不忍之心不足以包四端，則非也。今已改正。

案：此辨不忍之心足以包四端，不成論據。若就《論語》說，仁是全德，是萬德之源，豈但包四德而已？仁是不安不忍之本心，又豈只包四端之心而已？就《孟子》說，四端之心皆是指點一本心。本心發爲惻隱之心（不忍人之心）就是仁，發爲羞惡之心就是義，發爲恭敬之心之就是禮，發爲是非之心就是智。本心即理，本心之分別表現即是理之分別表現。象山所謂「苟此心之存，則此理自明。當惻隱處自惻隱，當羞惡，當辭讓，是非在前自能辨之。當寬裕溫柔自寬裕溫柔，當發強剛毅自發強剛毅。所謂溥博淵泉而時出之。」此方是本心賅萬德，又豈只包四端而已哉？故象山又云：「萬物森然于方寸之間，滿心而發，充塞宇宙無非此理。孟子就四端上指示人，豈是人心只有這四端而已？又就乍見孺子入井皆有怵

惕惻隱之心一端指示人，又得此心昭然。但能充此心足矣。」此心
包四端，賅萬德，不謂仁包四德，不忍之心包四端也。孟子自是並
列說，皆指示人以本心也。又本心即理，本心之分別表現（呈現）
即理之分別表現（呈現）。非理爲體（爲性）、心爲用（爲情）
也，亦非本心爲體，分別表現（呈現）爲用也。（本心只是綜說，
分別表現只是具體地說，此非體用關係，此猶康德之論整全空間與
部分空間，整全與部分間之關係是含具關係 containing-relation，
此旣非概念與概括在概念下之事例間之關係，亦非體與用之關係。
就空間說，整全與部分皆只是空間本身。部分含在整全中，並不是
概括于其下。就本心說，總持地說者與分別地說者亦皆只是本心。
此本心即是體，用是由之以起的德行。）是以就《論語》說，仁是
全德，是萬德之源。就《孟子》說，本心含萬德，仁心只是其一
端。就包含說，《孟子》之本心即相當于《論語》之仁。而在孟
子，則四端之心只是平說也。朱子謂：「孟子論四端，自首章至孺
子入井，皆只是發明不忍之心一端而已，初無義禮智之心也。至其
下文乃云無四者之心非人也。此可見不忍之心足以包夫四端也。」
實則此只是**以此例彼**，非謂「不忍之心足以包夫四端」也。以此例
彼之**類推的綜括**非「以不忍之心包四端」之意也。朱子以此爲證，
顯然不成論據。若如朱子之以「心之德愛之理」之方式解仁（同時
亦即局限仁），則仁正不足以**包四德**，而不忍人之惻隱之心正不足
以**包四德**。蓋仁義禮智四項**各自成體用**，各**自分性情**，比孟子之平
說尤爲局限而死殺也。其所謂「包」者亦如「春生之氣無所不
通」，由春生而有夏長秋收多藏，春之包夏秋多是以**引生之貫通**
定。「惻隱之心〔溫然愛人利物之心〕無所不貫」，似亦是此意。

「仁是惻隱溫厚底物事」，是「溫和柔軟」，非「堅硬如頑石」，非「硬心腸」，此自然指示仁是有生機之意，如春生之氣，由此而引生並貫通其他。其所謂「包」是落在氣與情之引發相生相成上說，是氣機之貫通。若就仁義禮智各自成體用，各自分性情，各有定體定義說，則仁固不足包四德，不忍之心固亦不足以包四端也。此非《論語》之仁之為**全德**義，亦非孟子所言之**本心之含萬德**也，且亦非明道所謂「**義禮智信皆仁也**」之意。〔《論語》之仁之為全德，是就仁為真生命、為一切德之源說。孟子所言之本心之含萬德，而萬德中之仁義禮智雖皆平說，然亦皆指點本心，實皆相**滲透**而為**一體**，此非**氣機之相引生**也，亦非**各自成體用**，各自**分性情**也。明道謂「義禮智信皆仁也」是相應《論語》仁為一切德之源說，是由「仁者渾然與物同體」而來。而「渾然與物同體」是由不麻木與感通無礙說。仁心感潤無方自顯一切德，此亦當惻隱即惻隱云云之意也。凡此皆非朱子之所謂包。朱子之所謂「包」，正因其分體用，（依「心之德某之理」之方式分體用），而使仁之為理不足以包四德，且亦使惻隱之心之為情不足以包四端，如是，其所謂包遂不得**不落于氣與情之**相引生上說。〕

「前說之失，但不曾分得體用。〔……〕今已改正。」蓋現行之〈仁說〉，前節所錄者，是幾經修改後之定稿。當南軒致疑時，仁性愛情之體用恐猶未甚分得清楚，或未表現得清楚，故如此云。

> 仁，專言，則其體無不善而已。對義禮智而言，其發見則為不忍之心也。大抵天地之心粹然至善，而人得之，故謂之仁。仁之為道無一物之不體，故其愛無所不周焉。

熹詳味此言，恐說仁字不著。而以義禮智與不忍之心均爲發見，恐亦未安。蓋人生而靜，四德具焉，曰仁曰義曰禮曰智，皆根於心。而未發，所謂理也，性之德也。及其發見，則仁者惻隱，義者羞惡，禮者恭敬，智者是非，各因其體〔定體〕以見其本，所謂情也，性之發也。是皆人性之所以爲善者也。〔案：此即仁性愛情之說，亦即心之德某之理之方式。「仁義禮智根於心」是孟子語。但朱子言「皆根於心」其所自覺地理解者不同于孟子。其由「根於心」而言「**心之德**」，亦與「未發所謂理也，性之德也」之「**性之德**」不同。其言「心之德」是「心統性情」義。「**心具**」與「**性具**」不同。凡此俱已屢爲解明。讀者所當注意。又，發與未發亦須根據中和新說了解。嚴格講，性不能發。〕

但仁乃天地生物之心而在人者，故特爲衆善之長。雖列於四者之目，而四者不能外焉。《易傳》〔案：即程氏《易傳》〕所謂「專言之，則包四者」，亦是正指生物之心而言，非別有包四者之仁，而又別有主一事之仁也。惟是即此一事，便包四者，此則仁之所以爲妙也。

今欲極言**仁**字，而不本於此，乃概以至善目之，則是但知仁之爲善，而不知其爲善之長也。卻於已發見處，方下「**愛**」字，則是但知已發之爲愛，而不知未發之愛之爲仁也。又以不忍之心與義禮智均爲發見，則是但知仁之爲性，而不知義禮智之亦爲性也。

案：此辨駁恐非南軒之意。南軒之思路恐本明道而來。「仁之爲道

無一物之不體」，是則仁爲絕對普遍性之體，其自體固爲至善。至善即函衆善之長。此即南軒所謂「專言」之仁也。何言「但知仁之爲善，而不知其爲善之長？」專言之，則爲無對之仁體。若對義禮智而偏言之，則其發見爲不忍之心（義禮智即其所發見之羞惡等之心），何以言「但知已發之爲愛，而不知未發之愛之爲仁」耶？「卻於已發見處方下愛字」，此在朱子，不應反對。凡此辨駁恐皆不得南軒之意。並人之顯明辭語亦不詳察。南軒原書不得詳。即就朱子此處所引之語觀之，其思路恐本明道而來。即言仁體至善，其發見爲不忍之心，恐亦不是朱子「心統性情」、「心之德愛之理」之方式。如果南軒眞「以不忍之心與義禮智均爲發見」，則當是如《論語》以仁爲全德，爲一切德之源，義禮智信乃至恭敬忠等皆是其當機之分別表現，亦如明道之言「義禮智信皆仁也」。其言仁體之發見爲不忍之心，不是如朱子之視仁與義禮智並列，各自成體用，各自分性情，各自有定體，有局限也。仁爲一超越之絕對體，故得視「義禮智與不忍之心均爲發見」矣。此言義禮智即羞惡之心，恭敬之心，是非之心之代字也，非是視之爲性，而以羞惡之心等爲情也。如此，則南軒之意根本是明道、象山之路，與朱子之系統根本有異也。此當是南軒之本意。

> 又謂「仁之爲道無所不體」，而不本諸天地生物之心，則是但知仁之無所不體，而不知仁之所以無所不體也。

案：南軒明言「天地之心粹然至善，而人得之，故謂之仁」云云，何言「不本諸天地生物之心」？又何言「但知仁之無所不體，而不

知仁之所以無所不體」耶？

> 凡此皆愚意所未安，更乞詳之，復以見教。
>
> 程子之所訶，正謂以「愛」名「仁」者。
>
> 熹案程子曰：「仁性也，愛情也，豈可便以愛爲仁？」此正謂不可以情爲性耳。非謂仁之性不發於愛之情，而愛之情不本於仁之性也。熹前說，以「愛之發」對「愛之理」而言，正分別性情之異處，其意最爲精密。而來諭每「以愛名仁」見病！下章又云：「若專以愛命仁，乃是指其用而遺其體，言其情而略其性。」則其察之亦不審矣！蓋所謂愛之理者，是乃指其體性而言，且見性情體用各有所主，而不相離之妙，與所謂遺體而略性者，正相南北。請更詳之。

案：此則自是南軒之未解朱子意。但仁性愛情，心之德愛之理，此一思維格式與明道〈識仁篇〉之思路根本有異。南軒謂其「專以愛命仁」，固非，但南軒自己之思路恐是順明道而來者。兩家皆不將仁拘限于愛。朱子本伊川將仁推進一步而視爲性，視爲愛之理，「不可以情爲性」亦即不可以愛爲「愛之理」。但仁義禮智**各自成體用，各自分性情**，是即仁有局限，而仁之爲**無對之體**義即不能顯，故朱子終于以太極爲無對之體，而仁義禮智則只是其所具之衆理之一也。而其言「仁無不包」，「惻隱之心無所不貫」（皆〈仁說〉語），亦只好落于氣與情之相引生上說。此非明道之思路也。南軒大體是本明道來（惟不甚能自覺明澈），亦將仁推進一步而視爲「無一物之不體」之**無對之仁體**，是則仁體**無局限**，而仁體**爲性**

體亦即**爲心體**，「義禮智信皆仁」，而恭、敬、忠、愛亦皆仁，恭、寬、信、敏、惠亦皆仁，皆是仁心性體之顯現，故仁爲全德，爲一切德之源，故明道云：「此道與物無對，大，不足以明之。」無所謂各自成體用，各自分性情，而最後統于太極也。**仁體即太極**，即**天命於穆不已也**。此思路之義理，說之較不易，須于體上眞有體會始得。不似伊川、朱子之直線分解思考之割截分明而較易表說，亦較易領悟也。然而其不同則甚顯然。南軒未能眞透澈也。故常隨朱子腳跟轉，而致混濫與自亂。然而其主意則常不自覺露出而不可掩也。

> 「元」之爲義，不專主于生。
> 熹竊詳此語恐有大病。請觀諸天地，而以《易·象》、〈文言〉、《程傳》，反復求之，當見其意。若必以此言爲是，則宜其不知所以爲善之長之說矣。此乃義理根源，不容有毫釐之差！竊意高明非不知此。特命辭之未善爾。

案：此即南軒之不明澈。不知其原書語脈如何，亦許是「非不知此，特命辭之未善爾」。

> 孟子雖言仁者無所不愛，而繼之以急親賢之爲務，其差等未嘗不明。
> 熹案仁但主愛，若其差等乃義之事。仁義雖不相離，然其用，則各有主而不亂也。若以一仁包之，則義與禮智皆無所用矣。而可乎哉？（《朱文公文集》卷第三十二，書，問答，

〈答張敬夫〉十八書之第十二書）

案：此即見朱子思路與南軒思路之不同。

2.又論〈仁說〉：

昨承開諭〈仁說〉之病，似於鄙意未安，即已條具請教矣。
再領書誨亦已具曉。然大抵不出熹所論也。請復因而申之。
謹案程子〔伊川〕言仁，本末甚備。今撮其大要，不過數
言。蓋曰：「仁者，生之性也。而愛，其情也，孝弟其用
也。」「公者，所以體仁」，猶言克己復禮爲仁也。學者於
前三言者，可以識仁之名義，於後一言者，可以知其用力之
方矣。
今不深考其本末指意之所在，但見其分別**性情**之異，便謂**愛
之與仁了無干涉**；見其以公爲近仁，便謂**直指仁體，最爲深
切**。殊不知仁乃性之德，而愛之本。因其性之有仁，是以情
能愛。
（原註：義禮智亦性之德也。義，惡之本；禮，遜之本；
智，知之本。因性有義，故情能惡；因性有禮，故情能遜；
因性有智，故情能知。亦若此爾。）但或蔽於有我之私，則
不能盡其體用之妙。惟克己復禮，廓然大公，然後此體渾
全，此用昭著，動靜本末，血脈貫通爾。程子之言，意蓋如
此。非謂愛之與仁了無干涉也。（原注：此說，前書言之已
詳。今請復以兩言決之。如熹之說，則性發爲情，情根於
性。未有無性之情，無情之性，各爲一物，而不相管攝。二

說得失，此亦可見。）非謂公之一字，便是直指仁體也。
（原注：細觀來諭，所謂「公天下而無物我之私，則其愛無
不溥矣。」不知此兩句甚處是直指仁體處？若以「愛無不
溥」爲仁之體，則陷於以情爲性之失。高明之見必不至此。
若以「公天下而無物我之私」便爲仁體，則恐所謂公者漠然
無情，但如虛空木石，雖其同體之物尚不能有以相愛，況能
無所不溥乎？然則此兩句中，初未嘗有一字說著仁體！須知
仁是本有之性，生物之心，惟公爲能體之，非因公而後有
也。故曰：「公而以人體之，故爲仁。」細看此語，卻是人
字裡面帶得仁字過來。）

由漢以來，以愛言仁之弊正爲不察性情之辨，而遂以情爲性
爾。今欲矯其弊，反使仁字汎然無所歸宿，而性情遂至於不
相管，可謂矯枉過直，是亦枉而已矣！其弊將使學者終日言
仁，而實未嘗識其名義，且又並與天地之心，性情之德，而
昧焉。竊謂程子之意必不如此。是以敢詳陳之，伏惟采察。
（《朱文公文集》卷第三十二，書，問答，〈答張敬夫〉十八書之
第十三書）

案：此書，朱子表示其祖述伊川之意甚爲淸楚。但卻不明標伊川，
只泛言程子，好像伊川之說即足以代表明道，又好似不知明道尚有
論仁之皇皇文獻與鮮明意思而故意忽之或隱之者。尤可怪者，南軒
何以亦竟不加以鑑別，明標自己之所本，以明伊川與明道之不同，
或明雖不同而可以融通，並無隔礙，而卻只混就伊川辭語，或隨朱
子腳跟，而宣洩其來自明道之意耶？此亦不可解。豈竟看不出明道

與伊川思路之異耶？抑或竟不欲置分別于二程耶？抑或以爲可以融釋而視伊川語爲明道義之注解耶？朱子祖述伊川，不祖述明道，其意甚顯。彼不滿于明道，亦甚顯。彼明知明道有皇皇文獻與鮮明意思而不欲提之，亦甚顯。胡廣仲輩表示祖述上蔡、五峰，而不祖述伊川，意亦甚顯。惟南軒于此則渾淪，故常致搖擺不定而自亂。然而其自覺或不自覺地宣洩其來自明道之底子亦甚顯明而不可掩。

此書，朱子之辨難皆不諦。南軒原書不得詳，亦不知其本人見朱子之辨難後如何想，然吾人可就其詞語而客觀地想其所示之思理，覺朱子之辨難決不相應。

朱子此書所辨難者只兩點：一、「見其〔伊川〕分別性情之異，便謂愛之與仁了無干涉」；二、「見其以公爲近仁，便謂直指仁體，最爲深切」。若依朱子所引錄或所透露南軒之辭語或詞意而觀之，則知南軒之思理大體來自明道。若以明道義衡之，則知此兩辨難皆不相應。

首先，關於第一點，南軒見分別性情之異，其理解恐是以明道所說之仁爲背景，即將仁由愛推進一步提升而爲「無一物不體」之**天心仁體**，而非是仁性愛情，仁專主于愛而爲心之德愛之理之「性情之異」，故**既**非「愛與仁了無干涉」，**亦非**仁專主于愛而爲「愛之理」。若依《論語》孔子之指點，明道之所體會，若說無干涉，不但仁與愛無干涉，即與恭敬忠、恭寬信敏惠，亦無干涉；若說有干涉，不但與愛有干涉，即與恭敬忠、恭寬信敏惠，乃至義禮智信，皆有干涉，惟不單**主于愛**而**專爲愛之理耳**。如單主于愛而專爲愛之理，則仁即不得再爲恭敬忠等等之理。故依孔子之指點與明道之體會，仁與諸德之關係亦非仁性愛情，心之德某之理之關係：仁

並不專限。仁固可說是性，但卻是**純一的性體**，仁體即**純一的性體**，性體亦即**心體**（超越的本心天心之**心體**）。若如朱子之所理解，性體只是一**綜名**（或通名），並不是**純一的性體**，結果終于分散而爲許多理，而仁只是這許多理中之一理。又性只是理，而不是心，故仁亦只是理，而不是心。心統性情，心**外在地關聯地**具這些理，而復**外在地存在地**依這些理中之某某理而發爲某某情。每一理各自成體用，各自分性情，各有其專限之定體。此非孔子所指點，明道所體會之仁之意。依孔子之指點，明道之體會，仁是**純一的眞生命、創造之眞幾、於穆不已之眞體**。純一的仁體即純一的性體，而純一的性體即心體，亦即**誠體**，此眞體一撥動，一呈露，則諸德即當機呈現。故仁是全德，是一切德之源，因而可以**統攝諸德**，而不爲**任何一德所限**，故仁不能**專主于愛**而單**爲愛之理**。如果當機呈現之諸德亦可以說是些當然的道德之理，則此純一的仁體性體**即心即理，心即是理**，此諸德亦即是仁心一體之當機而爲必然如此之呈現，如當惻隱即惻隱等等。在此，並不就此諸德之每一德再**各自成體用，各自分性情**。此諸德之當機呈現（必然如此之具體呈現），如果因其中有情的意義而可以說情，則亦是即心**即理即性之情**，此可曰本情，而不是**與性分開**的那個情，尤其不是其自身無色而**屬於氣的那個情**。本情**以理言，不以氣言**，即以仁體、心體、性體言而爲即心即理即性之情。此非朱子之境界也。朱子必又以爲是渾淪儱侗矣。然而如果眞言道德行爲之創生，當然的道德理性眞可付諸實踐而有力呈現，則必須如此講始透徹。《論》、《孟》、《中庸》、《易傳》皆如此發揮，濂溪、橫渠、明道皆相應此義而體會道體。惟朱子于此不能相應，遂轉成另一系統，而以「心之德愛之

理」之方式說仁。伊川對於道體仁體已無**相應明澈之契會**，而只以分解思考的方式清楚割截地理解成只是理，則其成爲朱子之以「心之德愛之理」說仁，乃甚順適而自然者。是以朱子與伊川之間，可說並無距離，即有之，亦甚小。朱子實可了解伊川也。

其次，關於第二點，南軒「見其〔伊川〕以公爲近仁，便謂直指仁體，最爲深切」。南軒此種想法亦是以明道思理爲底子，是將伊川辭語融釋明道所體會之仁體。就伊川辭語講，此自非是，朱子所體會者對。但南軒此種想法是以明道爲主，眼所見者是伊川辭語，而心中所想者卻是明道所體會之仁體。「仁之爲道無一物之不體」，是即仁體之遍在性。「仁者渾然與物同體」，是即由渾然一體，與物無分隔之感通無礙而識仁，而當仁體呈現，一人之生命亦即能感通無礙也。無論從仁體之遍在或從仁心覺情之感通無礙講，皆含有公的意義，公是直就仁體之遍在與仁心覺情之感通無礙說，公可說即是**仁體**或仁心覺情**之屬性**，亦是體現仁體之仁者生命之屬性，故公字可「**直指仁體**」也。如此理解公，公字更有係屬，更有根柢。工夫全在「識仁」與仁體之呈現，不在公字本身上著力。公是仁體呈現所示之相，由公字如何不可「便是直指仁體」？即就朱子所引錄南軒「公天下而無物我之私，則其愛無不溥矣」之語觀之，此亦是仁體呈現所示之相。此相是落在「愛無不溥」上說，其實由仁體呈現所示之「公天下而無物我之私」可示現種種相，並不專限於「愛」也。無論是「愛無不溥」，或種種其他相，皆可「直指仁體」，因本是由仁體呈現而示出也。朱子謂「不知此兩句甚處是直指仁體處」，此是以仁性愛情，心之德愛之理之方式說仁，故以爲「此兩句中初未嘗有一字說著仁體」，此則滯礙太甚。實則字

字皆是「說著仁體」也。南軒以爲由此示現之相可「直指仁體」，顯然是依據明道之思理而說，此已超出仁性愛情，心之德愛之理之格式矣。朱子依據此格式以爲難，無奈太隔閡乎？「若以愛無不溥爲仁之體，則陷於以情爲性之失」。實則是由「愛無不溥」可以直指仁體之呈現，非是以「愛無不溥」爲仁體也。朱子于此眞可謂太不「高明」矣。「若以公天下而無物我之私便爲仁體，則恐所謂公者漠然無情，但如虛空木石」云云，此難尤爲悖謬，不知何以至此！朱子將仁局限爲「愛之理」，本無明道所體會之「**仁體**」之觀念。其由「天地生物之心」說仁本不錯，此本直通於穆不已之天命流行之體，此即是仁體、性體、心體、誠體，乃至神體。但朱子說來說去，把天地之心說成虛脫，又把仁局限而爲愛之理，又只落於氣與情之相引生上說「仁無不包」，如是，**仁體**之觀念遂完全**泯失于其意識之中**，故見南軒說「直指仁體」，便完全摸不著頭腦。此亦**體上工夫**太差之故也。伊川亦無此「**仁體**」之觀念，憑空提出一公字，從公字去逼近仁，公的工夫（所謂「用力之方」）全成外在的、無根的。朱子之理解固合伊川辭語原意，然已完全屬于另一系統，與明道之思理顯然不同。朱子之意識爲伊川所佔滿，于明道不解，亦不提，故見南軒所說，即覺隔閡，便依伊川格式去辨駁，而不復想及還有明道也。可怪者南軒竟亦不提明道，竟亦不表明其所說是來自明道！（南軒原書不存，如眞自覺提出，朱子不應不注意，而且亦足提醒朱子。朱子縱不必因而即能豁然醒悟，至少亦可正視明道綱領與伊川綱領之不同，而不至于明道全忽視，全依伊川去辨駁，一若明道于此全無意見者。）豈眞不自覺到其所說是來自明道耶？豈眞完全出於自悟耶？豈眞見不出明道與伊川之有異耶？

于以見南軒之疲軟無力矣！朱子之辨論是用全幅精神去從事。而南軒大抵是隨聲附和，或隨文點綴。此不是其境界高，只是軟罷無力，恍惚若有所見耳。彼未至明澈之境，而學力亦不足。若以其輕描淡寫，隨文點綴，視爲已至明澈之境，故不欲多置辨示。則誤矣。

3.又論〈仁說〉：

> 熹再讀別紙所示三條，竊意高明雖已灼知舊說之非，而此所論者，差之毫釐之間，或亦未必深察也。謹復論之，伏幸裁聽。
>
> 廣仲引孟子先知先覺以明上蔡「心有知覺」之說，已自不倫。其謂「知此覺此」，亦未知指何爲說。要之，大本既差，勿論可也。
>
> 今觀所示，乃直以「此」爲仁，則是以「知此覺此」爲知仁覺仁也。仁本吾心之德，又將誰使知之而覺之耶？若據孟子本文，則程子釋之已詳矣，曰：「知是知此事〔知此事當如此也〕，覺是覺此理〔知此事之所以當如此之理也〕。」意已分明，不必更求玄妙。且其意與上蔡之意亦初無干涉也。上蔡所謂知覺，正謂知寒暖飽飢之類爾。推而至於酬酢佑神，亦只是此知覺，無別物也。但所用有小大爾。然此亦只是智之發用處。但惟仁者爲能兼之。故謂仁者心有知覺則可，謂心有知覺謂之仁，則不可。蓋仁者心有知覺，乃以仁包四者之用而言，猶云仁者知所羞惡、辭讓云爾。若曰心有知覺謂之仁，則仁之所以得名初不爲此也。今不究其所以得

名之故，乃指其所兼者便爲仁體，正如言仁者必有勇，有德者必有言，豈可遂以勇爲仁，言爲德哉？

今伯逢必欲以覺爲仁，尊兄既非之矣。至於論知覺之淺深，又未免證成其說，則非熹之所敢知也。

至於伯逢又謂：「上蔡之意自有精神。得其精神，則天地之用皆我之用矣。」此說甚高甚妙。然既未嘗識其名義，又不論其實下功處，而欲驟語其精神，此所以立意愈高，爲說愈妙，而反之於身，愈無根本可據之地也。所謂「天地之用即我之用」，殆亦其傳聞想像如此爾，實未嘗到此地位也。愚見如此，不識高明以爲如何？（《朱文公文集》卷第三十二，書，問答，〈答張敬夫〉十八書之第十四書）

案：前兩書是辨釋自己之〈仁說〉正面之意，是屬於立者，而此書則是破——破上蔡之「以覺訓仁」及其祖述者。破「以覺訓仁」之說本已見于〈仁說〉之後半篇。該文中未明指其人，實即是對上蔡及其祖述者而發。上蔡之祖述者即胡廣仲、胡伯逢、吳晦叔等人也。胡廣仲名實，胡五峰之從弟。胡伯逢名大原，胡五峰之從子。吳晦叔名翌，號澄齋，胡五峰之弟子。此皆堅守胡五峰之立場（至其理解多少則是另一會事），不以朱子〈知言疑義〉爲然者；而于仁則祖述謝上蔡，亦不隨朱子腳跟轉者。朱子此〈答張敬夫書〉即提到胡廣仲與胡伯逢之祖述上蔡而破斥之也。下節錄朱子直接答胡廣仲、胡伯逢、吳晦叔書，有廣辨。今答南軒書，是間接破斥。茲查《宋元學案》卷五十，〈南軒學案・南軒答問〉中有以下兩問答：

一、問：**心有所覺謂之仁**。此謝先生救拔千年餘陷溺固滯之
　　病，豈可輕議哉？云云。夫知者知此者也，**覺者覺此者**
　　也，果能明理居敬，無時不覺，視聽言動，莫非此理之
　　流行，而大公之理在我矣。尚何躁憤險薄之有？〔《宋
　　元學案》卷四十二，〈五峰學案・五峰家學〉項下列此
　　段文爲〈廣仲問答〉，故知此間爲廣仲問。〕

　　曰：元晦前日之言固有過當，然知覺終不可以訓仁。如
　　所謂「知者知此者也，覺者覺此者也」，此言是也。然
　　所謂「**此**」者乃仁也，知覺是知覺「**此**」，又豈可遂以
　　知覺爲「此」哉？

二、問：以愛名仁者，指其**施用之迹**也。以覺言仁者，明其
　　發見之端也。〔《宋元學案》卷四十二，〈五峰學案・
　　五峰家學〉項下列此兩語爲〈廣仲問答〉，故知此問亦
　　廣仲問。〕

　　曰：愛固不可以言仁，然體夫所以愛者，則固求仁之要
　　也。此孔子答樊遲之問以「愛人」之意。

又查《宋元學案》卷四十二，〈五峰學案・五峰家學〉項下〈伯逢
問答〉中有以下兩段：

一、**心有知覺之謂仁**，此上蔡傳道端的之語，恐不可爲有
　　病。夫知覺亦有**深淺**。常人莫不知寒識暖、知飢識飽。
　　若認此知覺爲極至，則豈特有病而已？伊川亦曰「**覺不
　　可以訓仁**」，意亦猶是。恐人專守著一個覺字耳。若夫

謝子之意自有精神。若得其精神，則天地之用卽我之用也。何病之有？以愛言仁，不若覺之爲近也。

二、「觀過知仁」云者，能自省其偏，則善端已萌。此聖人指示其方，使人自得。必有所覺知，然後有地可以施功而爲仁也。

案：此兩段不知是答誰。想是答南軒，南軒轉告朱子，朱子復于答南軒書中據以駁斥之也。「觀過知仁」是另一論題，下節所錄朱子書有廣辨。關於「以覺訓仁」，此說雖發于上蔡，實淵源于明道。此「覺」不是智之事，乃是一種不安不忍之悱惻之感。故明道云：「醫書言手足痿痺爲不仁，此言最善名狀。」又云：「醫家以不認痛癢謂之不仁。人以不知覺、不認義理，爲不仁。譬最近。」上蔡「心有知覺」、「以覺訓仁」之說，顯本此而來。明道說：「此言最善名狀」，又說「譬最近」。不知朱子何以必反之！李延平答朱子書云：「謝上蔡《語錄》云：不仁便是死漢，不識痛癢了。仁字只〔自〕是有知覺了了之體段。若於此不下工夫令透徹，即何緣見得本源毫髮之分殊哉？若於此不了了，即體用不能兼舉矣。」（《李延平集》卷二，〈答問〉，全書見第一章第一節引。）延平並未錯解「知覺」爲智之事而反之。其所引上蔡語「不仁便是死漢，不識痛癢了」，此語顯是祖述明道，並無差謬。其如此了解仁，仁之義自甚顯。正面說爲「心有知覺」，此知覺仍須以反面之義來規定，顯非如朱子之所解專限爲智之事。延平下一注語云：「仁字自是有知覺了了之體段」，此亦是順明道從正面說，未曾認爲智之事而反之也。且甚贊同此說，諄諄告誠朱子，要「於此下工

夫令透澈」。惜朱子太膠著，終不于此下工夫令透澈，眞可謂「孤負此翁耳」。豈明道、上蔡、延平皆誤認智爲仁乎？則**于仁言覺**與**于智言覺**顯然有異，朱子何不于此一想乎？

「心有所覺謂之仁」，此語等於說：心有所感覺、不麻木、謂之仁。句中雖有「所」字，然實非認知活動中能所之所，而是著重在此「覺」字之本身。如諸葛公云：「**揭然有所存，惻然有所覺**」，首句是著重在人當揭然有所存主，所存以爲主者，即是心之不昧，自作主宰，自定方向也。不是存一個外在的對象或觀念或理論于胸中也。若如此，則正是橫渠所謂「存象之心」。「存象之心」逐境而遷，正是中無存主也。次句「**惻然有所覺**」，用「**惻然**」來形容，正好是說「仁」。此是著重在此**惻然之覺之本身**，不是順「所」字去**覺一個對象**。此惻然之覺之具體意義，舉例言之，如常有不安不忍之感，常有悲憫之懷。不必問所不安不忍的特殊對象是什麼，亦不必問所悲憫的特殊對象是什麼。普通說悲天憫人，天與人已經很儱侗，並非一特定之對象。實則甚至連這儱侗的天與人亦不必要問。只看這悲憫之懷之自身，只看這**不安不忍之感之自身**，這便是仁了。「鼓萬物而不與聖人同憂」，不必問聖人所憂的是什麼，只這**憂自身**便是**聖人之襟懷**，便見聖人之**仁體**呈現。孔子責斥宰我之安于短喪、食夫稻、衣夫錦爲不仁。然則于此「惻然有所覺」，能起不安之感，那便是仁了。仁不仁著重在**安不安之本身**，不著重在所安不安的**對象**。然則從不安不忍之自身、悲憫之自身、憂之自身，總之是「惻然有所覺」之**覺之自身**去了解仁之名義正是**恰當而切至**者，此即是「**以覺訓仁**」之**切義**。此不安、不忍、惻然之覺體（覺即是體）仁體（仁心即是體）一旦呈現，自能隨事

感通，當機而發，而所不安不忍者自不能外。此即爲仁體之**感潤無**
方，其極也即爲「以天地萬物爲一體」，亦所謂「渾然與物同體」
也。如「子見齊衰者、冕衣裳者，與瞽者，見之，雖少必作，過之
必趨」，吾人即可由此見孔子「滿腔子是惻隱之心」（明道語）。
此是由其不安不忍者以見仁體。反之，體以體物（齊衰者，冕衣裳
者，瞽者）而成事（雖少必作，過之必趨），即是其**仁心覺體**之**當**
機而發、感潤無方。是故此不安、不忍、惻然之覺（甚至說知覺）
顯然是一個**本體論的實體字**，而不是一個**認識論的認知字**，是相當
于 feeling（**覺情**），而不相當于 perception（取相的知覺）。
feeling 是 moral feeling, cosmic-feeling 之 feeling，吾人可名之曰
「**本體論的覺情**」（ontological feeling），而不可看成是「**認識論**
的取相的知覺」（epistemological perception）。以前詞語簡略，
亦說爲「知覺」，而其意實即「覺情」。並非認知的取相的知覺
也。此由不安、不忍、惻然、識痛癢、不麻木諸詞語而可知也。

　　此仁心覺情是一超越的、創生的道德實體。在當機而動中，其
直接相應其自體而顯發者是不安、不忍、與惻然；在對可羞惡之事
上，則整肅而爲羞惡、果斷，此即其義相；在對當恭敬辭讓之事
上，則平靜舒展而爲恭敬、辭讓，此即其禮相；在對是非須辨別而
不可混之事上，則澄然貞定收斂而爲明辨與清晰，此即其智相。義
禮智皆以仁心覺情之超越體爲其底據，但卻都不是直接相應此超越
體自身而顯發者，都好像有一特殊之定向，有一屈曲之局限，雖亦
是此體自身之所起者，然而卻是此體自身起了縐縐，因而顯出紋路
與脈絡。其所以起了縐縐，是因爲所當之機有不同，是相應這機而
縐起來的。然而因是**仁心覺情之天理當如此**，故**雖起縐縐**，而其**自**

體仍平平。此縷縷是**天理決定**，非**物氣決定**（即非感性的、非被動的）。然而總是縷縷，故亦總有特殊之定向與特殊之局限，因而與這仁心覺情之自體總有其各自相當之距離。此即其雖一體而有異也。

　　茲就「智」相言，如無此仁心覺情之超越體爲其底據，則亦不能有此清晰明辨之智用。然此清晰明辨之智用卻是在對特殊之機上那仁心覺情之超越體所顯示之澄然貞定的**收斂**相。這一收斂即形成一特殊之定向與特殊之局限，因而與那超越體有了相當的距離，亦因而即形成仁體與智相（智用）間之差別。在這差別上，智相（智用）有其自性，它停住而能自持其自己。其自性，吾常這樣說：以**覺照爲性**，以及**物爲用**（「智及」之及）。以覺照爲性，在此說覺照，或說知覺，此方是屬**智的知覺**、認識論的知覺，而與以之說仁的那「**本體論的覺情**」之不及物之知覺本質上有不同。

　　仁心覺情在對特殊之機上澄然貞定收斂而爲智相，其**最初之收斂**是孟子所謂「**是非之心**」，是明辨道德上的是非者，常與羞惡之義心連在一起合用。再**收斂而向下貞定**，順其及物之用而及那純然的外物以爲知識之對象，這便是純知識的是非之心，這與那仁心覺情之超越體距離尤遠。然而亦未始不以仁心覺情爲本也。而仁心覺情在爲輔助其自己之實現上，亦要求此種純知識活動之出現。當王陽明言良知時，則是順**最初之智相**（道德上的是非之心）**向裡看**（即順其「及」而**內在地看**，不是**外在地看**），把這**智用**轉而爲**良知**，特重其**自律自發自定方向**的「**內在的道德決斷**」之作用。此作用與羞惡之義心連在一起，再**向裡收**，便逼近于那**仁心覺情之自體**矣。故陽明常以精誠惻怛與明覺說良知，此即以**良知表仁體**也。

（王學末流只順明覺去玩弄，忘掉精誠惻怛義，忘掉良知只是個好惡，只好惡便盡了是非，忘掉是非之心與羞惡之心之合一義，非陽明本意，故流于狂禪。）「明覺」是其自知是非（善惡），自定方向；由自知是非（善惡）、自定方向而形成內在的道德決斷，便是其天理性，故云良知之天理，因而亦云心即理；此明覺之作用本于**精誠惻怛之仁體**，故良知**本仁體**，亦**表仁體**，此當是陽明良知所當有之必然歸宿。（此點順精誠惻怛說是必然的。但四句教中「無善無惡心之體」一句，便容易引遐想、起誤會。此亦由于陽明于仁體下工夫少，于良知下工夫多之故。但若當說「無善無惡心之體」時，表明此乃直指**仁心覺情說**，則便可擋住那些遐想與誤會，而亦可使良知教更爲正大而健康。惜乎陽明雖切說精誠惻怛，而究于正視仁體上嫌弱嫌少。此其悟道入路多迂曲，不甚正大故也。亦時代處境使然，故翻上來難。翻至陽明之境亦算不易。此讀王學者所不可不知也。）故陽明之良知，以今語釋之，可說即是那能夠自己形成一內在的道德決斷之超越的、實體性的、本體論的「智的覺情」（the transcendental, substantial and ontological intellectual feeling which is able to form an inward moral decision by itself）。

但是朱子卻不順這最初的智相向裡看，即不順其「及」內在地看，卻**只是外在地看**。因此，只把知覺限于智，認爲此「只是智之發用」。如是，只知有**覺照的知覺、認識論的知覺**，而不知尙有**本體論的覺情、覺情的知覺**。因此，遂反對「以覺訓仁」，認爲覺「非仁之所以得名之實」。實則此不是明道、上蔡、延平等人**誤智爲仁**，乃是朱子**誤仁心之覺情爲智心之覺照也**。由于此誤認，遂將「覺」專限于智，如是，仁與智同受局限，各自成體用，各自分性

情，旣無以識**仁體**，又無以明仁之爲全德而有其足以**內在地統攝一切德于其自身者**。其言「仁無不包」（從性説），「惻隱之心無所不貫」（從情説），此包此貫實只是落在氣與情之相引生上而見其外在地相關聯而已。此朱子之所以喜從陰陽與春夏秋多之氣變而説也。如云：「自陰陽上看下來，仁禮屬陽，義智屬陰；仁禮是用，義智是體。春夏是陽，秋多是陰。只將仁義説，則春作夏長，仁也；秋斂多藏，義也。若將仁義禮智説，則春仁也，夏禮也，秋義也，多智也。仁禮是敷施出來底，義是肅殺果斷底，智便是收藏底。」又云：「大抵人之德性上自有此四者意思。仁便是個溫和底意思，義便是慘烈剛斷底意思，禮便是宣著發揮底意思，智便是個收斂無痕迹底意思。中有此四者，聖門卻只以求仁爲急者，緣仁卻是四者之先。若常存得溫厚底意思在這裡，到宣著發揮時，便自然會宣著發揮；到剛斷時，便自然會剛斷；到收斂時，便自然會收斂。若將別個做主，便都對副不著了。此仁之所以包四者也。」又云：「仁字，如人釀酒，酒方微發時帶些溫氣，便是仁；到發得極熟〔當作熱〕時，便是禮；到得熟時，便是義；到得成酒後，卻只與水一般，便是智。又如一日之間，早間天氣清明，便是仁；午間極熱時，便是禮；晚下漸涼，便是義；到夜半，全然收斂、無些形迹時，便是智。只如此看，甚分明。」（《朱子語類》卷第六，〈性理〉三，仁義禮智等名義）。此種比喻雖都是可以説，而且亦都體會得很美妙，但卻不是了解《論語》之仁與孟子之從本心説仁義禮智之第一義與根本義，此顯是落在氣與情之相引生之第二義上説。由氣與情之相引生直接地説惻隱之心（溫和底意思、春生）之「無所不貫」，間接地見仁（性）之「無不包」，此種包貫顯然是

外在地相關聯義。此不是仁心覺情自身之當機表現一切德，因而亦不是仁體之**內在地統攝一切德于其自身**。若依朱子之分解說，並不是仁包攝一切德，仁只是一理，只是對應惻隱之心（情）而言之一性，而包者乃是作爲綜名的那個性字包攝一切德，或本體宇宙論地說，太極包攝一切德。將一切理統綜于一，即曰太極（就全宇宙說）或曰性（就人說）。故在朱子，「仁無不包」一語實不成立，使其可以如此說者，其實義是在氣與情之相引生之外在地相關聯，是通過此外在地相關聯而如此說，而仁自身實不能內在地包攝一切德于其自身也。至于太極或性具一切理（無不包）雖可成立，但有時似又只是一綜名，是名言上之總持地說，並無實義。此在性處尤顯。但亦可講成有實義之「一」，如是多理便只成名言之虛說，並無實義。此不詳辨。但無論如何，其言「仁無不包」，「惻隱之心無所不貫」，終于是落在氣與情之相引生之第二義上說，此非仁心覺情（仁體）內在地包攝一切德于其自身之第一義與本義也。（太極或性含具衆理所示之「一」相與「多」相以及其虛實，此層在了解朱子上極微細，關鍵全在太極或性含具衆理之「具」是何意義。關此詳見下第八章第一節。又第二部〈濂溪章〉第二節第三段亦當覆看。）

以上是說朱子本人之思想。此下再就其駁斥謝上蔡、胡廣仲，與胡伯逢而略辨之。

朱子謂：「上蔡所謂知覺，正謂知寒暖飽饑之類爾。推而至於酬酢佑神，亦只是此知覺，無別物也。但所用有小大爾。然此亦只是智之發用處。」此是誤認本體的覺情爲認知的知覺。朱子從不細看上蔡說「知覺」之意義與追尋其說知覺之來歷也。小而下而至于

「知寒暖飽饑」，大而上而至于「酬酢佑神」，皆只是同質之認知的知覺（智之發用），皆只是順智相之「及」而向外看，看成是智之知覺。殊不知上蔡于此說「知寒暖飽饑」亦如說「不麻木、識痛癢」，皆非著實地指說發自生理機體之取相的知覺感覺本身以爲仁也。反面之麻木不仁，正面之識痛癢，皆是指點語，皆非著實地指說生理機體之知痛或知癢本身以爲仁也。「知寒暖飽饑」亦是指點語，兼是譬喻語，亦非著實地指說生理機體之知寒暖或飽饑本身以爲仁也。中國前賢說話多具體，譬如人情【原作「情人」，疑爲手民誤植，茲據文義校改。】之噓寒問暖，意在表示體貼溫存，豈眞是詢問其知寒暖否耶？此種語意，任何人一見便知，不知朱子于此何以如此之著！

　　胡伯逢于此略有所見，認爲「知覺亦有深淺。常人莫不知寒識暖，知饑識飽。若認此知覺爲極至，則豈特有病而已？」實則此不是深淺問題。說深淺亦如說小大，猶有認爲是同質之嫌。實則于生理機體說知寒暖識饑飽與就仁心覺情說知覺根本爲不同類也。然而同說爲知覺者，則是在生理機體處爲指點語、譬解語也。意在說仁心覺情之悱惻，不在說認知智用之及物也。不要說深淺，只說是指點語即可。「若夫謝子之意，自有精神。若得其精神，則天地之用即我之用也。何病之有？」此即就仁心覺情之悱惻說仁體之無不體也。此是「以覺訓仁」之本義。胡伯逢說深淺雖不甚恰，然顯然能知「以覺訓仁」之本義與就生理機體說知覺之爲指點義之不同。然而朱子卻只視爲智之用而視爲一類矣。朱子駁斥伯逢此語云：「此說甚高甚妙。然既未嘗識其名義，又不論其實下功處，而欲驟語其精神，此所以立意愈高、爲說愈妙，而反之於身，愈無根本可據之

地也。」夫由「惻然有所覺」了解仁，即是識仁之名義，豈必「心之德愛之理」方是識仁之名義耶？於惻然之覺而施存養之功，正是有「根本可據之地」，且比由「心之德愛之理」之說下工夫更爲眞切，何言「反之於身，愈無根本可據之地」耶？此皆隔閡太甚，故不能聲入心通也。末言「所謂天地之用即我之用，殆亦其傳聞想像如此爾，實未嘗到此地位也」。胡伯逢亦許誠未到此地位，然試問有幾人眞能到此地位？此並不礙其「傳聞想像」所表示之義理方向之爲是。何必由人之造詣以衡量其言乎？此亦不免有過分輕視對方之嫌也。原夫朱子之所以深厭「以覺訓仁」之說，除其誤認覺情爲智德外，還有一種禪之忌諱之心理。如〈仁說〉末後云：「專言知覺者，使人張皇迫躁，而無沈潛之味，其弊或至於認欲爲理者有之矣。」上節所錄之《語錄》2.5條有云：「緣上蔡說得覺字太重，便相似說禪。」2.7條中有云：「仁本是惻隱溫厚底物事，卻被他們說得擡虛打險，瞠眉弩眼，卻似說麒麟做獅子，有吞伏百獸之狀，蓋自知覺之說起之。」說「張皇迫躁」，說有類於「助」（以言「一體」者爲「忘」），皆有以私欲爲天理之弊。後來朱子即以知覺運用、虛靈之氣之隨意揮洒，斥象山爲禪，天理人欲一氣滾。說「擡虛打險，瞠眉弩眼」，便有類於禪家說禪之怪姿態。再與「張皇迫躁」連在一起便有「躁憒險薄」之惡習。大概朱子當時與湖南方面來往信函中有此太甚之語，遂引起胡廣仲之不滿。即南軒亦謂「元晦前日之言固有過當」。〈仁說〉修改爲「張皇迫躁」，雖稍溫和，然其意仍不變也。朱子執此意甚堅，並不因胡廣仲之不滿而撤銷此意。故〈答胡廣仲〉書云：「憒驕險薄，豈敢輒指上蔡而言？但謂學者不識仁之名義，又不知所以存養，而張眉努眼，說

知說覺者，必至此耳。（原注：如上蔡詞氣之間亦微覺少「些小溫粹」，恐亦未必不坐此也。）」（見下節1.〈答胡廣仲〉書。此皆忌諱心理下之誤想，雖容或有之，亦不過個人一時之流露，不必皆然，亦不必一往如此也。張皇者自張皇，迫躁者自迫躁。說禪者豈必皆「瞪眉弩眼」耶？不「瞪眉弩眼」亦可以說禪也。有時在「撥雲霧而見青天」之遮撥機緣上，雖瞪眉弩眼亦何妨？雖非平平境界，然非必盡皆平平也。雖少「些小溫粹」（猶言少一點溫粹），然非必盡皆溫粹也。禪不禪豈在此哉？此皆由於不相契與忌諱心理而來之不必要之誤想。

　　至於胡廣仲「引《孟子》先知先覺以明上蔡心有知覺之說」，此「自不倫」，朱子斥之是也。大抵胡氏子弟學力不足，幼稚處自所難免。然其朦朧中之嚮往自是明道、上蔡言仁之路向，不可廢也。朱子不能契會明道，故亦不能善予疏導。徒欲壓服而抹殺之，亦未爲得。南軒受朱子之影響，亦謂「知覺終不可以訓仁」。只此一語即示南軒於明道、上蔡，無所知也。於以見其軟罷無深思矣。其辭語亦常以明道思理爲背景，然其朦朧與恍惚固或有甚於廣仲與伯逢等也。即如「知覺終不可以訓仁」一語便是。廣仲謂「知者知此，覺者覺此」，如誠如南軒所說，「此」是指「仁」說，則知此覺此之「知、覺」自不同於「以覺訓仁」之「覺」。知此覺此之知覺是認知的知覺，是「識仁」之識；而「以覺訓仁」之覺是「惻然有所覺」之「覺」，是本體論的覺情之覺，是實體字。此兩者固不可混擾而爲一。南軒謂「知覺是知覺此，又豈可遂以知覺爲此哉？」但如知此兩知覺字意義與分際皆不同，又如何不可「以知覺爲此」（仁）？以爲不可者，亦是混認知之「識」字與覺情之

「覺」字而為一也。如廣仲認「知者知此，覺者覺此」之知覺即是
「心有所覺謂之仁」之「覺」，則亦是混。此種意義與分際之不同
如此其顯明，不應如此全無思理而竟無所覺察也。廣仲原函不存，
零辭碎義，難究其詳。彼亦可能是隨口滑轉，然以義理衡之，固應
有分際之不同也，亦不必因此即影響其「以覺訓仁」之說也。吾茲
意不在為胡廣仲等本人辨解，要在疏通「以覺訓仁」之說之來歷與
其應有之函義也。而由朱子之駁斥中之所涉及與所引語，亦可知廣
仲、伯逢、晦叔等人所表示之路向之所在，吾人亦不能謂其全無所
知也。其背景是胡五峰、謝上蔡，與程明道。朱子大力駁斥此輩湖
湘學者，而又作〈知言疑義〉以非難胡五峰，實即間接駁斥上蔡與
明道也。唯為賢者諱，於明道則不提，於上蔡則稍存客氣耳。然經
過朱子之辨論與駁斥（初階段對五峰系，次階段即對陸象山），則
伊川之綱領與明道之綱領之不同不可揜，而縱貫系統與橫攝系統之
不同亦全部彰顯矣。

4.又論〈仁說〉：

> 來教云：「夫其所以與天地萬物一體者，以夫天地之心之所
> 有，是乃生生之蘊，人與物所公共，所謂愛之理也。」
> 熹詳此數句似頗未安。蓋仁只是愛之理，人皆有之。然人或
> 不公，則於其所當愛者，又有所不愛。惟公，則視天地萬物
> 皆為一體，而無所不愛矣。若愛之理，則是**自然本有之理**，
> 不必為天地萬物同體而後有也。
> 熹向所呈似〈仁說〉，其間不免尚有此意，方欲改之而未
> 暇。來教以為不如〈克齋〉之云是也。然於此卻有所未察。

〔案：〈克齋記〉見上節附錄〕

竊謂莫若將公字與仁字，且各作一字，看得分明，然後卻看中間、兩字相近處之爲親切也。若遽混而言之，乃是程子所以謂「以公便爲仁」之失。此毫釐間正當子細也。

又看仁字，當並義禮智字看，然後界限分明，見得端的。今舍彼三者，而獨論仁字，所以多說而易差也。

又謂「體用一源，內外一致，爲仁之妙」，此亦未安。蓋義之有羞惡，禮之有恭敬，智之有是非，皆內外一致，非獨仁爲然也。不審高明以爲如何？（《朱文公文集》卷第三十二，書，問答，〈答張敬夫〉十八書之第十五書）

案：前書駁斥「以覺訓仁」之說，此書則駁斥以「一體」說仁。南軒對于明道「麻木不仁」之喻無所解，而對于其言「一體」之義則頗有印象。大抵南軒之言仁，據朱子之所引述，皆是本明道「一體」之義而來。惟多恍惚，不能透澈，又不能貫通「一體」與「覺」兩義而一之，而卻隨朱子之思理與辭語去纏夾，故朱子得以其尺度衡量而駁斥之也。朱子緊守伊川之綱領，思理甚爲一貫。南軒則搖擺不定，進退失據。

　　明道〈識仁篇〉第一條（即普通所說之〈識仁篇〉）言「仁者渾然與物同體」，未言所以「同體」之故。但第二條（吾所定之〈識仁篇〉第二條）則言「仁者以天地萬物爲一體，莫非己也」是承「痿痺不仁」而說下來。是則所以「同體」或「一體」之故是由于仁心覺情之惻然之覺之感通無礙也。此是自仁者的生命說，亦是主觀地說。〈天理篇〉（吾所定者）第三條云：「所以謂萬物一體

者，皆有此理，只爲〔皆〕從那裡來。」此言「一體」是本體宇宙論地說，亦是客觀地說，是言由萬物同一本體（皆有此理，皆從那裡來），故爲一體。此客觀地說者須由主觀地說者來證實：一、證實（印證）天命實體即仁體，使天命實體有具體而眞實的意義，不只是一個客觀地說的形式詞語，仁體與天命實體兩者完全同一，其內容的意義完全相同。二、證實（印證）萬物一體並非虛說，非只由本體宇宙論的同一本體而說的「一體」之義，此「一體」只是虛的，而且由仁者（大人）的眞實生命體現這仁體而眞至「一體」之實（感通無礙，覺潤無方，莫非己也），此是徹底的道德理想主義之實現。由此兩步印證，即可由「一體」直指「仁體之眞」，即可認「一體」即是「仁之所以爲體之眞」。蓋仁心覺情，自其爲「無所不體」之仁體言，它是絕對普遍的；而仁心覺情之呈現即是感通無礙、覺潤無方的，此即函「一體」之義，此「函」是分析地必然地「函」。仁體之感潤無礙無方與「一體」之間並無距離，「一體」並非是仁之量，乃即是「仁之所以爲體之眞」，是仁之質，是仁體之本性本來如此。仁體並非只是一抽象之理，乃是仁心覺情之感潤無方。仁體不呈現，其爲體是潛存的體，而「一體」之實亦不能有。仁體本身之有（存有之有）是自有、本有，固不待體現不體現，亦不待「一體」不「一體」。自此而言，「一體」與「仁體自身」有距離。但就具體而眞實的、呈現的仁體言，仁心覺情是眞實的、存在的仁心覺情，不是潛存不顯，擺在那裡，覺是眞實的、存在的惻然之覺，不是潛存不顯，只爲覺之理（覺之可能）擺在那裡不動。就此而言，則依其感潤無方之本性，即分析地必然地函著「一體」之義，此時一體即與仁體自身無距離。此具體而眞實的仁

體自身因一體「而後在」，同時亦即因一體「而後有」。**有即在，在即有，有與在是一**，並**無分別**。故感潤無方是「仁之所以爲體之眞」，而其必然地所函之「一體」亦是「仁之所以爲體之眞」。古人說仁體（仁心覺情）都是就具體而眞實的仁體之義說，並不就其潛存之義說。

　　此書，朱子引南軒之語曰：「夫其所以與天地萬物一體者，以夫天地之心之所有〔意即：天地之心之所本有，本有此義〕。是乃生生之蘊，人與物所公共，所謂愛之理也。」南軒此數語之意同于明道〈天理篇〉第三條之所說，此是本體宇宙論地、客觀地說，是只由同一本體（人與物所公共）而說一體。南軒不解明道、上蔡所言之「覺」義，且反對「以覺訓仁」之說，（此因受朱子之影響而撤銷，但朱子前函亦云：「今伯逢必欲以覺爲仁，尊兄既非之矣。至於論知覺之淺深，又未免證成其說。」是則南軒搖擺不定。原書不存，無從知其詳。）故不能就仁心覺情之感潤無方說「一體」。下朱子書所引，知彼亦主觀踐履地說一體，但不就仁心覺情之感潤無方說，卻就「己私既克，則廓然大公」，「愛之理得於內，其用形於外……」說。此即其纏夾。此處彼亦言「愛之理」，以「人與物所公共」之「生生之蘊」（生理、仁體）爲「愛之理」。依其承明道之思路而言仁體說，其言「愛之理」當不同于朱子所言之「愛之理」。朱子所言之「愛之理」是專主于愛說，是有局限、有定體的。依明道之言仁體，仁體之爲「愛之理」不光是**就「愛」說而已**，並不**專主于愛而限于愛**。仁體是超越的絕對普遍之實體，就「愛」說其爲「愛之理」，亦無不可，但就義禮智信乃至恭敬忠而說其爲此等等之理亦無不可。實則此只是一仁心覺情之當機呈現。

南軒不能透澈，只隨朱子詞語轉，故朱子即得依其詞語之尺度而撥轉之。大抵南軒言仁體之儱侗思路是來自明道，至其曲折細微處則不透澈，故常搖擺不定也。

朱子謹守伊川之綱領，思理一貫，對于明道則全不相契，故既不解其言覺之意，復亦不解其「一體」之義。彼以覺為智之事，既非矣，此復以「一體」為仁之量，尤非也。然依伊川之綱領，依「仁性愛情」之分，依「心之德愛之理」之方式，朱子自己固甚一貫也。仁專主于愛而為「愛之理」，其本身是自有本有，但無所謂感潤無方，亦不函一體之義。「一體」是仁之量（依仁之理而發愛之情之充其極），一體與仁理本身根本是兩會事，故一體並非「仁之所以為體之真」。（依朱子，仁實亦無所謂體，只是眾理中之一理而已，只對情之用言而為體，是各自成體用、各自分性情之體，非明道所說之仁體也。）「一體」既非「仁之所以為體之真」，故仁理自身只能因「一體」「而後在」（因「一體」或「部分」之量而後始見其有具體的表現，有被依而發為具體之情即仁愛之情之存在），不因「一體」「而後有」也。故云：「若愛之理，則是自然本有之理，不必為天地萬物同體〔即一體〕而後有也。」「有」與「在」之分，此見朱子很會思考。實則理**只是有**，無所謂**在不在**。在不在只是**情之事，非性之事**。言因一體或部分之量而後在者，是只言其領有**具體的情之發用**也。具體的情之發用是「**存在的仁**」（現在于眼前），而仁之為理則是「**非存在的仁**」（只是理），但卻是「**有**」。故「存在的仁」實**只是情**，而非**仁之為理本身**也。不但仁如此，一切理皆如此，太極亦如此。此朱子所言之理只屬于**本體論的**「**存有**」也。（若依明道所言之仁體，在即是有，有即是

在，在有不分，此所謂「在」不是**情變之在**，乃是**仁體之在**，亦如西方言上帝不只是有，亦是在，上帝是**即有即在**；復亦如濂溪之言「動而無動、靜而無靜」之神，此神體亦不只是有，且亦是在，但此「在」是屬於**神體之在**，不是**氣之在或不在**，不是有動有靜、「動而無靜、靜而無動」之氣之**在或不在**也。若依朱子「在、有」之分而衡量此「在、有」之不分，以爲明道所言之仁體，乃至濂溪所言之誠體、神體，象山、陽明所言之心體、知體，乃是形而下者之只是「在」，則謬矣。不要因其「在」即認爲是**屬于氣或情**也，即認爲是**形上形下不分、理氣不分**也。要在對于**形上實體**體會有不同。關鍵唯在此形上實體是否「**只是理**」耳，是否「**心理爲一**」耳。此處深微，須善會。）

依朱子，仁義禮智各自成體用，各自分性情，亦各自有「在、有」。如何能使仁理之「有」依仁之量而成爲「在」耶？曰：「公」。公不即是仁，「公所以體仁」，是「所以用力之方」。「公而以人體之，故爲仁」，此言「爲仁」是言「**仁之在**」，非言「**仁之有**」。是則朱子之言「公」，亦如其言「敬」，皆是後天的工夫，是從情上著力，非從「仁之爲理」之性上著力。能公、能敬，則作爲「仁之量」之情可以漸漸發出來，乃至逐步擴大，而使仁理之有成爲**仁情之在**（存在的仁）。此是澈底後天漸敎之形態。〔依明道所言之仁體，則工夫是先天的工夫，惟在當下逆覺體證（悟），由體證而存養，工夫惟在體上著力也。此一工夫方式即是「識仁」中「識」字之所函，而爲胡五峰所抽引出，亦爲象山、陽明所弘揚。明道雖未明言，無關也。然當其言「只心便是天，盡之便知性，知性便知天，當下便認取，更不可外求」，已顯明地開出

此義矣，即謂之已明言及亦可也。〕

　　至于此書末後言及南軒謂「體用一源，內外一致，爲仁之妙」，朱子以爲「未安」，此亦表示兩系統之不同。南軒所言之「體用一源，內外一致」，是承明道所言之仁體而言，而朱子以爲義禮智「皆內外一致，非獨仁爲然」，則是「仁性愛情」之方式下各自成體用、各自分性情、各自有「在、有」之「內外一致」，與南軒所言者顯然不同。朱子非之，只顯其對于明道所言之仁體全不相契耳。

　　以上之疏解比論，似可于此作一綜括，以圖解示之如下：

Ⅰ　縱貫系統：《論》、《孟》、《中庸》、《易傳》之本義：

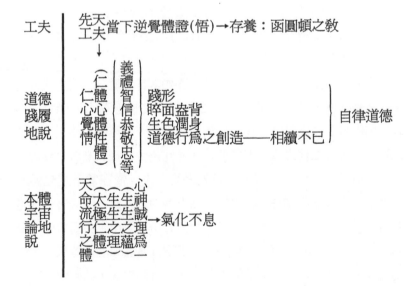

Ⅱ　橫攝系統：朱子本伊川所完成者：

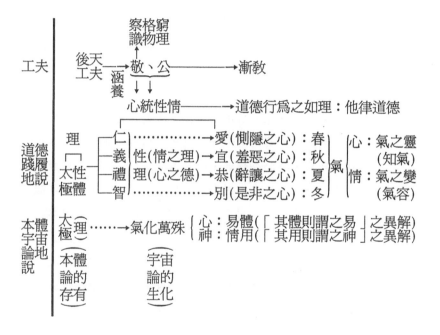

附注：虛線箭頭表示理氣或性情之關係，對縱貫系統言，不是直
　　　貫創生的關係，就朱子自己的系統言，是不離不雜的關
　　　係。兩系統底差異就在此處顯。但不離不雜，如要正面說
　　　出來，則頗不易。此將在下第八章中有詳解。

5.〈答欽夫仁說〉：

〈仁說〉明白簡當，非淺陋所及。但言性而不及情，又不言
心實性情之意，似只以性對心。若只以性對心，即下文所引
孟子「仁人心也」，與上文許多說話，似若相庚。更乞詳
之。〔案：只心性對言是胡五峰之思路。南軒原意不得詳。
此點在此不討論。關于胡五峰之心性對言，請參看第二部
〈胡五峰章〉。〕

又曰：「己私既克，則廓然大公，與天地萬物血脈貫通，愛
之理得於內，而其用形於外，天地之間無一物之非吾仁矣。
此亦其理之本具於吾性者，而非強為之也（原注：此數句亦
未安）。蓋己私既克，則廓然大公，皇皇四達，而仁之體無
所蔽矣。夫理無蔽，則天地萬物血脈貫通，而仁之用無不周
矣。」

然則所謂「愛之理」者，乃吾本性之所有，特以廓然大公而
後在，非因廓然大公而後有也；以血脈貫通而後達，非以血
脈貫通而後存也。今此數句有少差素，更乞詳之。

愛之理便是仁。若無天地萬物，此理亦有虧欠。於此識得仁
體，然後天地萬物血脈貫通，而用無不周者，可得而言矣。
蓋此理本甚約，今便將天地萬物夾雜說，卻鶻突了。夫子答
子貢博施濟眾之問，正如此也。更以「復見天地之心」之說
觀之，亦可見。蓋一陽復處，便是天地之心，完全自足，非
有待於外也。又如濂溪所云「與自家意思一般」者，若如今
說，便只說得「一般」兩字，而所謂「自家意思」者，卻如

何見得耶？

又云：「視天下無一物之非仁」，此亦可疑。蓋謂視天下無
一物不在吾仁中，則可。謂物皆吾仁，則不可。蓋物自是
物，仁自是心。如何視物為心耶？

又云：「此亦其理之本具於吾性者，而非強為之也。」詳
此，蓋欲發明仁不待公而後有之意，而語脈中失之。要之，
「視天下無一物非仁」與此句，似皆剩語。並乞詳之，如
何？（《朱文公文集》卷第三十二，書，問答，〈答張敬夫〉十八
書之第十七書）

案：此批評南軒之〈仁說〉也。南軒〈仁說〉原文不得見。然就朱
子之所引述以及其指摘，亦可見出朱子與南軒兩人思路之不同矣。
此書意旨與前書同，只在申明「一體」為仁之量，「非仁之所以為
體之真」，故欲明仁之為理之自有、本有，不必夾雜天地萬物說。
更舉「夫子答子貢博施濟眾之問」、「復見天地之心之說」，以及
「濂溪所云與自家意思一般」三例，以明「夾雜說」之不可。夫
「博施濟眾」與「一體」（感潤無方、血脈貫通）並非同意，焉可
因「博施濟眾」之病而影響「一體」之義耶？「復見天地之心」、
「天地之心」自身固「完全自足」，然同時亦即「體物而不遺」。
由體物不遺以見「一體」之義。並見仁體（心體）「遍在」之義。
遍在與一體並非「有待於外」之義。焉可以「有待於外」視「渾然
一體」耶？濂溪窗前草不除，以見與自家意思一般，猶言一般天然
生趣也。此重點正在天然生趣之「自家意思」，不在「一般」。
「一般」猶言「一樣」，我自家是生意洋然，窗前草亦是生意洋

然，故不須除也。此與「一體」之義並不同，尤與朱子所理解之「仁之量」之「一體」不同，焉可拉在一起說？又焉可視「一般」為一獨立概念而與「自家意思」分別理會耶？在「一體」處，依朱子之系統，因視為「仁之量」，可以與仁之為理自身分別觀，但在此處則並不可作如此分別觀也。焉有「只說得一般」，不見自家意思之說耶？此類比可謂不倫不類。朱子之辨大都此類深文周納，故多滯礙不通也。

南軒謂「視天下無一物之非仁」，此語自等于「天地之間無一物之非吾仁」，意即無一物之不在吾仁體之感潤中，或無一物非仁體流行之所貫。此自不是「視物為心」，如同視筆為墨者。南軒亦不至此。朱子注意辭語之明確，自甚佳。然此等處提醒之可，正不必致疑也。其所以疑之者，蓋只因不喜「一體」之故耳。

又南軒謂「此亦其理之本具於吾性者，而非強為之也」，此中「其理」二字是承上文「愛之理得於內，而其用形於外，天地之間無一物之非吾仁矣」而來，是就此數語所表示之「一體」與「血脈貫通」之義說，言此理、此一體之義，乃是吾性體所本具之理、所本有之義，並非以意「強為之也」。此亦猶後來陽明〈大學問〉所謂：「大人之能以天地萬物為一體也，非意之也，其心之仁本若是，其與天地萬物而為一也。」南軒之語意與陽明此數語之語意同。是以「其理」之理並不指「仁理」自身說，亦不指「仁體、性體」自身說，乃指「一體」之義與「血脈貫通」之義說。否則，何必說「本具於吾性，非強為之也」耶？而朱子則誤會為「欲發明仁不待公而後有之意，而語脈中失之」，此真失其語脈矣。南軒承明道之思路而言仁體，意謂若「己私既克」，仁體呈現，則依仁體之

無所不體也，仁者之生命自能「廓然大公，與天地萬物血脈貫通，愛之理得於內，而其用形於外，天地之間無一物之非吾仁矣」。此雖只由仁體之無所不體而言一體與血脈貫通，未能就惻然之覺之感潤無方而言一體與血脈貫通，然義理亦自可通，亦足表示「一體」之即是「仁之所以爲體之眞」，而非「仁之量」之說。然而朱子必欲視此爲仁之量，與仁之爲理自身分別觀，而視順明道言「一體」者，爲「將天地萬物夾雜說」，認爲此是「鶻突」（猶言突兀、無端而來），此蓋由於其所言之仁，乃承伊川綱領而說，本非明道所言之「仁體」也。

　　南軒所言之「其理本具於吾性，而非強爲之也」，既指一體與血脈貫通說，不指「愛之理」（仁之爲理自身）說，則朱子承之而作注解謂：「然則所謂愛之理者，乃吾本性之所有，特以廓然大公而後在，非因廓然大公而後有也，以血脈貫通而後達，非以血脈貫通而後存也」，此自不相應矣。朱子想「廓然大公」是根據伊川「公所以體仁」想，而南軒之說此，則是從仁體自身上說，是視作仁體之屬性。南軒既謂一體之義「本具於吾性，而非強爲之也」，則仁體之「在」與「有」亦當是一如而不分者。朱子則認爲必須分，是對于仁之理解有不同，非南軒之語有「差忒」也。朱子誤解「其理本具於吾性，而非強爲之也」爲指「愛之理」說，又視「視天下無一物非仁」一語所表示之一體與血脈貫通爲夾雜天地萬物說，故認此兩語「似皆剩語」。其實依明道所言之仁體說，皆非「剩語」也。吾人不得見南軒之原文，亦不知其是否有答辨（亦許其本人即不甚透徹）。遂只以朱子爲準，只剩下朱子之骨幹，不見有兩系統之異矣。

6.〈答張敬夫〉：

「類聚孔、孟言仁處，以求夫仁」之說，程子爲人之意可謂深切。然專一如此用功，卻恐不免長欲速好徑之心，滋入耳出口之弊，亦不可不察也。

大抵二先生之前，學者全不知有仁字。凡聖賢說仁處，不過只作愛字看了。自二先生以來，學者始知理會仁字，不敢只作「愛」說。然其流復不免有弊者，蓋專務說仁，而於操存涵泳之功不免有所忽略，故無復優柔厭飫之味，克己復禮之實，不但其蔽也愚而已。而又一向離了愛字，懸空揣摸，既無眞實見處，故其爲說恍惚驚怪，弊病百端，殆反不若全不知有仁字，而只作愛字看卻之爲愈也。

熹竊嘗謂若實欲求仁，固莫若力行之近，但不學以明之，則有擿埴冥行之患，故其蔽愚。若主敬致知，交相爲助，則自無此弊矣。

若且欲曉得仁之名義，則又不若且將愛字推求。若見得仁之所以愛，而愛之所以不能盡仁，則仁之名義意思瞭然在目矣。初不必求之於恍惚有無之間也。此雖比之今日高明之說，稍爲平易，然《論語》中已不肯如此迫切，注解說破。至孟子方間有說破處。然亦多是以愛爲言〔如惻隱之類〕，殊不類近世學者驚怪恍惚、窮高極遠之言也。

今此錄所以釋《論語》之言，而首章曰「仁其可知」，次章曰「仁之義可得而求」，其後又多所以明仁之義云者，愚竊恐其非聖賢發言之本意也。

又如首章雖列二先生之說，而所解實用上蔡之意，正伊川說中、問者所謂由孝弟可以至仁，而先生非之者。恐當更詳究之也。（《朱文公文集》卷第三十一，書，問答，〈答張敬夫〉二十一書之第六書）

案：此批評南軒了解仁之方法與進路，並明自己所取之方法與進路。意亦盡于前，不復贅。提到《論語》不肯說破，孟子亦非「窮高極遠之言」等等，則殊不必。

7.〈答張敬夫〉：

大抵「觀過知仁」之說，欲只如尹說發明程子之意，意味自覺深長。如來喻者，猶是要就此處強窺仁體。又一句**歧為二說，似未甚安帖也。**〔下略〕（《朱文公文集》卷第三十一，書，問答。〈答張敬夫〉二十一書之第七書）

案：「觀過知仁」之辨見下節。此為胡廣仲、胡伯逢、吳晦叔等人所發者，朱子力辨斥之。據此書，南軒之意亦同于廣仲、伯逢等也。此亦見朱子之如何不喜「仁體」之說也。「一句歧為二說」，詳亦見下節。

8.《語錄》：

8.1看《知言》彪居正問仁一段云：極費力，有大路不行，只行小徑。至如「操而存之」等語，當是在先。自孟子亦不專以此為學者入德之門也。且齊王人欲蔽固，故指其可取者言

之。至如說「自牖開說」，亦是爲蔽固而言。若吾儕言語，
是是非非，亦何須如此？而五峰專言之，則偏也。又云：居
正問「以放心求放心可乎？」既知其放，又知求之，則此便
是良心也。又何求乎？又何必使其良心遇事發見而後操之
乎？（楊方錄）（《朱子語類》卷第一百一，〈程子門人〉，附論
胡五峰）

8.2 五峰曾說：如齊宣王不忍觳觫之心乃良心，當存此心。敬夫
說：觀過知仁，當察過心則知仁。二說皆好意思，然卻是尋
良心與過心，也不消得。只此心常明，不爲物蔽，物來自
見。（實從周錄）。（同上）

8.3 問：先生舊與南軒反覆論仁，後來畢竟合否？
曰：亦有一二處未合。敬夫說本出胡氏。胡氏之說，惟敬夫
獨得之。其餘門人皆不曉，但云當守師之說。向來往長沙，
正與敬夫辨此。（鄭可學錄）（《朱子語類》卷第一百三，〈胡氏
門人〉，張敬夫）

案：論胡五峰求放心兩條皆不諦。五峰此義即爲廣仲輩「觀過知
仁」說之所本。錄此兩條于此，乃所以啓下也。五峰《知言》，已
專章論之。至于第三條則表示「與張南軒反覆論仁」之結束。朱子
謂此番辨論「亦有一二處未合」。實則據以上所論觀之，乃根本處
未合也。只因南軒多隨朱子腳跟轉，其本人亦自不甚明澈其自己思
路之來歷與此思路全部之涵義，而常搖擺不定與多所纏夾，遂令朱
子有「亦有一二處未合」之想。朱子復謂「敬夫之說本出胡氏」，
實則據以上所論觀之，乃大體來自明道。五峰《知言》論心論仁已

不少，但並不多彰顯「一體」之義。廣仲輩之論「觀過知仁」倒眞是來自胡氏。朱子之所以如此說，蓋不欲牽連明道也。

又謂「向來往長沙，正與敬夫論此」，此所謂「向來」即朱子三十八歲時往潭州晤南軒之時也。據此語，則知往潭州並不專討論中和問題，亦正與敬夫兼論仁之問題也。然則《年譜》該年所載「是時范念德侍行，嘗言二先生論《中庸》之義三日夜而不能合」，范氏此語並非無據，惟專指論《中庸》言，則恐是范念德之儱侗。其「不能合」，也許仁之問題佔分數更多也。王懋竑于范念德此語致疑其無據，而復于中和問題中別覓其不合之處以實之（見第二章第三節），蓋因未見《語錄》中此語也。蓋當面討論問題所涉自多，與書札討論之集中不同。不親身參與者自不能知。朱子往潭州晤南軒，主要目的自是爲中和問題。范念德之言恐亦只是就主要目的而儱侗想像之耳。大抵在中和問題上，南軒恐無多異辭，但在仁之問題上，則顯出其思路甚不同于朱子。由此方面之不同，亦顯出中和問題表面之同而核心處不同之重要。此如「先察識後涵養」，朱子亦認南軒仍堅持而不捨（參看第三章第一節1.〈答林擇之〉書），此即胡五峰之思路，亦即對于中體恐了解終有不同，故如此堅持也。然則朱子「中和新說」書中首句所謂「諸說例蒙印可」，恐亦只是表面枝葉處印可耳。或順朱子思路而印可，或于其理解伊川不謬而印可，不必即完全贊同朱子之骨幹也。當然亦不必句句皆爭執，如朱子然。大抵南軒多隨和，于思考問題又不似朱子之認眞與著力，然其思想之底子與核心處仍是五峰、上蔡，與明道之思路，不可揜也。

第四節　與胡廣仲等論「觀過知仁」與「先知後行」之問題

1.〈答胡廣仲〉：

〔上略〕。至於仁之爲説，昨兩得欽夫書，詰難甚密，皆已報之〔案：此當指上節所錄一與二兩書說〕。近得報云，卻已皆無疑矣。今觀所論，大概不出其中者更不復論，但所引《孟子》「知覺」二字，卻恐與上蔡意旨不同。蓋孟子之言「知覺」，謂知此事，覺此理，乃學之至而知之盡也。上蔡之言「知覺」，謂識痛癢、能酬酢者，乃心之用而知之端也。二者亦不同矣。然其大體皆智之事也。今以言仁，所以多矛盾而少契合也。

憤驕險薄，豈敢輒指上蔡而言？但謂學者不識仁之名義，又不知所以存養，而張眉努眼、説知説覺者，必至此耳。（原注：如上蔡詞氣之間亦微覺少些小溫粹，恐亦未必不坐此也。）

夫以愛名仁固不可，然謂之理，則所謂仁之體也。天地萬物與吾一體，固所以無不愛，然愛之理則不爲是而有也。須知仁乃愛之理、生之道，故即此而又可以包夫四者，所以爲學之要耳。細觀來諭，似皆未察乎此，此熹之所疑者七也。（原注：晦叔書中論此大略與吾丈意同，更不及別答。只乞轉以此段呈之。大抵理會仁字須並義禮智三字通看，方見界

分分明、血脈貫通。近世學者貪說仁字，而忽略三者，所以無所據依，卒並與仁字而不識也。）〔案：此書甚長，前已言六點，大抵環繞胡五峰《知言》而說，略而弗錄。〕

夫來敎之爲此數說者〔案：即上文朱子所疑之七點〕，皆超然異於簡册見聞之舊，此其致知之功亦足以爲精矣。然以熹之所疑考之，則恐求精之過而反失之於鑿也。

大抵天下事物之理亭當均平，無無對者。唯道爲無對，然以形而上下論之，則亦未嘗不有對也。蓋所謂對者，或以左右、或以上下、或以前後、或以多寡、或以類而對、或以反而對，反復推之，天地之間直無一物兀然無對而孤立者，此程子所以中夜以思不覺手舞而足蹈也。〔案：此程子是明道〕。

究觀來敎，條目固多，而其意常主於別有一物之無對。故凡以左右而對者，則扶起其一邊；以前後而對者，則截去其一段。既強加其所主者以無對之貴名，而於其所賤而列於有對者，又不免別立一位以配之。於是左右偏枯、首尾斷絕、位置重疊、條理交併，凡天下之理勢、一切畸零贅剩、側峻尖斜，更無齊整平正之處。凡此所論陰陽、動靜、善惡、仁義等說，皆此一模中脫出也。常安排此箇意思規模橫在胸中，竊恐終不能到得中正和樂、廣大公平底地位，此熹所以有「所知不精，害於涵養」之說也。若必欲守此，而但少加涵養之功，別爲一事，以輔之於外，以是爲足以合內外之道，則非熹之所敢知也。要須脫然頓捨舊習，而虛心平氣以徐觀義理之所安，則庶乎其可也。

仰恃知照，不鄙其愚，引與商論以求至當之歸，敢不罄竭所
懷以求博約！蓋天下公理非一家之私，儻不有益於執事之高
明，則必有警乎熹之淺陋矣。（《朱文公文集》卷第四十二，
書，問答，〈答胡廣仲〉六書之第五書）

案：此書關于仁者已詳于前節，茲不復論。後綜結則綜斥胡廣仲輩
言學（言理道）之態度，以爲「其意常主於**別有一物之無對**」，以
衝破左右、上下、前後、多寡、相類、相反之有對之「**停當均
平**」。此辨，不管胡廣仲如何想。以理衡之，顯有差謬，亦不得對
方之情。「常主於別有一物之無對」，如胡五峰言「性不可以善
名，況惡乎哉？」此意顯示性體超越乎善惡者（善惡之事或行或言
或念）之相對之上而爲一無善惡相、不可以善惡名之超然絕對體，
亦即**至善之絕對體**。胡氏之意實如此，而此義亦實可說。此義亦實
本于明道「人生而靜以上不容說，才說性時已不是性矣」一段而
來。而明道于〈識仁篇〉言仁體時亦曰：「此道**不與物對**，大，不
足以名之。」即朱子之師李延平亦曰：「動靜、眞僞、善惡，皆對
而言之，是世之所謂動靜眞僞善惡，非性之所謂動靜眞僞善惡也。
惟求靜於未始有動之先，而**性之靜**可見矣。求眞於未始有僞之先，
而**性之眞**可見矣。求善於未始有惡之先，而**性之善**可見矣。」
（《李延平集》卷三）胡氏之意亦如此，而朱子見之卻大起反感，
以爲其「性不可以善惡名」是「性無善惡」之說，如同告子。此難
免深文周納，故意誤解之譏。何以同一意也，出自明道便無異辭，
出自五峰，便如此責斥？即朱子自己亦言太極爲絕對體，不可以動
靜言，而又特欣賞「無極而太極」之一語。此豈非亦主「別有一物

之無對」耶？**無對**即**絕對**，是說性體、仁體、乃至太極**自身之爲**
體。體與用對。用或是氣化之用，或是情變之事，就其爲用或事自
身言之，皆是**相對者**。體與用對，絕對者與相對者對，形而上者與
形而下者對，此「對」胡五峰乃至胡廣仲等能反對耶？又此對豈與
左右、上下、前後、多寡、相類、相反之**事相上之相對（對待）**爲
同一意義耶？胡廣仲等「常主於別有一物之無對」正是顯絕對者與
相對者之相對，形上者與形下者之相對，何礙于「**停當均平**」耶？
今朱子將形上形下之相對與左右上下前後等之事相上之相對混爲一
律，以爲一主「別有一物之無對」便是衝破左右上下前後等事相上
之相對之「**停當均平**」，便是「**扶起其一邊**」，「**截去其一段**」，
使「天下之理勢、一切**畸零贅剩、側峻尖斜**，更無**齊整平正**之
處」，天下寧有如此之論辨耶？此則太乖名理，豈非差謬之甚？形
上與形下之相對是異質異層之縱，左右上下前後等事相上之相對是
同質同層之橫。一縱一橫，眉目朗然，正顯示一**立體的、完整的**
「**停當均平**」，非只**平面的事相上**之「**停當均平**」也。凡欲顯絕對
體者皆如此，即朱子本人亦不能外此模型。何以胡廣仲等一言絕對
體便成「畸零贅剩、側峻尖斜」耶？朱子謂：「既強加其所主者以
無對之貴名，而於其所賤而列於有對者，又不免別立一位以配
之」，如此辨駁豈能謂得人之情乎？性體、仁體、乃至太極之「無
對之貴名」豈是**強加**者？即胡廣仲之欲「主別有一物之無對」，又
豈是從左右、上下、或前後中**取出一邊或一段**以爲其所主而強加一
「無對之貴名」，復「別立一位」以補左右或上下中之遺缺以配之
耶？如此辨論太是隨意周納！胡廣仲再不行，亦何至如此！

　　然而朱子所以不顧名理、不諒對方，而竟如此說者，亦非是他

不承認有一無對之絕對體，亦非只是其表面辨論之不愼，吾人實當**深一層看**。其所以如此說實有一**義理方向之不同**爲其背景。其如此說正透示出其**實在論心態之傾向**，正透露出其**義理系統**爲**靜涵靜攝之系統**，爲對于**本體論的存有之靜態地、平擺地綜攝**。雖對于太極無對體亦是這樣**平置地靜攝**。朱子亦並非不知形上形下之對與左右上下前後之對之不同。但即使對于這一縱一橫所形成之立體的完整的「**停當均平**」亦是這樣**客觀地平置地去靜攝**，故顯得枝枝相對，葉葉相對，而眞顯得是一個「**停當均平**」的局面呈現在眼前。朱子合下是一個**幾何型的心態**。然而凡自明道、上蔡下來的，通過胡五峰乃至胡五峰之子弟，直至後來之象山，乃至更後之陽明之大顯，凡言無對之絕對體者皆是**主觀地、踐履地**當下**逆覺而體證之**以使其直下在吾之生命中起**直貫創造之作用**。此不但自明道、上蔡直至象山、陽明是如此，即先秦儒家自《論》、《孟》而發展至《中庸》、《易傳》已經本來是如此。此是主觀地、踐履地、當下收歸到自己身上來直下體證之，復直下承當之，或期有以承當之，使之能直貫下來之講法；客觀地、本體宇宙論地說，亦是**提挈宇宙的講法，承體起用**以顯於穆不已之**天命實體**之「**創生直貫**」的講法。這種講法是**動態的、上升的、數學型的講法**，亦是**逆流渡河的講法**。故特重在**逆覺無對之體**。唯此是要點，其他皆是第二義以下者。眞體呈現，其他皆跟著來。此如渡河者，先逆流而上，上至恰當程度，則安然而下，自然順致而至彼岸矣。並非不要其他，亦並非不知形上形下之相對，更非不知氣化情變上事相之相對而截去之或抹殺之。惟因是踐履地、提挈地講之，而不是**平置地、客觀地、靜攝地講之**，所以不顯四平八穩之「**停當均平**」之局面。此爲朱子所不

喜，甚至所深厭。（蓋與其後天漸磨之工夫相反，與其格物窮理之
入路相反，與其靜涵靜攝之形態相反。）故自彼觀之，即成「**畸零
贅剩、側峻尖斜**」之局矣。此形容亦甚巧。蓋彼自實感中發出，雖
不相應，亦非無故也。此或由于胡廣仲輩之不行，故令朱子有此反
感，亦由于其生命本質根本不傾向于此，故亦不能契此義理骨幹
也。是以其辨駁之表面不如理實只是其**橫攝心態**之不能契此**縱貫的
義理骨幹**而已。此則讀朱子此書者所不可不知者也。

此書所論爲一綜綱（方法上的、態度上的）。以下即正式接觸
「**觀過知仁**」之**逆覺**問題。

2.〈答胡伯逢〉：

> 昨承喻及「知仁」之説，極荷開曉之詳。然愚意終覺未安。
> 來諭，大抵專以**自知自治**爲説，此誠是也。然聖人之言有近
> 有遠，有緩有急。《論語》一書，言知人處，亦豈少耶？大
> 抵讀書須是虛心平氣，優游玩味，徐觀聖賢立言本意所向如
> 何，然後隨其遠近淺深、輕重緩急，而爲之説，如孟子所謂
> 以意逆志者，庶乎可以得之。若便以吾先入之説橫於胸次，
> 而驅率聖賢之言以從己意，設使義理可通，已涉私意穿鑿，
> 而不免於郢書燕説之誚，況又義理窒礙，亦有所不可行者
> 乎？
> 竊觀來教所謂：「**苟能自省其偏，則善端已萌，此聖人指示
> 其方，使人自得，必有所覺知，然後有地可以施功而爲仁**」
> 者，亦可謂非聖賢之本意，而義理亦有不通矣。熹於晦叔、
> 廣仲書中論之已詳者，今不復論。請因來教之言而有以明其

必不然者。

昔明道先生嘗言：「凡人之情易發而難制者，惟怒爲甚。能於怒時，遽忘其怒，而觀理之是非，亦可以見外誘之不足惡，而於道亦思過半矣。」〔案：此〈定性書〉中語〕若如來教之云，則自不必忘其怒，而觀理之是非，第卽夫怒而觀夫怒，則吾之善端固已萌焉，而可以自得矣。若使聖賢之門已有此法，則明道豈故欲捨夫徑捷之塗，而使學者支離迂緩以求之哉？亦以其本無是理故爾。

且孟子所謂「君子深造之以道，欲其自得之」者，正謂精思力行、從容涵泳之久，而一日有以泮然於中。此其地位亦已高矣。今未加克復爲仁之功，但觀宿昔未改之過，宜其方且悔懼愧赧之不暇，不知若何而遽能有以自得之耶？

「有所知覺，然得有地以施其功」者，此則是矣。然覺知二字，所指自有淺深。若淺言之，則所謂覺知者，亦曰覺夫天理人欲之分而已。夫有覺於天理人欲之分，然後可以克己復禮而施爲仁之功，此則是也。今連上文讀之，而求來意之所在，則所謂覺知者，乃自得於仁之謂矣。如此，則覺字之所指者已深，非用力於仁之久，不足以得之。不應無故而先能自覺，卻於旣覺之後，方始有地以施功也。

觀孔子所以告門弟子，莫非用力於仁之實事，而無一言如來諭所云「指示其方使之自得」者。豈子貢、子張、樊遲之流皆已自得於仁而旣有地以施其功耶？其亦必不然矣。

然熹前說，其間亦不能無病。〔如云：爲仁淺深之驗，觀人觀己之說，皆有病。〕以今觀之，自不必更爲之說。但以伊

川、和靖之說明之,則聖人之意坦然明白,更無可疑處矣。
(《朱文公文集》卷第四十六,書,問答,〈答胡伯逢〉四書之第
三書)

案:《論語·里仁》第四:「子曰:人之過也,各於其黨。觀過,
斯知仁矣。」朱註:「黨,類也」。並引程子(伊川)曰:「人之
過也,各於其類。君子常失於厚,小人常失於薄。君子過於愛,小
人過於忍。」又引尹氏(和靖)曰:「於此觀之,則人之仁不仁可
知矣。」皇侃《疏》引殷仲堪之言曰:「直者以改邪爲義,失在於
寡恕。仁者以惻隱爲誠,過在於容非。」孔子此言,意自明白,歷
來亦無異解。「黨」解爲類可,解爲偏亦可。無論是黨類或偏黨,
此可直指人之個性(氣性、質性)之差異而說。人之個性之差異即
是類不同,類不同即函偏。人之過失常依其個性之類不同(黨類、
偏黨)而發,故過失亦可曰偏差。殷仲堪之言甚佳,即伊川之言亦
可表意。惟「觀過斯知仁」,則是**指點語**,尹和靖承伊川之言而結
之曰:「於此觀之,則人之仁不仁可知矣。」此稍轉「斯知仁」而
爲知「人之仁不仁」。此亦不甚要緊。但「觀過」如何便能即「知
仁」?(如何在觀過處便可即知仁?)此既是**指點語**,顯然是要表
明仁道或仁體是在個性之類不同以及由之而發之偏差之失**以上**者。
「無偏無黨,王道蕩蕩。」仁亦當是無偏無黨者。仁道或仁體之是
否能呈現,人之是否能成爲仁者(仁道仁體之體現者),單在看其
是**安于**其個性(氣性、質性)之偏黨而讓其常發過失呢?抑或是**不
安于此**,不但隨時常發之過失要化掉,即過失所依之而發的個性之
偏黨亦要從根上予以轉化呢?安于其個性之偏黨,雖君子亦不可說

為仁者，亦不能說是仁道之體現，亦不能說是仁者之生命。不安于其個性之偏黨，而總想有以轉化之，則雖小人亦可期勉為君子，進而期勉為仁者。然則仁道是無偏無黨的，不能求之于偏黨之個性，而只能求之于不滯於偏黨之個性而消化其偏黨。此是**形式地言之**。若落實而**具體地言之**，則仁道成為仁心覺情之仁體。仁體（眞實生命、生命之眞幾）不能于「固結於偏黨之個性」中見，而只能于「不滯于偏黨之個性而消化其偏黨」中見。如是，反之，仁體呈現，仁心覺情洋溢于生命中，則不但隨時常發之過失可以化而不存，即其所依之而發的偏黨之個性亦能轉化而不固結，此時之生命即全幅是一仁體流行之生命，而無一毫氣質固結之陰影。如是，**仁之所以為仁**（包括「仁之所以為體之眞」與「仁之所以得名之實」）即于**此見**，（斯知仁矣），而仁者之生命（尹和靖所謂「人之仁不仁」）亦于此見矣。顏子之「不遷怒，不貳過」，「纔動即覺，纔覺即化」（王龍溪解語），即可表示此意。此當是孔子「觀過斯知仁」一指點語之**實意**。由觀省「人之過」（此「人」字是泛指，不必指他人，自己亦包在內）而自己警覺策勉，不留滯、不固結，即可進悟仁道或仁體矣。朱子不喜「仁體」二字。上節所錄最後〈答張敬夫〉書云：「猶是要就此處強窺仁體。」實則此是自然要指點到「仁體」的，何言「強窺」？「仁體」二字是不可免地要說到。假定不喜「仁體」二字，「仁道」二字總可以說。想朱子亦不至反對。但「仁道」是個形式詞，落在生命上，就是「**仁體**」。具體地說之，就是「**仁心覺情**」。難道必把「仁」字解為空洞的「愛之理」始可乎？此恐更遠于孔子指點語之意也。即照伊川之解，亦不函必堵絕「仁體」之義。伊川之意豈是只令吾人觀君子小

人之過失而已乎？豈是只如此便算仁乎？必不然矣。然則不于此警醒策勉而進悟**仁之爲仁**而何？進悟仁之爲仁，不說**仁道仁體**而何？此亦朱子之過也。

依以上所論觀之，胡伯逢之語不能算太差。朱子必穿鑿反之何耶？「苟能自省其偏，則善端已萌」，是即言于過處能觀省其爲過（偏差）而心有所不安（警醒），則即是其本心之「善端已萌」（本心之善已透露）。「此聖人指示其方，使人自得」，此言此即是聖人于「觀過」處指示人以「自得」之方。「自得」者言人人皆可于此**當下有所受用**，即**呈露本心之善**以化除其過失之偏。此承「自知自治」之義而說。並非專指自得于仁一觀念而說。凡言自得皆函有自得于己而有所受用之意。受用者，自得其所自知之仁體而復自得其依仁体所成之化治之功也。「必有所覺知，然後有地可以施功而爲仁」，此言必于仁體先有所覺知，先識仁之體、先察識，然後有可以施功之地，即施存養之功漸使仁體呈現其用、以化除其偏、而爲體現仁道之事也。此即朱子三十九歲時〈答何叔京〉書所謂「若不察於良心發見處，即渺渺茫茫，恐無下手處也」。如此理解並無「不通」處，亦未必「非聖賢之本意」。朱子下文之穿鑿周納始真難通矣。

首先，依明道「能於怒時，遽忘其怒，而觀理之是非」，以爲如伯逢之說，「則自不必忘其怒，而觀理之是非，第即夫怒而觀夫怒，則吾之善端固已萌焉，而可以自得矣」。試看能如此說乎？「觀過」豈是即夫過而觀夫過，平置之而已乎？「觀」豈只是純然一觀而已耶？「觀過」豈是將「過」擺在那裡而吾只在一旁泠泠然以觀識之乎？伯逢之語能函有此意乎？若如此不諒人之意，則于孔

子原語亦可如此駁斥：「若如子言，則自不必忘其過而觀理之是非，第即夫過而觀夫過即可以知仁矣！」夫能「自省其偏」即是在理上不認其爲對，此即函說要化除它，豈但忘之而已？知其偏，理上不認其爲對，豈非「善端已萌」乎？本心善端之萌即是仁體之呈露，故云「斯知仁矣」。

其次，依孟子「君子深造之以道，欲其自得之也」，認爲「此其地位亦已高矣」，而于伯逢之說，則卻認爲是「今未加克復之功，**但觀宿昔未改**之過，宜其方且悔懼愧赧之不暇，不知若何而遽能有以自得之耶？」孟子之言，其意是：君子依道（朱注解爲「進爲之方」）去深造，是想使他「自得〔之〕於己」（朱注語），不是教人空口說白話也。此言「自得」是依道深造之**目標**，不表示**地位已甚高**。「自得之，則居之安」云云，方是地位**已甚高**者。若將孟子此原則用于此處，則人依「觀過知仁」之道去深造，亦是要人**有自得**（當下**有所受用**）。然則說「此聖人指示其方使人自得」，有何不可？依此方（道）去深造，**眞切觀省其爲偏而不安**，即含有「克己復禮」之實功。如此精進不已，則眞可以「**自得**」矣（本心之善呈露以化除其偏）。何以便是「未加克復爲仁之功，但觀宿昔未改之過」耶？

又「必有所知覺，然後有地以施其功」，朱子以爲此「所謂覺知者乃自得於仁之謂」。實則此所謂「有所覺知」只是指「於仁體有所覺知」而言，並非「地位亦已高矣」之「自得於仁之謂」。若是「亦已高矣」之「自得於仁之謂」，則接不上「然後有地可以施功而爲仁」之句。有所覺知，是先識仁之體。地是從仁體說，不從「過」處說，從能說，不從所說。此「有所覺知」不是泛說。若是

泛說，則可以兩面指：一指知過，此爲用功去過之所施力處，一指知仁體，此爲存養之功之所施處，亦是化除過失之偏而爲體現仁道仁體之事（爲仁）之所憑藉之超越根據。但若依胡五峰「先識仁之體」之義以及朱子理解爲「自得於仁」所透露之消息，則「有所覺知」顯然不是泛說，而是確指「知仁體」而言。朱子之誤在「地位已高」之「自得」，不在「仁」處。

最後，「孔子所以告門弟子者」，固皆是「用力於仁之實事」，然每一指點亦皆是指示一用力之方以使其自得。就「觀過知仁」言，亦是「指示其方使之自得」。此語有何不可說耶？而朱子卻謂「無一言如來諭所云『指示其方使之自得』者」！試問凡孔子所以告門弟子者不是「指示其方使之自得」，是甚麼？只是強辨，實不足以服人。不必問伯逢之如何想也。

綜觀此書，知胡伯逢所理解之「觀過知仁」實即是**逆覺一路**，亦猶胡五峰就齊宣王不忍牛之觳觫當下指點其良心之不昧，逆覺以體證之，以言「求放心」。此逆覺一路即函**先察識**而後涵養有所施。此言**察識**是單指由**逆覺**以**體證本心仁體**言。朱子「中和舊說」時本有此意，然此路不是其生命之本質，故終不能相契。中和新說成立後，力主先涵養後察識，而察識亦非逆覺體證義。故此後凡見言逆覺體證者皆起反感，用種種不如理之強辨以駁斥之。蓋朱子合下是實在論心態下之**順取之路**，其心思是不回頭者，故凡遇由逆覺以提升其自己而以體證本體爲第一義者，彼即感覺頭痛，皆認爲是「張皇迫躁」，「瞠眉弩眼」，如同說禪。實則此皆因不相契而來之誤想，而逆覺體證乃不可反對者。「觀過知仁」亦必然函有逆覺之義。既承認本心，則當下指點，逆覺以體證之，亦是必然者。明

道言「學者須先識仁」，胡五峰言「須先識仁之體」。如何識之？如果**仁體**不是一個**外在的物事**，則捨**逆覺體證**其**何由**？此則只要一想便可知之。何反對之有！

「聖人之言」固「有近有遠、有緩有急」，然就內聖之學以個人自己成德為要言，則「專以自知自治為說」亦不誤也。試問論中和、論仁，如此苦心參究辨說究為何事？就此主題而言，不「專以自知自治為說」，當以何為說？而朱子又必忿出去說《論語》「言知人處」亦不少！此豈相干之辨耶？其所以于此亦必駁斥之者，蓋亦不喜「自知」語中所函之逆覺體證之路耳。蓋彼視此為「先入之說」也（承五峰而來者）。實則非他人有「先入之說」，乃自己有先入之見也。乃于此教以「虛心平氣」，不可「以吾先入之說橫於胸中，而驅率聖賢之言以從己意」。此嘉言也。然此種訓誡之言須當機。所施不當，人不能服。「夫民今而後得反之也」。後來于辨〈太極圖說〉時，施之于梭山，梭山以為其「求勝不求益」，不置辨，而象山則不耐矣。其靈于胡氏子弟者，于象山則不靈矣。此種言語固是君子長者相勸勉之意，非是口舌相譏辯之事，象山之不耐亦非世俗之輩之不服善而出于相傾軋，然而此中殺難言，朱子之境界實不能高于象山也，故象山得以其瑩朗之胸次，不卑不亢，而予以轉撥也。

3.〈答吳晦叔〉：

> 「觀過」一義，思之甚審。如來喻及伯逢兄說，必謂聖人教人以**自治為急**，如此言乃有親切體驗之功，此固是也。然聖人言**知人處**亦不為少。自治固急，亦豈有偏自治而不務**知人**

之理耶？又謂人之過不止於厚薄愛忍四者，而疑伊川之說為未盡。伊川只是舉一隅耳。若君子過於廉，小人過於貪，君子過於介，小人過於通之類，皆是。亦不止於此四者而已也。但就此等處看，則人之仁不仁可見，而仁之氣象亦自可識。故聖人但言「斯知仁矣」。乃此先儒舊說，為說甚短，而意味甚長。但熟玩之，自然可見。若如所論，固若親切矣，然乃所以為迫切淺露，而去聖人氣象愈遠也。

且心既有此過矣，又不舍此過而別以一心觀之；既觀之矣，而又別以一心知此觀者之為仁。若以為有此三物遞相看覷，則紛紜雜擾，不成道理。若謂止是一心，則頃刻之間有此三用，不亦忽遽急迫之甚乎？凡此尤所未安。姑且先以求教。（《朱文公文集》卷第四十二，書，問答，〈答吳晦叔〉十三書之第六書）

案：此書第一段，聖人亦言「知人」，此不相干。第二段，伊川之說自是只舉一隅。若吳晦叔只就其列舉疑其未盡，此自無謂。但謂「但就此等處看，則人之仁不仁可見，而仁之氣象亦自可識，故聖人但言斯知仁矣」，以為如此便已足，而且「意味深長」，則是歇後語，引而不發，而其實是蒙頭蓋臉，堵絕人了解「觀過斯知仁」之實義。伊川之語只說明「過於其黨」，而此並不等于說明「觀過斯知仁」。有時可以作歇後語看，引而不發，意自顯明。此如令尋孔、顏樂趣，引而不發可也。然此處則並不可作如此看。「過於其黨」固須說明，「觀過斯知仁」亦仍須要說明。此不得以「先儒舊說」為言。先儒章句家不加注解者多矣。若如此說，則朱子之注大

部不必要。比「觀過知仁」顯明易了者甚多，尤不必注。豈不更「意味深長」乎？然而別處注之不休，何獨于此而吝惜筆墨耶？進一步加以說明，使人了解由「觀過」如何能至「斯知仁」之實義，吾以為是大功德。即說明之，亦何妨礙聖人語意意味之深長？又何以便是「迫切淺露，而去聖人氣象愈遠」？須知此句並不易懂，而且說之亦並不易說。解說者（不必是章句注解家）不說，有時是不明澈，難于著筆，有時是省力，故只說明「過於其黨」以為線索，讓人自悟。實則由此線索至「斯知仁」並不是直接引申可以引到，實有一種跳躍之提升，一種曲折之轉進。朱子于此所以必要蒙頭蓋臉，乃只為不喜「仁體」之說。故責南軒「猶是要就此處強窺仁體」！實則在不明白時，說「強窺」亦不妨。此處須要「強窺」也。若不「強窺仁體」，則「觀過」與「知仁」決難連在一起。觀「過於其黨」可以知人之個性之差異與偏傾，何以便能「知仁」？此非一步跳躍與轉進而何？朱子只隨尹和靖而說「但就此等處看，則人之仁不仁可見，而仁之氣象亦自可識」，此實太含混儱侗。「仁之氣象」（意即體段）真能「自可識」乎？（如真能「自可識」，則不必反對「一體」與「以覺訓仁」。）此能表示出「觀過知仁」之實義乎？朱子最不喜含混儱侗，何以于此等難解處，便輕輕掩過，而只以「意味深長」為說耶？蓋亦欲堵絕言「仁體」者之門而已矣。《論語集注》此處，朱子只引程子與尹氏語，而不加一語作解，吾有以知其故矣。（復引吳氏語而加按語，則遠離題旨。）

　　第三段，最為悖理，真象山所謂「料度羅織、文致之辭」（見〈辨太極圖說〉第一書）。依朱子之分析，過心是一層；「別以一

心觀之」又是一層，因而又是「一心」；「又別以一心知此觀者之
為仁」又是一層，因而又是「一心」。如是，有三層，因而有三
心。就此三心，復作兩難推理以難之：「若以為有此三物遞相看
覷，則紛紜雜擾，不成道理。若謂止是一心，則頃刻之間有此三
用，不亦忽遽急迫之甚乎？」實則此兩難皆極悖理。首先，自實層
言之，只是兩層，並無三層。過心是一層，此是被觀者，亦是被轉
化者。此即習心也。觀此過心而知其為過而不安，則「善端已
萌」，此即是超越之本心。觀不只是一冷冷然之旁觀，而且在觀之
中即有一種不安之感，故云「善端已萌」。若只是冷冷然之旁觀，
則無所謂「善端已萌」也。不安之感有一種化除之力量，若只是冷
冷然之觀，則無所謂有化除之力量也。因此在「觀」時所呈現之心
之不安之感，吾人即名曰超越的、道德的本心。「超越」者言其超
越乎被觀之習心以上而駕臨之也。「道德」者言其有化除之力量而
期于消除此過失也。觀時所呈現之心如此，則過心之過即是要被消
除被轉化者，無所謂「不捨此過而別以一心觀之」也。朱子加此
「不捨此過」一語顯得太是「料度羅織」之辭。而又視「觀」為一
冷冷然之旁觀，顯然已失「苟能自省其偏，則善端已萌」之義。是
以「觀過知仁」，依晦叔、伯逢、廣仲等之所意謂，實只是「苟能
自省其偏，則善端已萌」之一語。就此語而分析之，實只是本心與
習心之兩層，即超越者與氣質者（感觸者、經驗者）之兩層。知此
觀時所呈現之本心即是仁（仁心覺情、仁體），此知只是一虛層，
並非一實層。此「知」字只是說明上之自覺自證，無所謂「又別以
一心知此觀者之為仁」也。朱子視此「知」字為別是一心，顯是以
虛為實，故加「文致」。自實際言，只是一本心之呈現，此自覺自

證而爲說明上之「知」字並無所增益。若說別是一心，亦只是吾人
之說明活動耳。若在實踐之當事人自己，則只是一自知自證，自明
此本心即爲仁耳。若果此自知自證自明有一種肯認之力量，則還是
那本心之呈現，融此自知之肯認于本心而爲一也。（是義詳論見下
9.「觀心說」處。）是以觀過知仁，若自心而言之，則只有本心與
習心之兩層，並無所謂三心三層也。就本心而說其爲本心（仁
體），說說又何妨？事實自如此。過心總是要化除，而本心總是在
上者。本心仁體呈現自無因個性之差異而發之過失之偏。觀過知仁
只是這一簡單之事實，分析出來便是本心與習心。何來「三物遞相
看覷，紛紜雜擾，不成道理」？至若在料度羅織之中，視三心爲一
心，「則頃刻之間有此三用」，若眞如此，豈但一「忽遽急迫」而
已，是方眞是「不成道理」也。蓋本心與習心（仁與過）根本爲異
質而相背反者，如何能混視爲「止是一心，頃刻之間有此三用」？
以此爲難，太過料度！

　　原朱子所以視晦叔、伯逢等之說爲「三心遞覷，紛紜雜擾」，
或「一心三用，忽遽急迫」，根本乃在其不喜就「觀」字而言仁之
說。彼對此義視爲「又別以一心知此觀者之爲仁」。根本關鍵只在
此一句。如是，實不是三心「遞相看覷，紛紜雜擾」，乃只是二心
「遞相看覷，紛紜雜擾」；亦不是一心「頃刻三用，忽遽急迫」，
乃只是一心「頃刻二用，忽遽急迫」。此即上節所錄最後〈答張敬
夫〉書所云「一句歧爲二說」也。「一句」是指「觀過知仁」一句
說，「歧爲二說」即是觀「過」之心與知「此觀過之心爲仁」之心
之二說。二說即二心，實即「就觀字而言仁」之一義也。此雖說起
來，有點咬口，經過朱子之料度，又顯得紛紜忽遽，而實則甚爲簡

單而平常。此處朱子只說紛紜忽遽。此外還有爲其所最生厭者便是彼認爲此是禪之方式，有一種**自反之勁道，奇突詭譎之姿態**，此非聖人所應有。而對於此說實義之誤解則在：一、以觀爲**純然泠泠然之觀**；二、「別以一心知此觀者之爲仁」，所謂二心二說實只是混虛爲實。

若「觀」只是純然泠泠然之觀，則此觀字所表示之「觀心」（觀省之心）自不必即是仁。但「苟能自省其偏，則善端已萌」，此觀字實表示一種超越的、道德的本心之呈現，由知其爲偏而不安而顯。「知其爲偏而不安」之心即是本心也。亦如朱子說：「旣知其放，又知求之，則此便是良心也。」（見上節所錄《語錄》8.1條）此種**反身的說法**乃是不可免者，何以便是歧爲二心二說耶？若如朱子之料度，「則此便是良心」一句豈不亦紛紜忽遽乎？此亦是禪耶？「旣知其放，又知求之」，此「知」爲一心；知「此知即是良心」，又是一心。此豈非同樣亦爲二心二說乎？豈不同樣亦爲「遞相看覷，紛紜雜擾」，乃至「忽遽急迫」乎？然而其實是混虛爲實，故意這樣文致料度而已，並無實義。「旣知其放，又知求之，則此知便是良心」，此豈非最平常之實事實理？何容如此料度！（「則此知便是良心」，由「則」字下來，即可知：知「此知便是良心」之「知」字之別爲一心，此心在此實只是虛位字。於此說二心雜擾，實只是自己虛實混擾。故云無實義也。）

原朱子所以故意這樣文致料度亦只在不喜就**主體**（觀時自己處之**本心呈露**）言仁體耳。一、不喜就「主體」言；二、不喜言「仁體」，故云：「猶是要就此處強窺仁體。」實則此兩者乃是不可免的。對**就主體言者**，朱子不就「觀時自己處所呈露之本心」說仁，

乃是從「觀」繞出去而**客觀地空說泛說一仁字**。故但就伊川所解說之「過於其黨」，隨尹和靖之結語，而云：「但就此等處看，則人之仁不仁可見，而仁之氣象〔體段〕亦自可識。」此即從「觀」處**推出去**而從「人之仁不仁」處說仁也。此即是客觀地空說泛說。此是**平置地說法**，自可不易令人有那種知、知「知」之**繳繞**與**勿遽**。如此平置地說的「人之仁不仁」乃至「仁之氣象」如何落實講？曰：不隨人之個性（氣性質性）之差異而偏失，即是「人之仁」（有仁道的人），隨之而偏失即是「人之不仁」（不能表現仁道的人）。由此而見的「仁之氣象」（體段，不是「仁者」的氣象，乃是仁自身之氣象、體段）便是一個**平正的理**，無偏無黨之理。此理再落實講，便是「心之德愛之理」也。此即是朱子所體會之「觀過知仁」之實義。此實義再通過人之「躬行實踐，直內勝私，使輕浮刻薄、貴我賤物之態潛消於冥冥之中，而吾之本心渾厚慈良、公平正大之體常存而不失，便是仁處」（見下書）。此是有平正體段的仁理或仁道之合心講（心是朱子系統中的心）。**就言「仁體」者言**，朱子所體會之仁之體段最後便是有局限的「心之德愛之理」，其本身無所謂「一體」，亦無所謂「覺」。此理亦可說為「體」。但卻是單對「愛」情之用而為體，亦即單對「愛」之情而為性。此即仁義禮智並看、各自成體用之體也。但如此講「觀過知仁」，所成者乃是一橫攝系統。而胡氏輩就「主體」而言「仁體」者，所成者卻是縱貫系統。

現在卻應看孔子之本意以及其言仁所易至之傾向為如何？

就孔子原句語意本身直接地看，自不必含有就「觀」而言本心呈露為仁之義。是以孔子說此語時之情景亦很可能是**離開「觀」字**

而只儱侗地（渾含地）就「過於其黨」處翻上來指點仁字。仁字總在「過於其黨」以上處見則無疑。自此而言，朱子對於原句語意之體會是對的。胡氏輩之所說自是附加的。然此附加卻於孔子所說之仁之實義並無乖違，不但無乖違，且可使之更親切而具體。此附加且可有自己實際踐履上之根據。蓋孔子所說皆是指點語（指示其方、指示一原則）。順其指點所透示之仁說，仁皆是「仁道」，是個形式字（形式的概念），是客觀地說、平置地說。（朱子特喜如此說，不錯。但流於著則誤。順其著而來的對於仁所施之確定的理解與有局限的規定，亦誤，至少不合孔子所意謂之仁之實義。）但如果將其指點（所指示之方、原則）收歸到自己身上來真付諸實踐，則其每一句渾含地、客觀地、平置地所透示之「仁道」（形式的概念），相應每一句，皆可主觀地轉成仁心覺情，而於此每一句所指示之方之付諸個人自己之實踐中當下具體呈現。試將此義應用於「觀過知仁」之一指示，如果一人真將此原則收歸到自己身上來付諸實踐，真依此原則去作實踐的觀省，則於此觀省中必真能怵然心動，知偏失之過而不安，而期有以化除之；進而亦必真能豁然醒悟，翻然自證，原來只此怵然心動、知偏失而不安之心即是吾人之本心，此即是「仁道」之具體而真實的落實處，亦即是客觀地說的「仁道」之主觀地轉爲仁心覺情。此即是就「觀」字所呈露的本心而識仁之切義實義也。在如此付諸實踐中，當然決不是要吾人去實際地觀「過於其黨」之偏失而徒知一不偏之爲仁。蓋如是，仁還只是一個客觀的、形式的「仁道」擺在那裡，而吾人亦還是仍在事外，未曾真存在地（實際地）去作觀過即改過（或期改過）之實事，故亦未曾興怵然心動而起不安之感，其所作者仍只是認知地由

觀過而**推知不偏之爲仁**而已，故仁道仍未落實而爲仁心覺情也。全部《論語》並未言及**本心**，亦未言及**覺**字，亦未說**仁體**，亦未說**仁道卽仁心覺情，仁心覺情**即仁體。凡此等等自是後人之所附加。然當孔子說「觀過知仁」乃至其他指示語時，決不是只說**一個原則**，不讓人去作**實際的踐履**。如是，雖是附加，卻是在**存在的踐履**中自然帶出來的，決無不相應處。此即是此等附加詞語之**實際踐履上之根據**，亦即是**就主體而言仁體**之路也。觀過知仁是如此，其他孔子答弟子問之指點語以及孔子之自言仁之語亦皆可如此看，而最顯著者則爲就宰我之安於食夫稻衣夫錦，而責宰我之不仁。此非就「不安」之仁心覺情而說仁而何？故收歸到自己身上來，就實際踐履上所呈露之本心，當下反身體證仁體（識仁），決無不相應處。此而相應，則以「覺」訓仁，以「一體」言仁體之所以爲體之眞，亦皆係當然者，亦決無不相應處。由此路言仁，仁字之實義實比較**具體而眞實**，是「仁道」之**實化**。依此，朱子雖在了解原句語意上對，而此後其對於仁之確定的理解與局限的規定則不必能恰當。胡氏輩雖在直接了解原句語意上不必爲恰當，然進一步將原句視作一原則而付諸實踐，而實際踐履地解說之，則卻對，即較能得其實義。此亦由於明道之明澈而始有此開發也。

　　象山云：「夫子以仁發明斯道，其言渾無罅縫。孟子十字打開，更無隱遁。」孔子之指點語表面上是渾含地、客觀地、平置地說，而實皆隱含著踐履上之**主觀地說**。此其所以「**渾無罅縫**」，「**意味深長**」也。後來都是打開的開發。然「孟子十字打開，更無隱遁」，則更能**相應**其渾含之圓整而盡其實義。明道之以「覺」訓仁，以「一體」言仁體之所以爲體之眞（上蔡、龜山說之，皆源於

明道，故如此云），乃至胡氏子弟之解說「觀過知仁」為就主體而言仁體，亦皆是合於孟子之「十字打開」而更相應於夫子之渾含的圓整也。所謂**相應**者是通過「**十字打開**」而成為**立體的縱貫系統**也。朱子亦是「打開」，但卻不是「十字打開」，故成為**靜涵靜攝系統（橫攝系統）**，而不能相應於其**渾含的圓整**也。

朱子在受教於延平時，亦曾著力於「仁者渾然與物同體」之理解，然「終未見道體親切處」，對於明道此語終「未有實見處」（〈答許順之〉書，覆看本章第一節）。後來「中和新說」成立後，此義遂全部泯失無遺，而復力反言「一體」者。至對於「以覺訓仁」，其師延平雖曾告其當於此「下工夫令透澈」，然朱子對此似乎根本未曾著力，故終於最不贊成「以覺訓仁」也。此其所以力斥胡氏子弟也。

以上兩書是朱子與胡伯逢吳晦叔兩人辨「觀過知仁」之核心。義理至為深遠，吾故詳言之，以明兩系統之所以分歧。以下朱子書皆是此核心之注解與重言。

4.〈答吳晦叔〉：

〔前略〕。前書所論觀過之說，時彪丈〔案：即彪居正字德美，五峰弟子〕行速，忽遽草率，不能盡所懷。然其大旨亦可見，不知當否？如何？其未盡者，今又見於廣仲、伯逢書中，可取一觀。未中理處，更得反覆詰難，乃所深望。

然前所示教，引巧言令色、剛毅木訥兩條，以為聖人所以**開示為仁之方，使人自得者**，熹猶竊有疑焉，而前書亦未及論也。蓋此兩語正是聖人教人實下功夫、防患立心之一術。果

能戒巧令、務敦朴，則心不忿縱，而於仁爲近矣。非徒使之
由是而知仁也。〔案：此疑非是。晦叔說不誤。其引此兩語
以明聖人「開示爲仁之方使人自得」，亦非徒使人「由是而
知仁」。末語之斷足知誤解。〕

大抵向來之説皆是**苦心極力要識仁字**，故其説愈巧，而**氣象
愈薄**。近日究觀聖門垂教之意，卻是要人躬行實踐，直内勝
私，使輕浮刻薄、貴我賤物之態，潛消於冥冥之中，而吾之
本心渾厚慈良、公平正大之體常存而不失，便是仁處。其用
功着力，隨人淺深各有次第。要之，須是力行久熟，實到此
地，方能知此意味。蓋非可以想像意度而知，亦不待想像意
度而知也。〔案：此指導勸勉語不相干。只在反對于實際踐
履中就主體而識仁體耳。〕

近因南軒寄示〈仁錄〉，亦嘗再以書論所疑，大概如此。而
後書所論仁智兩字尤爲明白，想皆已見矣。並爲參詳可否，
復以見教，幸甚幸甚！（《朱文公文集》卷第四十二，書，問
答，〈答吳晦叔〉十三書之第七書·）

5.〈答胡廣仲〉：

「知仁」之説，前日答晦叔書已具論之。今細觀來教，謂
「釋氏初無觀過工夫，不可同日而語」，則前書未及報也。
夫彼固無觀過之功夫，然今所論，亦但欲借此**觀過而知觀者
之爲仁耳**。則是雖云觀過，而其指意卻初不爲遷善改過、求
合天理設也。然則與彼亦何異耶？〔案：此太文致料度〕

嘗聞釋氏之師有問其徒者曰：汝何處人？對曰：幽州。曰：
汝思彼否？曰：常思。曰：何思？曰：思其山川城邑人物車
馬之盛耳。其師曰：汝試反思「思底」還有許多事否？今所
論因觀過而識觀者，其切要處正與此同。若果如此，則聖人
當時自不必專以觀過爲言。蓋凡觸目遇事，無不可觀，而已
有所觀，亦無不可因以識觀者而知夫仁矣。以此譏彼，是何
異同浴而譏裸裎也耶？〔下略〕（《朱文公文集》卷第四十
二，書，問答，〈答胡廣仲〉六書之第三書）

案：此只強辨。蓋朱子視「于實際踐履中就主體而體證仁心本體」
爲禪。實則此只是**反身逆覺體證之方式**相同，並非內容意義「切要
處」相同。若因方式相同，即認爲是禪，則「反身而誠，樂莫大
焉」之全部孟子學皆成禪！寧有斯理耶？朱子于此**何不自反乎**？儒
者言心言性，稱爲內在而固有，于此建立眞正道德主體性，若不採
取反身逆覺體證方式以肯認之，進而體現之，試問教人採取何方式
以體證汝所宣稱爲「內在而固有」之道德主體（心性）以明其爲本
有耶？朱子于此**總不回頭**，全走**平置順取之路**。難怪其言性最後只
成一個消融于太極之**普遍之理**而平置在那裡。在言性之分際上，雖
言其爲固有，此「固有」只成一句如此一說之空話，說訖便置之，
而卻只走其**格物窮理之路**以求**靜攝那普遍之理**。而于心雖亦言本
有，而卻不是孟子本心之本有，乃只是**心氣之明**（知氣）之**本有**，
只顯其**認知靜攝**之作用。如此，內在而固有之眞正道德主體全被**拆
散而消失**，而**主體義亦泯滅**。此不回頭之過也。尚反就主體而言仁
體者乎？以此爲忌諱，遂使儒學**全成歧出**，蓋其**外轉心態**使然也。

夫《論語》雖無「反身」之詞，亦未言「內在而固有」，然若將孔子之指點付諸實踐，此乃爲其所必由，而其所說之仁亦總不能**全平置出去而只爲一普遍之理也**。朱子何固執「**順取**」之甚，而**總不回頭耶**？豈一「反身」便是禪耶？

朱子誤解胡廣仲等所解之「觀過」爲純然泠泠然之觀，故云「但欲借此觀過而知觀者之爲仁耳。則是雖云觀過，而其指意卻初不爲遷善改過求合天理設也」。又云「若果如此，則聖人當時自不必專以觀過爲言，蓋凡觸目遇事，無不可觀，而已〔當作一〕有所觀，亦無不可因以識觀者而知夫仁矣。」此則誤解太甚，不必論矣。胡廣仲等雖至差，見此亦必廢書而嘆矣！

6.附錄：〈南軒答問〉：

> 問：觀過斯知仁矣。舊觀所作訥齋〈韋齋記〉，與近日所言殊異。得非因朱丈「別以一心觀，又別以一心知，頃刻之間有此二用爲急迫，不成道理」，遂變其說乎？某嘗反覆紬繹此事，正如懸鏡當空，萬象森羅，一時畢照，何急迫之有？〔案：此則扯遠。當時大概總有些莫名其妙的恍惚論調，引起朱子之反感，遂力斥胡氏子弟。〕
>
> 必以觀人之過爲知仁，則如觀小人之過於薄，何處得仁來？又如觀君子之過於厚，則如鬻拳之以兵諫，豈非過於忠乎？唐人之剔股，豈非過於孝乎？陽城兄弟之不娶，豈非過於友悌乎？此類不可勝數。揆之聖人之中道，無取焉耳。仁安在哉？〔案：此即是過于其黨，自不于此等處說仁。觀過知仁非此義也。〕

若謂因觀他人之過而默知仁之所以爲仁，則曷若反之爲愈
乎？爽於先生舊說，似未能遽捨。更望詳教。

曰：後來玩伊川先生之說，乃見前說甚有病。來說大似釋
氏。講學不可潦草。蓋過，須是子細玩味，方見聖人當時立
言意思也。過於厚者，謂之仁則不可。然心之不遠者可知。
比夫過於薄，甚至於爲忮爲忍者，其相去不亦遠乎？請用此
意體認，乃見仁之所以爲仁之義，不至渺茫恍惚矣。〔案：
此答解，不中肯。南軒自己亦恍惚耳。〕（《宋元學案》卷五
十，〈南軒學案・南軒答問〉）

案：此段下，附梨洲答姜定庵問「觀過知仁」曰：

黨，偏也。無偏無黨，王道蕩蕩。人之氣質，剛柔狂狷，各
有所偏，而過亦從之而生。過則不仁。識得過底是己私，便
識得不過底是仁。如工夫有間斷，知間斷便是續。故觀過斯
知仁。此南軒〈韋齋記〉意如此。晦翁以爲一部《論語》何
嘗只說知仁？便須有下手處。殊不知，不知仁，亦無從有下
手處。果視其所知者，懸空測度，只在影響一邊，便是禪門
路徑。若觀過知仁，消融氣質，正下手之法。明道之識仁獨
非知乎？

梨洲此言大體近是而未盡。但所謂「此南軒〈韋齋記〉意如此」，
〈韋齋記〉不見〈南軒學案〉，今存《南軒文集》亦無此文。不知
其原意究如何，想與廣仲輩同一思理。由或人之問，知南軒因受朱

子之影響而放棄〈韋齋記〉中之思想。此〈答問〉中之奭不知究係何人。查今存之《南軒文集》卷六有〈題周奭所編鬼神說後〉一文，卷七復有〈周奭硯璞銘〉一文，蓋即此周奭也。南軒隨朱子腳跟轉，旣因之而非「以覺訓仁」，復因之而放棄廣仲等之「觀過知仁」之說，其爲不明澈自亂可知。

查《南軒文集》卷一，〈答胡伯逢〉云：

> 《知言》之說，究極精微，固是要發明向上事。第恐未免有病，不若程子之言爲完全的確也。某所恨在先生門闌之日甚少。茲焉不得以所疑從容質扣于前，追恨何極！然吾曹往返論辨，不爲苟同，尚先生平日之志哉？

案：此由「性不可以善惡言」說下來，則知南軒于五峰之思想，**所得蓋甚少**。其受敎之日淺，所知固不能眞切也。

又《南軒文集》卷二，〈答陳平甫〉云：

> 僕自惟念，妄意於斯道有年矣。始時，聞五峰胡先生之名，見其話言而心服之，時時以書質疑求益。辛巳之歲，方獲拜之於文定公書堂。先生顧其愚而誨之，所以長善救失，蓋自在言語之外者。然僅得**一再見耳**，而先生沒。

案：辛巳之歲乃高宗紹興三十一年。朱子斯年三十二歲。南軒卒年四十八歲，朱子是年五十一歲（春二月得訃至），是則朱子長南軒三歲。（如訃至遲，卒年在前一年冬，則朱子長二歲。）如是，辛

巳之歲,南軒蓋二十八或二十九歲時也。二十八、九問學于五峰,
拜師後,又「僅得一再見,而先生沒」,則其親炙之日淺也。朱子
于三十一歲始受學于延平。朱子當時于延平之學亦不了了。兩人各
有師承,皆不眞切于**其師之入路**。延平「危坐終日以驗夫喜怒哀樂
未發前氣象爲何如」,是**超越的體證**;五峰由孟子求放心「識仁之
體」,是**內在的體證**。兩人于其師之入路皆不眞切。朱子終于順伊
川之綱領走。南軒頗有得于明道所言之仁爲遍在之體以及渾然一體
之義,而不解其所以言仁爲「遍在之體」以及所以言「仁者渾然與
物同體」之故,故只順其辭語而空言「仁無不體」以及「與天地萬
物爲一體之義」,而卻反對「以覺訓仁」並放棄廣仲輩「就主體而
言仁體」之「觀過知仁」說。廣仲輩重視「以覺訓仁」並以「就主
體而言仁體」之義解觀過知仁實較能貫澈明道言仁之全義並眞切于
五峰之「內在的體證」。南軒于此無所知也。五峰沒,《知言》雖
在,然南軒之學與朱子俱時生長,遂全爲朱子所牽拽。南軒以其父
(張浚)之關係,早出頭于社會,儼然爲湖湘學者之中心。廣仲、
伯逢、晦叔、德美(彪居正)等潛居不顯,猶得守其家學師說而不
變。南軒依違其間,不自覺時露五峰學之痕迹,而表之言語文字則
大抵順朱子之腳跟轉。只言「仁體」與「一體」顯其自明道而來,
不同于朱子。至于於五峰,則所得蓋甚少也。一、反對「以覺訓
仁」,二、放棄廣仲輩之觀過知仁說,三、贊同朱子之〈知言疑
義〉。由此三端,即可知也。然則朱子謂「胡氏之說,惟敬夫獨得
之,其餘門人皆不曉,但云當守師之說」(上節所錄《語錄》8.
3),誤也,偏愛之辭耳,而北溪諸子謂南軒從晦翁轉手,亦不爲
過也。

南軒沒時，朱子爲其《文集》作序曰：

> 敬夫既沒，其弟定叟裒其故稿得四巨編。〔……〕然吾友平
> 生之言，蓋不止此也。因復益爲求訪，得諸四方學者所傳凡
> 數十篇。又發吾篋，出其往返書疏，讀之，亦多有可傳者。
> 方將爲之定著繕寫，歸之張氏，則或者已用別本摹印，而流
> 傳廣矣。遽取觀之，蓋多向所講焉而未定之論，而凡近歲以
> 來，談經論事，發明道要之精語，反不與焉。予因慨念敬夫
> 天資甚高，聞道甚早。〔……〕比年以來，方且窮經會友，
> 日反諸心，而驗諸行事之實，蓋有所謂不知年數之不足者。
> 是以其學日新而無窮。其見於言語文字之間。始皆極於高
> 遠，而卒反就於平實。此其淺深疏密之際，後之君子其必有
> 以處之矣。顧以序次之不時，使其說之出於前而棄於後者，
> 猶得以雜乎篇帙之間，而讀者或不能無疑信異同之惑，是則
> 予之罪也已夫！於是，乃復亟取前所蒐輯，參伍相校，斷以
> 敬夫晚歲之意，定其書爲四十卷。

據此，則南軒「向所講焉而未定之論」，以及所謂「其說之出於前
而棄於後者」，皆爲朱子「斷以敬夫晚歲之意」而不錄。而其所謂
「其學日新而無窮」，蓋即日棄其所聞于五峰者。其所謂「始皆極
於高遠，而卒反就於平實」，蓋即卒棄其五峰學而反就于朱子之思
理也。是故今存之《南軒文集》（正誼堂本），以及《宋元學案‧
南軒學案》之所存錄，幾毫無五峰學之痕迹。吾人于其中既不能發
見五峰學之規模，亦不能見出南軒之特色究何在，只見其爲一些不

相干之浮泛語，或大皆可說之教誡語或勸勉語，最空泛貧乏而無實者也。而吾人自朱子之駁斥廣仲、伯逢、晦叔、德美等反能見五峰學之特色。然則南軒蓋五峰之不肖弟子也！謂其獨得胡氏之說，豈不誤哉？

7.〈答胡伯逢〉：

> 《知言》之書，用意深遠，析理精微，豈末學所敢輕議？向輒疑之，自知已犯不韙之罪矣。茲承誨喻，尤切愧悚！但鄙意終有未釋然者。「知行先後」已具所答晦叔書中，其說詳矣。乞試取觀，可見得失也。〔案：此書見下錄〕
>
> 至於性無善惡之說，則前後論辨不爲不詳。近又有一書與廣仲文，論此尤詳於前。（原注：因龜山《中庸》首章而發，及引《易傳》〈大有〉卦及《遺書》第二十二卷者。）此外，蓋已無復可言者矣。然既蒙垂諭，反復思之，似亦尚有一說。今請言之。
>
> 蓋孟子所謂性善者，以其本體言之，仁義禮智之未發者是也。（原注：程子曰：「止於至善，不明乎善，此言善者，義理之精微無可得而名，姑以至善目之。」是也。又曰：「人之生也，其本眞而靜，其未發也。五性具焉，曰仁義禮智信。」）所謂「可以爲善」者，以其用處言之，四端之情發而中節者是也。（原注：程子曰：「繼之者善，此言善卻言得輕，但謂繼斯道者莫非善也，不可謂惡。」是也）。蓋性之與情雖有未發已發之不同，然其所謂善者，則血脈貫通，初未嘗有不同也。（原注：程子曰：「喜怒哀樂未發何

嘗不善？發而中節，則無往而不善。」是也。）此孟子道性
善之本意，伊、洛諸君子之所傳而未之有改者也。〔案：以
未發已發言孟子之性情，非是。此非孟子「道性善」之本
意。注中所引程子語皆伊川語。〕

《知言》固非以性爲不善者。竊原其意，蓋欲極其高遠以言
性，而不知名言之失，反陷性於搖蕩恣睢、駁雜不純之地
也。（原注：所謂「極其高遠以言性」者，以性爲未發，以
善爲已發，而惟恐夫已發者之混夫未發者也。所謂「名言之
失」者，不察乎至善之本然，而概謂善爲已發也。所謂「反
陷性於搖蕩恣睢、駁雜不純之地」者，既於未發之前除卻善
字，即此性字便無著實道理，只成一個空虛底物，隨善隨
惡，無所不爲。所以有「發而中節，然後爲善；發不中節，
然後爲惡」之說，又有「好惡性也，君子好惡以道，小人好
惡以己」之說。是皆公都子所問、告子所言，而孟子所闢
者，已非所以言性矣。又其甚者，至謂「天理人欲同體異
用」，則是謂本性之中已有此人欲也。尤爲害理，不可不
察。）〔案：此皆誤解，詳見〈胡五峰章〉。〕

竊意此等，偶出於前輩一時之言，非其終身所守不可易之定
論。今既未敢遽改，則與其爭之而愈失聖賢之意，違義理之
實，似不若存而不論之爲愈也。〔案：朱子〈胡子知言疑
義〉見《文集》卷第七十三、雜著。〈五峰章〉有詳辨。朱
子力斥廣仲、伯逢輩，皆緣誤解上蔡、五峰之故而然。〕

知仁之說，亦已累辨之矣。大抵如尊兄之說，則所以知之者
甚難，而未必是，而又以知仁、爲仁，爲兩事也。（原注：

所謂觀過知仁，因過而觀，因觀而知，然後即夫知者而謂之仁，其求之也崎嶇切促，不勝其勞。而其所謂仁者，乃智之端也，非仁之體也。且雖如此，而亦曠然未有可行之實，又須別求「爲仁」之方，然後可以守之。此所謂「知之甚難，而未必是，又以知與爲爲兩事」者也。）〔案：此皆誤解，當依前論知之。〕

如熹之言，則所以知之者雖淺，而便可行，而又以知仁、爲仁，爲一事也。（原注：以名義言之，仁特愛之未發者而已。程子所謂「仁性也，愛情也」，又謂「仁性也，孝弟用也」，此可見矣。其所謂「豈可專以愛爲仁」者，特謂不可指情爲性耳，非謂仁之與愛了無交涉，如天地冠履之不相近也。而或者因此，求之太過，便作無限玄妙奇特商量，此所以求之愈工而失之愈遠。如或以覺言仁，是以智之端爲仁也。或以「是」言仁，是以義之用爲仁也。夫與其外引智之端、義之用，而指以爲仁之體，則孰若以愛言仁，猶不失爲表裡之相須，而可以類求也哉？故愚謂欲求仁者，先當大概且識此名義氣象之彷彿，與其爲之之方，然後就此懇實下功，尊聞行知以踐其實，則所知愈深，而所存益熟矣。此所謂「知之甚淺，而便可行，又以知與爲爲一事」者也。）〔案：句中「或以是言仁」、「是」字不明。對應「義之用」而言，歷來習慣上無以「是」字表「義之用」者。當時或有此說，無所考。〕

不知今將從其難而二者乎？將從其易而一者乎？以此言之，則兩家之得失可一言而決矣。〔下略〕（《朱文公文集》卷第

　　四十六，書，問答，〈答胡伯逢〉四書之第四書）

案：此書是朱子駁胡五峰「性無善惡」以及斥廣仲、伯逢輩之「觀
過知仁」說與「以覺訓仁」說之綜括，語極精練。朱子固有此勁力
與表達力也。惜乎全部皆誤解，即廣仲、伯逢輩亦未見即降服也。
此只表示其對于對方所說全不相應，而于自己之所持，則思之甚
熟、言之成統也。當依上所論列辨之。

　　8.附錄：〈觀過說〉：

> 觀過之說，詳味經意，而以伊川之說推之，似非專指一人而
> 言，乃是通論人之所以有過者，皆是隨其所偏，或厚或薄，
> 或不忍或忍。一有所過，無非人欲之私。若能於此看得兩下
> 偏處，便見勿忘勿助長之間，天理流行、鳶飛魚躍，元無間
> 斷。故曰：觀過斯知仁矣。蓋言因人之過而觀所偏，則亦可
> 以知仁。非以爲必如此而後可以知仁也。
> 若謂觀己過，竊嘗試之，尤覺未穩。蓋必俟有過而後觀，則
> 過惡已形，觀之無及。久自悔吝，乃是反爲心害，而非所以
> 養心。若曰不俟有過而預觀平日所偏，則此心廓然本無一
> 事，卻不直下栽培涵養，乃豫求偏處，而注心觀之，聖人平
> 日教人養心求仁之術，似亦不如此之支離也。（《朱文公文
> 集》卷第六十七，雜著）

案：若如此〈說〉後半段兩「若曰」所說，則孔子「觀過知仁」一
語根本是不能落實應用，付諸實踐之空話，人亦根本無法察省其氣

質之偏雜，即朱子之察識亦不必言，只好專向格物窮理處用。此方是自設機械之穿鑿。

又前半段「若能於此看得兩下偏處，便見勿忘勿助長之間，天理流行、鳶飛魚躍，元無間斷」。此好像落在本心主體上而言仁體之流行，與伯逢等似無甚差別。然而不然。此不是就「觀」處善端之萌而當下體證仁體，仍是離開觀字，就所觀之過偏翻上來而知不過不偏之為仁。「勿忘勿助長」云云只是落在本心主體上說這不過不偏之仁之體段（氣象），仍是外在地認知的事（知什麼是仁），不是內在地反身地當下體證之意。由過偏翻上來，更形式地說一個不過不偏之仁道，或落在主體上說這仁道體現之體段（氣象），皆無關。朱子所爭者是不贊成就觀處善端之萌，當下反身體證之，這逆覺體證之方式。此處當注意。若不能辨察，則不知朱子矣。前錄黃梨洲語是兩者混著說，未能鑒別。其著重點是在對遮朱子之反對先「知仁」，未注意此中知之之方式之差異。故前云其「大體近是而未盡」。如果南軒〈韋齋記〉原意同于胡伯逢等，則「須先知仁」（先察識）與「逆覺體證」兩義俱備方可，而後義尤重。「先知仁」者，必須這樣「知」，「先」字才有意義（先察識才有意義）。

又朱子雖落在本心主體上說仁之體段，而其對于勿忘勿助之本心流行之理解卻不必是孟子意，此亦須當注意。勿因其借用孟子語而不知其本質之異也。此是理會朱子之最難處。吾故提醒之。

9.附錄：〈觀心說〉：

或問佛者有觀心說，然乎？

曰：夫心者，人之所以主乎身者也，一而不二者也，爲主而不爲客者也，命物而不命於物者也。故以心觀物，則物之理得。今復有物以反觀乎心，則是此心之外復有一心而能管乎此心者也。然則所謂心者爲一耶？爲二耶？爲主耶？爲客耶？爲命物者耶？爲命於物者耶？此亦不待教而審其言之謬矣。

或者曰：若子之言，則聖賢所謂精一，所謂操存，所謂盡心知性、存心養性，所謂見其參於前而倚於衡者，皆何謂哉？

應之曰：此言之相似而不同，正苗莠朱紫之間，而學者之所當辨者也。夫謂人心之危者，人欲之萌也。道心之微者，天理之奧也。心則一也，以正不正而異其名耳。惟精惟一，則居其正而審其差者也，紬其異而反其同者也。能如是，則信執其中，而無過不及之偏矣。非以道爲一心，人爲一心，而又有一心以精一之也。

夫謂操而存者，非以彼操此而存之也。舍而亡者，非以彼舍此而亡之也。心而自操，則亡者存，舍而不操，則存者亡耳。然其操之也，亦曰不使旦晝之所爲，得以梏亡其仁義之良心云爾。非愧然兀坐，以守其炯然不用之知覺，而謂之操存也。

若盡心云者，則格物窮理，廓然貫通，而有以極夫心之所具之理也。存心云者，則敬以直內，義以方外，若前所謂精一操存之道也。故盡其心而可以知性知天，以其體之不蔽，而有以究夫理之自然也。存心而可以養性事天，以其體不失，而有以順夫理之自然也。是豈以心盡心、以心存心，如兩物

之相持而不相舍哉？

若參前倚衡之云者，則爲忠信篤敬而發也。蓋曰忠信篤敬，不忘乎心，則無所適而不見其在是云爾。亦非有以見夫心之謂也。且身在此，而心參於前，身在輿，而心倚於衡，是果何理也耶？

大抵聖人之學，本心以窮理，而順理以應物，如身使臂，如臂使指，其道夷而通，其居廣而安，其理實而行自然。釋氏之學，以心求心，以心使心，如口齕口，如目視目，其機危而迫，其途險而塞，其理虛而其勢逆。蓋其言雖有若相似者，而其實之不同蓋如此也。然非夫審思明辨之君子，其亦孰能無惑於斯耶？（《朱文公文集》卷第六十七，雜著）

案：〈觀過說〉與〈觀心說〉皆是對胡氏子弟觀過知仁說而發。此〈觀心說〉雖開端于「佛者有觀心說」之問，而其實是欲藉此以辨儒、佛，並明廣仲之觀過知仁說是禪家之說，故爲此〈說〉以堵絕之也。其實皆誤解，此既不足以辨儒、佛，亦不足以堵絕廣仲輩之說也。朱子此文主旨在首段，故首段辨明，其餘皆不必論矣。

佛家觀心有二義：一是唯識觀或如天台宗之觀一念心，一是禪宗之「即心是佛，無心爲道」之當下反身自證，泯絕無寄。唯識觀是察業識，天台宗觀一念心即具三千世間，此皆是平說，此當非朱子之所反對者。唯禪家之泯絕無寄，當下反身自證（直顯心性），此種逆覺體證中所藏之「觀」是朱子所反對者。前一種觀是觀察之觀，是平說，在朱子，當無問題。而後一種觀則是反身的體證，有一種團團轉的味道，羅素所謂反身的軟圓性，此則爲朱子所不解，

亦所不喜。就胡廣仲輩所說之「觀過知仁」說，「觀」本身即表示「善端之萌」，故吾人當下可反身體證此觀省之心即是本心（仁體）。就是這反身體證之逆覺，朱子亦名曰「觀」，此反身軟圓之觀是朱子所不喜者。以此反身軟圓之觀觀「此觀省之心」而直下肯認其為本心，此即朱子心目中所斥之「觀心」，即其所謂「又別以一心知此觀者之為仁」也。此好像是說：觀過之心本是主體，而今復反到此主體身上來，而別以一心觀之，本為主體者又變成客體，是則既為主又為客，不免自相矛盾，所謂「如口齕口，如目視目」，亦即所謂歧為二說二心也。（觀過是一說，此觀本身即為本心仁體，又是一說，此即一句歧為二說。在第一說中，觀是主體，在第二說中又成為客體，客體即預設一知之之主體，是即本一心而歧為二心。）彼將此反身軟圓的體證亦拉成能所的關係，觀者與被觀者的關係，此即彼所責斥之「觀心」。如此拉起來，可無窮地拉下去，此即成無窮追溯過。（此尚為朱子所不知，然此種分歧勢必函此。）心本是為主而不為客，為命物而不命于物，為一而不為二，今反身而觀之，所謂「復有物以反觀乎心，則是此心之外復有一心而能管乎此心」，則既為主又為客矣，既命物而又命于物矣，既為一而又為二矣。此即朱子之論難。

　　吾已明之，此種反身的體證（觀或知）實是虛層，當下即可融于此本心而只是此本心之呈現，並無真實的能所義（主客體義）。此若簡單地說，此只是心之自知而已，並無何可反對處。此如觀察過失之心，吾亦可反身知道它是觀察之心。它觀，這是心實際在呈現觀察（明了）之活動，吾亦可反身直接知道這是觀察明了的活動。這個反身的知只是這**明了活動的心之自用于其自己**，結果還是

那明了活動的心之自己，並不是另有一個心來知它。它有其明能明物，豈不能明其自己為明耶？是以它明其自己為明，實仍是它自己，仍只是這一明了活動之心之自己，並未歧為二心。此時之**能所**並**無實義**，只有**名言上之意義**，只是一個**姿態**。不要因為名言上有能所，便執認真有一個心為能，而此明了活動之心為所也。故結果，此名言上之能即**消融于**此**明了活動之心之自己**而與此心**為一**，此即「能」義之不存在。「能」義不存在，「所」義亦不存在，而**能所之關係散**，而仍歸于只是**此心之自己**，此即所謂**反身的軟圓**。

此例可概其他。如惻隱之心呈現，吾即可依**惻隱之痛覺中之覺明**而知其為惻隱之心。羞惡之心呈現，吾即可依**羞惡之恥覺中之覺明**而知其為羞惡之心。恭敬之心呈現，吾即可依**恭敬之讓覺中之覺明**而知其為恭敬之心。是非之心呈現，吾即可依**是非之察覺中之覺明**而知其為是非之心。此種知皆**反融于各該心之自己**而**自知**，並不形成**另一個心**。自知者實即各該心自己**呈現時之振動**而**自醒**。（睡眠時或昏沉時或私欲熾盛時，各該心不呈現，即無振動、亦無自醒。）否則吾何以**能說惻隱之心、羞惡之心**等等耶？

推之，就心之主宰乎身，吾亦可依其主宰作用中之**覺明**而知其為主宰乎身。就其一而不二，吾即可依其純一有定向中之**覺明**而知其為一而不二。就其為主而不為客，吾即可依其不能被推置于外而永遠超然在上之**覺明**而知其為主而不為客。就其為命物而不命于物，吾即可依其為主動而不為被動之**覺明**而知其為命物而不命于物。凡此種種知亦皆是**融于各該心義之自己**而**自知**，而不形成**另一個心**。否則汝何以**能說**其為主宰、為一、為主、為命物等等耶？

凡是反身之自知皆是就「**心之呈現之所是**」反身**而如之**。一方

它既不是另一個心，一方它于「心之呈現之所是」無所增益，亦無所減損。是以此自知，就其為知的意思說，它自身無顏色，故仍可說為**認知的心**（心之**認知活動**），而此認知的心實不是另一個心，只是那心之呈現之所是中的**覺明**所**透示出的一種作用**反身而**肯認那各呈現之所是之自己**耳。這一種反身肯認的作用，因無顏色，而對于各呈現之是又無損益，故名曰認知的作用，但卻是**自知**，而並不是**他知**（由他而知）。既是自知，則此知之為「能」即消融于**心之呈現之所是自己**中而**為一**，而**泯失其為「能」**義，故不是**另一個心**也。「能」義既泯，「所」義亦泯，還是那「呈現之所是」之自己。（但此所透示出的認知作用，如自持其如是之作用，不反身用于心之「呈現之所是」之自己，而用于外物，這便是認知心與外物相對立，此為異質的二物之相對，一為主，一為客，此時**主客義有實義**，不只是**名言**。在此主客關係上即形成各種特定的知識系統。用于心之呈現之所是自己不形成知識，只是這呈現之所是自身之**自我肯認**。此相當于邏輯上之 a⊃a，為**反身關係也**。反于其自己，除其自己外，無有**他物可被知也**。故不形成知識。）

　　如果把以上所說的反身自知之**名理意義**應用于觀過知仁上，則依胡伯逢之說，「苟能自省其偏，則善端已萌」，是即觀字中即表示本心善端之呈露。吾人即依此本心善端中之**覺明**而反身**肯認此本心善端即為仁體**。此種反身肯認之知亦不形成另一個心，而只是那本心善端中之覺明所透示之認知作用反身**用于其自己**，因而亦即**消融于其自己而為一**，而此「知」字即失其為**主體義（能義）**。主體義既失，則本心善端之為**客體義（所義）亦不存在**，而**能所之關係拆**，結果只是一**本心自己之呈現**，無所謂**歧為二心也**。此在名理上

似無可反對。孔子說此語時,「觀」字本身也許不函本心呈露之義。但今既引進此義,而引進此義又非無據,則就此義而說自知,知其即為仁體,似並無過患,並無如朱子之所料度者,如「遞相看覷」,「匆遽急迫」,「如口齕口,如目視目,其機危而迫,其途險而塞,其理虛而其勢逆」等等也。(此等料度語,只末句可說。其餘皆不可說。一口不能自齕,一目不能自視,但心可以自知。)只可在原句語意上反對其就「觀」字說本心呈露義,不必在此反對自知之「觀心」義也。在此名理意義上,**似不能說反身自知即是禪**。

但只此名理之意義尚不能盡此反身自知之「觀心」之全義。茲再進而申明之。此種自知既是反身的,理雖不虛,「而其勢逆」則總可說。這裡是順所透示出的認知作用不順用于外物,而是逆回來反而用于本心之自己。說「其勢逆」並無不可。吾亦曰此是**逆覺的體證**。此是就此「自知」一義而**名理地分析其意義曰「逆覺」**。茲可進而就其**實踐的意義**說。

若問,只是此心之呈現之所是一事實而已,只順其**呈現**而盡其**外用**而已,何必再來個**自知**之**逆覺**?豈非故鬧曲折,徒為名理之繳繞?曰:不然。凡由心之自知而言逆覺體證者,皆是就**自覺地作道德實踐之工夫**言,亦皆是就對遮不自覺地順物欲氣質之私滾下去,而並不知何者為真道德而說。如果道德行為真是自發自律自定方向,而並不為任何條件所制約,則自覺地作工夫乃是必須者。惟有通過自覺地作工夫,方有真正道德行為之可言。如果真要相應道德本性而自覺地作道德實踐,則必須承認有一個「自發自律自定方向而非在官覺感性中受制約」的**超越的道德本心**而後可。但吾人生而

即在自然生命之流中混雜滾下去，吾人之生命亦無時不在官覺感性之制約中往下拖。人在此可問：眞有那樣一個自發自律自定方向不受任何條件制約的**本心**嗎？茫茫生命海，波濤淘湧，何處尋覓此**純淨的本心？汝能指證之乎？**汝所說之眞正的道德行爲眞**可能**嗎？當人作如此問時，吾人必須有一答覆。如果茫然不能回答，即示對于道德本性無所知，而于眞正的道德行爲亦信不及。而吾人當有這樣眞正的道德行爲之理想時，亦實感到這樣滾下去之**不安**，迫切地期望有這樣道德行爲之出現。但如何能肯認那純淨的本心而指證與人看，使人信得及，並使自己信得及呢？如果不能指證、肯認，則理想只是空想，永不能落實，而期望只是期望，無論如何迫切，亦攀援不着，永遠掛在半空中。說到此，當知此不是**推求尋覓**之事。「衆裡尋他千百度，驀然回首，那人卻在，燈火闌珊處」。這裡似乎也當有這種**轉機**方可。

但機轉要靠一種**朕兆**，一種**消息**。如完全無朕兆，無消息，轉機亦不可能。此不能問旁人，亦不能問上帝，亦不能問外界，只問自己之**存在的不安之感**而已。（在此順**不安之感**說，亦可藉其他消息說，如惻隱之心之類。）感到順着官覺感性制約交引滾下去**不安**，此不安之感即是**一朕兆，一消息**。此即是轉機之所在。孟子即在此**指證給吾人**。但你不要問孟子。孟子也是在其**存在的不安之感**中說出這消息，**指點給吾人**。所以你要問他，他必打回來讓你自己去問你自己是否有**此存在的不安之感**。若有之，即在你自己身上。若無之，問我亦無用。（「人有雞犬放，則知求之。有放心而不知求。」）

是以當一個人迫切地期望有**眞道德行爲**出現，眞能感到滾下去

之不安，則此**不安之感**即是**道德本心之呈露**。在此有一覺醒，**當下抓住此不安**之感，不要順著物欲再滾下去。此時是要**停一停**。停一停即是**逆回來**，**此時正是要安靜**，而不要**急迫**。停一停逆回來，此不安之感即**自持其自己而凸現**，不順著物欲流混雜在裡面滾下去而成為流逝而不見。自持其自己而凸現，吾人即**順其凸現**而**體證肯認之**，認為此即吾人之**純淨之本心**使真正道德行為為**可能者**。此種體證即曰「**逆覺的體證**」，亦曰「**內在的逆覺體證**」，即不必離開那滾流，而即在滾流中當不安之感呈現時，當下即**握住之**體證之，此即曰「**內在的逆覺體證**」。但是既曰「**逆覺**」，不安之感停住其自己而凸現，此即是一種**隔離**，即不順滾流滾下去，而捨離那滾流，自持其自己，便是**隔離**。此曰本心之**提出**。此隔離之作用即是發見**本心自體**之作用。有隔離，雖**內在**而亦**超越**。此即胡五峰之路。李延平危坐終日以驗夫喜怒哀樂未發前氣象為何如，此亦是一種**觀**，一種逆**覺**的體證。此是順那超越義而即去作**超越的體證**，**隔離的體證**，即暫與滾流隔開，而在靜時**單默想此真正本體之自己**。實則凡是逆覺的體證，就其**單認此體自己**而言，都是**超越的體證**。動時靜時只是一種契機，並不關重要。不過靜時靜坐默識，更能順應而且顯示這「超越的體證」一詞之義而已，故即名延平之路為**超越的體證**，而于胡五峰則曰**內在的體證**。延平是靜時，特顯**超越義**；五峰是動時，特顯**逆覺義**。

　　不管動時特顯逆覺義之內在的體證，或靜時特顯超越義之超越的體認，皆總只是逆覺的體證，由此以肯認此本心（中體）為體，即肯認其為道德行為之超越根據。肯認之以使吾人自覺地作道德實踐為可能，並使吾人明白所謂真正的道德行為只是這真心本體之體

現，只相應這真心本體而動者。對于此真心本體肯認的愈清楚、愈真切、愈覺其有力，愈覺真正道德行為為可能。此即胡伯逢所謂「以自知自治為急」者。此就道德實踐（慎獨）言，並不誤。如此體證而復**體現**之至于純熟而歸于自然，便是孟子所謂「**沛然莫之能禦**」。再純熟之，一若堯舜之「**性之**」，便是**聖人化境之平平**。至此，則理實而**勢亦順矣**，但與朱子所說之「本心以窮理，順理以應物」之理實勢順（行自然）為不同。茲再就體證與體現而詳言之。

既曰逆覺體證，即是單認體自己。此時體即在抽象狀態中。單顯黑格爾所謂體之**純普遍性自己**，相當于其所謂體之**對其自己**。這是由隔離逆覺，而將體**投置成的**，投置在那裏以為吾**默識**（體證）之**所對**。但是具體而真實的體不能定在任何處，只**自持其自己而停在那裏**。停在那裏便不是具體而真實的體。黑格爾說這是抽象狀態中的體，體之純普遍性之自己，而在中國以前，則名曰「**光景**」，意即這只是具體而真實的體之**影子**，因著隔離、逆覺，而把它停在那裏而成者。體固是常、是遍、是一，而不會流動。所以其成為影子，並不是體早跑走了，奔逸絕塵，所剩下的總只是個影子，乃是說順應其常、遍、一而置定之，使其停在那裏，便不是那具體而真實的常遍一之體，此即曰影子。此影子即以**抽象、凸起、自持其自己而規定**。因為具體而真實的體是要在具體的生活事用中呈現而顯其**生色潤身、睟面盎背、成事發行之不已之用**，因而有其**具體的內容**的。此不能隔離事用而只自持其自己停在那裡。故一**隔離**，便成**影子**。此所以逆覺體證只是**一關**，並非**終極**。但此一關，在自覺地作工夫上說，卻是必要。朱子只默默中預定一個體（不管他對於此體如何理解），而不言逆覺之體證，是不對的（此只相當於黑格爾

所說之「體之**在其自己**」）。而又力斥此逆覺體證之義者，此尤顯
其不對，此亦示其對於體無**眞正之認識**。

　　旣知此體證只是一關，故全部**積極工夫**只在「**體現**」，而**體證**
則是**消極工夫**。體現而至純熟，便是化境之平平。此延平之所以雅
言「冰解凍釋」、「日用處體用合」之故也。唯其能作消極的體
證，故能知體現上冰解凍釋之重要。而朱子卻對此義總無所覺，而
卻力斥「觀心」者，是何爲哉？到冰釋渾化時，則體之抽象狀態即
歸於**具體**，而**全體是用**、**全用是體**，山峙川流無非是道，鳶飛魚
躍，無非斯體之流行，而**光景即拆散**。**依名理言之**，逆覺體證中知
此本心善端（或不安之感、或隨機呈現之其他種種相）即爲仁體，
此知本是那本心仁體所透示之覺用反而用於其自己，此只是其自
知，仍歸於是其自己而無他。而所顯的那個能所姿態只是名言的姿
態，並無實義。故無所謂二心，亦無所謂能所。故此知只爲反身軟
圓的自知。知此義，則**能所之架子即被拆掉**。此是名理地言之。此
名理地言之之模型應用於實踐上，即成逆覺的體證。在此體證中亦
顯**一能所的姿態**。而實是其自己所透示之覺用反回來肯認其自己，
是以只是其自己之自持，亦並不眞是**一能所**。但既因停在那裡，總
有此姿態；而亦因此姿態，體遂只爲抽象。故體欲恢復其爲具體而
眞實的體，即必須歸於體現上之化境而**拆掉此姿態**。因其本爲一姿
態，而無實義，故可拆掉也。至此便是**一超然大主之天心仁體於穆
不已地朗現、遍在，與流行**。只此一心，並無二心。（就此而言，
有種種妙理玄義出現。明道、近溪，以及禪家皆雅言之。但此不是
來自禪，而是各依其骨幹而**自出之**。）

　　朱子力斥此「觀心」之義，只在誤解假能所爲眞能所，而又不

識逆覺體證是自覺地作工夫之本質的關鍵，故不敢由逆覺體證言仁
體，而力反之，因而亦終於**不識仁體爲何物**。此路一堵絕，便總不
回頭，而只走其「順取」之路。只順心用而觀物，即曰「順取」。
故其正面意思只是「**以心觀物，則物之理得**」，「**本心以窮理，而
順理以應物**」，此即爲「**順取**」之路也。如是，心只停在其認知的
作用，而永遠**與物爲對**，以成其**爲主**。此非本心仁體之爲於穆不已
的創生大主之義也。故其「順理以應物」之道德只成爲**他律之道
德**」，而非**自律之道德**。此其所以**不識體**也。

　　孔子固未言逆覺，然其所言之仁如自**仁道**而落實於**仁心覺情**上
說，則一切指點皆是在「**即工夫便是本體**」中體現此體，同時即是
體證此體，因而**逆覺體證**爲其所**必函**。孔子本人只是「即本體便是
工夫」、「即工夫便是本體」之**如如呈現**。然而後人未至此境，如
想自覺地作工夫，則先說說此**逆覺的體證以識仁體**（**須先識仁，先
識仁之體**），又有何妨？此不得動輒以孔子未言爲言，而吾人亦總
不能把孔子之仁只視爲**平置的普遍之理**也。

　　至孟子言求放心，言反身而誠，言盡心知性知天，存心養性事
天；《中庸》言愼獨、致中和，（《大學》亦言愼獨，但明明德可
有異解，故不列）；《易傳》言「復以自知」（〈繫辭・下傳〉第
七章）、「復其見天地之心」（〈復卦・象傳〉）、「先王以至日
閉關，商旅不行，后不省方」（〈復卦・象傳〉）：凡此等等皆函
有**逆覺體證**之義。豈皆來自禪耶？豈皆是「遞相看覷」，「匆遽急
迫」，「其機危而迫，其途險而塞」耶？順取之路豈眞能盡孔孟之
敎之**實蘊**與**全蘊**乎？此而明白，則此〈觀心說〉其餘諸解亦不必論
矣。其言精一、操存、參前倚衡，自析語意觀之，尙無差謬。惟于

孟子盡心知性，則以格物窮理言之，此顯非孟子義。關此吾已屢言之。朱子此時已成此見。此是經過辨駁而成者。其集注之如此注非偶然也。

　　〈觀過〉、〈觀心〉兩說，若孤離觀之，毫不見其實義，亦無精義。但若知其所以作此兩〈說〉之背景，則其作用甚大。〈克齋記〉、〈仁說〉，及此兩〈說〉，是此仁之問題之辨論上重要之文獻，亦是經典性的文獻，故須連在一起言之也。

　　10.〈答吳晦叔〉：

> 熹伏承示及「先知後行」之說，反復詳明，引據精密，警發多矣。所未能無疑者，方欲求教，又得南軒寄來書稿。讀之，則凡熹之所欲言者，蓋皆已先得之矣，特其曲折之間小有未備，請得而細論之。
>
> 夫泛論**知行**之理，而就一事之中以觀之，則知之為先，行之為後，無可疑者。（原注：如孟子所謂「知皆擴而充之」，程子所謂「譬如行路，須得光照」，及《易·文言》所謂「知至至之，知終終之」之類是也。）
>
> 然合乎知之淺深，行之大小而言，則非有以先成乎其小，亦將何以馴致乎其大者哉？（原注：如子夏教人以灑掃應對進退為先，程子謂「未有致知而不在敬者」，及《易·文言》所言知至知終皆在忠信修辭之後之類是也。）

案：以上兩聯是此書全文之綱領，下文即順而申明之。由此以見朱子對于知行先後問題之主張。此大體是承中和新說成立後主先涵養

後察識而來者。而朱子所意謂之「先涵養後察識」以及此中涵養察識之意義亦可得一充分之說明與系統中之確定。至于吳晦叔所說之「先知後行」，則不是這樣泛論意義的知行，乃是承明道所說「學者須先識仁」以及胡五峰所說「須先識仁之體」而來。先知是先知仁，先由逆覺的體證以知仁體，即胡伯逢所謂「必先有所覺知，然後有地可以施功而爲仁」也。此大體即是當時所謂「先察識後涵養」之路，而**察識有殊義**，非朱子所謂之察識也。此問題之淵源是如此，故先提醒之以淸眉目。否則不知其頭緒也。知行所指旣殊，而朱子又不顧對方之意，善予會通，只顧泛論知行之理以及知之淺深，行之大小，而橫遮之，雙方自然談不來矣。

又以上注語中所引證除子夏、伊川語外，所引孟子及《易·文言》皆不恰當。《孟子·公孫丑》篇：「凡有四端於我者，知皆擴而充之矣，若火之始然，泉之始達」云云，此「知」字並無實義，此非「先知後行」之義。《易·文言》「知至至之，知終終之」亦非先知後行之問題。而「知至知終皆在忠信修辭之後」亦非先行後知之義。朱子如此牽合，顯非其類。〈乾·文言〉曰：「九三曰：君子終日乾乾，夕惕若厲，無咎。何謂也？子曰：君子進德修業。忠信所以進德也。修辭立其誠，所以居業也。知至至之，可與幾也。知終終之，可與存義也。是故居上位而不驕，在下位而不憂，故乾乾。因其時而惕，雖危無咎矣。」觀此全文，可知「知至知終」云云與先知後行或先行後知全無關矣。知至知終在忠信修辭之後，旣不表示**先行後知**，而忠信修辭在前亦不表示是**行之小者**。知至至之是言「知幾」，「見幾而作，不俟終日」。「知終終之」是言「存義」。此中豈函有理上知應當先，行應當後之義耶？此只是

說乾乾，精進不息之義，何關知行先後問題？若于精進不息（進德修業）中再分知行兩面，復討論在何時知應當先，行應當後，在何時行應當先知應當後，那是另一問題。朱子分別就知行之理說，以及就知之淺深，行之大小說，是也。然所引證則牽合混漫，未見其當。

> 蓋古人之教，自其孩幼而教之以孝悌誠敬之實，及其少長，而博之以詩書禮樂之文，皆所以使之即夫一事一物之間，各有以知其義理之所在，而致涵養踐履之功也。（原注：此小學之事，知之淺而行之小者也。）及其十五成童，學於大學，則其灑掃應對之間，禮樂射御之際，所以涵養踐履之者，略已小成矣。於是不離乎此而教之以格物，以致其知焉。致知云者，因其所已知者推而致之，以及其所未知者，而極其至也。是必至於舉天地萬物之理而一以貫之，然後為知之至，而所謂誠意、正心、修身、齊家、治國、平天下者，至是而無所不盡其道焉。（原注：此大學之道，知之深而行之大者也。）

案：此已函《大學‧格物補傳》之義。

> 今就其一事之中而論之，則先知後行固各有其序矣。誠欲因夫小學之成，以進乎大學之始，則非涵養履踐之有素，亦豈能居然以夫雜亂紛糾之心而格物以致其知哉？

案：朱子就一事說，則原則地肯斷「先知後行」，不管知之淺深如何，行之大小如何。此亦非吳晦叔等所說之「先知後行」義。此是著重在一般地先要知事物之理，即知之甚淺亦是知，亦是先要知。而吳晦叔等所說之「先知後行」是要先知仁之體，是有確指者，是單就自覺地作道德實踐之工夫（內聖之工夫）言。此泛說與確指之異也。

至於就由淺而深，由小而大之程序言，則朱子以小學為平素之涵養，以大學之格物致知為察識。此小學、大學之教育程序乃根據《禮記·內則》而說。〈內則〉云：「子能食；食，教以右手。能言，男唯女俞，男鞶革，女鞶絲。六年，教之數與方名。七年，男女不同席、不共食。八年，出入門戶，及即席飲食，必後長者，始教之讓。九年，教之數日。十年，出就外傅，居宿於外，學書計，衣不帛襦袴，禮帥初，朝夕學幼儀，請肄簡諒。十有三年，學樂、誦詩、舞勺。成童〔十五以上〕，舞象、學射御。二十而冠，始學禮，可以衣裘帛，舞大夏，惇行孝弟，博學不教，內而不出。三十而有室，始理男事，博學無方，孫友視志。四十始仕，方物、出謀、發慮，道合則服從，不可則去。五十命為大夫，服官政。七十致事。」朱子中和新說成立後，由中和問題言先涵養後察識，以小學、大學為比配。今言知行問題，亦以小學為「涵養踐履之有素」。中和問題本是內聖之學之核心問題，由此言工夫如涵養察識之類，本是**自覺地作道德實踐，承體起用上之工夫問題**，而今全**外轉而就教育程序上**言。此為**問題之歧出**。如是中和問題上之涵養乃成**空頭無實**者，只如小學之「涵養踐履有素」之養成好習慣，而察識亦全**外轉**而為格**物窮理以致其知**。費如許氣力苦參中和，而結果

工夫乃止於此，其**不相應可知**。是以終於遠離《論》、《孟》、《中庸》、《易傳》，而只以《大學》爲定本也。朱子自謂「平生只看得《大學》透」，不誤也；而其于《論》、《孟》、《中庸》、《易傳》之不透亦可知矣。吳晦叔輩言「先知後行」皆是就自覺地作道德實踐說；言「先察識後涵養」亦皆是扣緊中和之體用說，**察識存養皆施于體**。如此言工夫，猶是**相應而不歧出者**。朱子所言，若以爲是**補充**可，而以**此遮彼則不可**。蓋問題分際混漫故也。

> 且《易》之所謂忠信修辭者，聖賢之實事，貫始終而言者也。以其淺而小者言之，則自其「常視毋誑」〔案：語見〈曲禮〉上〕，「男唯女俞」之時，固已知而能之矣。知至至之，則由行此而又知其所至也，此知之深者也。知終終之，則由知至而又進以終之也，此行之大者也。

案：此言知至至之，知終終之，只是借用，並非原意。此見前引之以證知先行後之不當矣。

> 故《大學》之書，雖以格物致知爲用力之始，然非謂初**不涵養履踐**而直從事於此也。又非謂物未格知未至，則意可以不誠、心可以不正、身可以不修、家可以不齊也。但以爲必知之至，然後所以治己治人者始有以盡其道耳。若曰必俟知至而後可行，則夫事親從兄，承上接下，乃人生之所不能一日廢者，豈可謂吾**知未至**，而**暫輟以俟其至而後行哉**？（原注：按五峰作〈復齋記〉，有「立志居敬，身親格之」之

說，蓋深得乎此者。但《知言》所論，於知之淺深不甚區
別，而一以「知先行後」概之，則有所未安耳。）

案：胡五峰之「知先行後」唯是就「先識仁之體」言，非朱子之就
格物窮理而言「知至」也。混而同之，未見其可。其〈知言疑義〉
謂胡氏「先務知識，不事涵養」，亦是誤解「先識仁之體」之「知
先」為普通格物致知之知也。在朱子或以為不管是「識仁之體」之
知，或是其他知，皆可一律平視，概括於其所說之「格物致知」之
知。實則此並不可以一律看。「先識仁之體」是自覺地作道德實踐
中之逆覺的體證。在未有此體證前，雖「事親從兄」等「不能一日
廢」，然亦無礙于在自覺地作道德實踐上必先有此體證而後可。此
不得謂在未有此體證前，便當「暫輟」事親從兄之行。又，若一律
視為格物致知之知，則即使「知至」，亦不必能接觸到逆覺的體證
之知，故終于不能一律視也。又〈復齋記〉中所謂「立志居敬，身
親格之」，不知其何所指，如指普通格物言，則義各有當，與「逆
覺體證」不相干。如即指識仁之體言，則識仁之體之逆覺體證亦須
「立志居敬」也。豈有志不立，無真心，懈怠放肆，而可以逆覺體
證以識仁之體者乎？此只是常行，何礙于自覺地作道德實踐上識仁
之體之先在性乎？

　　抑聖賢所謂知者，雖有淺深，然不過如前所論二端而已。但
　　至廓然貫通，則內外精粗自無二致。非如來教及前後所論觀
　　過知仁者，乃於方寸之間設為機械，欲因觀彼，而反識乎此
　　也。（原注：侯子所聞總老〔案：即常總〕）默而識之，是

識甚底」之言正是說破此意。如南軒所謂「知底事」者，恐亦未免此病也。

案：前段責胡五峰，此段繼之即責吳晦叔輩之觀過知仁，此可見其所反對之「**知先行後**」實即反對**逆覺體證之先識仁之體**也。不求對方之殊指，不顧問題之分際，而概以小學、大學教育程序中之知行先後之義**混漫而橫遮之**，此非**善處之之道**也。即使晦叔、廣仲輩一時無以應，亦不足以服人之心也。即使聖賢之言中無逆覺之知字樣，然豈無其意乎？此于案〈觀心說〉中已言之矣。然則所謂「聖賢所謂知者，雖有淺深，然不過如前所論二端而已」，能謂盡聖賢之教之**全蘊**與**實蘊**乎？

　　又來諭所謂「端謹以致知」，所謂「克己私集眾理」者，又似有以行為先之意；而所謂「在乎兼進」者，又若致知力行初無先後之分也。凡此皆鄙意所深疑，而南軒之論所未備者。故敢復以求教，幸深察而詳論之！〔案：關此不見晦叔原文，不煩測度辨析。即使有混雜自亂者，不礙主要論題線索來歷之清晰也。吾之疏辨本不在為晦叔、廣仲輩個人辨，乃只在辨析義理系統所應有之函義也。解開辭語之糾結，判開兩系統之差異，使之各歸其自己而如其自性也。〕（《朱文公文集》卷第四十二，書，問答，〈答吳晦叔〉十三書之第九書）

案：關于此書，分別加案語于各段下，以便讀者之領納，故不採取

總案之方式。以其文字較長，意思複雜，曲折較多故也。

11.〈答胡廣仲〉：

〔上略〕近來覺得敬之一字眞聖學始終之要。向來之論，謂必先致其知，然後有以用力於此，疑若未安。蓋古人由小學而進於大學，其於洒掃應對進退之間，持守堅定，涵養純熟，固已久矣。是以大學之序，特因小學已成之功，而以格物致知爲始。今人未嘗一日從事於小學，而曰必先致其知，然後敬有所施，則未知其以何爲主，而格物以致其知也！故程子曰：「入道莫如敬，未有能致知而不在敬者。」及論敬云：「但存此久之，則天理自明。」推而上之，凡古昔聖賢之言亦莫不如此者。試考其言，而以身驗之，則彼此之得失見矣。（《朱文公文集》卷第四十二，書，問答，〈答胡廣仲〉六書之第一書）

案：此書所說皆已辨明，不煩再說。

12.〈答胡廣仲〉：

〔上略〕上蔡雖說明道先使學者有所知識，卻從敬入〔案：意即然後再從敬入〕，然其記二先生語，卻謂「未有致知而不在敬者」。又自云：「諸君不須別求見處，但敬與窮理，則可以入德矣。」二先生亦言：「根本須先培壅，然後可立趨向。」又言：「莊整齊肅，久之，則自然天理明。」五峰雖言：「知不先至，則敬不得施。」，然又云：「格物之道

必先居敬以持其志。」此言皆何謂耶？

案：各語皆有其所對應之分際，豈可拉在一起說？又一人豈只說一義耶？

> 熹竊謂明道所謂「**先有知識**」者，只爲**知邪正、識趨向**耳。未便遽及**知至**之事也。上蔡、五峰既推之太過，而來諭又謂：「**知之一字便是聖門授受之機**」，則是因二公之過，而又過之。試以聖賢之言考之，似皆未有此等意思，卻是近世**禪家說話**多如此。若必如此，則是**未知已前，可以怠慢放肆，無所不爲**，而必若曾子**一唯**之後，然後可以**用力於敬**也。此說之行，於學者日用工夫大有所害。恐將有談玄說妙，以終其身，而不及用力於敬者。非但言語之小疵也。〔下略〕（同上，〈答胡廣仲〉六書之第二書）

案：明道所謂「先有知識」亦不只是「知邪正、識趨向」。在某分際、某機緣上，容或有此意，但不是一概如此。如「學者須先識仁」，此是先識仁體，豈只是泛說的「知邪正、識趨向」？又如謂：「且未說到持守，持守甚事？須先在致知。」此是對「如何持守」之問而發。此是說先要知道所要持守的是甚麼，此豈只是「知邪正、識趨向」而已乎？持守等于操存。顯然，所要持守的是本心、仁體。學者若茫然不知「持守甚事」，則所持而守之者焉知非**一團習氣耶**？焉知非**師其成心耶**？焉知非**混沌之機括、本能之墮性耶**？然則朱子視小學爲涵養，且謂已能「持守堅定，涵養純熟」，

實爲**不足恃矣**。朱子以小學爲涵養時期，以大學格物致知之「知至」爲察識時期，此是以教育程序比配聖賢工夫之進德，此是**一般的外部的**知行工夫之陳述，非孔、孟求仁、**求放心**之旨也。若以朱子之意衡之，孔門弟子不可謂無小學工夫，然則彼等何以紛紛問仁，而孔子又何須多方指點耶？只敎其**格物致知**便可矣。然則格物致知不足以盡求仁之旨亦明矣。至于誤解明道之「先有知識」只爲「知邪正、識趨向，未便遽及知至之事」，將識仁體拉來套于其小學大學之敎育程序中而論之，顯然尤其**非是**。「先識仁」本只是自覺地作工夫中開頭之一關，亦可以說並非「知至」。但此開端與知至之程序，是**體證與體現之程序**，非小學、**大學之程序**。象山即由此言致知明善、知止、知至，此皆是扣緊本心而言之，非小學、大學之程序，亦非朱子所謂之格物致知也。又逆覺體證之「先識仁」既只是開頭一關，亦與曾子「一唯」之義不同。「一唯」是相應孔子「吾道一以貫之」而「唯」，「先識仁」尙非此境也。明道所言之「一本」，則近之矣。朱子誤解「先識仁」與「一貫」而爲一，亦**非是**。又「敬」是常行，未能逆覺識仁之前，固非即「怠慢放肆，無所不爲」，而此常行之敬亦無礙于「必先識仁，然後敬乃至涵養始有所施」之義。此是進一步就自覺地作工夫說。朱子「未知已前，可以怠慢放肆，無所不爲」之難，顯然非是。

　　先有知識，先識仁體，此知或識是**認知的虛位字**，表逆覺之**體證**。「以覺訓仁」，此覺或知覺是**本體論的實位字**，表仁心覺情之**仁體**。廣仲謂「知之一字便是聖門授受之機」此語容或可類比圭峰宗密「知之一字衆妙之門」，亦容或是因見到圭峰此語而說出。但無論就虛位字之「識仁體」之識說，抑或就實位字之仁心覺情之仁

體說，說「知之一字是聖門授受之機」亦並**不錯**。求仁、求放心（識仁體），非孔、孟立教之**本旨**乎？仁與本心而可以**外在地求之乎**？然則逆覺體證以知之，此豈非聖門授受之主觀地說的機竅乎？惻然之覺，悱惻之感，一旦呈現，自然知是知非，知善知惡，當惻隱則惻隱，當恭敬則恭敬，當羞惡則羞惡，當是非則是非，耳自聰，目自明，事親自能孝，事兄自能弟。此是**本心之沛然莫之能禦**，亦是**仁體之於穆不已**。此豈非孔、孟立教之**實義**乎？此豈非聖門授受之**客觀地說的機竅**乎？後來陽明即由此轉出「良知」，而言「知是心之本體」，則「知之一字衆妙之門」，亦**並不誤也**。惟此知是仁心覺情之知，是精誠惻怛其自身即天理之良知，非圭峰宗密之菩提覺之知也。順明道、上蔡之言仁，容許說此義，無所謂「推之太過」也。五峰門下已接觸至此，而朱子已謂其是禪矣。實則此是堵不住的。惜乎廣仲、伯逢、晦叔等言之不精熟，而又年壽不永，學力有不及，而南軒又搖擺自亂，故爲朱子所壓伏。然不旋踵而象山起，至明而陽明起，非是人皆爲禪所誤，乃是**孔門立教**本容許**有此**闡揚也。孔、孟經典無「此等語意」，然豈不爲其所意函乎？古人皆平說，然其**平說**皆指點此義，啓發此義。後人說先識仁，以覺訓仁，由逆覺體證以識仁體，皆是**轉換辭語**以表示之耳，于所指點啓發之**原意**並無歪曲也。朱子自喜平說，但其**外轉的**平說，順取之路，所成之義理規模卻遠于孔、孟之精神，反不若其所斥爲禪者之爲近也。朱子不善**和會**，而只欲以其**順取之路而橫截**之，此內聖之學成德之教之**大不幸**也。

　　吾以上經由朱子對于中和問題之參究與關于仁之問題之辨論，就其所破與所立，詳予疏解，曲折萬端，然後朱子之**心態與思路**以

及其所成之**義理系統**與夫**系統之形態**完全朗然在目，可得而確定。其爲**實在論的心態**無疑也，其爲**順取之路**無疑也，其爲**主觀地說是靜涵靜攝之系統**，**客觀地說**是**本體論的存有之系統**，亦無疑也，總之此義理系統爲橫攝形態之系統，而非**縱貫形態**之系統，亦無疑也。人不經過此悠長之曲折，鮮能對之有清晰而明確之理解，鮮不爲其辭語之相似所纏惑所搖蕩。但若經過此曲折，則如長江出三峽，隨之而來者**坦然直行**矣。其辭語之**意指**，一見便可知其方向之所在，而不至于**纏夾搖蕩**矣。吾所作者，最後歸結並不違背**一般之常識**，但能知其**所以然**，並能**明確地解析出**，而不只是一種不全不盡、不澈不定之**感覺**。吾如此**釐清**，于朱子並無**所損**。吾只**明確地**恢復其爲橫攝形態，**如其自性**而見其**價值**。其系統非縱貫系統，並非即無價值。但以此爲準而斥縱貫系統爲禪，則非是。于此見朱子之所以**偉大**以及其**所以不足處**。朱子之學不是能相應孔、孟之敎的**最高綜和形態**。最高綜和形態是在**以縱攝橫，融橫于縱**。此方是「十字打開更無隱遁」，而又能相應于孔子之「渾無罅縫」而不失其完整也。只順朱子「**順取之路**」走，則不能至此。一回頭，則可以至此矣。其幾甚微。其**根本處**只在對于「**體**」之體悟**有相應否**（不管是仁體或是天命流行之體），只在心神理**是否是一**。勿因縱貫與橫攝相差如此之遠，如此之顯著，而即謂**根本處**有**許多差別**也。此是疏解之所以難，而吾之**釐清**之所以不背常識處。

此而確定，則在以下各章中朱子直向**橫攝形態**走，而**確然完成之，亦可坦然明白**矣。其以《**大學**》爲規模乃必然者；其**不解孟子**乃必然者；其**以心屬氣，性只爲普遍之理**，亦必然者；其理氣**不離不雜**，理只爲本體論的靜態的存有之理，只爲存在之「**存在性**」，

亦必然者；其**順取漸磨**，心靜理明，一理平鋪，萬景皆實，而爲**他律道德**，亦必然者。其在形而上學上，理氣不離不雜之清晰明截，由氣之**造作營爲**說明**自然界之形成**，此雖尚未至科學之階段，然氣之造作營爲是**物理的**，基本原則處是**科學的**，而可以**向科學走**，則**無疑**。順中國傳統思想言科學，必由此路開而不能由考據之路開。此是面對「自然」之**獨立思想**，而不是空泛之**只是讀書者**。此是朱子道問學、格物窮理中所隱藏之純知識面之**眞精神**，而非只是**空泛讀書者**。理學家（朱子型的）畢竟是理學家，而不是考據家。又其在人生道德修養上，顯示本體論的存有之理之**超越而遍在**，正視**氣質**之**獨立機栝性**，深致慨于人生之**命限**與**無可奈何**，亦見橫攝系統之**莊嚴**與**嚴肅**。（此本儒者之共義，縱貫系統亦非不知此，然橫攝系統則更能凸顯此義。）凡此等等皆見以下五章。讀者順而致之，自然明白。

附　識

中和問題之參究與仁之問題之論辨是朱子思想奮鬥建立之過程。一般人忽之而不講，遂致橫攝系統與縱貫系統之差異恍惚搖蕩而莫辨，儼若惟朱子爲得其集大成之正，其餘皆偏差而又可有可無者，而于其後來之責斥陸象山遂亦不能得其實義究何在，儼若只是道問學與尊德性之畸輕畸重耳。朱子後半段之論敵是陸象山，但在此期間朱、陸之爭辨已不是客觀義理問題之論辨，而只成態度、方法、入路之相責斥。鵝湖之會時，象山三十七歲，朱子四十六歲。象山剛露頭角，而朱子與湖湘學者之論辨此時已大體結束。朱子思想已成熟，而且又有十餘年之參究與論辨爲其底子，而象山則學無

師承，乃讀《孟子》而自得之。象山對于朱子與湖湘學者之論辨似
無所知，或至少不曾留意。鵝湖之會，《朱子文集》與《語類》皆
無記載，而只見之于象山〈語錄〉與〈年譜〉。此見此在象山為得
意之筆，而在朱子雖受刺激卻似不甚重視，而只斥其為禪與空疏。
此後朱子一直斥象山為禪，而象山則斥朱子為支離，不見道。雙方
一直無客觀義理問題之論辨，而只各據其成熟之見以相責斥耳。此
種不契之縕釀後來爆發而為〈太極圖說〉之辨。時象山年已五十，
而朱子已五十九歲矣。但此問題之辨，嚴格講已不是客觀義理問題
之論辨，只是不相契之借題發揮耳。若只就〈太極圖說〉之真偽問
題以及對于「無極而太極」一語之體會問題說，可說象山是失敗
者。關此，吾已論之于〈濂溪章〉。是以此問題之論辨並無積極之
價值，于朱子思想之形成亦非本質之關鍵：而象山在此雖失敗，亦
不影響其學路之正大與健康，因象山對此形上學中之義理本無多大
興趣，此固其不足，然亦無礙于其根源方向之正確。以此觀之，
朱、陸間之相責斥以及對于〈太極圖說〉之論辨不是朱子思想所以
形成之本質的關鍵。以此之故，吾于述朱子思想之生長、發展，與
完成中，遂不涉及其與象山之爭辯。與湖湘系學者之論辨卻是積極
者，此雖誤解，然卻是客觀義理問題之論辨，亦是在通過此論辨中
而形成其自己之系統者，吾故詳為述之，以發其隱。一般講朱子者
對于其中和問題之參究與仁之問題之論辨完全模糊，甚至一無所
知，只就其《語類》之前六卷隨便徵引，泛為猜測浮說，而又只注
意朱、陸之同異，而又不真知其所以同異之實義究何在，此在理解
朱子上可謂輕重本末之倒置，而且捨其重而就其輕（只注意朱、陸

之同異），隱其本而撂其末（只就《語類》前六卷泛爲浮說），宜其恍惚搖蕩而不中肯也。

第五章　中和新說與〈仁說〉後以《大學》為規模

第一節　論知行

《朱子語類》第九，〈學三〉，論知行，有以下各條：

1. 致知力行，用功不可偏。偏過一邊，則一邊受病。如程子云：「涵養須用敬，進學則在致知。」分明自作兩腳說。但只要分先後輕重。論先後，當以致知為先。論輕重，當以力行為重。

1.1 操存涵養，則不可不緊。進學致知，則不可不寬。

1.2 思索義理，涵養本原。

1.3 涵養中自有窮理工夫，窮其所養之理。窮理中自有涵養工夫，養其所窮之理。兩項都不相離。纔見成兩處，便不得。

1.4 問：致知涵養先後。曰：須先致知，而後涵養。〔下略〕

案：以上五條當依上章第四節10〈答吳晦叔〉書論知行先後義理解之。1.2條「涵養本原」，本原是指「心、性」說。

2. 堯卿問：窮理集義孰先？曰：窮理為先。然亦不是截然有先後。曰：窮是窮在物之理，集是集處物之義否？曰：是。

2.1 萬事皆在窮理後。經不正，理不明，看如何地持守也只是空！

案：「萬事皆在窮理後」以及上1.4條所謂「須先致知」，此與順明道、五峰下來「先識仁之體」、「先察識」、或順孟子象山下來先識本心，不同。朱子之先窮理致知是「順取」，而先識仁之體是「逆覺」。此顯是兩路。因此，其言「集義」亦與孟子異趣。

2.2 王子充問：某在湖南見一先生只教人踐履。曰：義理不明，如何踐履？曰：他說行得，便見得。曰：如人行路，不見，便如何行？今人多教人踐履，皆是自立標致去教人。自有一般資質好底人，便不須窮理格物致知。聖人作個《大學》，便使人齊入於聖賢之域。若講得道理明時，自是事親不得不孝，事兄不得不弟，交朋友不得不信。

2.3 而今人只管說治心修身。若不見這個理，心是如何地治？身是如何地修？若如此說，資質好底，便養得成只是個無能底人。資質不好，便都執縛不住了。〔下略〕

案：以上兩條，如指一般習而不察的冥行人說，自無問題。但朱子常是隱指湖湘系學者或象山門下的學者而說。如所謂「資質不好」云云，便是隱指象山一系學者而言，尤其如劉淳叟之類，「便都執縛不住了」。又如所謂「只管說治心修身」，似亦隱指湖湘系學者而言，如胡伯逢言「聖人敎人以自知自治爲急」，或是指承此義而「只敎人踐履」者。不管是湖湘系或是象山系，皆是以先識仁體，先明本心爲主，而朱子卻常因其不走順取之路，便只以「資質好」與「資質不好」兩種病態責斥之，亦決不提其先識仁體，先明本心之義，而只以冥行斥之。

> 2.4見，不可謂之虛見。見無虛實，行有虛實。見只是見。見了後，卻有行、有不行。若不見後，只要硬做，便所成者窄狹。

案：此指象山說。因象山常斥虛見虛說。朱子說：「見只是見」，「見無虛實」。實則「見了後」，固「有行有不行」，而見亦有虛見與實見。若如朱子說，不必闢異端矣。《法華》云：「開佛知見」。可見「見」亦不容易。

> 2.5學聚問辨、明善擇善、盡心知性，此皆是知，皆始學之功也。

案：將孟子「盡心知性」亦劃歸「知」之事，認爲是「始學之功」，非是。朱子對《孟子》此章必作別解，顯不相應。詳見下

章。

　　3.人生天地間都有許多道理，不是自家硬把與他，又不是自
　　　家鑿開他肚腸白放在裡面。

　3.1一心具萬理。能存心，而後可以窮理。

　3.2心包萬理，萬理具於一心。不能存得心，不能窮得理。不
　　　能窮得理，不能存得心。

　3.3窮理以虛心靜慮爲本。

　3.4理不是在面前別爲一物，即在吾心。人須體察得此物誠實
　　　在我方可。譬如修養家所謂鉛汞龍虎皆是我身內之物，非
　　　在外也。

案：以上五條是一個意思。朱子所謂「具」或「包」是心知之明之
認知地具、涵攝地具，「包」亦如之。《大學・補傳》所謂「人心
之靈，莫不有知」是也。即在此心知之明之認知作用中把**理帶進
來**，而云「**即在吾心**」，「**心具萬理**」，「**心包萬理**」。故接「存
心」即言「窮理」。「存心」者是存此心知之明，不使其昏昧，如
此，始能發其窮理之用。故以「虛心靜慮」爲言也。此非孟子所謂
之「存心」之義，亦非孟子由仁義內在所函之「心即理」義。由孟
子仁義內在之心即理而說「心具萬理」，此「具」是本心自發自律
地具，是本體創生直貫地具，不是認知地具、涵攝地具，是內在之
本具、固具，不是外在地關聯地具。此種分別，朱子不察，遂只以
「認知地具」說「心具萬理」；而凡遇本心自發自律地具或本體創
生直貫地具，如孟子之類，或仁體含萬德之類，朱子皆不能有相應

的理解，皆轉成認知地具，或關聯地具（橫的關聯如認知，縱的關聯如氣化之相引生）。如上章第三節末所錄之《語錄》8.2條：「五峰曾說：如齊宣王不忍觳觫之心乃良心，當存此心。敬夫說：觀過知仁，當察過心則知仁。二說皆好意思，然卻是尋良心與過心，也不消得。只**此心常明**，不爲**物蔽**，**物來自見**。」若說不消得去尋良心與過心，只積極地存養「此心常明」，自然可以（至其所以說不消得去尋良心與過心，其背景是反對胡伯逢等之觀過知仁說，此已詳論于前章，此不必管）。但朱子接著卻說：「不爲物蔽，物來自見」，此即把孟子之本心轉成心知之明，只注意其**照物**之**認知的作用**。此既非孟子意，亦非胡五峰之意。吾每看到此等處，便替朱子著急。朱子之心態合下是**順取之路**，他這樣看**最合勁道**。說成**習慣**，便自然不知不覺總**轉到此**。他從不在此有所警醒。此亦「智之於於賢者也命也」，亦可慨矣。

> 4.窮理，如性中有個仁義禮智，其發則爲惻隱、羞惡、辭遜、是非，只是此四者。任是世間萬事萬物皆不出此四者之內。〔下略〕

案：此是把性體中仁義禮智亦視爲格物窮理之所對。蓋朱子所謂「物」本極廣泛，一切事事物物皆包在內。不徒外物是物，即吾人身心上所發之事亦是物。惻隱、羞惡、辭遜、是非等即是心上所發之事，故亦是物。「窮，是窮在物之理」。就心上所發之事以窮其理，亦是「窮在物之理」。此是**泛認知主義**，把一切**平置**而爲**認知之所對**。又「萬事萬物皆不出〔仁義禮智〕此四者之內」，此是性

體中之仁義禮智通過氣變之化或情變之事之元亨利貞、春夏秋多、陰陽動靜、而遍顯于一切處，此是將**性體**只**平置**而爲一**普遍之理**，亦即吾上章論觀過知仁一問題時所說朱子只把仁體平置而爲一有局限之普遍之理之義。如此，可置于其致知格物之原則下以澈底完成其順取之路與靜涵靜攝之系統。是以當其說「萬事萬物皆不出此四者之內」，其意不是本體創生直貫之一體之所貫義，亦不是「萬物皆備於我」義，亦不是明道所說之「一本」義，乃是平置而爲一普遍之理，而爲**泛認知主義之所對**，泛格物窮理之所對。此普遍之理，普遍至其極，便是**太極**。而心知之明之認知作用（涵攝作用），因其明而益明之，盡其**全體之用**，以盡**此心無盡之體**，《大學・補傳》所謂「衆物之表裡精粗無不到，而吾心之全體大用無不明」，則心之管攝作用即**管攝至其極**，而**攝至太極**，而心亦即**認知地含具萬理**而**無遺矣**。此即下兩條之所說。

4.1器遠問：窮事物之理，還當窮究個總會處如何？曰：不消說總會。凡眼前底都是事物。只管恁地逐項窮，教到極至處。漸漸多，自貫通。然爲之總會者心也。

案：此以心爲總會處，此是**主觀地說**。心之爲總會義是**認知的管攝義**，由「**認知地具**」來規定。**客觀地說的總會處**便是太極。此即下條之所說。

4.2凡看道理，要見得**大頭腦處**分明，下面節節只是此理散爲萬殊。如孔子教人只是逐件逐事説個道理，未嘗説出大頭

腦處。然四面八方合聚湊來，也自見得個大頭腦。若孟子
便已指出教人。周子說出太極，已是太煞分明矣。且如惻
隱之端，從此推上，則是此心之仁。仁即所謂天德之元。
元即**太極之陽動**。如此節節推上，亦自見得**大總腦處**。若
今看得太極處分明，則必能見得天下許多道理條件皆自此
出。事事物物上皆有個道理，元無虧欠也。

案：此言「大頭腦處」、「大總腦處」，即客觀地說的「總會
處」，此即是太極。從下面節節推上，到最後的普遍之理，便是太
極。從太極處，再節節推下，「必能見得天下許多道理條件皆自此
出」，「下面節節只是此理散為萬殊」。節節推上並不是憑空推
上，自有一個可以推上去的**契機**，此即呈現在眼前的事事物物之
「**然**」，「然」必有其「**所以然**」。如是，就特殊而具體的
「然」，便見到「所以然」的普遍之理，此即是「**窮在物之理**」。
如此便可節節推上去，而「格物窮理以致知」之**漸磨工夫**，所謂**道
問學**之工夫，亦于焉以在。于此有三個關鍵性的問題須要解決：

（一）此就「然」而推證「所以然」，此所見之理是什麼理？關此
吾人隨處早已說過，此是**實現之理**或存在之理（存在之**存在性**）。
就存在之然而推證說，名曰**存在之理**，存在之**存在性**。就此理能使
「然者然」說，名曰**實現之理**，即實現其為**如此**而**不如彼**。此理本
身名曰「**存有**」，此是本體論的存有，無所謂**在不在**。在不在是就
事物之然說。于事物之然說存在，而不說存有，存有是事物之然之
所以然的理，是其存在之所以存在，故亦可云是存在之存在性。此
當然是其**超越的存在性**，是只負責其「**為存在**」者，而不是現象

的、內在的、邏輯的、或科學知識的類名所表示的那所以然之理。因爲此超越的所以然所表示之存在之理並不是一個類名。關此，吾人已隨處辨明，尤其在首卷已詳爲辨明。此在朱子思想中比較容易確定。

㈡此事物之然（存在）與其所以然之理（存有），其間的關係爲如何？簡言之，用朱子本人的詞語說，理氣間的關係爲如何？依朱子的體會，此是「不離不雜」。但這不離不雜的關係，如要想正面說出來，卻不容易。此有關于對于存在之理本身（即作爲存有的那存在之理本身）的體會爲如何。依朱子，此存在之理本身被理解爲**只是理**，並無心義，亦無**神義**，是**只存有而不活動者**。此亦爲吾人所已隨處辨明者。即依如此理解的存在之理本身，而欲正面確定其對于氣的關係頗不容易。關此，留在第八章詳細分疏以確定之。只要步步留意其所說的然與所以然之關係以及所以然之理本身的確切意義，到時便亦容易確定。

㈢作爲「大頭腦」的太極當然是一，此是太極之**一相**，而節節落下來所見的「許多道理條件」（此條件意即件數，不是吾人現在所說的制約義的條件），當然是多，此是太極之**多相**。此一相與多相究竟**如何規定**？太極之爲一是何意義？其眞能爲「一」乎？抑畢竟只是「多」乎？「許多道理條件皆自此出」，究竟如何出法？其顯爲多是何意義？眞能爲多乎？抑畢竟只是一乎？此問題亦與前二問題有關。關此，亦留待下第八章詳爲分疏以確定之。亦希望讀者步步留意其所說的存在之理之確切意義。

以上三關鍵性的重要問題解決，則以下三問題亦隨之而易解決：

㈣「理先氣後」的問題。

㈤「理生氣」的問題。

㈥理之道德意義的問題。

以上六問題如都能得到確定的解答，則朱子學之主觀地說爲靜涵靜攝之系統，客觀地說爲本體論的存有之系統，而其所表現之道德爲**他律道德**（所謂本質倫理），即可證成而無疑。這個只是以《大學》爲規模（爲定本）所參透成的，而與《論》、《孟》、《中庸》、《易傳》所表示之縱貫系統、**自律道德**，有不同也。

朱子說：「孔子教人只是逐件逐事說個道理，未嘗說出大頭腦處。」然孔子講「仁」，仁即是大頭腦。孔子說「吾道一以貫之」。「一以貫之」即仁以貫之。故曾子曰：「夫子之道，忠恕而已矣。」忠恕即仁之具體表現。仁之具體表現雖不只忠恕，然忠恕亦實可**隱括仁道之全**，故孟子曰：「強恕而行，求仁莫近焉。」後來明道曰：「維天之命，於穆不已，不其忠乎？天地變化草木蕃，不其恕乎？」〈明道章・一本篇〉。明道此一指點實已盡「忠恕隱括仁道之全」之實。孔子以前《詩》、《書》中只有帝、天、天命、天道諸觀念，至孔子繼承周文禮樂之教，暫撇開帝、天諸觀念，點出「仁」字以爲道之眞實見證，如是，道更爲具體化、眞實化，亦更爲主體化。仁是道，亦是心。仁是全德，是一切道德創造之源。故孔子踐仁以知天，以成其爲仁者之生命，仁即是**主觀地說的大頭腦**。通過孟子而至《中庸》、《易傳》，主觀地說的仁與客觀地說的帝天完全**合一**而成爲**同一的道德實體**亦即形而上的**實體**（簡曰**道體**或**仁體**）。明道之語即表示這**完全的合一**。朱子將仁視爲「心之德愛之理」，只平置而爲一有**局限的普遍**之理，自不肯視

仁為大頭腦，亦不敢認孔子所說的仁為大頭腦。孔子豈「只是逐件逐事說個道理」耶？然則孔子並非「未嘗說出大頭腦處」，只朱子未能有相應的契會耳。

朱子說：「若孟子，便已指出敎人。」此即仁義內在、求放心、先立其大、萬物皆備於我，盡心知性知天之類是也。然孟子將孔子之仁轉為心性，心即是性，心是道德創造之實體性的心，決非朱子心性情三分之心，亦決非只是心知之明之認知作用的心；而「萬物皆備於我」是明道所說之「一本」之義（「一本」亦由孟子遮墨者夷之為二本而來），「只此便是天地之化」，「只有一個誠，何助之有？」（〈一本篇〉），只是一誠體、仁體、心體之沛然莫之能禦，決非朱子之認知地「心具萬理」之義；而同時盡心知性知天亦決非如朱子之所理解。

朱子說：「周子說出太極，已是太煞分明矣。」然周子之太極是誠、是神，是寂感眞幾，亦非如朱子之所理解只是理。此實體仍是創生直貫妙用無方的實體。

若以仁為大總腦，說「仁即所謂天德之元」，此語本不錯。其恰當意思當該是：仁體即是天德，即是元。但朱子說「元即太極之陽動」，則非是。仁體即乾元，乾元即象徵天道、太極，何只限于陽動耶？如此說，則仁不是最後的，還要節節推上去，太極方是最後的。蓋朱子本視仁為專主于愛，而為愛之理，是由「惻隱之端」（情）推上去的，本不視為最後的仁體，故在此，本體宇宙論地言之，逐視為「太極之陽動」。

總之，朱子依其泛認知主義將仁體、性體，乃至形而上的實體皆平置而為普遍之理（存在之然之所以然），通過其格物窮理（窮

在物之理）而成爲心知之明之**認知作用**之**所對**，永爲客爲所而不能反身而爲主爲能，而立體創造的**實體性的心體**亦不能言，此則決非先秦儒家《論》、《孟》、《中庸》、《易傳》一發展所表示之舊義。此是順取之路中泛認知主義之所決定。當然，任何東西皆可作爲理解之對象。吾人說契會體、默識體、或認識本體，以及所謂于體上有工夫，此亦是以體作爲理解之對象。但此所謂理解是要恢復其爲超越之大主，爲道德創造之實體，無論是主觀地說，或是客觀地說。尤其當吾人說仁體、心體、性體、誠體、神體、中體、乃至敬體、忠體、或形而上的實體時，主要目的是在說明眞正的道德行爲所以可能之超越的根據，故必肯定每一人的生命中皆內在而固有地本具此自發自律自定方向之道德實體以爲道德創生之源，此即吾人之眞主體，亦即宇宙之眞主體。吾之理解此實體實只是**反身地**經由**逆覺**而**體證**之，無論是**超越的體證**，或是**內在的體證**。此種體證實無「窮在物之理」之認知的意義，亦無法以「窮在物之理」之方式去體證。蓋如以此方式去體證，永爲客而不爲主，永爲所而不爲能，即喪失其爲內在而固有的**道德創生之源**之義。故捨**逆覺之路**，別無**他法**。逆覺此體爲道德創生之源，即可體證一切存在（此存在爲**提起來說的存在，創生之即存在之**）爲一體之所貫，因而亦可靜觀一切存在處皆是此體之呈現處。故明道說「觀天地生物氣象」，又說「生意最可觀」，又說「萬物靜觀皆自得」，皆是指點此義，亦是「當下即是」義，皆不是「窮在物之理」之**認知義**也。明道不常言格物，即偶爾言之，亦是本體論的一本直貫的意義，而不是「窮在物之理」之認知的對待之意義。如云：「致知在格物。格，至也。或以格物爲正物，是二本也。」（陽明以格爲正，亦非二

本）。不二本即是**一體直貫，物我為一**。致知者致此知也。而朱子之「窮在物之理」卻正是二本：心知之明為一本，所對之理為一本。如是，心理永不能一，而一本直貫義即喪失。此順取之路之一往不返也。蓋仁體、性體，乃至實體皆平置而為在物之理，合下由順取之路以認知之，亦無足以使之可返之機也。

　　實則即朱子之「窮在物之理」，就其所窮者是存在之理言，雖是以**認知方式**窮，亦無**積極的知識意義**。因為光只是「存在之然」之所以然之理，即必然而不可移，當然而不容已之理，是**空無內容**者。不管節節推上去，是那一節之存在之理，皆是如此。節節推上去，每節所窮至之存在之理，雖有節之層次不同，而其實皆是**同質**的，並不構成**理之異質、不同類**。只是因「存在之然」之不同而有不同的名字，因而有受局限的「存在之理」而已。此如動之理之對動，靜之理之對靜，愛之理（仁）之對愛，宜之理（義）之對宜，恭之理（禮）之對恭，別之理（智）之對別等等，實皆只是**有局限的存在之理**，而其為存在之理則一也。此處即函理之**一相與多相**之確切意義之**透示**。（讀者于此可細會之，其意自見。在此為避免隔斷文氣，暫不說。）即表裡精粗無不到，窮至極複雜、極微細、一毛孔、一毫端，而就其為「存在之然」言，其所以然之理亦仍是如此。所以然之理至**單純**、至**齊一**，並無**曲折之內容**，亦不表象**存在之然之曲折**。是以光知此存在之理，並無積極的知識之意義。積極知識是在「存在之然」之曲折之自身處，並不在此存在之理處。朱子之「窮在物之理」其目標是在窮其存在之理，並不是窮其**存在之然之曲折本身**。窮存在之理是**哲學的**，窮存在之然之本身是**科學的**。科學式的積極知識或特殊的專門知識是在其窮存在之理時接觸

物，因而成其爲泛觀博覽，所謂道問學，通過此泛觀博覽、道問學之過程，而即在**此過程中拖帶出的**。其重點與目標固不在此。朱子之窮在物之理，對此分別未能自覺，或至少未能自覺地清楚地予以分別規定，（此或即以前所謂德性之知與見聞之知之別，他們也許即以此別來標識，但因不離日用見聞諸辭語，畢竟未能清楚規定。）遂使人有混雜之感。實則**原則上**可以分開，即依朱子之思路與目標亦可以分得開。惟其表示的辭語不甚夠，遂令近人有不清楚之感。茲可客觀地從「然」與「所以然」之兩層上（只要知道「所以然」是超越的所以然，只是存在之理即可）予以**原則性的分別**：單窮超越的所以然這存在之理者爲哲學的、德性的，無積極知識的意義；單窮存在之然之曲折本身者爲科學式的、見聞的，有積極知識的意義。前者是朱子之本行，後者則是其通過道問學之過程而拖帶出的。朱子對此後者興趣固甚濃，依其理氣之分之清楚割截，亦實有可以引發此種知識之**依據**。此如《朱子語類》卷第二，〈理氣下〉，論天地下；卷第三，論鬼神，此兩卷所論者皆是就存在之然（氣本身之曲折）而說，故其所窮知者雖未進至科學階段，然亦實是科學式的積極知識，因其基本觀點是就**氣本身之曲折**說，根本上是**物理的**故也。此即引發此種知識之**依據**。朱子大弟子蔡季通尤具此種知識之興趣，而且甚見此方面之才智。雖是前科學的、老式的，然實是科學家之類也。故可另換一詞語表示此種分別：就「氣」上建立者是積極的知識，是科學的；就「理」上建立者是哲學的、德性的，無積極知識的意義。而朱子之目標是在後者，故成性理家而非科學家也。

　　依以上之分別，其窮在物之理，雖無積極知識之意義，然其**認**

知之方式卻影響其言性體、太極之**形上學**之**形態**。其結果是一種觀解的、**外在的形上學**，而與先秦儒家之所開發者不合。說其系統主觀地說是靜涵靜攝之系統，客觀地說是本體論的存有之系統，即就此客觀地說者見其形上學爲一種觀解的、外在的形上學，而其所表示之道德爲**他律道德**（所謂**本質倫理**）。此則有類于廣義的柏拉圖型的系統，尤類于聖多瑪也。此則自不合先秦儒家《論》、《孟》、《中庸》、《易傳》之型範，自此而言，謂其爲**歧出**不算過分。

　　然依其所窮者是存在之理，此處並無積極的知識意義，則依儒家之型範，處於中國之傳統，其迴機就己亦很容易。就朱子本人言，其學問實有**重新反省、重新調整**之必要。朱子念念不忘孔孟傳統，其心思可謂完全是正統派者，然其說統何以不知不覺中竟至於此？此則一由於其禪之禁忌，二由於其心態之勁道，遂於不知不覺中被**推移至此**。實則禪之禁忌，在此是一種錯覺，一種誤會，並不眞能構成一種禁忌。至於其心態之勁道合下是一種**實在論之心態**，合下易於走**順取之路**。然若禁忌去掉，體上明澈，則雖取重漸教，亦不礙其體上理解之正確。此如天臺、華嚴之判教，雖判《大乘起信論》言如來藏者爲大乘別教或終教，尚未至圓頓之境，然其方向畢竟不同於唯識宗而有進於唯識宗者。朱子之系統有類於唯識宗，此其所以須要重新反省、重新調整之故也。然在當時，無人能敵過朱子，無人能從容商榷指點而移轉之。南軒不足道也，胡廣仲輩爲其所俯視者也。象山後起，而朱子已成熟，一聞其風即斥其爲禪，雖重其人，而於義理上實根本不能談。象山雖正大，自己能挺得住，亦知朱子之病根，然畢竟較晚，不是前輩，不能以從容俯就之

方式指點而默轉之，而象山門下不遜之病態尤益增其反感，益增其對於象山之誤會，是以象山於朱子亦終不能有助益也。朱子若得親炙於明道之門或可易轉也。然南宋無其人也。此朱子之所以終於落於第二義而未能至乎儒家型範第一義也。

　　以上所説可爲此下之綱領。讀者依此綱領讀以下之選錄，甚易得其脈絡也。

第二節　論明德

　　《朱子語類》卷第十四，〈《大學》一〉，經上，關於「明明德」之討論，有以下各條：

　　1.《大學》首三句説一個體統，用力處卻在**致知格物**。

案：何不曰「用力處」即在當下明吾固有之明德以爲眞主宰，而卻重點落在致知格物上？此固由於其泛認知主義之思路，亦緣其對於明德之體會總不透澈也。

　　2.天之賦於人物者謂之命，人與物受之者謂之性，主於一身
　　　者謂之心，有得於天而光明正大者謂之明德。
　　2.1或問：明德便是仁義禮智之性否？曰：便是。
　　2.2或問：所謂仁義禮智是性，明德是主於心而言。曰：這個
　　　　道理在心裡光明照澈，無一毫不明。

案：《大學》所謂「明德」，其原意究何所指？是指「**德行**」說，還是指「**德性**」說？「德行」是果上之詞，意即光明正大的行為。「德性」是**因上之詞**，意即吾人本有之**光明正大的心性**。宋明儒皆是就心性說，無異辭也。但是鄭注、孔疏卻似是就「德行」說。鄭注云：「明明德，謂顯明其**至德**也」。解明德為「**至德**」意即極高或極完善之德行。「德行」方可以說「至」，本有之心性則**無所謂至不至**。孔穎達疏云：「〈康誥〉曰克明德者，此一經廣明意誠，則能明己之德。周公封康叔而作〈康誥〉，戒康叔**能明用有德**。此記之意言周公戒康叔以**自明其德**，與《尚書》異也。〈太甲〉曰顧諟天之明命者，顧，念也。諟，正也。伊尹戒太甲云：爾為君，當顧念奉正天之顯明之命，不邪僻也。〈帝典〉曰克明峻德者，〈帝典〉為〈堯典〉之篇。峻，大也。《尚書》之意，言堯能明用**賢峻之德**，此記之意，言堯**能自明其德**也。」依此孔疏，〈康誥〉之「克明德」是「能明用有德」〈堯典〉之「克明峻德」是「能明用賢峻之德」。而《大學》引之，則解作「自明其德」。實則不必如此分別。《大學》之解不誤也。但無論是「明用有德」、「明用賢峻之德」，或是「自明其德」，「德」皆是就「**德行**」說。惟在《尚書》，「明」是動詞，而在《大學》，則是狀詞，狀詞「明」字上再加一動詞之「明」字。而無論是「德」或「明德」，皆就德行說，則甚顯也。（明德與明命詞語同，德上固可加狀詞。）就「德行」說，則自「欲明明德於天下」一直追溯至正心誠意致知格物，其語脈更順適，因果關係（原委關係）更顯豁。然則鄭注孔疏並不算差。汝或可說鄭、孔等甚淺，並無**心性**之觀念。然《大學》本身也許就是如此，亦並未意識到**本有之心性**。〈堯典〉、〈康

誥〉言「德」或「峻德」皆指**德行**說，那時似更不能意識到**本有之心性**。《大學》引之，似亦並未就**德行**再向裡推進一步說**本有之心性**也。須知《大學》並不是繼承《論》、《孟》之生命智慧而說，而是從教育制度而說，乃是開端別起。雖為儒家教義之所函攝，然不是孔、孟之生命智慧之繼承。《中庸》、《易傳》倒是直接繼承孔、孟之生命智慧而發揚。吾人讀之，實感到**一系生命之相振動**與**相契**，而《大學》則是開端別起，好像是外插進來的。雖言之整齊有條理，然其實只是列舉實踐之綱領與範圍，而其解釋（所謂傳）亦只是現象學地平說，朱子所謂「《大學》諸傳有解經處，有只引經傳贊揚處，其意只是**提起一事**，使人讀著常惺惺地」是也。凡此吾已言之于第一章第四節。宋儒自伊川著重《大學》之致知格物，遂想將《大學》納于孔、孟之生命智慧中而一之，因此遂將「明德」就德行向裡推進一步視作**本有之心性**。宋、明儒于此皆無異辭也。此固能見四書之有機的統一，然非必即《大學》說「明德」之原意也。

今既視作本有之心性矣，試看朱子如何解決。

明德既就本有之心性說，若依陸、王之講法，本心即性（此承孟子而來），則「明德」及「明明德」之意義皆極**單純、確定**而**順適**。「明德」即是本心之明，既是**靈昭不昧**，又是**光明正大**，此即吾人本有之自發、自律、自定方向之**性體**，亦即道德創生之**實體**。「明明德」即是復其**本心之明**，此純是就自覺地作道德實踐言，蓋只是**明體以起用**也。但在朱子，則因心、性、情之三分，而心又只限定為心之明之認知作用，「明德」一詞遂弄成極為複雜，而難確定：明德究竟是**指心**說，抑是**指性**說，抑是指心**關聯著性、性關聯**

著心說？此則極爲模稜而難確定。又心只限於心知之明之認知作用，則明明德「明」字之工夫又復**歧出**而爲**致知格物**，此則**尤不順適**。

依上錄2.、2.1、2.2三條說，明德似就仁義禮智之性說，雖亦關聯著心，而重點卻在性。但依「明德者，人之所得乎天，而虛靈不昧，以具衆理，而應萬事者也」（《大學》注語）之注語而說，則明德又**綜主**在心字上。因爲此一整語**綜主詞**在「虛靈不昧」，而「虛靈不昧」是說「心」字。「具衆理」是**此心具**，「應萬事」亦是**此心應**也。雖亦關聯著性（理），但**綜主**卻**在心**。綜主雖在心，但因朱子所意謂的「心具」是認知地具，則就心說明德之**力量**又**減弱**。此即**搖轉難定**也。

《語類》卷第五，〈性理二〉，性情心意等名義，總論心性處有一條云：

> 問：天之付與人物者爲命，人物之受於天者爲性，主於身者爲心，有得於天而光明正大者爲明德否？
>
> 曰：心與性如何分別？明如何安頓？受與得又何以異？人與物與身又何間別？明德合是心？合是性？
>
> 曰：性，卻實以感應虛明言之，則心之意亦多。
>
> 曰：此兩個，說著一個，則一個隨到。元不可相離，亦自難與分別。捨心則無以見性，捨性又無以見心。故孟子言心性每每相隨。說仁義禮智是性，又言惻隱之心、羞惡之心、辭遜是非之心。更細思量。

又有一條云：

> 或問心性之別。曰：這個極難說，且是難爲譬喻。〔下略〕

案：朱子經由問者發問，轉而一連發了五問題讓問者仔細思量。其實重要者只是兩問題：一、「明如何安頓」？二、「明德合是心合是性」？若只就心性說，依朱子之思路，心與性是很易說、很易分別的。只因就「明德」說，便難說、難分別了。依朱子，明德雖偏重就「性」說，然亦必須關聯著心。否則「明」字很難安頓。即在此情形下，遂說「此兩個，說著一個，則一個隨到，元不可相離，亦自難與分別」。至于以「孟子言心性每每相隨」爲證，則不必。蓋孟子視心即性，並不是「兩個每每相隨」，亦不是「仁義禮智是性」，而惻隱羞惡等是情。茲只依朱子而說，則必須心性兩個關聯著說。說「光明正大」是客觀地說，故此語句是就「性」說明德。說「虛靈不昧」（或「感應虛明」）是主觀地說，故此語句是就「心」說明德。「明」字如何安頓？是就「心」之虛靈與「性」之正大而安頓。此皆人之所得乎天者。得乎天而具之于己，即說爲吾人本有之明德。性固得乎天，此是得乎天之客觀之理，心亦得乎天，此是得乎天之心知之明。「有得於天而光明正大者謂之明德」，此是就性說得乎天。「明德者，人之所得乎天而虛靈不昧以具衆理而應萬事」，此是就心說得乎天（當然性亦帶在裡面）。但細審之，此中似乎亦當略有分別，即：心與性之得乎天是否爲同一意義？依朱子之說統，似並不同。從「天命之謂性」說，天所命于人而人受之者是仁義禮智之性，朱子似從未說天以仁義禮智之心

（即惻隱羞惡等之心）命于吾人。然則心從那裡來？如亦說得于
天，顯然與性之得乎天不同。性之得乎天是天之所命之**理**說。然則
心之得乎天是就甚麼說？依朱子，此似乎是當就天所命之**氣**說。所
謂「得其秀而最靈」（此雖濂溪語，朱子于此無異辭），即得五行
之秀氣而最靈也。是則靈是**就氣說**，即是**心也**。故曰**心氣**或**知氣**。
是則心之靈或心知之明是就得于天之秀氣說，是就所稟之**本有之秀
氣**說。如是，心之得乎天並無**超越的意義**。此與性之得乎天不同。
性之得乎天是**超越的**，而心之得乎天則只是**實然之秀氣如此**，只是
秀氣所具之**自然的心知之明**而已。就大分類說，人得此秀氣，物並
未得此秀氣。即就人類說，其所得之秀氣之靈亦有差別，有甚秀
者，有較差者，有甚不秀者，此所以有智愚賢不肖之分，復有上智
下愚不移之說也。然而性之得乎天則是**普遍而同一**，不但人如此，
即物亦然，此所以說「**枯槁有性**」也（見下第八章）。是則心之得
乎天與性之得乎天顯然有不同，朱子未能自覺也。雖有不同，然就
人類統言之，每人總有點**心知之明**。即依此義，明德亦必關聯著心
說。若完全無秀氣之心知之明，則性即**永不得顯現**，而說吾人本有
明德而又可以**明之**，即**不可能矣**。吾人肯定有性，同時即肯定人多
少能體現一點性。而體現之關鍵則在**心氣之明**。如果「明德」一詞
與性有點差別，此差別即在：依朱子，光言性，性自身不函其**必顯
現**，而言明德，則一方固本有，一方亦必函其**能顯現**，即必函著
「**明之**」之可能。此所以「明德」一詞必**關聯著心說**也。明德之客
觀意義的重點固在性，而就必函著「明之」之可能言，則亦必關聯
著心，此即是**主觀意義之明德**。

　　然則心知之明如何能管攝著性而令其顯現？曰：心知之明本有

認知（知覺）事物之理之作用，認知之而**依理發爲存在之然**，此即是性理之**顯現**。認知必須是認知存在之所以存在之理。若只就存在之然本身之曲折而認知之，此只是認知了**曲折之相**，並未認知**存在之然之所以然**，故此種認知尙不能令性理顯現。心知之明旣可以認知存在之然自身曲折之相，亦可以認知存在之然之所以然之理，而且還能辨別存在之然自身曲折中之是非善惡。此皆爲心知之明之**所及**。光認知存在之然自身曲折之相以及辨別此中之是非善惡，尙不能令性理顯現。必須就存在之然自身曲折之相辨別出那是的善的，就那是的善的之然而窮知（推證）其所以然，方能令**性理顯現**。此即函說是的善的之然方有**性理爲根**，非的惡的之然實**無性理爲根**，即並無正面**積極的根據**，此只是私欲纏夾在內把那本應依理而發的存在之然弄成**歪曲**了，遂成爲**歪曲的然**，故非的惡的之然實只是一時之**假象**，其自身並無**積極的存在**，故必須**揀別出**也。依此，心知之明之認知活動是須要**層層推進、層層規定的，規定到就是的善的之然**而窮知其**所以然**，方能說到**令性理顯現**。此即朱子《大學‧補傳》所謂「人心之靈莫不有知，而天下之物莫不有理。惟於理有未窮，故其知有不盡也。是以大學始敎，必使學者卽凡天下之物，莫不因其已知之理而益窮之，以求至乎其極。至於用力之久，而一旦豁然貫通焉，則衆物之表裡精粗無不到，而吾心之全體大用無不明矣。此謂物格，此謂知之至也。」此所謂窮理卽是窮存在之理。故在窮究之過程中，不但是「用力之久」，「表裡精粗無不到」，而且在「用力之久」中要有一步分判，分判**存在之然自身曲折之相**與**存在之然之所以然之理**，還要有一步揀別，揀別出那非的惡的之然並無**積極的根據**，並非**積極的存在**。這樣窮知方能盡「衆物之表裡

精粗無不到，而吾心之全體大用無不明」之實義，而性理亦因之而可顯現矣。此即心知之明，「因其已知之理而益窮之」，在「益窮」之過程中層層推進層層規定也。如此而吾之明德亦可以明矣。

　　如是，朱子所意謂之「明德」，「有得於天而光明正大者謂之明德」，此語是客觀地說，是就性理而說明德之自身。「這個道理在心裡光明照澈，無一毫之不明」，亦是客觀地說，就性理而說明德之自身。「光明正大」、「光明照澈，無一毫之不明」，皆是說的性理之**明朗**、無隱蔽，亦**無偏曲**。這些「明」字皆非就**心知之明**說。「虛靈不昧」是就「心知」說。嚴格說，明德本義並不在「虛靈不昧」之「心知之明」處。「虛靈不昧」之心知之明之作用是在「明明德」上。如以虛靈不昧之心知之明，由其認知地管攝性理，而這樣帶著性理說明德，此是明德之**主觀的意義**，亦是**主觀的說法**。實則明德之實只在**性理**，而「虛靈不昧」之實只在說「明明德」所以可能之**內在的認知根據**（此內在即指人本有心知之明說）。是故依朱子之說統，其在《大學》中關于明德所作之注語實當修改如下：

　　　　「明德」者，人之所得乎天「而可以由虛靈不昧之心知之明以認知地管攝之」之光明正大之性理之謂也。

　　如此修改，不以「虛靈不昧」爲首出之主詞，省得搖轉不定，而亦與朱子之思想一貫。若如原注語，則很易令人誤會爲承孟子而來之陸、王之講法。

　　大抵朱子初見「明德」一詞時，欲安頓「明」字，便想到「虛靈不昧」。如是，便不自覺地以「虛靈不昧」之心覺爲綜主詞以說「明德」，而于性理則只以「具衆理」說之。「具衆理」與「應萬

事」俱繫屬于此虛靈不昧之心覺，如是「明德」即是此心覺。順此注語想下去，若不知其系統之詳，一直可以講成是**陸、王之講法**。但朱子所想之心只是心知之明之認知的作用，其本身並非即是「心即理」之**實體性的心**。彼雖亦常言「心具萬理」，但其所意謂之「具」是認知地、管攝地、關聯地具，並非是「心即理」之實體性的心之自發自律地具。如是，辭語上以虛靈不昧之心覺為綜主詞以說明德，而落在**實義**上便**維持不住**，而在《語類》中之討論，便又以性理說明德，而以「光明正大」說「明」字。如此一搖轉，再加上其所意謂之「心」與「具」有殊義，如是，吾人便立見以虛靈不昧之心覺說明德只是將「明德」與「明明德」**混擾而為一**，而「明明德」之功之實義亦實是順心知之明之**認知地管攝衆理而歸于格物窮理以致知也**。此觀以下諸條便可知之。茲為免除此種混擾而歸于順適，並為免除令人誤會為陸、王之講法而歸于朱子之本意，故對于「明德」之注語作如上之修改。

　　3.明明德，明只是提撕也。

　3.1學者須是為己。聖人教人只在《大學》第一句「明明德」
　　　上。以此立心，則如今端己斂容，亦為己也。讀書窮理，
　　　亦為己也。做得一件事是實，亦為己也。聖賢教人持敬，
　　　只是須著從這裡說起。其實若知為己後，即自然著敬。

　3.2「明明德」乃是為己工夫。那個事不是分內事？明德在
　　　人，非是從外面請入來底。

　3.3為學只在「明明德」一句。君子存之，存此而已。小人去
　　　之，去此而已。一念竦然自覺其非，便是明之之端。

案：「竦然」即是提撕警醒。「自覺其非」即是心知之明自知所發之「存在之然」之爲非。此一認知便是「明之」之開端。「明之」是「明明德」，使光明正大之性理顯現，不是明此「**心覺自身**」爲**明明德也**。明此心覺自身是「致知」。

3.4《大學》「在明明德」一句，當常常提撕。能如此，便有進步處。蓋其端自此發見。人只一心爲本。存得此心，於事物方知有脈絡貫通處。

案：此云「一心爲本」是認知地管攝衆理之認知心（心知之明）爲本，不是實體性的本心之立體創造爲本也。故下即繼之云：「存得此心，於事物方知有脈絡貫通處。」朱子合下是只了解心之**認知的作用**。存此心知之明之認知作用非孟子所謂「**存心**」之義也。

3.5「在明明德」，須是自家見得這物事光明燦爛，常在目前，始得。如今都不曾見得。須是勇猛著起精神，拔出心肝與他看，始得。正如人跌落大水，浩無津涯，須是勇猛奮起，這身要得出來，始得。而今都只泛泛聽他流將去！

3.6或以「明明德」譬之磨鏡。曰：鏡猶磨而後明。若人之明德，則未嘗不明。雖其昏蔽之極，而其**善端之發**終不可絕。但當於其所發之端而接續光明之，令其不昧，則其全體大用可以盡明。且如人知己德之不明而欲明之，只這「**知其不明而欲明之**」者，便是明德。就這裡便明將去。

案：朱子依附孟子說，最為麻煩。「善端之發終不可絕」，是**依性理發而為情**。此是「人之明德未嘗不明」，即未嘗不顯明出來。「於其所發之端而接續光明之，令其不昧」，此是「明之」之功。明之之功是就心知之明**之認知作用說**。「知其不明而欲明之，便是明德」此語當改為：「知其不明而欲明之，便是**心知之明之彰顯**〔實然存在〕。在心知之明之彰顯中，可以逐漸**依理發情**，此即**明德之顯現**，亦即為『**明明德**』之**實功**。」

3.7「明明德」，如人自云天之所與我未嘗昏。只**知道不昏，便不昏矣**。

案：此亦是通過心知之明而言明德（性理）之顯現（不昏）。

4.問「明明德」。曰：人皆有個明處，但為物欲所蔽。剔撥去了，只就明處漸明將去。然須**致知格物**，方有進步處，識得本來是甚麼物。

案：此即「明明德」之**實功**落于「**致知格物**」處說。「人皆有個明處」，此「明處」是就「善端之發」說。「只就明處漸明將去」是心知之明說「明之」之功，此即致知格物。「就明處漸明將去」是就所發之「善的存在之然」而以心知之明認知之，且由之而認知（推證）其所以然之理，如此方可「漸明將去」，「方有進步處，識得本來是甚麼物」，即識得原來是性理之顯現，即依理而發之「然」。即由此存在之然而說性理（明德）之顯現。此即「明明

德」之功也。

4.1 明德未嘗息，時時發見於日用之間。如見非義而羞惡，見
　　孺子入井而惻隱，見尊賢而恭敬，見善事而歎慕，皆明德
　　之發見也。如此推之極多。但當因其所發而推廣之。

4.2 明德也且就切近易見處理會，也且慢慢自見得。如何一日
　　便都要識得！如出必是告，反必是面，昏定晨省必是昏定
　　晨省，這易見。徐行後長者謂之弟，疾行先長者謂之不
　　弟，這也易見。有甚不分明？如「九族既睦」，是堯一家
　　之明德。「百姓昭明」，是堯一國之明德。「黎民於變時
　　雍」，是堯天下之明德。〔下略〕

4.3 曾興宗問：如何是「明明德」？曰：明德是自家心中具許
　　多道理在這裡，本是個明底物事，初無暗昧。人得之則爲
　　德，如惻隱、羞惡、辭遜、是非，皆從自家心裡出來。觸
　　著那物，便是那個物出來。何嘗不明？緣爲物欲所蔽，故
　　其明易昏。如鏡本明，被外物點汙，則不明了。少間磨
　　起，則其明又能照物。〔下略〕

4.4 或問：「明明德」是於靜中本心發見，學者因其發見處，
　　從而窮究之否？曰：不特是靜，雖動中亦發見。孟子將孺
　　子將入井處來明這道理。蓋赤子入井，人所共見。能於此
　　發端處推明，便是明〔案：「明之」之明〕。蓋人心至
　　靈，有什麼事不知？有什麼事不曉？有什麼道理不具在這
　　裡？何緣有不明？爲是氣稟之偏，又爲物欲所亂，如目之
　　於色，耳之於聲，口之於味，鼻之於臭，四肢之於安佚，

所以不明。然而其德本是**至明物事**，終是**遮不得**，必有時**發見**。便教至惡之人，亦時乎有善念之發。學者便當因其**明處下工夫**，一向明將去，**致知格物皆是事也**。且如今人做得一件事不是，有時都不知，便是昏處。然有時**知得不是**，這個便是明處。孟子發明赤子入井，蓋赤子入井出於倉猝，人都主張不得，見之者莫不有怵惕惻隱之心。

又曰：人心之靈莫不有知。所以不知者，但氣稟有偏，故知之**有不能盡**。所謂**致知**者，只是**教他展開使盡**。〔下略〕

案：以上四條是一個意思。簡言之，只是一、明德必有發見處（明處），此是客觀地就性理說明德之發見，性理之發而為情便是明德之發見；二、因其發見處（明處）而「推明」之，「漸明將去」，便是明明德，此是致知格物之實功，是主觀地就心知之明之認知地攝具眾理而說「明明德」。此4.4條稍複雜，但亦不出此兩點。惟有幾個詞語須加揀別。

一、問者所謂「本心發見」（朱子亦承認之），依朱子之說統（不管問者心中如何），此「本心」非孟子所意謂之本心。此「本心」只是依理而發之情，是是的善的實然之情存在之然，「依理」是由後來的推證說。蓋「心統性情」，心之統攝「性」是主觀地**認知地統**，必之統攝「情」是**客觀地行為地（激發地）統**。但孟子所說之「本心」則並無此心、性、情之三分，本心是**實體性的、立體創造的**本心，是**即理即情**之本心：情是以**理**說、以**心**說，不是**以氣說**；心是以「即活動即存有」之**立體創造說**，不以**認知之明說**；理

即是此本心之自發自律**自定方向之謂理**，不是**心知之明之所對**。

　　二、「人心至靈」云云，此是心知之明之認知地可能地攝具衆理。若是**置定**而爲**本體論式的具**，而忘掉其**認知的關聯義**，便歸于孟子而成爲陸、王的講法。但朱子不是此意，亦不能是此意。朱子是由「人心至靈」，莫不有知，而攝具衆理，由其有知而攝具衆理滑轉而爲明德本明，「終是遮不得，必有時發見」。此是以心知之明之攝具衆理而提挈明德，而說明德本明。明德本在性理處，不在心知之明處，若在此分別不開，把心知之明之認知地可能地具衆理置定而爲**本體論地具**，認爲此「心知之明」即是**明德**，則**誤**。朱子也許不自覺，但其實義決非如此。蓋若如此，便是陸、王之講法，此則非朱子所許可，至少亦非其自覺地所意謂之詞語之所應至。當王陽明說良知時，良知自知是非，此好像亦是「人心至靈，有什麼事不知，有什麼事不曉，有什麼道理不具在這裡？」但王陽明說良知靈昭不昧，自知是非，是順其「知」**向裡看**，是單在說良知之**自成決斷、自定是非、自定方向之神用**，故良知即是實體性的**本心**，即是**天理**，即是**明德**。但朱子不是如此。朱子是順「人心至靈」之「知」向**外看**，單注意其**認知作用**，而以**理爲其所對**，是則其具衆理是認知地可能地具，而不是其**本身即是理**，故亦不能即以此「人心至靈」爲**明德也**。「人心至靈」之心知之明只能認知地帶出明德來，認知地提挈明德而令其顯現，而其**本身非即明德**。此則必須注意者。否則，必講成陸、王而不自知。最後，朱子言及「致知」，而歸于格物窮理以致盡其知，其意自明，故不可不有揀別而生誤解也。

　　以上兩點爲讀朱子時之最麻煩處，吾故屢提之，庶使讀者漸能

印持而不惑。

5.問：或謂「虛靈不昧」是精靈底物事，「具衆理」是精靈
　　中有許多條理，「應萬事」是那條理發見出來底。

　　曰：不消如此解説。但要識得這明德是甚物事，便切身做
　　工夫，去其氣稟物欲之蔽，能存得自家個「虛靈不昧」之
　　心，足以「具衆理」，可以「應萬事」，便是明得自家明
　　德了。若只是解説「虛靈不昧」是如何，「具衆理」是如
　　何，「應萬事」又是如何，卻濟得甚事？

　　又問：明之之功莫須讀書爲要否？

　　曰：固是要讀書，然書上有底，便可就書理會，若書上無
　　底，便着就事上理會。若古時無底，便着就而今理會。蓋
　　所謂明德者只是一個光明底物事。如人與我一把火，將此
　　火照物，則無不燭。自家若滅息着，便是暗了。明德能吹
　　得着時，又是明其明德。所謂「明之」者，致知、格物、
　　誠意、正心、修身，皆「明之」之事。五者不可闕一。若
　　闕一，則德有所不明。蓋致知格物是要知得分明，誠意、
　　正心、修身是要行得分明。然既明其明德，又要功夫無間
　　斷，使無時而不明方得。若知有一之不盡，物有一之未
　　窮，意有頃刻之不誠，心有頃刻之不正，身有頃刻之不
　　修，則明德又暗了。惟知無不盡，物無不格，意無不誠，
　　心無不正，身無不修，即是盡「明明德」之功夫也。

5.1問：《大學》注言：「其體虛靈而不昧，其用鑒照而不
　　遺」，此二句是説心説德？

　　　曰：心德皆在其中，更子細看。

　　　又問：德是心中之理否？

　　　曰：便是心中許多道理光明鑒照，毫髮不差。

案：《大學》注今定文無此兩語。想是原稿有此兩語，幾經修改，
始成為今注語也。原有之此兩語以及今注語皆是以「虛靈不昧」之
心為**綜主詞**以說明德，易令人生誤會。若知朱子心性情三分之背
景，並知具是認知地可能地具，則這樣平說，亦未嘗不可。若視為
明德之**定義**則非。若順其**本體論的置定之樣子**而即認為是**本體論的
心**，其具衆理是**本體論地具**，則成誤解。本應是如此，但朱子總**湊
泊不上**，亦不欲向此走。故勿為其**表面辭語**所**惑**也。

　　5.2「明德者，人之所得乎天而虛靈不昧，以具衆理而應萬事
　　　　者也。」〔今《大學》注語〕禪家則但以虛靈不昧者為
　　　　性，而無「以具衆理」以下之事。

案：禪家自是佛教系統，彼固無「具衆理、應萬事」之義，即其言
「虛靈不昧」（清淨心），義亦不同。

　　6.問：「大學之道在明明德」，此明德莫是「天生德於予」
　　　　之德？

　　　曰：莫如此問。只理會明德是我身上甚麼物事。某若理會
　　　　不得，便應公是「天生德於予」之德，公便兩下都理會不
　　　　得。且只就身上理會，莫又引一句來問。如此，只是紙上

去討。

又曰：此明德是天之予我者，莫令汙穢，當常常有以明
之。

6.1 問：明德意思，以平旦驗之，亦見得於天者未嘗不明。

曰：不要如此看。且就明德上説，如何又引別意思證？讀
書最不要如此！

6.2 傅敬子説明明德。

曰：大綱也是如此。只是説得恁地孤單，也不得。且去子
細看。聖人説此三句，也且大概恁地説。到下面方説平天
下至格物八者，便是明德新民底工夫。就此八者理會得透
徹，明德新民都在這裡。而今且去子細看，都未要把自家
言語意思去攙他底。公説胸中有個分曉底，少間捉摸不
著，私意便從這裡生，便去穿鑿。而今且去熟看那解，看
得細字分曉了，便曉得大字，便與道理相近。道理在那無
字處，自然見得。而今且説格物。這個事物當初甚處得
來？如今如何安頓它？逐一只是虛心去看萬物之理，看日
用常行之理，看聖賢所言之理。

案：此即下第三節2.5條「大開着門，端身正坐，以觀事物之來，
便格它」之義。

7.「明德」謂本有此明德也。孩提之童無不知愛其親，及其
長也，無不知敬其兄。其良知良能本自有之。只爲私欲所
蔽，故暗而不明。所謂「明明德」者，求所以明之也。譬

> 如鏡焉，本是個明底物，緣為塵昏，故不能照。須是磨去
> 塵垢，然後鏡復明也。

7.1或問：何謂明德？曰：我之所得以生者有許多道德在裡，
　　其光明處，乃所謂明德也。〔下言明明德、止至善等，
　　略〕

7.2《大學》只前面三句是綱領。如孩提之童無不知愛其親，
　　及其長也，無不知敬其兄。此良心也。良心便是明德。
　　〔下言止至善等，略〕

7.3明德是我得之於天，而方寸中光明底物事。統而言之，仁
　　義禮智。以其發見而言之，如惻隱羞惡之類。以其見於實
　　用言之，如事親從兄是也。如此等德，本不待自家明之。
　　但從來為氣稟所拘、物欲所蔽，一向昏昧，便不光明。而
　　今卻在挑剔揩磨出來，以復向來得之於天者，此便是「明
　　明德」。〔下言新民、至善，略〕

案：以上四條，7.及7.2是依孟子以良知良能或良心說「明德」。
此完全從孟子所言之「本心」說，順此發展下去，當該全是孟子學
以及後來陸、王之講法。然而朱子能如此乎？其順孟子辭語說，是
如此，然而其心中所意謂者則又是另一套，非孟子本意也。7.1條
則又似偏于就性理說明德。7.3條亦是依附孟子就性理（仁義禮
智）說明德，而以心性情三分之方式解之。表面全是孟子學，而骨
子則是**另一套**。

　　吾讀《朱子語類》此一卷，心中最為**着急**。此卷是最近于陸、
王者，所謂心學。然而終**湊泊不上**。看**着上去了**，然而又落**下來**

了。最令人**着急**，又最令人**搖蕩不定**。若不知其底子，順其援引之
辭語一直說下去，可以完全依孟子講成陸、王之講法。然而再回頭
仔細看看，照顧到別的，如「心具」義、心性情三分義、致知格物
義，則又不能這樣**一直說下去**。故吾終于作以上之疏解，而歸于朱
子之本意，如是則**心中坦然矣**。其表面辭語而可以講成陸、王之講
法乃是**假象**，其實義終非孟子學也。朱子援引孟子以遷就《大
學》，以《大學》爲定本，而將孟子之本心拆爲心性情三分，而心
只講成認知義，非是。此示朱子對于孟子無相應之理解。王陽明之
講法合于孟子學之精神，而于致知格物之講法則更遠于《大學》之
本意。此是以《大學》遷就孟子也。朱子之失在孟子，陽明之失在
《大學》。朱子從因地上就心、性說「明德」雖不必合于《大學》
之原意，然其心性情之三分，心取認知義，而以致知格物爲恢復明
德（明明德）之工夫，則猶近于大學外在之精神，雖有所推進，亦
是**順着推進**，不似陽明之完全予以倒轉而成爲**本體之直貫**也。然則
《孟子》與《大學》終不可以**平等觀**認爲**可以出入互講也**。據吾之
疏解，《大學》之「明德」不當從因地上看。當恢復其原意，從**果
地上看**。《大學》與《論》、《孟》、《中庸》、《易傳》不是同
一系者，亦不是同一層次而可以出入互講者。大學是從**另一端緒
來**，可以視爲儒家教義之**初階**。由《大學》而至《論》、《孟》、
《中庸》、《易傳》是一種**不同層次之昇進**，亦是**由外轉內之轉
進**。《大學》與〈學記〉以及荀子之〈勸學〉可以列爲一組，雖不
必爲荀學，但亦決非與《論》、《孟》、《中庸》、《易傳》爲同
層次而可以出入互講者。當然根據《論》、《孟》、《中庸》、
《易傳》講出另一個大學之道、大人之學來，亦至佳事，但非原來

之《大學》。陽明之講法自是**孟子學**之**大人之學**。朱子之講法自是**伊川學**之**大人之學**。其結果仍是直貫系統與橫攝系統之異。荀子亦是橫攝系統，只差荀子未將其**禮字轉爲性理**耳。原來之《大學》既非**直貫系統**，以根本未接觸到**因地之本故**，亦非**顯明地**是**橫攝系統**。講成橫攝系統者是朱子學，講成直貫系統者是陽明學。如此**判開**省得許多無謂之糾纏。

第三節　論致知格物

《朱子語類》卷第十五，〈《大學》二〉，經下，關于「致知格物」有以下之討論：

1.器遠問：致知者，推致事物之理，還當就甚麼樣事推致其理？

日：眼前凡所應接底都是物。事事都有個**極至之理**，便要**知得到**。若知不到，便都沒分明。若知得到，便決定著恁地做，更無第二著、第三著。止緣人見道理不破，便恁地苟簡，且恁地做也得，都不做第一義。〔下申言第一義，略〕

1.1因鄭仲履之問而言曰：致知乃**本心之知**。如一面鏡子本全體通明，只被昏翳了。而今逐旋磨去，使**四邊皆照見**，其明無所不到。

1.2格物，格猶至也。如舜格於文祖之格，是至於文祖處。

1.3格物者，如言性，則當推其**如何謂之性**；如言心，則當推

其如何謂之心。只此，便是格物。

1.4格物二字最好。物，謂事物也。須窮極事物之理到盡處，便有一個是，一個非。是底便行，非底便不行。凡自家身心上皆須體驗一個是非。若講論文字、應接事物，各各體驗，漸漸推廣，地步自然寬闊。如曾子三省，只管如此體驗去。

案：此五條是綱領。格訓至，物謂事物，其範圍極廣泛，即心、性亦是物，「眼前凡所應接底都是物」。格物是至于物（即物）而窮究其理。「事事都有個極至之理」，須窮到盡處。即窮究「**如何謂之性**」、「**如何謂之心**」，亦是**格物**。窮究是知，知是人心之靈。心之靈是本有認知事物之理之明的。只爲物欲所蔽，其明便發不出。故須要格物以致知。致知者是藉格物一方面推致、擴大並恢復其心知之明，一方面推致其窮究事物之理之認知作用令「到盡處」，即「知得到」，知得徹底、知得到家，此之謂「知至」。格物愈多愈至，其心知之明愈明愈盡。及到「衆物之表裡精粗無不到」，而達至知「太極」之境，則「吾心之全體大用無不明矣」。

惟此種格物之實義（基礎意義）是就事事物物之存在之然而究知其超越的所以然。「眼前所應接底」事事物物是就呈現在眼前的「存在之然」說。依朱子之說統，心知之明是屬于「氣之靈」，亦可以視爲一「存在之然」，故亦可以究知其所以然之理。但「性」不是一「存在之然」。吾人並不能就「性」再推究其所以然之理。性是**存有**，而無所謂**存在不存在**。然則視「性」亦爲一物，此物與「存在之然」之爲物並不同，此物並無實義。亦與「道之爲物」之

「物」同，此只有文法上的意義，並無實義。性之爲物既如此，則「推其如何謂之性」亦是格物，此「格物」亦**無實義**。「推其如何謂之性」如說「性只是理」，或性只是「存在之然之所以然之理」，此種推究實不是格物，只是一個名稱之定義，而且只是一種「名目式的定義」，重言式的定義。于此說格物，此只是格物之**虛層義**，只是對于所知之理自身之**反省**。朱子于此**虛實**之異不加分別，一律視爲**格物**，未見其當。把仁體、性體，俱視爲存在之然之所以然而由格物之就「存在之然」以推證而平置之，此已是**泛認知主義**矣，然此猶是格物之實義，猶是就「存在之然」說，而今復進而說「推究如何謂之性」亦是格物，混虛實而爲一，此則眞成**氾濫之泛認知主義**矣。「推究如何謂之心」，心是一存在之然，推究其所以然之理，如說知覺有知覺之理（見下第七章），于此說格物，此格物有實義。但就「如何謂之心」，而說「心只是知覺」（見下第七章），此種推究雖亦只是一「名稱之定義」（definition of a name），但此定義卻是就「心爲存在之然」說。既是一「存在之然」，吾如何知可以如此定義？此自須靠即物而認知之以經驗其爲如此。認知之結果而出之以定義，此定義或是以「名目式的定義」（nominal definition）出之，或是以「眞實的定義」（real defination）出之，要皆有**格物之實**爲背景。但此格物是就存在之然自身之曲折說，此可成積極之知識，與朱子說格物之主要目的不同。朱子說格物之主要目的是在就存在之然以推證其超越的所以然。至存在之然自身之曲折，則是由「即物」而拖帶以出，非其目標之所在。但無論如何，在「推究如何謂之心」處，無論推究其超越的所以然，或是推究其爲存在之然自身之曲折而說出一個定義，

要皆有格物之實義（有兩層格物）。但在「推究如何謂之性」處，則總無格物之實，旣不能再推證其超越的所以然，因它本身並非是一「存在之然」，它本身即是超越的所以然，故再不能復推證一「所以然」以然之，亦不能窮究其自身之曲折，因它本身非一存在之然，並無曲折故。是以在「推究如何謂之性」處，如說「性只是理」，或說「性只是存在之然之所以然之理」，此處並無格物之實，只是一反省上之重言，一重言式的、名目式的定義，而且不能有眞實的定義。如是，朱子之氾濫的泛認知主義原則上可以打住。只就實層上存在之然之事物而說泛認知主義亦可矣。此實層上之泛認知主義只表示仁體、性體（不能說心體）只能就存在之然而被平置爲心知之明之所對，而不能與實體性的本心融而爲一，即實體性的本心即是理，以成其爲「立體創造之直貫」之實體。此當是朱子實層上泛認知主義的格物之實義。至于「窮究如何謂之性」亦列入格物內，則是一時不審之氾濫，不可執以爲實。

2.文振問：物者，理之所在。人所必有而不能無者，何者爲切？

曰：君臣、父子、兄弟、夫婦、朋友，皆人所不能無者。但學者須要窮格得盡。事父母，則當盡其孝。處兄弟，則當盡其友。如此之類，須是要見得盡。若有一毫不盡，便是窮格不至也。

2.1如今説格物，只晨起開目時，便有四件在這裡，不用外尋，仁義禮智是也。如才方開門時，便有四人在門裡。

2.2子淵説格物先從身上格去，如仁義禮智發而爲惻隱、羞

惡、辭遜、是非，須從身上體察，常常守得在這裡始得。

曰：人之所以爲人只是這四件，須自認取意思是如何。所謂惻隱者是甚麼意思？且如赤子入井，一井如彼深峻，入者必死，而赤子將入焉，自家見之，此心還是如何？有一事不善，在自家身上做出，這裡定是可羞，在別人做出，這裡定是惡他。利之所不當得，或當得而吾心有所未定，便自謙遜辭避，不敢當之。以至等閒禮數，人之施於己者，或過其分，便要辭將去，遜與別人，定是如此。事事物物上各有個是，有個非。是底，自家心裡定道是。非底，自家心裡定道非。就事物上看，是底定是是，非底定是非。到得所以是之，所以非之，卻只在自家。此四者人人有之，同得於天，不待問別人假借。堯、舜之所以爲堯舜，也只是此四個。桀、紂本來亦有這四個。如今若認得這四個分曉，方可以理會別道理。只是孝，有多少樣？有如此爲孝，如此而爲不孝。忠固是忠，有如此爲忠，又有如此而不喚做忠。一一都著斟酌理會過。

2.3問：格物最難。日用間應事處，平直者卻易見。如交錯疑似處，要如此則彼礙，要如彼則此礙。不審何以窮之？

曰：如何一頓便要格得恁地？且要見得大綱，且看個大胚模是恁地，方就裡面旋旋做細。如樹，初間且先斫倒在這裡，逐旋去皮，方始出細。若難曉易曉底，一齊都要理會得，也不解恁地。但不失了大綱，理會一重了，裡面又見一重；一重了，又見一重。以事之詳略言，理會一件，又一件。以理之深淺言，理會一重，又一重。只管理會，須

有極盡時。博學之、審問之、謹思之、明辨之，成四節次
第，恁地方是。

2.4或問：格物是學者始入道處，當如何著力？

曰：遇事接物之間，各須一一去理會始得。不成是精底去
理會，粗底又放過了，大底去理會，小底又不問了？如
此，終是有欠闕。但隨事遇物，皆一一去窮極，自然分
明。

又問：世間有一種小有才底人，於事物上亦能考究得子
細。如何都無益於己？

曰：他理會底，聖人亦理會。但他理會底意思不是。彼所
為者，但欲人說「他人理會不得者，我理會得，他人不能
者，我能之」，卻不切已也。

又曰：文、武之道未墜於地，在人。賢者識其大者，不賢
者識其小者。莫不有文、武之道焉。聖人何事不理會？但
是與人自不同。

2.5傅問：而今格物，不知可以就吾心之發見理會得否？

曰：公依舊是要安排！而今且就事物上格去。如讀書，便
就文字上格。聽人說話，便就說話上格。接物，便就接物
上格。精粗大小，都要格它。久後會通。粗底便是精，小
底便是大。這便是理之一本處。而今只管要從發見處理
會，且如見赤子入井，便有怵惕惻隱之心，這個便是發
了，更如何理會？若須待它自然發了，方理會它，一年都
能理會得多少？聖賢不是教人去黑淬淬裡守著。而今且大
著心胸，大開著門，端身正坐，以觀事物之來，便格它。

〔案：此條所說與前2.2條相反，蓋推進一步說耳。〕

2.6世間之物無不有理，皆須格過。古人自幼便識其具。且如事親事君之禮、鍾鼓鏗鏘之節、進退揖遜之儀，皆目熟其事，躬親其禮。及其長也，不過只是窮此理，因而漸及於**天地鬼神，曰月陰陽，草木鳥獸之理**，所以用工也易。今人皆無此等禮數可以講習，只靠先聖遺經，自去推究。所以要人格物、主敬，便將此心去體會古人道理，循而行之。如事親孝，自家既知所以孝，便將此孝心依古禮而行之。事君敬，便將此敬心依聖經所説之禮而行之。一一須要窮過，自然浹洽貫通。如《論語》一書，當時門人弟子記聖人言行，動容周旋，揖讓進退，至爲纖悉，如〈鄉黨〉一篇可見。當時此等禮數皆在。至孟子時，則漸已放棄。如《孟子》一書，其説已寬，亦有但論其大理而已。

2.7問竇從周曾看格物一段否？因言：聖人只説格物二字，便是要人就事物上理會。且自一念之微以至事事物物，若靜若動，凡居處、飲食、言語、無不是事，無不各有個天理人欲，須是逐一驗過。雖在靜處坐，亦須驗個敬肆。敬便是天理，肆便是人欲。如居處，便須驗得恭與不恭。執事，便須驗得敬與不敬。有一般人專要就**寂然不動**上理會，及其應事卻七顛八倒，到了，又牽動他寂然底。又有人專要理會事，卻於**根本**上全無工夫。須是澈上澈下，表裡洞澈。如居仁，便自能由義。由義，便是居仁。敬以直内，便能義以方外。能義以方外，便是敬以直内。

案：以上八條是一個意思，皆是表示「大開著門」平視一切的**泛認知主義的格物論**。但自文振問「何者為切」（2.條），以及子淵所說「先從身上格去」（2.2條），「就吾心之發見〔去〕理會」（2.5條），實表示此中有問題，即是否皆可以以此種泛認知主義的格物論去說？答文振之問（文振不知何如人），朱子指以五倫四端為最切要，而亦以「就五倫四端之物去窮格」為說。答子淵，則說「須自認取〔這四件〕意思是如何」，「認得這四個分曉，方可以理會別道理」。所謂「認取」或「理會」亦是就事上認真理會這四端之心是如何呈現；再進一步就四端之心之呈現，所謂存在之然，以明其所以然之理。孺子入井等事固是物，即惻隱、羞惡、辭遜、是非等心之呈現（存在之然）亦是物，此等心關聯著事之重疊交錯而有曲曲折折之呈現亦仍是物。事之重疊交錯一件一件固皆有其定理，即心之曲曲折折呈現，如：孝有多少樣？忠有多少樣？亦皆有其所以然之定理。固有緩急先後，然一件又一件，一重又一重，漸漸推廣開去，以至于「天地鬼神，日月陰陽，草木鳥獸之理」（2.6條），皆是這樣平視而窮格之，不因其為急為先或為緩為後而有異樣工夫也。故當傅問「而今格物不知可以就吾心之發見理會得否」，朱子即斥之以「公依舊是**要安排**」，又云：「**聖賢**不是教人去**黑淬淬裡守著**，而今且大著心胸，**大開著門**，端身正坐，以觀**事物之來，便格它。**」（2.5條）。此即平視一切之泛認知主義之格物論也。2.2條之子淵以及2.5條之傅，當為同一人，蓋即象山門下之傅子淵也。子淵曾見過朱子。朱子答象山書云：「子淵去多相見，氣質剛毅，極不易得。但其偏處亦甚害事。雖嘗苦口，恐未必以為然。近覺當時說得亦未的，疑其不以為然也。」象山〈年譜〉

四十八歲下、《朱子年譜》五十六歲下，皆列有此書。（此書寫于丙午，朱子五十七歲。）傅子淵出于象山之門，其自覺或不自覺之思路自不同于朱子，參與討論必與朱子有扞格處，朱子自亦知其來歷，故隨時予以點撥。但當嚴松年問今學者爲誰，象山「屈指數之，以傅子淵居其首」。（象山〈語錄〉及〈年譜〉五十歲下）可見子淵亦非泛泛者。只《朱子語類》記載以朱子門庭之氣氛與朱子語爲主耳。傅子淵當時所說者必不只此一問。其所說之「就吾心之發見理會」，「須從身上體察，常常**守得在這裡**始得」，亦不只是「要安排」之問題，亦決不是「去黑淬淬裡守著」。此處實須要重新「安排」一下，**泛認知主義**之**格物論**實有不妥也。

依孟子，惻隱羞惡等之心即是吾人之道德本心，亦即是吾人之內在道德性之性；惻隱、羞惡、辭讓、是非之心即是仁義禮智，此中並無然（情）與所以然（性）之別。所謂求放心，所謂操存，所謂存心養性、盡心知性，並不是即物而窮其理的**格物問題**。傅子淵所謂「就吾心之發見理會」，所謂「須從身上體察」，此所謂理會、體察，當即是「察於良心之發見」而逆覺體證之之**體察**，此相當于「先識仁之體」之一路，此非「順取」之**格物問題**。其所謂「常常守得在這裡始得」，顯然是由于**體察**而**操存之**，不令**放失**之義。察存此本心以爲創造之源，顯然不是「即物而窮其理」的**格物問題**，亦不得謂爲「去黑淬淬裡守著」。今朱子亦將此視爲格物工夫之所對，納于「人心之靈莫不有知，天下之物莫不有理」之格範下，一律平置而爲存在之然（物）以究其所以然，此顯然非是，顯然非孟子之本意。蓋如此，即將孟子所說之本心**拆散而不見**，推出去**平置而爲然**與所以然，只剩下**心知之明**與**在物之理**間之攝取關

係，而真正的道德主體即泯失。象山與朱子爭，斥其為支離，為不見道，實只在此點上；而朱子之疑胡五峰，斥責胡廣仲等，亦實只由于朱子在此點上不回頭；濂溪、橫渠、明道之體悟道體、誠體、神體、性體、心體、仁體，亦只是為的要見此道德創造之源以為真主體；而後來之陽明以孟子義講《大學》亦只在此點上與朱子爭；而朱子之必以其泛認知主義之格物論平置之以成為橫攝系統亦只在此**一關之不透**。《朱子語類》之記載自以朱子說統為主，其記載傅子淵之問亦套在格物上說，而子淵所說之義實透露一種系統之異之消息也。

又2.7條中，朱子謂「有一般人專要就寂然不動上理會，及其應事卻七顛八倒，到了，又牽動他寂然底」。此數語亦可表示在靜時體悟寂然不動之體，如延平之靜坐以觀未發氣象，此是超越的逆覺體證之路。至于「及其應事卻七顛八倒，到了，又牽動他寂然底」，那只是延平所說日用處熟不熟的問題，體用合不合的問題。此一逆覺體證之路亦非**泛認知主義**的**格物問題**，而朱子卻亦套在「無不是事，無不各有個天理人欲，須是逐一驗過」之下而只視為**動靜中之敬肆**。此亦混視「就寂然不動上理會」之義也。

3.問：格物則恐有**外馳之病**。

　曰：若合做，則雖治國平天下之事亦是己事。「周公思兼三王，以施四事。其有不合者，仰而思之，夜以繼日。幸而得之，坐以待旦。」不成也說道外馳？

　又問：若如此，則恐有身在此，而心不在此。視而不見，聽而不聞，食而不知其味。有此等患。

曰：合用他處，也著用。

又問：如此，則不當論內外，但當論合爲與不合爲。

先生領之。

3.1 人多把這道理作一個懸空底物。《大學》不說窮理，只說個格物，便是要人就事物上理會，如此方見得**實體**。所謂實體，非就事物上見，不得。且如作舟以行水，作車以行陸，今試以眾人之力共推一舟於陸，必不能行，方見得舟果不能以行陸也。此之謂**實體**。

3.2 問：道之不明，蓋是後人舍事迹以求道。

曰：所以古人只道格物。有物便有理。若無**事親事君底事**，何處得忠孝？

3.3 格物，不說窮理，卻言格物。蓋言理則無可捉摸，物有時而離。言物，則理自在，自是離不得。釋氏只說見性，下梢尋得一個空洞無稽底性。亦由他說，於事上更動不得。

3.4 《大學》說一格物在裡，卻不言其所格者如何。學者欲見下工夫處，但看《孟子》便得。如說仁義禮智，便窮到惻隱、羞惡、辭遜、是非之心；說好貨、好色、好勇，便窮到太王、公劉、文武；說古今之樂，便窮到與民同樂處；說性，便格到纖毫未動處。這便見得他孟子胸中無一毫私意蔽窒得他，故其知識包宇宙，大無不該，細無不燭。

3.5 問：格物之義固要就一事一物上窮格，然如呂氏、楊氏所發明**大本處**，學者亦須兼考。

曰：識得，即事事物物上便有大本。不知大本，是不曾窮得也。若只說大本，便是**釋、老之學**

案：以上六條亦是一個意思，仍只是泛認知主義的格物論。然問者之提到「外馳之病」，又提到「呂氏楊氏所發明大本處」，此示一般人確感到此中**實有問題**，即此種泛認知主義的格物論，于體悟大本上，體悟道德實踐之根源（動源）上，是否恰當而妥貼？一般人不必能說出，然總有此感覺，此門學問裡亦總流行此問題，而北宋諸儒費如許辭語，亦總在指點此大本、此內在的根源，而朱子于此總不鄭重考慮，只欲以泛認知主義之格物論而平置之，此實未能浹洽人心也。溯自先秦，孔子指點仁，孟子講心性，《中庸》言愼獨、致中和、言誠體，擴大而爲《易傳》之窮神知化，凡此似皆非「即物而窮其理」之格物問題，而朱子必欲以泛認知主義之格物論處理之，恐終**不能相應也**。理固不離事，道固不離器，然此種理道自始即是指**道德創造之源之理道**而說，並非**泛說平指的理道**。此種作爲道德創造之源之理道，于其創生而直貫下來，故即在事中而不離事，即在器中而不離器。此如非先道德自覺地意識到此道德創造之源之理道，而只即物窮理以求之，未必即能**至此理道也**。就道德之事如忠孝、惻隱之心等以窮之，其所窮至者固可說是道德的理道，然就天地鬼神、日月陰陽、草木鳥獸以窮之，其所窮至者未必是**道德的理道也**。即就道德之事以窮之，其所窮至之理道平置而爲外在的理道，納于心知之明與此外在理道之攝取關係中，其**道德力量亦減殺**。是以其泛認知主義之格物論終於使道德成爲**他律道德也**。此非先秦儒家立敎之本義、正義，與大義也。然則發明「大本」乃是自覺地**體證**此**道德創造之源**之事，非是即物而窮其理的**格物之事**，亦明矣。此與釋、老有何關哉？朱子以爲唯即物而窮其理，始足以截然異于佛、老。實則佛、老亦非不即物而窮其理。老

子即有見無，釋氏即事見空，何嘗離卻事物？只是各即其即，各窮其窮而已。然則徒「即物而窮理」亦不足以異于佛、老也。而自儒者言之，朱子之「即物窮理」徒成爲泛認知主義之他律道德而已。他律道德非能眞澈于道德之本性者，他律道德中之外在的理道，其爲道德實體之**道德性**非必眞能**證實而保住者**（此如「舟不能行陸」處之實體）。然則自「即物窮理」以判儒、佛，實不若自道德創造之源之體上判儒佛爲截然判得分明也。而朱子一見自逆覺體證以言「大本」者，便認爲是禪，亦過矣。

4. 格物是逐物格將去，致知則是推得漸廣。

4.1 劄伯問格物致知。曰：格物是**物物上窮其至理**，致知是**吾心無所不知**。格物是**零細說**，致知是**全體說**。

4.2 張仁叟問致知格物。曰：物莫不有理，人莫不有知。如孩提之童知愛其親，及其長也，知敬其兄，以至於飢則知求食，渴則知求飲，是莫不有知也。〔案：以知愛知敬與知飢知渴同視，非是。〕但所知者止於大略，而不能推致其知，以至於極耳。致之爲義，如以手推送去之義。凡經傳中云致者，其義皆如此。

4.3 問：知如何致？物如何格？

曰：孩提之童莫不知愛其親，及其長也，莫不知敬其兄。人皆有是知，而不能極盡其知者，人欲害之也。故學者必須先克人欲，以致其知，則無不明矣。致字如推開去。譬如暗室中見些子明處，便尋從此明處去，忽然出到外面，見得大小大明！人之致知，亦如此也。

格物是爲人君止於仁，爲人臣止於敬之類。事事物物各有
個至極之處。所謂止者，即至極之處也。然須是極盡其
理，方是可止之地。若得八分，猶有二分未盡，也不是。
須是極盡方得。

又曰：知在我，理在物。

4.4 劉圻父說格物致知。曰：他所以下格字致字者，皆是爲自
家元有是物，但爲他物所蔽耳。而今便要從那知處推開
去，是因其所已知而推之，以至於無所不知也。

4.5 郭叔雲問：爲學之初在乎格物。物物有理。第恐氣稟昏
愚，不能格至其理。

曰：人個個有知。不成都無知？但不能推而致之耳。格物
理，至澈底處！

又云：致知格物只是一事。非是今日格物，明日又致知。
格物，以理言也。致知，以心言也。

4.6 問致知在格物。

曰：知者，吾自有此知。此心虛明廣大，無所不知。要當
極其至耳。今學者豈無一斑半點？只是爲利欲所昏，不曾
致其知。孟子所謂四端，此四者在人心，發見於外。吾友
還曾平日的見其有此心？須是見得分明，則知可致。今有
此心而不能致，臨事則昏惑，有事則膠擾，百種病根，皆
自此生。

又問：凡日用之間作事、接人皆是格物窮理。

曰：亦須知得要本。若不知得，只是作事，只是接人，何
處爲窮理？

4.7蔣端夫問：致知在格物。**胸中有見，然後於理無不見。**

　　曰：胸中如何便有所見？譬如嬰兒學行，今日學步，明日
　　又步，積習既久，方能行。天地萬物莫不有理。手有手之
　　理，足有足之理。手足若不舉行，安能盡其理？格物者欲
　　究其物之理，使無不盡，然後我之知無所不至。物理即道
　　理，天下初無二理。

案：以上八條只在說明格物致知是心知之明與在物之理之間的認知
攝取關係，只是《大學・補傳》「人心之靈莫不有知，而天下之物
莫不有理」、「衆物之表裡精粗無不到，而吾心之全體大用無不
明」之義。說此心與理的認知關係可也，只是一、以**知愛知敬**與**知
飢知渴**同視非也；二、將孟子四端之心亦視爲心知之明之認知作用
而推致之，亦非也，縱是非之心之智心可以爲視爲心知之明之認知作
用而在格物上以推致之，至少惻隱、羞惡、恭敬之心並非**心知之明
之認知作用也**。此只是說慣了，隨口滑過，而不察此中之異。孟子
說四端之心擴而充之云云，縱此擴充亦是致，但此是**實體性的道德
本心之擴充或推致**，而不是心知之明的**認知作用的推致**。縱知愛知
敬即是知惻隱知辭讓，推之亦可說知羞惡知是非，但此知字輕而
虛，重而實處仍在惻隱、羞惡、辭讓、是非之心之呈現，而非心知
之明之認知作用之知也。即是非之心智也，孟子亦是著重在知**道德
上之是非**，著重在此智心能**自給一道德之決斷**，雖就客觀呈現之事
而顯現，然卻並不重其**即物窮理**之**認知作用也**。此非知識上之是
非，並就知識上之是非以明辨之也。（就知識上之是非而明辨之以
決定吾人之行爲是他律道德。）是以王陽明得就此「是非之心」向

裡看，以與羞惡、恭敬、惻隱之心合而為一，名之曰良知，而致此良知亦非在即物而窮其理之格物上推致心知之明之認知作用也。此顯是道德創造之源之本心之開發以引生道德行為之不已，所謂「沛然莫之能禦」者是也。此是自律道德之於穆不已，而非心知之明之認知作用之推致所成之他律道德也。此雖不必合於《大學》之原義，然卻合於孟子之精神，而朱子之以心知之明之認知作用之推致講孟子之本心顯然非是也。

又4.7條之「胸中有見」當亦是「先識仁之體」之義。而朱子言泛認知主義之格物論自無由承認先「胸中有見」也。

5.問：格物須合內外始得。

曰：他內外未嘗不合。自家知得物之理如此，則因其理之自然而應之，便見合內外之理。目前事事物物皆有至理。如一草一木，一禽一獸，皆有理。草木春生秋殺，好生惡死，仲夏斬陽木，仲冬斬陰木，皆是順陰陽道理。自家知得萬物均氣同體，見生不忍見死，聞聲不忍食肉，非其時不伐一木、不殺一獸、不殺胎、不妖夭、不覆巢，此便是合內外之理。

5.1《大學》物格知至處，便是凡聖之關。物未格，知未至，如何殺也是凡人。須是物格知至，方能循循不已而入於聖賢之域。縱有敏鈍遲速之不同，頭勢也都自向那邊去了。今物未格，知未至，雖是要過那邊去，頭勢只在這邊。如門之有限，猶未過得在。

問：伊川云：「非樂不足以語君子」，便是物未格、知未

至，未過得關否？

日：然。某嘗謂物格知至後，雖有不善，亦是白地上黑點。物未格、知未至，縱有善，也只是黑地上白點。

5.2格物是夢覺關。（原注：格得來是覺，格不得只是夢。）

誠意是善惡關。（原注：誠得來是善，誠不得只是惡。）

過得此二關，上面工夫卻一節易如一節了。到得平天下處，尚有些工夫。只為天下闊，須著如此點檢。

又曰：誠意是轉關處。

又曰：誠意是人鬼關。（原注：誠得來是人，誠不得是鬼。）

案：此言「**合內外**」是認知地關聯地「合內外」，非明道所說之「只此便是天地之化」，「只心便是天，盡之便知性，知性便知天，當處便認取，更不可外求」之一本論之「**無內外**」。所謂凡聖關或夢覺關乃至善惡關或人鬼關，亦是泛認知主義的格物論下之說法。此固可以優入聖域，但卻是走的「後天而奉天時」之路，尚不是「先天而天弗違、後天而奉天時」通而一之的圓教，而格物與誠意之間亦有**不能彌縫之罅隙**，而誠意終成軟點，只能作**教訓性的說**，或作用性的說，而不能自**實體上作實體性的說**或挺立地說。

6.《大學》所謂知至意誠者，必須知至，然後能誠其意也。今之學者，只說操存，而不知講明義理，則此心憒憒，何事於操存也？某嘗謂誠意一節，正是聖凡分別關隘去處。若能誠意，則是透得此關。透此關後，滔滔然自在去為君

子。不然則崎嶇反側，不免為小人之歸也。

致知所以先於誠意者如何？

曰：致知者，須是**知得盡**，尤要**親切**。尋常只將「知至」之「至」作「盡」字說，近來看得合作「切至」之「至」。知之者切，然後貫通得誠意底意思。如程先生〔伊川〕所謂**真知**者是也。

6.1 知至而後意誠，須是**真知**了，方能**誠意**。知苟未至，雖欲誠意，固**不得其門而入**矣。惟其胸中了然知得路徑如此，知善之當好，惡之當惡，然後自然意不得不誠，心不得不正。因指燭曰，如點一條蠟燭在中間，光明洞達，**無處不照**。雖欲將不好物事來，亦沒安頓處，自然著它不得。若是知未至，譬如一盞燈，用罩子蓋住，則光之所及者，固可見，光之所不及者，則皆黑暗，無所見。雖有不好物事安頓在後面，固不得而知也。所以**貴格物**。如佛、老之學，它非無長處。但它只知得一路。其知之所及處，則路徑甚明，無有差錯。其知所不及處，則皆顛倒錯亂，無有是處。緣無格物工夫也。

問：物未格時，意亦當誠。

曰：固然。豈可說物未能格，意便不用誠？自始自終，意常要誠。如人適楚，當南其轅。豈可謂吾未能到楚，且北其轅？但**知未至**時，雖欲誠意，其道無由。如人夜行，雖知路從此去，但黑暗，行不得。所以要得**致知**。知至，則道理坦然明白，安而行之。今人知未至者也。知道善之當好，惡之當惡，然臨事不如此者，只是**實**未曾見得。若**實**

見得，自然行處無差。

6.2問：知至而後意誠，故天下之理反求諸身，實有於此，似從外去討得來云云。

曰：仁義禮智非由外鑠我也，弗思耳矣！（原注：厲聲言「弗思」二字。）

又笑曰：某常説人有兩個兒子，一個在家，一個在外去幹家事，其父卻説道在家底是自家兒子，在外底不是！

6.3或問：知至以後，善惡既判，何由意有未誠處？

曰：克己之功乃是知至以後事。「惟聖罔念作狂，惟狂克念作聖。」一念纔放下，便是失其正。自古無放心底聖賢。然一念之微，所當深謹。纔説知至後不用誠意，便不是。「人心惟危，道心惟微」。毫釐間不可不子細理會。纔説太快，便失卻此項工夫也。

6.4問椿：知極其至，有時意又不誠，是如何？

椿無對。

曰：且去這裡子細窮究！

一日稟云：是知之未極其至。

先生曰：是則是。今有二人，一人知得這是善，這是惡。又有一人眞知得這是善當爲，惡不可爲。然後一人心中，如何見得他是眞知處？

椿亦無以應。

先生笑曰：且放下此一段，緩緩尋思，自有超然見到處。

6.5誠意方能保護得那心之全體。

6.6問：實其心之所發，欲其一於理而無所雜。

　　曰：只爲一便誠，二便雜。「如惡惡臭，如好好色」，一
　　故也。「小人閒居爲不善」止「著其善」，二故也。
　　〔案：「止」字表示中間略，從「小人」句至「著其善」
　　句這一整文。〕只要看這些，便分曉。二者，爲是眞底物
　　事卻著些假攙放裡，便成詐僞。如這一盞茶，一味是茶，
　　便是眞。才有些別底滋味，便是有物夾雜了，便是二。
6.7 意誠後，推蕩得渣滓靈利，心盡是義理。
6.8 意誠，如蒸餅，外面是白麵，透裡是白麵。意不誠，如蒸
　　餅，外面雖白，裡面卻只是粗麵一般。

案：以上6.至6.4五條皆言格物致知與誠意的關係。《大學》云：
「知至而後意誠。」格物致知到知之「極盡」而又「切至」（尤其
重切至，所謂「眞知」）時，自然可以表示意誠。（「知之者切，
然後貫通得誠意底意思。」）此是以「知之眞切」帶出「誠意」。
此固可說。然此種誠意粘附于「知」而見，很可能只表示知之誠，
即實心實意去知，不是浮泛地知，眞感到求知之迫切，眞感到理之
可悅而眞切地去知之，此所謂對于知、對于理、有存在的感受也
（朱子個人即表示有此實感）。舉例言之，即伊川所謂經過虎患者
之談虎色變，是眞知虎之可怕也。但以此「眞知」說誠意，反過來
亦可以說**誠意**只是**知之誠**。是則「眞知」與「誠意」只是一事之二
名，意之誠爲**知所限**，而與**知爲同一**。然正心誠意所表示之心意，
是道德之心意，是道德行動之**機能**，而知是**認知之機能**。求知活動
固亦可說是一種行動，因而作爲行動之源的心意亦可應用于心知之
明之認知而成爲眞切地去認知，但卻並不能限于此而與之爲同一。

意是行動之源，而實心實意去知，所誠的只是知，此與誠意以開行動之源，這其間畢竟有距離。「如好好色，如惡惡臭」之意之誠是眞能實現這行爲之好與惡，好善惡惡亦然。此即預伏一本心之沛然而眞能實現此善之好與惡之惡，而眞能爲善去惡者。是即不得不承認「意之誠」與「知之眞」爲兩會事。即使意之誠不與知之眞爲同一，朱子亦可讓意之誠有獨立之意義，然而知之機能與行之機能、在泛認知主義之格物論中，只是外在地相關聯、他律地相關聯，而行動之源並未開發出，卻是以知之源來決定行動者，故行動既是他律，亦是勉強，而道德行動力即減弱，此非孟子說「沛然莫之能禦」之義也。是以王陽明言由致良知以誠意，攝意于知，總在開發行動之源，而眞正行動之源實只在良知也。攝意于知，以知證心之體，定心之發，則知致而心正意誠，心知意一也，總是一道德行動之眞源。其「於穆不已」即是道德行爲之所以引生不已，所謂「溥博淵泉而時出之」，亦即所謂「沛然莫之能禦」也。此種誠意是自體上誠，是實體地誠、挺立地誠，而非是待決于「即物窮理之眞知」之關聯地誠、他律地誠，亦非是作用地誠與教訓地誠。而劉蕺山將意再向裡收歛一步，視爲心之所存，而非心之所發之念，意即是淵然有定向之眞宰，此方眞是自發自律自定方向之道德眞幾。誠意者即如意體之純一不二而還其爲純一不二也，即復此道德眞幾也。此種誠意亦是自體上實體地誠、挺立地誠，誠之以爲道德行爲之眞宰、道德創造之眞幾也。非是有待于格物致知之關聯地誠、他律地誠、作用地誠也。陽明與蕺山之說雖不必合于《大學》之原意，然皆是自體上開發行動之源則一也。此皆是合于孟子學之精神（雖各用詞語有不同），亦合于先秦儒家言天命於穆不已之體之

義，而爲立體直貫之系統也。朱子之講法固較順于《大學》之辭語
（欲誠其意者先致其知，知至而後意誠），然卻亦不必即是《大
學》之原意。其說成泛認知主義之格物論，以「格物窮理」之知決
定「誠意」，此中至少實有問題，即**致知與誠意並無必然之關係**，
行動之源並**未開發出**，而《大學》亦並不**顯明地即是此系統**也。
最可注意者《大學》經文雖云：「欲誠其意者先致其知，致知在格
物。物格而后知至，知至而后意誠」，然誠意傳卻並不說「所謂誠
意在**致其知者**」，而只說「所謂誠其意者，**毋自欺**也」，而歸結于
「**慎獨**」。是即打斷致知與誠意之因果關係，而于誠意則單提直
指，而以「**慎獨**」之工夫實之。慎獨之工夫對于誠意之力量並不亞
于致知，而且更切近于誠意，故劉蕺山得以就「**慎獨**」而發揮，以
「**慎獨**」爲提綱也。如是，亦可以說「欲誠其意者先慎其獨，慎獨
而後意誠」，此即完全就**心體**上言工夫。《中庸》之言慎獨、致中
和，即發揮此一路，並不言致知以率性慎獨、乃至致中和也。《大
學》之知字、格字、物字、皆可有不同之解析，其本身本不明確，
而復有錯簡，又有參差不齊處（如誠意傳與經文），可以作各方向
之發揮，而難以**一義律之**也。茲捨《大學》本身不論，只就朱子之
說統言，則有以**知之源**決定**行之源**之難題。如以爲此只是就《大
學》說《大學》，只是《大學》之意如此耳，則或者其可。如以此
爲定本，以之概孟子，則非是。蓋孟子言本心並非**他律道德**也。

　　上6.2條，問者以爲由格物窮理之知至以達意識，似有「**從外
去討得來**」之意，此即實已感到他律之難。然此疑難爲朱子所最不
耐。彼于此即引孟子「仁義禮智非由外鑠我也」、「弗思耳矣」爲
說，並「厲聲言弗思二字」，此可見其**不耐之心情**。夫以孟子之言

爲說以表示不是「從外去討得來」是也，然而其**泛認知主義之格物論**卻**並非孟子此言之義**，其援引孟子之言只是借成語以堵絕難者之疑難耳，並未察及其**說統**與孟子之言實**不相應也**。繼而緩和口氣，以「人有兩個兒子，一個在家，一個在外去幹家事」爲喩，此喩亦極美，然而在朱子之說統中，卻並無「一個在家」者，行動之源，所謂內在的大本，並未開發出來。此喩倒能符合象山學之精神，所謂宇宙內事皆己分內事，則在家幹、在外幹，皆有本以統之，「在家底」固「是自家兒子」，「在外底」亦「是自家兒子」也。然而在朱子之說統中，卻實是「從外討得來」，卻實是「不是自家兒子」也。此**無可諱**也。朱子于此不思鄭重考慮，只是不耐以堵絕之，有何益哉？

　　6.3及6.4兩條，朱子本人亦明覺到**知至**不必一定能**意誠**。6.3條只是教訓地說，至多落實于其所說之「敬」，並未能解答此問題也。6.4條是朱子自動地以此問題問魏椿。魏椿初無以對，次云「是知之未極其至」，此等于未說。因本是「知極其至，有時意又不誠」之問題，今復說「是知之未極其至」，豈不是廢話？而朱子之答覆又仍是以伊川之「眞知」說，又問「如何見得他是眞知」？魏椿「亦無以應」。實則在朱子之說統中，此並無玄妙，只不過驗之于「**他律之行**」耳。能夠**眞他律地而行**，即見其爲眞知。而朱子于此卻不說破，卻讓他「且放下此一段，緩緩尋思，自有超然見到處」。如果魏椿眞能「**超然見到**」，則恐將要放棄朱子之泛認知主義的格物論，而另尋意誠之路矣！

　　至于6.5條「誠意方能保護得那心之全體」，此「心之全體」即「心統性情」之心，非孟子之本心也。由致知決定誠意，然後心

知之明能永顯其攝理之實用並顯其依理而發之情，此即「保護得那心之全體」也。

6.6、6.7、6.8三條只是詞意之說明，不是問題之所在。

附識：

《朱文公續集》卷第十，〈答李孝述繼善問目〉：

> 孝述竊疑：心具眾理，心雖昏蔽，而所具之理未嘗不在。但當其蔽隔之時，心自為心，理自為理，不相管屬。如「二」物未格〔「二」當作「一」〕，便覺此一物之理與「二」不「恨」入〔「二」當作「心」，「恨」當作「相」〕，似為心外之理，而吾心「邈」然無之〔「邈」當作「邈」〕。及既格之，便覺彼物之理為吾心素有之物。夫理在吾心，不以未知而無，不以既知而有。然則所以若內若外者，豈其見之異耶？抑亦本無此事，而孝述所見之謬耶。？
>
> 先生批云：極是。

案：此雖李孝述之言，而朱子極然其說，即可代表朱子之意。然此解說並不能解除傅子淵之問、「外馳之病」之問、「合內外」之問、「似從外去討得來」之問中之疑難。「心具眾理」是認知地具，及「既格」而現實地具之，此理固內在于心矣，然此「內在」是認知地攝之之內在，仍非孟子「仁義內在」之本體論地固具之之內在。此種「內在」並不足以抵禦「理外」之疑難。此仍是心理為二也。二即是外。此不是「未知」則外、「既知」則內之「見之異」之問題，而是心理是否是一之問題，是否從道德的實體性的心

（所謂本心）自發自律自定方向自作主宰以言**本心即理**之問題。如果本心即理，心理是一，則方是眞內。否則雖「旣知」之，而「相入」、「相贅屬」，亦是二而外。

第六章 以「中和新說」與〈仁說〉為背景所理解之《孟子》

第一節 性、情對言預設心、性、情之三分：孟子所說「心」、「性」、「情」、「才」四字之意義

I〈答陳器之〉：

性是太極渾然之體，本不可以名字言。但其中含具萬理，而綱理之大者有四，故命之曰仁義禮智。孔門未嘗備言，至孟子而始備言之者，蓋孔子時性善之理素明，雖不詳著其條，而說自具。至孟子時，異端蠭起，往往以性爲不善，孟子懼斯理之不明，而思有以明之。苟但曰渾然全體，則恐其如無星之秤、無寸之尺，終不足以曉天下。於是別而言之，**界爲四破**，而四端之說於是而立。

蓋四端之未發也，雖寂然不動，而其中自有條理，自有間架，不是儱侗都無一物。所以外邊纔感，中間便應。如赤子入井之事感，則仁之理便應，而惻隱之心於是乎形。如過廟

過朝之事感，則禮之理便應，而恭敬之心於是乎形。蓋由其中間眾理渾具，各各分明，故外邊所遇，隨感而應，所以四端之發各有面貌之不同。是以孟子析以爲四，以示學者，使知渾然全體之中而粲然有條若此，則性之善可知矣。

然四端之未發也，所謂渾然全體，無聲臭之可言，無形象之可見，何以知其粲然有條如此？蓋是理之可驗乃依然就他發處驗得。凡物必有本根。性之理雖無形，而端的之發最可驗。故由其惻隱，所以必知其有仁；由其羞惡，所以必知其有義；由其恭敬，所以必知其有禮；由其是非，所以必知其有智。使其本無是理於內，則何以有是端於外？由其有是端於外，所以必知有是理於內，而不可誣也。故孟子言：「乃若其情則可以爲善矣，乃所謂善也。」是則孟子之言性善，蓋亦溯其情而逆知之耳。

仁義禮智，既知得界限分曉，又須知四者之中，仁義是個對立底關鍵。蓋仁，仁也，而禮則仁之著。義，義也，而智則義之藏。猶春夏秋冬雖爲四時，然春夏皆陽之屬也，秋冬皆陰之屬也。故曰：「立天之道曰陰與陽，立地之道曰柔與剛，立人之道曰仁與義。」是知天地之道，不兩則不能以立。故端雖有四，而立之者則兩耳。仁義雖對立而成立，然仁實貫通乎四者之中。蓋偏言則一事，專言則包四者。故仁者仁之本體，禮者仁之節文，義者仁之斷制，智者仁之分別。猶春夏秋冬雖不同，而同出乎春。春則春之生也，夏則春之長也，秋者春之成也，冬則春之藏也。自四而兩，自兩而一，則統之有宗，會之有元矣。故曰：「五行一陰陽，陰

陽一太極。」是天地之理固然也。

仁包四端，而智居四端之末者，蓋冬者藏也，所以始萬物而終萬物者也。智有藏之義焉，有始終之義焉，則惻隱、羞惡、恭敬、是三者皆有可爲之事，而智則無事可爲，但分別其爲是爲非爾，是以謂之藏也。

又惻隱、羞惡、恭敬皆是一面底道理，而是非則有兩面：既別其所是，又別其所非，是終始萬物之象。故仁爲四端之首，而智則能成始，能成終。猶元氣雖四德之長，然元不生於元，而生於貞。蓋由天地之化，不翕聚，則不能發散，理固然也。仁智交際之間，萬物之機軸。此理循環無窮，脗合無間，程子所謂動靜無端、陰陽無始者，是也。（《朱文公文集》卷第五十八，書，問答，〈答陳器之〉二書之第二書）

案：此書是朱子答陳器之（埴）問〈玉山講義〉。〈玉山講義〉見《朱文公文集》卷第七十四，〈雜著〉，講于朱子六十五歲冬十一月。陳器之問之，故有此書之答。此答書亦列入陳器之之《木鐘集》，題名〈四端說〉。蓋陳埴「轉以之答其弟子之問」，而「能墨守師說者也」（參看《宋元學案》卷六十五，〈木鐘學案〉）。此答書是朱子晚年成熟之作，最有代表性。《語類》中關於四端之解說者，皆不外此書所陳之義，而措辭之周到圓熟皆不及此書。又此書所陳之義亦實不外〈仁說〉與「中和說」（新說），尤其是〈仁說〉。故須通過〈仁說〉與「中和說」而理解之也。

此書前三段是根據「中和說」中未發已發之義與〈仁說〉中「仁性愛情」、「仁是心之德愛之理」之方式所示解之性情對言與

心性情三分來看孟子所言之四端本心，此不合孟子所言本心之原義。後三段則不出〈仁說〉中「元無不統」、「仁無不包」之義，而其言「無不統」、「無不包」是落在氣化或情變之相關聯或相引生上說，此種平置而為春夏秋冬、「五行一陰陽、陰陽一太極」之一套既不合孔子所示「仁為全德」之義，亦不合孟子所言本心之義。凡此俱已疏解于前，茲不再重複。

　　Ⅱ《朱子語類》卷第五十九，〈《孟子》九〉，〈告子〉，關于「性無善無不善」章之討論、有以下諸條：

　　1.「乃若其情則可以為善」。性無定形，不可言。孟子亦
　　　說：「天下之言性者，則故而已矣。」情者性之所發。
　　1.1問「乃若其情」。
　　　曰：性不可說，情卻可說。所以告子〔案：當為公都子〕
　　　問性，孟子卻答他情。蓋謂情可為善，則性無有不善。所
　　　謂四端者皆情也。仁是性，惻隱是情。惻隱是仁發出來底
　　　端芽。如一個穀種相似，穀之生是性，發為萌芽是情。所
　　　謂性，只是那仁義禮智四者而已。四件無不善，發出來則
　　　有不善。何故？殘忍便是那惻隱反底，冒昧便是那羞惡反
　　　底。
　　2.問：孟子言情才皆善，如何？
　　　曰：情本自善。其發也，未有染汙，何嘗不善？才只是資
　　　質，亦無不善。譬物之白者未染時，只是白也。
　　2.1孟子論才亦善者，是說本來善底才。
　　2.2孟子言才，不以為不善，蓋其意謂善性也。只發出來者是

才。若夫就氣質上言才，如何無善惡？

2.3問：孟子論才，專言善，何也？

日：才本是善。但爲氣所染，故有善不善。亦是人不能盡其才。人皆有許多才，聖人都做許多事，我不能做得些子出。故孟子謂：「或相倍蓰而無算者，不能盡其才者也。」

2.4或問：「不能盡其才」之意如何？

日：才是能去恁地做底。性本是好，發於情，也只是好，到得動用去做，也只是好。「不能盡其才」，是發得略好，便自阻隔了，不順他道理做去。若「盡其才」，如盡惻隱之才，必當至於博施濟眾；盡羞惡之才，則必當至於一介不以與人，一介不以取諸人，祿之千乘弗顧，繫馬千駟弗視。這是本來自合恁地滔滔做去。止緣人爲私意阻隔，多是略有些發動後，便遏折了。天便似天子。命便似將告勑付與自家。性便似自家所受之職事，如縣尉職事便在捕盜。主簿職事便在掌簿書。情便似去親臨這職事。才便似去動作行移，做許多工夫。邵康節《擊壤集・序》云：「性者道之形體也。心者性之郭廓也。身者心之區宇也。物者身之舟車也。」

3.問：孟子言才與程子異，莫是孟子只將元本好處說否？

日：孟子言才，正如言性，不曾說得殺，故引出荀、揚來。到程、張說出氣字，然後說殺了。

3.1問：孟、程所論才同異？

日：才只一般。「能爲」之謂才。

問：《集註》說孟子專指其出於性者言之，程子兼指其稟於氣者言之，又是如何？

曰：固是。要之，才只是一個才。才之初亦無不善。緣他氣稟有善惡，故其才亦有善惡。孟子自其同者言之，故以為出於性。程子自其異者言之，故以為稟於氣。大抵孟子多是專以性言，故以為性善，才亦無不善。到周子、程子、張子，方始說到氣上。要之，須兼是二者言之，方備。只緣孟子不曾說到氣上，覺得此段話無結殺。故有後來荀、揚許多議論出。韓文公亦見得人有不同處，然亦不知是氣稟之異，不妨有百千般樣不同，故不敢大段說開，只說性有三品。不知氣稟不同，豈三品能盡耶？

3.2 孟子說才皆是指其資質可以為善處。伊川所謂「才稟於氣，氣清則才清，氣濁則才濁」，此與孟子說才小異，而語意尤密，不可不考。

「乃若其情」，「非才之罪也」，以「若」訓「順」者未是。猶言如論其情，非才之罪也。〔案：「其情」下當有「云云」字樣，或如今日通例打點，如……〕蓋謂情之發有不中節處，〔案：此句表示「若夫為不善」〕，不必以為才之罪爾。

退之論才之品有三，性之品有五，其說勝荀、揚諸公多矣。〔案：韓愈只說「性之品有三，而其所以為性者五，情之品有三，而其所以為情者七」。「三」是指上中下說。「五」是指仁義禮智信說。「七」是指喜怒哀懼愛惡欲說。「性之品有三，而其所以為性者五」，不說「性之

品有五」也。朱子意解「性之品有三」爲「才之品有三」可，蓋韓愈說性之品、情之品皆有三，即指體現「所以爲性者」或表現「所以爲情者」之**才資**或**資質**有上中下之不同也。此則可以說**品**，但於「所以爲性者」之五或「所以爲情者」之七，則不可說「**品**」。此記者措辭簡率耳。〕說性之品便以仁義禮智言之，此尤當理。說才之品，若如此推究，則有千百種之多，姑言其大概如此。正是氣質之說。但少一個氣字耳。

伊川謂「論氣不論性不明，論性不論氣不備」，正謂如此。如性習遠近之類，不以氣質言之不可。正是二程先生發出此理。濂溪論太極，便有此意。漢、魏以來，忽生文中子，已不多得。至唐有退之，所至尤高。〔案：退之實不如朱子所想之高。〕大抵義理之在天地間初無泯滅。今世無人曉此道理，他時必有曉得底人。

3.3 〔……〕若孟子與伊川論才，則皆是。孟子所謂才，止是指**本性**而言性之發用無有不善處。如人之有才，事事做得出來。一性之中萬事完備。發將出來，便是才也。又云惻隱羞惡是心也，能惻隱羞惡者才也。如伊川論才，卻是指氣質而言也。

氣質之性，古人雖不曾說著，考之經典，卻有此意。如《書》云：「惟人萬物之靈，亶聰明，作元后。」與夫「天乃錫王勇智」之說，皆此意也。孔子謂「性相近也，習相遠也」，孟子辨告子生之謂性，亦是說氣質之性。近世被濂溪拈掇出來，而橫渠、二程始有**氣質之性**之說。此

伊川論才所以云有善不善者，蓋主此而言也。如韓愈所引越椒等事，若不著個氣質說，後如何說得他？韓愈論性，比之荀、揚，最好。將性分三品，此亦是論氣質之性。但欠一個氣字耳。

3.4楊尹叔問：伊川曰：「語其才，則有下愚之不移」，與孟子「非天之降才爾殊」，語意似不同。

曰：孟子說自是與程子說小異。孟子只見得是性善，便把才都是善。不知有所謂氣稟各不同。如后稷岐嶷，越椒知其必滅若敖，是氣稟如此。若都把做善，又有此等處。須說到氣稟方得。孟子已見得性善，只就大本處理會，更不思量這下面善惡所由起處有所謂氣稟各不同。後人看不出，所以惹得許多善惡混底說來相炒！程子說得較密。因舉「論性不論氣不備，論氣不論性不明，二之則不是」。雖如此，兼性與氣說，方盡。

此論蓋自濂溪〈太極〔圖說〕〉言陰陽五行有不齊處，二程因其說推出氣質之性來。使程子生在周子之前，未必能發明到此。〔案：兩漢皆自氣言性，不必自濂溪「言陰陽五行有不齊」開始也。若會看的，周子前即已分判明矣。〕

又曰：才固是善。若能盡其才，可知是善是好。所以不能盡其才處，只緣是氣稟恁地。

問：才與情如何分別？情是才之動否？

曰：情是這裡（原注：以手指心）發出，有個路脈曲折，隨物恁地去。才是能主張運用做事底。同這一事，有一人

會發揮得，有不會發揮得。同這一物，有人會做得，有人
不會做。此可見其才。

又問：氣出於天否？

曰：性與氣皆出於天。性只是理。氣則已屬於形象。性之
善固人所同，氣便有不齊處。〔……〕

4.「論性不論氣不備，論氣不論性不明」。蓋本然之性只是
　至善，然不以氣質而論之，則莫如其有昏明、開塞、剛
　柔、強弱，故有所不備。徒論氣質之性，而不自本源言
　之，則雖知有昏明、開塞、剛柔、強弱之不同，而不知至
　善之源未嘗有異，故其論有所不明。順是，合性與氣觀
　之，然後盡。蓋「性即氣，氣即性」也。若孟子專於性
　善，則有些是論性不論氣。韓愈三品之說，則是論氣不論
　性。

4.1程子「論性不論氣不備，論氣不論性不明」，如孟子性善
　是論性不論氣，荀、揚異說是論氣則昧了性。

　曰：程子只是立說，未指孟子。然孟子之言，卻是專論
　性。

4.2問：「二之則不是」。

　曰：不可分作兩段說。

　性自是性，氣自是氣，如何不可分作兩段說？

　他所以說不備不明，須是兩邊都說，理方明備。故云：
　「二之則不是。」

　「二之」者，正指上兩句也（原注：　錄云：「論性不論
　氣，論氣不論性，便是二之。」）

或問：明道説「生之謂性」云：「性即氣，氣即性」，便是不可分兩段説。

曰：那個又是説性便在氣裏上。裏得此氣，理便搭附在上面，故云「性即氣，氣即性」。若只管説氣便是性，性便是氣，更沒分曉矣。

4.3 或問：「二之則不是」。

曰：若只論性而不論氣，則收拾不盡，孟子是也。若只論氣而不論性，則不知得那源頭，荀、揚以下是也。韓愈也説得好，只是少個氣字。若只説一個氣而不説性，只説性而不説氣，則不是。

又曰：須是分別他同中有異、異中有同始得。其初那理未嘗不同，才落到氣上，便只是那粗處相同。如飢食渴飲，趨利避害，人能之，禽獸亦能之。若不識個義理，便與他一般也。

又曰：「惟皇上帝降衷於下民」。「民之秉彝」，這都是異處。「庶民去之，君子存之」。須是存得這異處，方能自別於禽獸。不可道蠢動含靈皆有佛性，與自家都一般。〔案：此兩「又曰」所説之義即「論萬物之一原，則理同而氣異。觀萬物之異體，則氣猶相近，而理絕不同」之義。詳見下第八章。〕

4.4 橫渠曰：「形而後有氣質之性，善反之，則天地之性存焉。」如稟得氣清明者，這道理只在裏面；稟得氣昏濁者，這道理亦只在裏面，只被這昏濁遮蔽了。譬之水，清底裏面，纖微皆可見，渾底裏面便見不得。孟子説性善，

只見得大本處，未說到**氣質之性**細碎處。程子謂：「論性不論氣不備，論氣不論性不明，二之則不是。」孟子只論性，不論氣，便不全備。荀子只見得不好人底性便說做惡。揚子只見得半善半惡人底性，便說做善惡混。韓子見得天下有許多般人，故立爲三品，說得較近。〔案：三品之說不始於韓愈，王充即已盛言之。〕其言曰：仁義禮智信性也，喜怒哀樂愛惡欲情也。似又知得性善，荀、揚皆不及。只是過接處少一個氣字。

案：以上有四點：一、「性無定形，不可言」；二、孟子論才；三、孟子論才與伊川論才之比較；四、「論性不論氣不備，論氣不論性不明」。關於此四點，吾想重新歸約爲三點討論之：一孟子說心、性、情、才四字之本義；二、朱子對於孟子所說之「才」之了解；三、伊川之論才。至於「論性不論氣不備，論氣不論性不明」一點無問題。

關於第一點，朱子以爲「性不可說，情卻可說」，此是然（情）與所以然（性）異層之對言。性至善、純一，無形象、無聲臭、無造作、無計度，故不可說。情是發出來的存在之然，故可說。但孟子卻並無此性情對言之意義。孟子並非以仁義禮智等爲性，以惻隱羞惡恭敬是非之心等爲情者。孟子並無此異層異質之分別。孟子並非就可說之情推證不可說之性者。「乃若其情」之情非性情對言之情。情，**實也**，猶言**實情**（real case）。「其」字指性言，或指**人之本性**言。「其情」即**性體之實，或人之本性之實**。落在文句的關聯上說，當指「人之本性之實」說。「乃若其情，則可

以爲善」云云，意即：乃若就「人之本性之實」言，則他可以爲善（行善作善），此即吾所謂性善也。至若他後來爲不善的事，成爲不善的人，（「若夫爲不善」句，其意非「性成爲不善」），則非其性之實之罪，即不能因他爲不善的事，成爲不善的人，而牽連及其**性之實**而謂其**性不善**也。本當說「**非性之罪**」，但孟子何以忽然想到一個「才」字，而說「**非才之罪**」？此並無何嚴重之理由，只變換詞語而說耳。「才」是材質、**質地**之意，即**指**「**性**」言。有此性，即有此**質地**。性是個**形式字**（儱侗字），具體指目之，即惻隱羞惡等之心，此即是吾人之「**性之實**」（情），亦即吾人之材質、**質地**（才）。此說材質不是材料、材樸義，乃是**質地義**。它旣指性說，它當然不是**材料之材質**（material stuff），乃是本心即理之**形式的質地**（formal stuff, formal ground）。孟子說此「才」字猶不只是**靜態的質地義**，且有**動態的**「**能**」義（**活動**義）。但此「能」又不是一般意義的「才能」之能。它即是「**性之能**」。故此才字，其實義是動靜合一的。它首先呈現于吾人眼前的是質地義，猶言底子，人是有這底子的，即指性說，即以性爲質地，爲底子。「能」是緊指性體之實自身之自然而**不容已地向善爲善之能**言，即惻隱等心之具體呈現、沛然莫之能禦也。蓋孟子所言之性乃是本心即理、即活動即存有之實體，非是只存有而不活動之只是理也。心理是一之性方可說「能」，光只是理便不能說動態的能。朱子注云：「才猶材質，人之能也。」說材質尙不難，說「**人之能**」則歧出，泛而不諦。蓋人之能與直指性而說性之能並不同一。人之能可以很廣泛，可指一般意義之**才能**，而不必即是**性之能**。故孟子所說之才若有動態的「能」義，此能即是其所說之「**良能**」。良能單是指性之

能言。故在孟子，心性情才是一事。心性是**實字**，情與才是**虛位字**。性是**形式地說**的實位字，心是**具體地說**的實位字。性之實即心。性是指道德的創生的實體言，心是指道德的具體的本心言。心性是一。情是實情之情，是虛位字，其所指之實即是心性。實情即是心性之實情。「此豈山之性也哉」、「此豈人之情也哉」，性與情原可互用。「山之性」是直說性，「人之情」是虛說人之實，而「實」即指性說，而性即「仁義之心」或「良心」。「乃若其情」之情亦是此虛說的情，非情感之情也。故情字無**獨立的意義**，亦非**一獨立的概念**。孟子無此獨立意義的「情」字。若惻隱之心等就是這獨立意義的情字，則此情實只是心（良心、本心），亦即是性，是以「本心即理」言的情，是以「性即心」言的情，是具體言之的心性，是即活動即存有的，是存在與存有爲一，即有即在的，非如朱子性情異層對言之情，非是以氣言之情，非是「只爲存在之然而不是實有之理」之情。而「乃若其情」之情則總不是此獨立意義的情。至若才亦是**虛位字**，即指**性言**。「非才之罪也」、「不能盡其才也」、「非天之降才爾殊也」，此三個才字皆直指**性以爲質地言**，復直指**本心即性之生發**言，即指**良能**言。生發是道德本心之呈現引發道德行爲之相續不已。良能即是此心呈現引發道德行爲之心能性能也。孟子曰：「人之所不學而能者，其良能也。所不慮而知者，其良知也。孩提之童無不知愛其親也。及其長也，無不知敬其兄也。」，「知愛其親」即是「愛其親」矣。「知敬其兄」即是「敬其兄」矣。「知愛其親」是心之良知，「愛其親」即是良能。此良能是發于本心，故即是**心之能**。本心即性，故即是**性之能**。愛其親、敬其兄之行爲固須賴氣以行（表現），然引發此氣之行則是

心之能。而心之能非可**以氣言**，亦猶**本心不可以氣言**，復亦猶**誠體之神**不可**以氣言**，「動而無動、靜而無靜」之神不可**以氣言**。此是妙運乎氣而使之相續不已而為其創生之體者。此一道德的創生之體、性、質地，是人人俱有者。故才字即指此**質地**言，其實義即是**心性**，故無**獨立的意義**，亦非一**獨立的概念**，非**一般意義之才能**也。朱子視情字與才字俱為有獨立意義的獨立概念，非是。

關于第二點，朱子了解孟子所說之才，以為是「出於性」（3.1），「專指其發於性者言之」（《集註》），「止是指本性而言性之發用」（3.3），「孟子言才不以為不善，蓋其意謂善性也，只發出來者是才」（2.2）。此理解，大脈路不錯，但其說「出於性」，「發於性」，以及說「發用」、「發出來」，卻有不同之義理背景。

首先，他說「發出來者是才」，《集註》又說「人之能也」，他是偏重「能」（才能）說才。實則當先說材質、質地義，即指性言，其本身是虛位字；其次說能亦是此性之能，即良能，非普通意義的才能。朱子未能首先意識及此分別。

因朱子自始即從才能看才，故雖言「發於性」、「出於性」，卻是一個有獨立意義的**實位字**。才是實位字，它是「性之發用」（此語亦須有特別之意義），非即是性。當朱子將孟子與伊川所論之才合看時，他說「才只一般，能為之謂才」。又說：「要之，才只是一個才，才之初亦無不善，緣他氣裏有善惡，故其才亦有善惡。孟子自其同者言之，故以為出於性。程子自其異者言之，故以為稟於氣。大抵孟子多是專以性言，故以為性善，才亦無不善。」（3.1）是則「才只一般」，「只是一個才」，但有「發於性

者」，有「為氣所染」汙者（「才本是善，但為氣所染，故有善不善」2.3）。此是將孟子之「出於性」與伊川之「稟於氣」會通看，故「只是一個才」而有不同之規定。「能為之謂才」（3.1），「才是能去恁地做的」（2.4），此是才之通義。由此通義表示「才只一般」（猶言一樣），「只是一個才」。「只是一個才」即表示「才」是一個有獨立意義的獨立概念，是一個實位字。

此實位字的「才」如何能合在孟子上而說「無不善」呢？此依朱子，當有兩步規定：一、視「才」與視「情」同，有**本來善的情**，亦有**本來善的才**。如云：「情本自善，其發也未有染汙，何嘗不善？才只是**資質**，亦**無不善**。譬物之白者，未染時，只是白也。」（2.）又云：「孟子論才亦善者，是說**本來善底才**。」（2.1）又云：「才本是善，但為氣所染，故有善不善。」（2.3）又云：「性本是好，發於情，也只是好，到得**動用去做也只是好**。」（2.4）又云：「才只是一個才，才之**初亦無不善**。緣他氣稟有善惡，故其才亦有善惡。」（3.1）是則才與情俱對應性說。發出來是情，會或能這樣去發的是才。如云：「惻隱羞惡是心〔情〕也，能惻隱羞惡者才也。」（3.3）又云：「情是這裡（以手指心）發出，有個路脈曲折，隨物恁地去。才是能主張運用做事底。」（3.4）如是，如果情與才對言，則2.2條「只發出來者是才」一語為不妥。此只是儱侗地說。如嚴格言之，當該說：**發出來者是情，會或能這樣去發者是才**。發與會發（或能發），其直接的意思都**本是善**。此即可說是**本然的情、本然的才**。本然者未經受氣稟之曲折與拘限之意。但情與才自身俱不能**自定自成**其為**本然**，此必須有一**標準**以定之，亦必須有一**工夫**以成之。標準即「性」是也。工夫即敬

與格物窮理是也。如是，要說才本來是善，必須要有**進一步的規定**。

二、此進一步的規定便是朱子所理解的孟子所言之才是「出於性」，是「專指其發於性者言之」。「出於性」而「發於性」者謂之「本然之才」。但如何「出於性」而「發於性」呢？于此，立見朱子之說統與孟子原意有距離。「出於性」、「發於性」，則此語大路本不錯，是合乎孟子的意思。但因其分性情，則此語須有別解，即與孟子**本意不合**，而有距離。是則辭語表面是，而其實義則不合。「出於性」並不是性體即心、本心即理之自出，「發於性」亦不是性體即心、本心即理之**自發**。在朱子，性只是理，是不能**自出自發者**。然則「出於性」者是**依性理而出來**之意，「發于性」者是**依性理而發出**之意。性本身是無所謂**出不出，發不發者**。性只是理，只是實有，其無所謂出不出，發不發，亦猶其無所謂**在不在**。出不出、發不發、在不在，是屬于情與才者。依是，「性之發用」（3.3.），「只發出來者是才」，諸辭語皆是**儱侗不諦**之辭語。嚴格言之，性不能「發用」，亦不能「發出來」。故依朱子之意，實當如此說：**依性而發出來的是情**（本然之情），**會或能依性而這樣去發的是才**（本然之才）。發不發之情是屬于心氣之造作營爲（事造），會發不會發是屬于心氣乃至體氣造作營爲之善巧不善巧。依理而發者是善情（本然之情），依理而會發能發者是善才（本然之才）。而依理不依理全在**工夫決定**，情與才**自身不能自定**，而理自身亦**不能決定之必依理**，蓋理自身不能發用故也。〈答陳器之〉書云：「使其本無是理於內，則何以有是端於外？由其有是端於外，所以必知有斯理於內。」斯言甚巧，亦合理則。但道德地言之，朱

子似亦只能說「有是端於外，所以必知有斯理於內」，「無斯理於內，則何以有是端於外？」而卻不能說：「**有斯理於內，必有是端於外。**」簡言之，有端必有理，無理必無端，但卻不能說：**有理必有端。**蓋理只實有而不活動，並不負責必有端也。無「端之發」，理亦自存。理雖自存，而**不必有端**。理所能負責者，只是端之發依之而為善。而依不依，情**自身不能決定**，理**自身亦不能決定**，只靠**工夫決定。**（朱子亦常說：「有此理，便有此天地」，「有理，便有氣流行」。朱子所說之理，是存在之理，是說明存在的充足理由之理，不是定義中抽象類名之理，亦不是普通邏輯中充足條件與必要條件的分別說，故**存有論地說明地言之**，可以說：有理便有氣，無理亦無氣；有性便有情，無性亦無情：有之即然，無之不然。但因這理只存有而不活動，故創生地或道德地言之，有這理，便不一定能有這氣，有這性亦不一定能有這善端之發。）

由以上兩步規定以明孟子所說之才無不善（非才之罪、非天之降才爾殊）實則不合孟子原意。此自是心性情三分、理氣二分、致知格物、知以決定行之主智主義（泛認知主義）下之**他律道德**之說法，非孟子性體即心、本心即理、才即指性言、能即是性之能（良能）之**自律道德之本義**。在孟子之本義下，倒真可以說性之發用、心之發用，但無所謂發出來是情，會或能這樣發是才，亦無所謂發與不發之所以然之理是性。性體即心、本心即理之心或性，它自身即是要不容已地呈現起用的。才是虛位字，即指性言，並無獨立的意義。象山理解不誤。詳見〈明道章‧生之謂性篇〉附識三。此不容已地要呈現起用的心或性是體，此體之引發道德行為之相續不已是用。有此體（心即性之體）**必然地有此用**，非如朱子之**有此理**不

必有此端之發，亦非就理與端之發分性情、分體用。乃是就心性與道德行爲分體用（但不是分性情）。工夫惟在「求放心」，不在致知格物。此兩系統顯然有異也。

茲再進而明才之稟于氣。

朱子雖以「出於性」、「發於性」說孟子之才，然既視才爲一實位字，有獨立的意義，則才之實義實即「稟於氣」。朱子說「惻隱羞惡者心也，能惻隱羞惡者才也」，此好像知愛即是愛了，知敬即是敬了，良知良能是一，故情與才亦似是一。但似是一，而實不一，實是各有獨立意義的兩個概念。蓋情與才俱爲實位字也。情是心氣之發（不可說性之發），因其屬于氣，故其發有如理不如理，因而有善情與惡情。才是會或能那樣去發，自然亦屬于氣。會而精者，巧者，曰有才，曰善才。不會而粗者，笨拙者，曰無才，曰蠢才。此是才之通義。應用于道德方面，就依理而發之情而會發、能發、且發之精而巧者言，曰有道德的才，或曰有道德地善的才。若用于其他方面，如數學、文學、或特殊技藝等，則曰數學之才、文學之才，或技藝之才，此則不屬于道德者，然亦爲實字之才之所概括。（演算數學是情、是事，會演算是才。其他類此，不待言。）無論是道德的才，或非道德的才，皆是稟于氣而爲氣之事。非道德的才固有等級而亦非普遍者（非人人皆能有者），即道德的才，雖相應道德的情，人人都總有一點，然亦參差不齊，非純一的普遍者，如孟子所說之良能，至于其有等級更不待言。是其氣之凝聚固有此強度之不齊，故其情與才之表現亦有此參差。雖有情而不必如理，雖有才亦不必如理，是即其道德性之減殺。情與才自身並不能保證其自己必爲道德地善的，亦並無先天的根據使其必爲道德地善

的，只有通過後天的敬與格物窮理之致知工夫以**漸漸迫使之如此**。

在此說本然之情與本然之才，並不妥當，實並無**一定而普遍的本然之情與本然之才**。本然者只是**理想地依如理不如理而定**，而事實上從**實然之氣說**，實並無此**一定而普遍之本然**。此與說本然之性（義理之性）與氣質之性（氣質裡面而受氣質拘限之性）並不同。本然之性依朱子即是性理之自身，此是一定而普遍者。氣質裡面而受氣質拘限的性因氣質自身之參差不齊而有偏雜的表現。性理還是性理，只是因爲氣質之不齊而有偏雜的表現。是則種種不齊、種種差別，只在**氣質**，而差別不齊之氣質剋實言之，即是**情與才**也。故于情與才再說**本然之情**與**氣質拘限之情**，**本然之才**與**氣質拘限之才**，是不甚**通的**，本然者只是理想地定下一個標準而已，就實然之氣質說，實並無一定而普遍之本然氣質也。本然者只是氣質之**不齊而已**。是以朱子在此說本然者只是理想地就變化氣質以後說。實非本然也。是以在朱子說統中，「**情本自善**」，「**才本是善**」，此義並**站不住**。只能說有**是善**，有**是不善**，善與不善皆有**等級之差**。至此，見出朱子之說統完全與孟子合不上。雖在大脈路上知孟子之才出于性、發于性，然其解說實完全成另一系統，並不能還原于孟子之本義。孟子固無「非道德」的才之義，然其說道德的才即指性言，是以性之能即心之道德的創生之用而言，並不以氣言，故**一定而普遍**，而其**道德性**亦**充沛而挺立**。于此再進而言氣質之拘限亦不礙其一定而普遍，蓋孟子並非不知有命限也。如是，「論性不論氣不備，論氣不論性不明」，此義無問題。

于此，吾人進而略論第三點，關于伊川之論才。關此，吾已詳論之于〈伊川章〉。伊川對此並不透。朱子之義大體是承伊川而

來，然比伊川爲熟練而一貫。雖有表面辭語之**烟幕**，然其**實義**不可掩。

伊川謂「才稟於氣」，或「才出於氣」，是對「性出於天」而言。是則伊川自始即視才爲一獨立概念。才既爲有獨立意義的實位字，它自是氣之事。謂其「出於氣」、或「稟於氣」，並不誤。才既出于氣，自有參差之不齊，清濁厚薄善惡之不同。才是所稟受之氣自然凝結成的才質、資質、材料，此則個個不同者，並無一定而必然的普遍性。「性即是理，理則自堯、舜至於途人一也。性無不善，而有不善者才也」。「才之善不善，由氣之有偏正也」。此皆不誤。但照顧到孟子「非才之罪」、「非天之降才爾殊」，伊川並不說有「本然之才」，亦不說孟子所論之才是「出於性」，卻只以「稟於氣」之才論之。此處顯然有衝突。既出於氣，自然有清濁厚薄善不善之「殊」，但孟子卻說「非天之降才爾殊」。若概以「出於氣」之才論之，則顯然不能一致。朱子看出此差別，故以「出於性」、「本然之才」說之。此則自比伊川進一步。然當問者問及「非才之罪」時，伊川卻說：「才有美惡者，**是舉天下言之**也。若說一人之才，如因富歲而賴，因凶歲而暴，**豈才質之本然耶**？」此辯甚差。才之美惡是舉天下比較言之，若歸于各人之自身，則皆是**實然而定然者**，無所謂**美惡也**。此儼若莊生之言逍遙、齊物，放于自得之場，大鵬尺鷃俱皆**自足也**。夫此義豈能說明「非才之罪」、「非天之降才爾殊」耶？又豈能泯沒「出於氣」之才之有清濁厚薄善不善之「殊」耶？又說：「乃若其情，則可以爲善，若夫爲不善，非才之罪。此言人陷溺其心者，非關才事。才猶言**材料**。**曲可以爲輪，直可以爲梁棟**。若是毀鑿壞了，豈關才事？下面不是說人

皆有四者之心？」他把孟子說的四端之心亦看成是「**出於氣**」之**才**
（材料）。若依此例推之，堯之才成其為堯，桀之才成其為桀，下
愚成其為下愚，上智成其為上智，皆其**才性之自然**也。一律平等，
皆不曾毀鑿壞，皆各適其「**才質之本然**」耳。（此言「本然」亦與
朱子所言之本然之才、本然之情不同。其所謂「本然」只是氣之凝
結之**自然**、**實然**，而**定然者耳**。）如此下去，直成大混亂，其去孟
子也遠矣。凡此詳見〈伊川章・氣稟篇〉。讀者可覆案。

是以伊川視才為實字，謂「出於氣」，此不誤，然其和會孟
子，則**完全不著邊**。朱子承伊川而來，于和會孟子處較伊川為進
步，然其**意解**亦**不合孟子義**。蓋皆不解孟子所說之「才」之殊特，
只欲以實位字之**一才**以概括之，故終于**不相應**也。大抵伊川與朱子
之心態中完全無孟子之氣息，故亦不適宜于講孟子，此可斷言也。

第二節　性也有命焉，命也有性焉：性命對揚

I《集註》關于「性也有命焉，君子不謂性也」，注云：

> 程子曰：五者之欲，性也。然有分，不能皆如其願，則是命
> 也。不可謂我性之所有，而求必得之也。
> 愚按〔朱子自謂〕：不能皆如其願，不止為貧賤。蓋雖富貴
> 之極，亦有品節限制，則是亦有命也。

關于「命也有性焉，君子不謂命也」，注云：

程子曰：仁義禮智天道在人，則賦於命者，所稟有厚薄清濁。然而性善可學而盡，故不謂之命也。

張子曰：晏嬰智矣，而不知仲尼，是非命耶？

愚案：所稟者厚而清，則其仁之於父子也至，義之於君臣也盡，禮之於賓主也恭，智之於賢否也哲，聖人之於天道也，無不脗合而純亦不已焉。薄而濁，則反是。是皆所謂命也。

或曰：「者」〔賢者之者〕當作「否」，「人」〔聖人之人〕衍字。更詳之。

愚聞之師曰：此二條者，皆性之所有，而命於天者也。然世之人，以前五者為性，雖有不得，而必欲求之。以後五者為命，一有不至，則不復致力。故孟子各就其重處言之，以伸此而抑彼也。張子所謂「養則付命於天，道則責成於己」，其言約而盡矣。

案：此《集註》大體皆得之。惟或說謂「智之於賢者」之「者」字當作「否」，「聖人之於天道」之「人」字為衍字，則非是。朱子謂「智之於賢否也哲」，亦隨之改「者」字為「否」字，亦非是。孟子原文無誤。孟子原意只是說：仁之表現于父子關係上有至不至、得不得（此就為父者言，若就為子者言，則當說孝）；義之表現于君臣關係上亦有至不至、得不得；禮之表現于賓主關係上亦有至不至、得不得；智之表現于賢者（賢者之表現智）亦有精熟不精熟、明達不明達；聖人之體現天道（天道之體現于聖人）亦有全盡不全盡、圓中不圓中、大不大、化不化、窮不窮、達不達，乃至有各種形態之差異。（吾茲所說乃自今日擴大言之，如耶穌、釋迦皆

是聖。在以前只就儒家之聖言，如堯、舜與孔子之差異。）此種至
不至得不得等等即所謂命也。然在此，人不應諉之于命，只應盡心
盡性而已。仁義禮智之心即吾人之性，命是體現表現上的事。吾人
固不應因體現表現上之命限而廢盡性之功。故曰：「命也，有性
焉，君子不謂命也。」意即此種種表現體現上之限制雖是命，但此
中亦有性焉（仁義禮智之心自身即是吾人之性），故君子于此不說
命也。（意即君子于此不重視命之限制，而只應重視盡性之功。）
「不謂命」並非說那些限制不是命。若如此即犯自語相違過。乃是
說于此種種事上不說（不重視）命之限制，只應說（重視）盡性之
功而爲其性分之所當爲。「命也」亦不是說仁義禮智自身是命，蓋
若如此，即失命限義，而只成「天命之謂性」之命，或只成「性分
之所命」之命，孟子于此說「命也」顯然不是此義。是故此說「命
也」乃是就于父子、于君臣、于賓主、于賢者、于天道處之體現表
現上之限制而言。此由兩聯中性命相對抑揚之語意而顯然可見者。
又「有性焉」，仁義禮智是性，而「天道」不即是性，必須經由盡
性以契之，故亦爲盡性之所函攝，是亦即「聖人之於天道」雖是
「命也」，亦「有性焉」，故亦爲「有性焉」一語所概括。此所以
孔子必踐仁知天，而孟子亦必云盡心知性知天也。《中庸》「肫肫
其仁、淵淵其淵、浩浩其天」正是此義之最好注語。到「浩浩其
天」之境，正是體現天道之境。故聖人之體現天道亦不能離開「肫
肫其仁」，亦即不能離開盡仁義禮智之心性也。以「爲物不貳，生
物不測」之天道誠體說性（或會通性），以天命於穆不已之流行之
體（創生之體）說性或會通性，乃是發展至《中庸》、《易傳》以
後之事，孔孟時尚不至此義，但亦爲其踐仁知天與盡心知性知天所

函蘊而呼之欲出矣。

　　前一聯「性也，有命焉，君子不謂性也」，正爲進一步自後一聯「命也，有性焉，君子不謂命也」處說性。自後一聯處說性是孟子言性之立場。自前一聯處說性乃是「性者生也」之老傳統，告子、荀子、道家、以及一般人皆自此言性，亦即「生之謂性」之義。孟子與告子辨，顯然不自此言人之所以異于禽獸之性。依此章而言，孟子亦非不承認「口之於味」等等是人之性，但這只是人之動物性，並不是人之所以爲人（爲道德的存在）之眞性。「生之謂性」，其複雜內容固可包含到氣質差異之氣質之性（就自然生命之氣質差異處說一種性，非如朱子之所意謂視氣質裡面的性爲氣質之性），但「口之於味」等等尚說不到氣質之性，只是發于生理欲望之動物性之性。孟子在此，性命相對抑揚而言，意在表示此等等雖是發于生理欲望之動物性之所欲，然有命存焉，不可藉口爲性，而必欲求之。在此重視命之限制，不重視性之欲望，蓋亦不欲其氾濫而無所不爲也。故「君子不謂性也」。此「不謂性」，不但不重視而已。依孟子言性之立場，且亦不自此言人之所以爲人之眞性也。故此「不謂性也」之函義比下聯「不謂命也」之函義尤重。依伊川與朱子之師延平之所解，「性也，有命焉」之命皆指命限言，此當是孟子之本義。朱子進一步提醒之曰：「不能皆如其願，不止爲貧賤，蓋雖富貴之極，亦有品節限制，則是亦有命也。」此是進一步從「品節限制」說命，此命是義理當然之命，是性分之所命之命，是命令之命，非命限之命。此固亦有限制之義，但此限制是義理當然之限制，（即所謂義理上不應窮奢極欲），不是命運命限之限制。朱子于此不加分別，而概謂之曰命，則顯兩義混擾。依下錄

《語類》之討論，又以此義理當然之命爲主，而謂孟子此處「性也有命焉」之命是以「理」言，此則恐非孟子原義。孟子曰：「殀壽不貳，修身以俟之，所以立命也。」孔子曰：「不知命，無以爲君子也。」凡此所言「知命」、「立命」，以及此處「性也有命焉」、「命也有性焉」之「命」，皆是命限之命，皆當是「以氣言」之命，凡以氣言者，皆是**命限之命**，此可曰**氣命**。凡以理言者，皆是**命令之命**，此可曰**理命**。理命是盡性之事，此是吾所能掌握者，此所謂義不容辭、責無旁貸者，此是性之所命汝必須爲者，故只須盡之而已。孟子言「君子所性，雖大行不加焉，雖窮居不損焉，分定故也」。此所言之「分定」即「理命」也。此不是氣命之分，亦不是氣命之定。理命無慨嘆意味。盡此理命而有限制，方有慨嘆意味。而此限制即氣命也。氣命是吾所不能掌握者。即就一人之氣質言，雖說可以變化氣質，然畢竟亦有限。是故言氣命總有慨嘆意味。孔子之「不知命無以爲君子」、「五十而知天命」（此天命亦帶著氣化言）、「不怨天，不尤人，下學而上達，知我者其天乎」（此中亦含有氣命義）、「道之將行也與命也，道之將廢也與命也」，「天之將喪斯文也，後死者不得與於斯文也，天之未喪斯文也，匡人其如予何」，孟子之「殀壽不貳，修身以俟之，所以立命也」、「莫非命也，順受其正，是故知命者不立乎巖牆之下」，「君子行法以俟命」、「性也有命焉」、「命也有性焉」，以及《易傳》之「君子居易以俟命，小人行險以徼倖」等等，皆是言**氣命**，即言天、天命，亦是帶著氣化言，不純以理言，故亦有**氣命意味也**。理命是積極者，在此言精進不息，言「先天而天弗違」，言「只此便是天地之化」（明道語）。氣命是消極者，在此言退一

步、言總當撒手、言「後天而奉天時」、言「眞正仲尼臨終不免嘆口氣」（羅近溪語）。儒家進德修業，其無限的**莊嚴義、嚴肅義**，盡在此氣命與理命的對揚中（亦即此處孟子所言之性命對揚中），一切宗敎性的深遠眞理皆攝于此。凡此吾已詳言之于〈橫渠章〉。讀者可覆看。（唐君毅先生《中國哲學原論‧原命》章有精到之闡發，亦當參看。）

　　Ⅱ《朱子語類》卷第六十一，〈《孟子》十一〉，〈盡心〉下，關于「口之於味也」章有以下之討論：

　　1. **孟子亦言氣質之性，如「口之於味也」之類是也。**

1.1 徐震問：口之於味，以至四肢之於安佚是性否？

　　曰：豈不是性？然以此求性不可，故曰：「君子不謂性也」。

1.2 敬之問：「有命焉，君子不謂性也。」「有命焉」，乃是聖人要人全其正性。

　　曰：不然。此分明說「君子不謂性」。這性字便不全是就理說。夫口之欲食，目之欲色、耳之欲聲、鼻之欲臭、四肢之欲安佚，如何**自會恁地**？這個是**天理之自然**。然**理附於氣**，這許多卻從**血氣軀殼**上發出來，故君子不當以此爲主，而以**天命之理爲主**。都不把那當個事，但看**這理合如何**。「有命焉」，「有性焉」，此命字與性字是**就理上說**。性也，君子不謂性也；命也，君子不謂命也，此性字與命字是就氣上說。

案：以上三條中，有兩點不妥：一、視「口之於味」等之性爲氣質之性，二、視「有命焉」之命爲就理說。「口之於味」等，若廣泛言之，固是屬于氣之事。然若直視爲「氣質之性」，則混漫。蓋此等只是發于生理欲望之動物性，尚說不到氣質，因普通說氣質是就清濁、厚薄、剛柔、智愚、賢不肖、才不才種種所稟之氣之差異而說，而「口之於味」等則是一般相同之動物性（荀子說性惡即自此言），此並無特殊之顏色，與氣質尙有距離。氣之凝聚結構而成形軀，直接發于此形軀者，爲一般之動物性。生物本能、生理欲望、心理情緒等皆屬之，此可曰形軀層，亦曰基層。此一般之動物性，如果可以說普遍性，當是生理形軀的普遍性，尙不是精神生命中或理上的眞正普遍性，此可曰後天的、經驗的普遍性。就人類言，有此形軀，即有其自然生命中之種種殊特性，此即氣質之殊是也。故氣質之殊是屬于生命層的，此是個個不同的，此是屬于差別性、特殊性的。所謂氣性、才性皆屬此層。再進即爲道德的心性，此方是眞正的普遍性。自兩漢以來言氣性、才性，言有善有惡，言善惡混，言性分三品，宋儒自濂溪言「性者剛柔善惡中而已」，自張橫渠正式提出「氣質之性」一詞，下屆二程，普通似皆以爲氣質之性即是就氣質之殊（氣性才性之殊）而說一種性。氣質之性與義理之性（天地之性）相對而言，「之」字皆是虛係字。氣質之性即是就氣質之殊而說一種性，義理之性即是就義理之一（或本源之一）而說一種性。如此而言，性便有兩種性，再加上動物性之性，便有三種性。人之生命本有此不同之層面，故論性亦可就各層面說，難作劃一說也。惟當人有時見不到眞正普遍性的道德心性之爲性，故或只就動物性說人之性，告子、荀子是也，或只就氣性才性（氣質之

性）說人之性，兩漢諸儒是也。此只是見不到，不能說他所見到的層面不是性。當見到道德的心性始爲人之眞性，如孟子以及宋、明儒之承此而言義理之性，亦當只是認道德的心性爲眞性，而亦不能說人之動物性之性以及氣性才性之性不爲性也。對應各層面而說一種性，此似是常解。惟至朱子，依其經常之表示，視性只爲一性（只爲一只是理之一性），視氣質之性爲只是一性的那本然的義理之性之在氣質裡面濾過，氣質之性者只是氣質裡面的義理之性也。不在氣質裡面濾過的，便是那本然的義理之性之自己。如是，性只是一，並不就氣質之殊說一種性，只說氣質，不說氣質之殊是一種性，而「之」字亦不一律。如是，氣質之性與義理之性兩詞只成一性之兩面觀，自其自身而觀之曰本然之性（義理之性），自其雜在氣質裡面而觀之，便爲非本然的性，此便曰「氣質之性」（意即氣質裡面的性）。此種解法，雖可自成一義，然旣不合通常說此詞之意，亦有一種滑轉，即由以氣質之偏殊爲主者滑轉而爲以性理爲主。當張橫渠說：「形而後有氣質之性，善反之，則天地之性存焉，故氣質之性，君子有弗性者焉。」，此明是以「剛柔緩急，有才與不才」之「氣之偏」說一種性，即氣質的性，亦即氣性、才性。如果將氣質的性視爲只是那本然的義理之性之雜在氣質裡面，如何便能不認爲是性？此只能說它不是本然的義理之性之自己，而不能說它不是性，亦不能不認爲它是性。橫渠說「君子有弗性者焉」，其語法明是同于孟子就「口之於味」等而說「性也，有命焉，君子不謂性也」，即君子自道德實踐的立場上說，便不能以此動物性之性與氣性才性之性視爲人之眞性也。當程明道說「人生而靜以上不容說，纔說性時，便已不是性也」，此所云「不是性」明

是「不是性之本然」之意，而非謂與氣裏混雜，「性即氣，氣即性」（「即」，混雜義），便謂性不是性也。故亦云：「善固性也，惡亦不可不謂之性」，意即氣裏善者，使性有善的表現，此善的表現固是性之表現，即氣裏惡者使性有不善（惡）的表現，此不善的表現亦不能說不是性之表現也。明道只說「性之本然與性在氣裏中表現之差異」之義，而朱子將此義視為「氣質之性」一詞之解析，此顯然有滑轉也。

此雖有滑轉，但亦只是滑轉而為性之本然與非本然之別而已，于義亦無大礙。但說孟子所說之「口之於味」等亦是氣質之性，則既有混一般動物性之同與氣性才性之殊異之病，若再將氣質之性視為性理雜在氣質裏面，則在此將成不通之論，而于義理亦有礙。試問「口之於味」等之欲望之性如何能視為本然之性理之雜在欲味、欲色、欲聲、欲香臭、欲安佚中？此只是滑口說過，未加辨審而已。當然朱子亦有其說法。彼謂「夫口之欲食，目之欲色」等等，「如何自會恁地？這個是**天理之自然**。然**理附於氣**，這許多卻從血氣軀殼上發出來，故君子不當以此為主，而以**天命之理**為主，都不把那當個事，但看**這理合如何**」。此把「口之欲食」等視為「天理之自然」，亦有理，但「理附於氣」，理雜在氣中行，故亦是性理之雜在氣質裏面，亦是氣質裏面的性（氣質之性）。夫「口之欲食」等之「為天理之自然」只是氣化而成形，是發于形軀之自然。在此說「天理」只是由「口之欲食」等之「然」而推證其「所以然」，認為必有其所以然之理。下錄第3條云：「惟性中有此理，故口必欲味」等等，「自然發出如此。若本無此理，口自不欲味」等等。如此說性理、說天理，只**成就**一個「口之欲食」，此豈有**道**

德的意義耶？此豈是原初言性善以爲道德實踐所以可能之先天根據
之本義耶？此所謂于義理有礙也。然而朱子之就泛存在的實然而推
證其所以然以爲性理，亦必有此歸結。就道德的實然（如惻隱之心
等）固可推證道德性的性理，就「口之欲食」等之實然，則所推證
者亦只是一中性無色的性理而已，此只是一無色的存在之「存在之
理」而已。有「道德性的」存在之理，亦有無所謂道德不道德之
「非道德性的」存在之理。而朱子皆混同視之而爲一性，此即爲原
初言「性」義之減殺，不管是孟子就內在道德性言性，或是《中
庸》、《易傳》就於穆不已之天命言性。然而此卻是朱子之泛認知
主義之即物而窮其理，就存在之然以推證其所以然以爲性理，所必
有之歸結。此非孟子就內在道德性言性之義也，亦非《中庸》、
《易傳》就於穆不已之天命言性之義也，亦非濂溪、橫渠、明道言
太極、誠體、神體、性體之義也。

　　朱子既謂「口之欲食」等亦有所以然之理，此理亦是「天命之
理」。有此理，自然會發出如此等事，此理亦只能成就如此等事。
但又說「這許多卻從血氣軀殼上發出來，故君子不當以此爲主，而
以天命之理爲主，都不把那當個事，但看這理合如何」。試問「以
天命之理爲主」，此「天命之理」是指成就「口之欲食」之「天命
之理」說，抑還指道德性的性理如仁義禮智等之「天命之理」說？
依「都不把那當個事，但看這理合如何」兩句話，好像是指道德性
的性理說。然則成就「口之欲食」之天命之理又有何作用？「若本
無此理，口自不欲味」。今口欲味，必有欲味之理。是則欲味是順
其所以然之理而來，如何能不把它「當個事」？今既「都不把那當
個事」，則知這個事的理自不能作主，還當轉出去以道德性的性理

爲主。如是，則**這個事的理**自**無道德作用矣**。至于以道德性的性理爲主，「看這理合如何」，並以之解説「有命焉」之命爲就理説，此自不合孟子原義。下錄第4條又云「此命字卻合理與氣而言」。理之命是就「雖富貴之極，亦有品節限制」説，氣之命是就貧賤説。但此兩命義實不同，朱子混視之而爲一命，亦非是。此則已見前説，茲不贅。

　　以上兩點皆不妥者。下錄各條有涉及此兩點者，皆當依以上所説審辨而指正之。

　　　2.「仁之於父子，義之於君臣，禮之於賓主，智之於賢者，聖人之於天道，命也，有性焉，君子不謂命也。」此命字有兩説：一、以所稟言之，一、以所值言之。《集註》之説是以所稟言之。清而厚，則仁之於父子也至，若瞽瞍之於舜，則薄於仁矣；義之於君臣也盡，若桀、紂之於逢、干，則薄於義矣。禮薄而至於賓主之失其歡，智薄而至於賢者之不能盡知其極。至於聖人之於天道，有性之反之之不同。如堯、舜之盛德，固備於天道，若禹入聖域而不優，則亦其稟之有未純處。是皆所謂命也。

　2.1「性也，有命焉」，性字兼氣稟而言。「命也，有性焉」，此性字專言其理。

案：首句非是。蓋彼視「口之於味」等爲氣質之性也。

　2.2「性也，有命焉」，此性是**氣稟之性**，命則是限制人心

者。「命也，有性焉」，此命是氣裏有清濁，性則是道心
者。

2.3直卿云：「不謂性命」章，兩「性」字、兩「命」字都不
同。上面性字是人心，下面性字是道心。上面命字是氣，
論富貴貧賤。下面命字是理，論智愚賢不肖。

案：「下面命字是理」句非是，朱子之說是。直卿即黃幹，號勉
齋，朱子之婿。此見黃勉齋之不透。「智愚賢不肖」是才性，亦氣
也。

2.4區兄問：「有性焉」，「有命焉」，一段。先生甚喜。以
〔因〕謂某四十歲方看透此段意思。上云「性也」，是氣
裏之性。「有命焉」，是斷制人心，欲其不敢過也。下云
「命也」，蓋其所受氣裏亦有厚薄之不齊。「有性焉」，
是限制道心。〔案：此句不通。「限制」二字有誤。〕欲
其無不及也。

（原注：震錄云：「區兄以性也之性爲氣裏之性，有性焉
之性爲天命之性。先生云：某四十歲方得此說不易，公思
量得。」）

3.或問：君子不謂性、命。

曰：論來口之於味、目之於色、耳之於聲、鼻之於臭、四
肢之於安佚，固是性，然亦便是合下賦予之命。仁之於父
子、義之於群臣、禮之於賓主、智之於賢者、聖人之於天
道，固是命，然亦便是各得其所受之理，便是性。

孟子恐人只見得一邊，故就其所主而言。舜、禹相授受，只說「人心惟危，道心惟微」。論來只有一個心，那得有兩樣？只就他所主而言，那個便喚做人心，那個便喚做道心。

人心，如口之於味、目之於色、耳之於聲、鼻之於臭、四肢之於安佚，若以為性所當然，一向惟意所欲，卻不可。蓋有命存焉。須著安於定分，不敢少過，始得。

道心，如仁之於父子，義之於君臣，禮之於賓主，智之於賢者，聖人之於天道，若以為命已前定，任其如何，更不盡心，卻不可。蓋有性存焉。須著盡此心，以求合乎理，始得。

又曰：口之於味，目之於色，耳之於聲，鼻之於臭，四肢之於安佚，這雖說道性，其實這已不是性之本原。惟性中有此理，故口必欲味，耳必欲聲，目必欲色，鼻必欲臭，四肢必欲安佚，自然發出如此。若本無此理，口自不欲味，耳自不欲聲，目自不欲色，鼻自不欲臭，四肢自不欲安佚。

案：此末段所言不合孟子義，當依前1.2條下案語審辨之。

4. 或問命字之義。

曰：命謂天之付與，所謂天令之謂命也。然命有兩般。有以氣言者，厚薄清濁之稟不同也。如所謂道之將行將廢命也，得之不得曰有命，是也。有以理言者，天道流行，付

　　而在人，則為仁義禮智之性。如所謂五十而知天命，天命
　　之謂性，是也。二者皆天所賦與，故皆曰命。

案：以氣言之之命，所謂氣命，是命限之命，是限制義。以理言之
之命，所謂理命，是命令義。朱子皆以「天之賦與」說之，非是。
以氣言之之命固亦天道氣化之所形成，自此而言，說天賦與以如是
如是之氣，固未嘗不可。然既賦與以如是如是之氣，就此而言「命
也」，「有命焉」，則此「命」字初只是命限義、限制義，在此不
說「賦與」義。若只說賦與義，便混，亦喪失限制義。在此，即使
說天使我如此，亦是說天使我受此命限。如《莊子・大宗師》云：
「吾思夫使我至此極者而弗得也。父母豈欲吾貧哉？天無私覆，地
無私載，天地豈私貧我哉？求其為之者而不得也，然而至此極者，
命也夫！」以氣言之之命即是這個命。在此，徒說「天令之謂
命」，「天所賦與故曰命」，豈非不切？「天命之謂性」，倒是直
接賦與義、命令義。天以創生之理，即於穆不已之天命流行之體賦
與我，即為我之性。天賦給我此性，是我之真性、真體，此不是**限
制我**，使我**無可奈何者**，乃正是**成全我**，使我「求則得之，捨則失
之」，使我**有辦法者**，擴大我使我**與天地合德者**。自性而言，性命
令我必須如此，只須盡之而已。此命令當然亦有限制義，但卻是限
制我之私欲我、形軀我，而不是限制我之真我。在此取**命令義**，不
取**命限義**。此即是**理命之命**。惟當盡性之時而覺得有限制，使我之
盡不能充其極，使我覺得處處受牽扯，則命限之感即進來，此方是
氣命之命。朱子皆以「天之賦與」說之，顯然不透也。又「五十而
知天命」，此天命亦不是**純以理言**，此與「天命之謂性」不同。若

說孔子到五十歲時始知吾人之眞性以及此性之來歷，則恐不然。孔子「知天命」之語脈恐不如此之**偏注**也。詳見〈橫渠章〉。

又問：孟子謂「性也，有命焉」，此性所指謂〔爲〕何？

曰：此性字指氣質而言，如性相近之類。此命字卻合理與氣而言。〔案：此皆不妥，當依上1.2條案語辨之〕。蓋五者之欲固是人性，然有命分。既不可謂我性之所有，而必求得之，又不可謂我今可以得，而必極其欲。如貧賤不能如願，此固分也。富貴之極，可以無所不爲，然亦有限制裁節，又當安之於理。如紂之酒池肉林，卻是富貴之極，而不知限節之意。若以其分言之，固無不可爲，但道理卻恁地不得。今人只説得一邊，不知合而言之，未嘗不同也。〔案：「道理卻恁地不得」是理命。富貴貧賤是氣命。合而言之，固完備，然兩命字實不同。依孟子，「道理卻恁地不得」之義是在下聯「命也有性焉」之性字中說，不必在此「性也有命焉」之命字中說。〕「命也有性焉」，此命字專指氣而言。此性字卻指理而言。如舜遇瞽瞍，固是所遇氣數，然舜惟盡事親之道，期於底豫，此所謂盡性。

大凡清濁厚薄之稟皆命也。所造之有淺有深，所遇之有應有不應，皆由厚薄清濁之分不同。且如聖人之於天道，如堯、舜則是性之，湯、武則是身之，禹則入聖域而不優，此是合下所稟有清濁，而所造有淺深不同。仁之於父子，如舜之遇瞽瞍。義之於君臣，如文王在羑里，孔子不得位。禮之於賓主，如子教以孟子爲簡。智之於賢者，如晏嬰智矣，而不知

孔子。此是合下來所稟有厚薄，而所遇有應不應。但其命雖如此，又有性焉。故當盡性。大抵孟子此語，是各就其所重言之，所以伸此而抑彼。如《論語》所說審富貴而安貧賤之意，張子所謂「養則付命於天，道則責成於己」是也。〔下略〕

5. 君子不謂性命一章只要遏人欲、長天理。前一節，人以為性我所有，須要必得。後一節，人以為命則在天，多委之而不修。所以孟子到人說性處，卻曰「有命」，人說命處，卻曰「有性」。

第三節　盡心知性知天

I〈答張敬夫問目〉：

孟子曰：「盡其心者，知其性也，知〔其〕性則知天矣。」心體廓然，初無限量。惟其梏於形器之私，是以有所蔽而不盡。人能克己之私以窮天理，至於一旦脫然私意剝落，則廓然之體無復一毫之蔽，而天下之理，遠近精粗，隨所擴充，無不通達。性之所以為性，天之所以為天，蓋不離此，而一以貫之，無次序之可言矣。孔子謂天下歸仁者，正此意也。（《朱文公文集》卷第三十二，書，問答，〈答張敬夫〉十八書之第十書首段）

案：此答書必相當早，已函《大學·補傳》之義，並自此即以格物

窮理致知解孟子之盡心知性知天，此顯非孟子意，亦非孔子言「克己復禮天下歸仁」之意。孔子言「克己復禮爲仁」，是由生活上「克己復禮」以顯仁心仁道之呈現，或指點仁之所以爲仁之意，而朱子則是由「克己之私」**祛心之蔽**以**窮天下之理**。蓋朱子之心態合下只會以致知格物想孟子之盡心知性與孔子之「天下歸仁」。他從不轉彎，想此種解析是否合孔、孟之原意，亦從不自另一方面想。蓋其意識中實從未凸現孟子「擴充」之義。彼亦言「擴充」，但卻是**認知地擴充**。

Ⅱ〈盡心說〉：

「盡其心者知其性也，知其性則知天矣。」言人能盡其心，則是知其性，能知其性，則知天也。蓋天者理之自然，而人之所由以生者也。性者理之全體，而人之所得以生者也。心則人之所以主於身而具是理者也。「天大無外」〔案：此橫渠語〕，而性稟其全。故人之本心，其體廓然，亦無限量。惟其梏於形器之私，滯於聞見之小，是以**有所蔽而不盡**。人能**卽事卽物窮究其理**，至於**一日會貫通澈**，而無所遺焉，則**有以全其本心廓然之體**，而吾〔當作「性」、或脫「性」字〕所以爲性，與天之所以爲天者，皆不外乎此而一以貫之矣。（《朱文公文集》卷第五十七，雜著）

案：此〈盡心說〉，意同于前〈答張敬夫問目〉。惟此〈說〉解孟子語謂：「言人能盡其心，則是知其性，能知其性，則知天也。」語尚含混，尚未顯明。說「人能盡其心，是由於知其性也」。然其

下文「人能即事即物窮究其理」云云，即已明顯地表示**由于知其性，始能盡其心**（全其**本心廓然之體**）。又「心體廓然」，「梏於形器之私，滯於聞見之小」等詞語大抵本橫渠〈大心篇〉而說。然橫渠言廓然（「天之不禦莫大於太虛，故心知廓之，莫究其極也」），明道亦言「廓然而大公，物來而順應」，皆未說成認知之明之廓然，亦未說成由「即事即物窮究其理」以全其「廓然之體」。是則朱子之言廓然以及盡其廓然，皆是**認知的意義**也。《大學‧補傳》之義足以盡之。

Ⅲ〈盡心章注〉：

> 心者人之神明，所以具眾理而應萬事者也。性則心之所具之理，而天又是理之所從以出者也。人有是心，莫非全體。然**不窮理，則有所蔽，而無以盡乎此心之量。故能極其心之全體而無不盡者，必其能窮天理而無不知者也。**既知其理，則其所從出亦不外是矣。以《大學》之序言之，知性則「物格」之謂，盡心則「知至」之謂也。

案：此注是朱子成熟之作。以格物致知說盡心知性，並謂盡心由於知性，皆在此明顯說出。此其醞釀已久，非一時之偶然也。下《語類》之討論不出此注之範圍。

Ⅳ《朱子語類》卷第六十，〈《孟子》十〉，〈盡心〉上，關于「盡其心」章有以下之討論：

> 1.「盡其心者，知其性也」。「者」字不可不子細看。人能

「盡其心者」，只爲「知其性」。知性卻在先。

1.1李問：「盡其心者，知其性也。」

　　曰：此句文勢與「得其民者得其心也」相似。

1.2人往往説先盡其心，而後知性，非也。心性本不可分。況
　　其語脈是盡其心者，知其性。心只是包著這道理盡。知得
　　其性之道理，便是盡其心。若只要理會盡心，**不知如何地**
　　盡！〔案：惻隱之心等等豈待格物窮理而後盡耶？如何能
　　說「不知如何地盡」？此其未讀通《孟子》甚顯。〕

1.3或問：盡心知性。

　　曰：性者吾心之實理。若不知得，盡卻盡個甚麼？「盡其
　　心者，知其性也」，所以能盡其心者，**由先能知其性**。知
　　性，**則知天矣。知性知天，則能盡其心矣**。不知性，不能
　　以盡其心。**物格而後知至**。

1.4盡其心者，**由知其性也**。先知得性之理，然後明得此心。
　　知性猶格物，盡心猶知至。

1.5知性者，**物格也**。盡心者，**知至也**。物字對性字，知字對
　　心字。

1.6知性然後能盡心，**先知然後能盡**。未有先盡而後方能知
　　者。蓋先知得，然後見得盡。

　2.王德修問：盡心然後知性。

　　曰：以某觀之，性情與心固是一理，然命之以心，卻似包
　　著這性情在裏面。故孟氏語意卻似説盡其心者，**以其知性**
　　故也。此意橫渠得知，故説「心統性情者也」看得精！邵
　　堯夫亦云：「性者道之形體，心者性之郭廓，身者心之區

字，物者身之舟車。」語極有理。〔案：此皆與「盡心由
於知性」之說無關。〕

大雅云：橫渠言「心禦見聞，不弘於性」，則又是心小性
大也。

曰：「禦」字不可作「止」字與「當」字解。禦有「梏」
之意。云心梏於見聞，反不弘於性耳。

2.1問：橫渠謂「心能盡性，人能弘道也。性不知檢其心，非
　　道弘人也。」如孟子「盡其心者，知其性也。」先生謂：
　　「盡其心者，必其能知性者也。知性是**物格之事**，盡心是
　　知至之事。」如何？

　　曰：心與性只一般，知與盡不同。所謂知，便是心了。

　　問：知是心之神明，似與四端所謂智不同。

　　曰：此知字義又大。然孔子多說仁智。如元亨利貞，元便
　　是仁，貞便是智。四端仁智最大。無貞，則元無起處。無
　　智，則如何是仁？《易》曰：「大明終始」。有終便有
　　始。智之所以大者，以其有知也。〔案：此皆不相干〕

3.問：盡心者，知至也。

　　曰：知得到時，必盡我這心去做。如事君，必要極於忠。
　　爲子，必要極於孝。不是備禮如此。既知得到這處，若於
　　心有些子未盡處，便打不過，便不足。

3.1問：盡心只是知得盡，未說及行否？

　　曰：某初間亦把做只是知得盡，如《大學》「知至」一
　　般，未說及行。後來子細看，如《大學》「誠意」字模
　　樣，是真個恁地盡，「如惡惡臭，如好好色」，「知至」

亦須兼「誠意」乃盡。如知得七分，自家去做，只著得五
分心力，便是未盡。有時放緩，又不做了。如知得十分眞
切，自家須著過二十分心力，實去恁地做，便是盡。「盡
其心者，知其性也」，知性，所以能盡心。（原注云：
「此段句意恐未眞」。）〔案：此注語非是，無「未眞」
處。〕

3.2 某前以孟子「盡心」爲如《大學》「知至」，今思之，恐
當作「意誠」説。蓋孟子當時特地説個「盡心」，然須用
功。所謂盡心者，言心之所存更無一毫不盡。好善，便如
好好色。惡惡，便如惡惡臭。澈底如此，沒些虛僞不實。

童云：如所謂「盡心力而爲之」之盡否？

曰：然。

3.3 黃光之問「盡心」。

曰：盡心是竭盡此心。今人做事，那曾做得盡？只盡得四
五分心，便道了！若是盡心，只是一心爲之，更無偏旁底
心。如惡惡臭，如好好色，必定是如此。如云：**盡心力而
爲之**。

3.4 盡心知性知天，**工夫在知性上**。盡心只是**誠意**，知性卻是
窮理。心有未盡，便有空闕。如十分，只盡得七分，便是
空闕了二三分。須是如惡惡臭，如好好色。孝便極其孝，
仁便極其仁。性即理，理即天。我既知得此理，則所謂盡
心者，自是不容已。如此説，卻不重疊。既能盡心知性，
則胸中已是瑩白淨潔。卻只要時時省察，恐有汙壞，故終
之以存養之事。

3.5盡心者，發必自慊，而無有外之心，即《大學》誠意之事
　　也。

案：無論以「知至」說盡心，或以「誠意」說盡心，皆非孟子「盡
心」之義。「物格而后知至」，以「知至」說盡心，是**認知地盡**。
「知至而后意誠」，以誠意說盡心，是**實行地盡**。但此實行地盡卻
是依**所知之理盡心力而爲之**，心成**虛位字**，是**他律道德**，非孟子
「盡心」之義。孟子說「盡心」是**充分實現（擴充）本心**之謂，既
非「知至」之**認知地盡**，亦非「**依所知之理，盡心力而爲之**」之**他
律式的實行地盡**。

　　4.問：盡心莫是見得心體盡，或只是如盡性（池錄作「盡忠
　　　　盡信」）之類否？曰：皆是。

4.1盡心以見言，盡性以養言。〔案：此分別非是。既不合
　　《孟子》意，亦不合《中庸》意。〕

4.2盡心、盡性之盡不是做工夫之謂。蓋言上面工夫已至，至
　　此方盡得耳。《中庸》言「唯天下至誠爲能盡其性」，孟
　　子言「盡其心者知其性」是也。〔案：如此解法，其實皆
　　「非是」。〕

4.3盡心就見處說。見理無所不盡，如格物致知之意。然心無
　　限量，如何盡得？物有多少！亦如何窮得盡？但到那**貫通
　　處**，則纔拈來，便曉得，是爲盡也。存心卻是就持守處
　　說。

4.4說盡心云：這事理會得，那事又理會不得，理會得東邊，

又不理會得西邊，只是從來不曾盡這心，但臨事恁地胡亂挨將去！此心本來無有些子不備，無有些子不該。須是盡識得許多道理，無些子窒礙，方是盡心。如今，人人有個心，只是不曾使得他盡，只恁地苟簡鹵莽，便道是了！

案：此又歸于以「知至」說盡心。即進一步以誠意說盡心，亦是以物格知至爲本也。朱子言全部實功，合下只能落在**格物致知上**說。故云：「盡心、盡性之盡，不是做工夫之謂。」蓋其工夫已在格物致知處全部**用盡了**。但到以「意誠」說盡心時，又說「煞須用功」（3.2條）。知至之功與意誠之功本有距離。但朱子最後終歸于以知至爲本。又「心本來無有些子不備，無有些子不該」，此所謂**該備**亦如所謂具，是心知之靈之可能地**認知地該備**，與孟子所謂「萬物皆備於我」亦不同。

5.問：季通說盡心，謂聖人此心纔見得盡，則所行無有不盡，故程子曰：聖人無俟於力行。

曰：固是聖人有這般所在，然所以爲聖人，也只說「好問」、「默而識之」、「好古敏以求之」，那曾說知了便了？

又曰：盡心如明鏡，無些子蔽翳。只看鏡子，若有些少照不見處，便是本身有些塵汙。如今人做事，有些子鶻突窒礙，便只是自家見不盡。此心本來虛靈，**萬理俱備**，事事物物皆所當知。今人多是氣質偏了，又爲物欲所蔽。故昏而不能盡知。聖賢所以貴於**窮理**。

又曰：萬理雖具於吾心，還使教他知始得。今人有個心在這裡，只是不曾使他去知許多道理。少間遇事，做得一邊，又不知那一邊，見得東，遺卻西，少間只成私意，皆不能盡道理。盡得此心者，洞然光明，事事物物無有不合道理。〔下略〕

6. 問：先生解盡心知性處云：心無體，以性為體。如何？

曰：心是虛底物，性是裡面穰肚稻草。性之理包在心內，到發時，卻是性底出來。性不是有一個物事在裡面喚做性，只是理所當然者便是性，只是人合當如此做底便是性。

惟是孟子「惻隱之心，仁之端也」這四句也有性、也有心、也有情。與橫渠「心統性情」一語，好看。

7. 盡心如何盡得？不可盡者心之事，可盡者心之理。理既盡之後，謂如一物初不曾識，來到面前，便識得此物，盡吾心之理。盡心之理，便是知性知天。（原注：「末二句恐誤」）

案：此條「可盡」與「不可盡」是「心之理」與「心之事」對言。依朱子，「心之理」即是心知之靈（或明）所可能地認知地該攝之理。心之事無窮無盡，永遠作不完。但心知之靈之認知地窮究事物之理，至一旦**豁然貫通而至太極**，則便可以**盡得完**。如屬于經驗之理，如實然本身之曲曲折折之相，亦盡不完。「盡吾心之理」意即盡吾心知之靈所可能地認知地該攝之理。如此盡得此心，便就是知性知天。蓋盡中即已包含有**格物致知**之功矣。末二句無誤。原注謂

「恐誤」，蓋以爲此與朱子「先知性，後盡心」之說相違。實則無此意。蓋未知朱子說「**心之理**」、「**盡心之理**」諸語之意。

　　本章除第二節性命對揚尙大體不錯外，第一節心性情才以及此第三節盡心知性，皆不合孟子原意。然其所如此講，是由中和說起，經過長期奮鬥以至者，並非**偶然**。吾人順其參究中和、辯論〈仁說〉，以及講《大學》、講《孟子》之長期奮鬥，而知朱子學之實相。下第七、八、九、三章是朱子**直說己意**。其系統之**形態**的然可見，亦不煩詳辨矣。

第七章　心、性、情之形上學的（宇宙論的）解析

第一節　關於明道所說之易體與神用之解析

《朱子語類》卷第九十五，〈程子之書一〉，關于明道所言「上天之載，無聲無臭，其體則謂之易，其理則謂之道，其用則謂之神」，有以下之討論：

1.問：詳此一段意，只是體當這個實理。雖說出有許多般，其實一理也。

日：此只是解「終日乾乾」，故說此一段，從「上天之載，無聲無臭」說起。雖是「無聲無臭」，其闔闢變化之體，則謂之易。然所以能闔闢變化之理，則謂之道；其功用著見處，則謂之神。此皆就「天」上說。〔下論該段文其他諸義，略。〕

〔直卿〕又問：神是心之至妙處，所以管攝動靜。十年前曾聞先生說，神亦只是形而下者。

賀孫問：神既是管攝此身，則心又安在？

曰：神即是心之至妙處，滾在氣裡說，又只是氣，然神又是氣之精妙處。到得氣，又是粗了。精又粗，形又粗。至於說魂、說魄，皆是說到粗處。〔案：以上爲葉賀孫錄〕

（原注：徐㝢錄云：

直卿云：看來「神」字本不專說氣，也可就理上說。先生只就形而下者說。

先生曰：所以某就形而下說，畢竟就氣處多，發出光彩便是神。

味道〔葉賀孫之字〕問：神如此說，心又在那裡？

曰：神便在心裡，凝在裡而爲精，發出光彩爲神。精屬陰，神屬陽。說到魂魄鬼神，又是說到大段粗處。）

2. 問：「上天之載，無聲無臭，其體則謂之易」，如何看「體」字？

曰：體是體質之體，猶言骨子也。易者，陰陽錯綜、交換代易之謂。如寒暑晝夜、闔闢往來，天地之間陰陽交錯，而實理流行，蓋與道爲體也。寒暑晝夜、闔闢往來，而實理於是流行其間。非此，則實理無所頓放。猶君臣、父子、夫婦、長幼、朋友，有此五者，而實理寓焉。故曰：「其體則謂之易」，言易爲此理之體質也。

（原注云：程子解「逝者如斯，不舍晝夜」曰：「此道體也。」天運而不已，日往則月來，寒往則暑來，水流而不息，物生而不窮，皆與道爲體。

《集註》曰：「天地之化，往者過，來者續，無一息之

停，乃道體之本然也。」即是此意。）

3.「其體則謂之易」，在人則心也。「其理則謂之道」，在
　人則性也。「其用則謂之神」，在人則情也。所謂易者，
　變化錯綜，如陰陽晝夜、雷風水火，反復流轉、縱橫經緯
　而不已也。人心則語默動靜、變化不測者是也。體是形體
　也。（原注：賀孫錄云：「體」非「體用」之謂。）言
　體，則亦是形而下者。其理，則形而上者也。故程子曰：
　「《易》中只是言反復、往來、上下」，亦是意也。

4.以其體謂之易，以其理謂之道，這正如心性情相似。易便
　是心，道便是性。易變易也，如弈棋相似。寒了暑，暑了
　寒，日往而月來，春夏爲陽，秋冬爲陰，一陰一陽，只管
　恁地相易。

5.〔上人傑說，略〕

　先生曰：就人一身言之，易猶心也，道猶性也，神猶情
　也。

　翌日再問云：既就人身言之，卻以就人者就天地言之，可
　乎？

　曰：天命流行，所以主宰管攝是理者，即其心也。而有是
　理者，即其性也，如所以爲春夏，所以爲秋冬之理是也。
　至發育萬物者，即其情也。

5.1正淳問：「其體則謂之易」，只屈伸往來之義，是否？

　曰：義則不是。只陰陽屈伸便是形體。

　又問：昨日以天地之心情性在人上言之，今卻以人之心性
　情就天上言之，如何？

曰：春夏秋冬便是天地之心。天命流行，有所主宰，其所
以爲春夏秋冬便是性。造化發用便是情。

又問：恐心大性小。

曰：此不可以小大論。若以能爲春夏秋冬者爲性，亦未
是。只是所以爲此者，是合下有此道理。謂如以鏡子爲
心，其光之照見物處，便是情，其所以能光者是性。因甚
把木板子來，卻照不見？爲他元沒這光底道理。

6.「其體則謂之易，其理則謂之道，其用則謂之鬼神。」
〔案：此句隨意加「鬼」字，非是。〕易是陰陽屈伸，
隨時變易。大抵古今只是大闔闢、小闔闢。今人說易都
無著摸。聖人便於六十四卦，只以陰陽奇耦寫出來。至
於所以爲陰陽、爲古今，乃是此道理。及至忽然生物，
或在此、或在彼，如花木之類，蕍然而出，華時都華，
實時都實，生氣便發出來，只此便是神。如在人，仁義
禮智、惻隱羞惡，心便能管攝。其爲喜怒哀樂，即情之
發用處。

案：以易體與神用俱視爲氣，形而下者，非明道意。吾已詳論之于
〈明道章‧天道篇〉。又就人言，心是易，性是理，情是神。就天
言，陰陽之變是易是心，所以爲陰陽之變之理是道是性，陰陽之發
用是神是情。此即是心性情之形上學的（宇宙論的）解析。此種心
性情三分、理氣二分之拆觀既不合孟子就內在道德性言心性之義，
亦不合《中庸》、《易傳》就於穆不已之天命流行之體言誠體、神
體、道體、性體之義。此即爲道德的、形而上的實體義之減殺，亦

即道德的性體義之減殺。依朱子，道體、性體只成爲只存有而不活動之只是理，心情神俱屬于氣，此即其系統之所以客觀地說爲本體論的存有之系統，主觀地說爲認知地靜涵靜攝之系統，而其所論之道德爲他律道德之故。

第二節　關於濂溪「動而無動、靜而無靜，神也」之解析

Ｉ朱子語類卷第九十四，〈周子之書〉，討論〈太極圖說〉中有一條云：

1.〔上略〕「五行一陰陽也，陰陽一太極也，太極本無極也。」此當思無「有陰陽而無太極」底時節。〔案：意即：關于〈太極圖說〉此三語（實即「陰陽一太極也」一語）當該這樣去了解，即：當該思維沒有只有陰陽而無太極的時候，有陰陽便有太極，而太極亦不離乎陰陽。所謂「陰陽一太極也」並不是說陰陽即是太極，因爲陰陽是形而下者，何能即是太極？此當思陰陽與太極兩者之不即不離，即朱子所謂不離不雜：也不是只有陰陽，也不是只有太極。此兩者之關係甚爲微妙，故須「沈潛玩索」，既須分看，又須合觀，如下文所說。〕若以爲止是陰陽，陰陽卻是形而下者。若只專以理言，則太極又不曾與陰陽相離。正當沈潛玩索，將圖象意思抽開細看，又復合而觀之。某解此云：「非有離乎陰陽也，即陰陽而指其本體，

不離乎陰陽而爲言也。」此句自有三節意思，更宜深考。
《通書》云：「靜而無動、動而無靜，物也。動而無動、
靜而無靜，神也。」當即此兼看之。

案：朱子在此敎吾人當就「動而無動、靜而無靜，神也」合看太
極，此意甚是。如果吾人以《通書》會通〈太極圖說〉，則知《通
書》中之誠體、神體，即是太極，並不能離開誠體、神體而別有太
極。詳解見〈濂溪章〉。但朱子如何理解神，神體是否即是太極，
尚難確定。窺下列諸條，初看之，似乎不錯。但細案其語脈，卻極
模棱。若依前節觀之，神屬于氣，是形而下者，其態度甚明顯。但
以下各條又說神是形而上者，此似乎神體即是太極。但其將神視爲
形而上者，融于太極而言之，是否能保持神之實體義，尚難說。神
亦可能只是作爲形容詞之虛位字。如是，神只是形容理而虛脫，亦
如其言天地之心之只成虛脫，而並無心體義。總因其對于道體不能
理會爲理體、心體、誠體、神體是一之道體，理會爲「即活動即存
有」之道體，故對于心體、神體，總不能明確地正視之，而認爲即
是太極也。試看下列各條便知。

Ⅱ《朱子語類》同卷討論《通書‧誠幾德》章有以下各條：

1.「發微不可見，充周不可窮之謂神」，言其發也微妙而不
可見，其充也周遍而不可窮。「發」字、「充」字就人
看，如性焉、安焉、執焉、復焉，皆是人如此。「微不可
見，周不可窮」，卻是理如此。神只是聖之事，非聖外又
有一個神，別是個地位也。

案：朱子謂「發字、充字就人看」，其意只在說明「神只是聖之事」云云。實則「發微」、「充周」即是說的神自己：「發微」是神之發微，「充周」是神之充周。此只是說「神」一字之義。亦如孟子說「大而化之之謂聖，聖而不可知之謂神」，即是說聖、神字之義。《易傳》謂：「寂然不動，感而遂通天下之故，非天下之至神，其孰能與於此？」此亦說的神字之義，神體之妙。「不疾而速，不行而至」亦然。就人說，亦是說聖人之心誠德妙如此。故其主詞是心誠德妙，而不是人。發微充周之主詞亦即是神，而不是人，若繫屬于聖人，亦是聖人之誠心仁德之發與充。若直說人或聖人之發與充，則不通矣。

復次，朱子說：「微不可見，周不可窮，卻是理如此。」此「理如此」究是何意，頗難說。若說道理上即是如此，則「理如此」之「理」是虛說，意即神之發充或誠心仁德之發充本質上即是如此。此種虛說之「理如此」仍是以神或心（誠心仁德）爲主，並不喪失心、神之「自體」義。但衡之朱子之語脈，又不見得是如此。試看下條：

> 2.「發微不可見，充周不可窮之謂神」。神即聖人之德妙而不可測者，非聖人之上復有所謂神也。發，動也。微，幽也。言其「不疾而速」，一念方萌，而至理已具，所以微而不可見也。充，廣也。周，遍也。言其「不行而至」，蓋隨其所寓，而理無不到，所以周而不可窮也。〔下略〕

朱子在此說「不疾而速，一念方萌，而至理已具，所以微而不可

見」、「不行而至，蓋隨其所寓，而理無不到，所以周而不可窮」。此所謂「至理已具」，「理無不到」，究是何意，亦頗難說。若依朱子之思路，「一念方萌」是心氣之動之實然。聖人之心全體是天理。一念萌動雖極微細，然已爲其心之明所涵攝之理所貫注，故其一切後果之一切所以然之理實早已全體具於此一念萌動之中。理無形迹，又已全體隱含於此一念萌動之中，故「微不可見」。是則「微不可見」單就理說，並不就心氣之念說。蓋心氣之念雖極微細，然總是有形迹者。若單就「理」說，則理固無所謂疾而速，但亦無所謂「不疾而速」。理無所謂疾不疾、速不速，亦無所謂「不疾而速」之弔詭也。同理，「隨其所寓，而理無不到」，此言聖人言行所在，理亦隨之。言行是氣之事。「周不可窮」單就理說，亦並不就言行說。理之遍在即是「周不可窮」。然理之遍在固無所謂行而至，亦無所謂「不行而至」。理無所謂行不行、至不至，亦無所謂「不行而至」之詭語也。理是靜態的實有，根本不能用「不疾而速，不行而至」去形容。然此兩語卻是形容神之最精語，亦是最恰當語，蓋神是即活動即存有，動靜一如，故須用「不疾而速，不行而至」之詭辭去形容。然於只存有而不活動之理，則不能如此去形容。朱子援引此詭語，而又單就理說，此只是習而不察，而不知此詭語與其單就理說並不相應也。

　　實則神即神而已，何又支解而言「理如此」？又言「至理已具」，「理無不到」？神之發微充周之妙用是神亦是理，誠心之寂感一如是神亦是理，仁心之覺潤無方是神亦是理。心微即理微，微者妙義，發而不發故妙，故亦不可見；神周即理周，周者圓義、遍義、無窮極義。誠心仁體之神用遍在而無方，即理之遍在而無方。

朱子言「一念方萌，至理已具」、「隨其所寓，理無不到」，只說是「理如此」，心、神義即減殺，而漸至於泯沒，終未能提得住也。此即示朱子終未能正視心自己與神自己也。他只正視那個理，而不正視那心理為一之心，神理為一之神，故說來說去，常至於虛脫。

又應須知，就聖人言，誠心之神固是其精誠所至之境界（精誠不二、純一不二之所至），然此境界所示之誠心亦即是體，故曰誠體、心體（即工夫即本體）。仁心之覺潤無方，仁德之妙應無方（如綏之斯來，導之斯和等），固亦是其「純亦不已」之所至、「肫肫其仁」之所至，然此所至之仁心之覺潤與仁德之妙應亦即是體，故曰仁體。誠心仁體之「發微不可見，充周不可窮」之神用固亦是其精誠所至之境界，然此境界所示之神用亦即是體，此「圓而神」之妙用自身即是體，故曰神體。誠體、心體、仁體、神體是一，而此等等體自身即是理。誠心之發微充周（寂然不動，感而遂通天下之故）即是神，仁心之覺潤無方亦是神。此神用即是體，理亦是此神用之本具（本體論地本具，非認知地具），故神用即是理。神如如呈現即是理如如呈現。此是即存有即活動之實體、妙體。此神用是扣緊體說，其自身即是體，不是普通體用之分別說，亦不須假借別的來見，亦不是落於陰陽動靜上說。若能正視這「妙萬物而為言」的神體自己，則陰陽動靜之所以為陰陽動靜而不窮者，亦正是因神體之妙而然，故亦正可由之而見或指點這神體。若不能正視這神體，只假託陰陽動靜來說，則說來說去，很可只是氣與所以然之理，而神成虛脫，一如「天地之心」之成虛脫。若能正視這誠心仁體之神用，則聖人之一切言行，皆是神體之流行，皆是

誠心仁體之睟面盎背。故由聖人之言行以及其睟面盎背之氣象即可象徵神。若不能正視這誠心仁體之神用，則體只是理，而聖人之言行以及睟面盎背亦只是聖人之氣之依理而行，是則神體義亦虛脫。朱子於此不甚能提得住也。故於明道所說之神即自覺地解析為氣、為形而下者。若能正視而提得住，何至有此？此處順濂溪語說，故極力向體上說，下文亦視神為形而上者。然體悟不透，故說來說去，結果只成理，而神義則虛脫。

> 3. 問：《通書》言神者五（原注：三章、四章、九章、十一章、十六章），其義同否？
>
> 曰：當隨所在看。
>
> 曰：神只是以妙言之否？
>
> 曰：是。且說「感而遂通」者神也。橫渠謂：「一故神，兩在故不測。」因指造化而言曰：忽然在這裡，又忽然在那裡，便是神。
>
> 曰：在人言之，則如何？
>
> 曰：知覺便是神。觸其手，則手知痛；觸其足，則足知痛，便是神。「神應故妙」。

案：此末後兩答，若先能正視誠體、神體、仁體，就橫渠言，先能體悟其所說之虛體以及「兼體而無累」之神，則由造化之「忽然在這裡，又忽然在那裡」以及由手足之知痛知癢而指點之，視此為指點語則可。若視為實述語，認此即是神，則非是。前節所錄其解說明道所說之神，認神為情，為氣之發用，「華時都華，實時都實，

生氣便發出來，只此便是神」，此便是落於氣上說，未能正視誠
體、神體也。如此講下去，很可能如講天地之心然，理之定然為有
心，氣之自然為無心，心便虛脫。心虛脫，神亦虛脫。手足之知痛
知癢亦復如此。若如謝上蔡以及胡五峰門下之說知覺（以覺訓
仁），視手足知痛知癢為指點語則可。但朱子反對以覺訓仁，未能
正視仁體。手足知痛癢固是知覺，但不必是仁體之覺；手足知痛養
固是應，但卻不是神之應。濂溪說「神應故妙」，此明是說神體之
應，而神體是以誠體說，不是以氣之靈說也。

Ⅲ《朱子語類》同卷討論《通書‧動靜章》有以下各條：

1.「動而無靜、靜而無動者，物也。」此言形而下之器也。
　　形而下者則不能通，故方其動時，則無了那靜；方其靜
　　時，則無了那動。如水只是水，火只是火。就人言之，語
　　則不默，默則不語；以物言之，飛則不植，植則不飛，是
　　也。
　　「動而無動、靜而無靜，非不動不靜」，此言形而上之理
　　也。理則神而莫測。方其動時，未嘗不靜，故曰「無
　　動」。方其靜時，未嘗不動，故曰「無靜」。靜中有動，
　　動中有靜，靜而能動，動而能靜，陽中有陰，陰中有陽，
　　錯綜無窮是也。
　　下曰：「水陰根陽，火陽根陰。」水陰火陽，物也，形而
　　下者也。所以根陰根陽，理也，形而上者也。
　　直卿云：兼兩意言之方備。言理之動靜，則靜中有動，動
　　中有靜，其體也。靜而能動，動而能靜，其用也。言物之

> 動靜，則動中無靜，靜中無動，其體也。動者則不能靜，
> 靜者則不能動，其用也。

案：朱子此解，視「動而無動、靜而無靜」爲形而上者，此並不錯。但其說形而上是指「形而上之理」說，如云：「此言形而上之理也，理則神而莫測。」此是以理爲主，而神則只是形容理之狀詞。至于其言理之方式，則仍是根據「然」與「所以然」之方式而言。如云：「水陰火陽，物也，形而下者也。所以根陰根陽，理也，形而上者也。」不但「水陰火陽」是物，即水之陰根于火之陽而來，火之陽根于水之陰而來，亦是物之實然之事，亦仍是物，仍是形而下者。唯水陰所以根陽而來，火陽所以根陰而來之「理」方是形而上者。「然」必有「所以然」。理是「然」背後的「所以然」之故，無影無形、無造無作，所以是形而上者。至于此理之所以爲神，則是因其「動時，未嘗不靜」，因其「靜時，未嘗不動」。朱子即以此解「動而無動，靜而無靜」。並由此而說「靜中有動，動中有靜」，黃直卿所謂「其體也」。又說「靜而能動，動而能靜」，黃直卿所謂「其用也」。終于是「陽中有陰，陰中有陽，錯綜無窮」，以此說此理之神。此大體是從陰陽動靜所以相生無窮之理處說神。如是神當該是對于理之形容或贊嘆，神只成虛位字。又依朱子之體會只能說有動靜之理，而理自身無所謂動靜。就太極說，太極有動之理、有靜之理，而太極自身無所謂動靜。動靜是氣、是事，所以動靜者方是理。依此，嚴格說，所謂理之動或靜並不是理自身能動或靜，乃是動者靜者依動之理而動，依靜之理而靜。依動之理而動，可謂爲是繫屬于動之理下的動，而不是理自身

之動。**繫屬于動之理下的動**，簡化之，遂**滑轉而爲**「**理之動**」。故所云「理之動」實不是理自身能動，其實義只是**屬于動之理下的動也**。「理之靜」亦然，其實義亦只是繫屬于靜之理下的靜，而不是理自身能靜。不管是動之理或靜之理，皆歸綜而爲一太極，亦可以說太極含具有動之理與靜之理。而所謂太極有動之理、靜之理等等，亦不是說太極自身本**含具有旣成之定多之理在內**，其實義乃只是說太極對動者言即**爲動之理**，對靜者言即爲**靜之理**。太極自身旣無所謂動靜，即不能說它含具有旣成之定多之理。太極之爲理只是**純一**，並不能分裂而爲**定多之理**。只是因對動者而爲動者之理，對靜者而爲靜者之理，遂說太極**有動之理、靜之理**等等，其實「**有**」字是**不愼之詞**，或是**方便之詞**。因對許多事而顯爲許多理，這許多理俱屬于太極，遂說太極含具（具有）許多理。其實只是一理而對事顯爲**許多相**。（因事之相而相，而其自身實無所謂相。）是則「含具」者只是從顯上收回來而歸于太極之一之方便說而已。依是，太極對動而爲動之理，太極**卽是動之理**；對靜而爲靜之理，太極**卽是靜之理**。並無所謂「**有**」與「**屬**」也。

　　此義旣定，則太極之爲理即不**滯限于一事**而只爲**一事之理**。蓋若如是，則太極即**定死**，不能顯其**活而神**矣。是以太極對動而爲動之理以成其爲動，到動之極而該靜時，太極復亦能對靜而爲靜之理以成其爲靜。而太極自身則旣不滯限于動，亦不滯限于靜。依此而見其不定死，而顯其有活而神的意義。是即朱子所謂「理則神而莫測」也。如是，朱子所謂「方其動時，未嘗不靜，故曰無動。方其靜時，未嘗不動，故曰無靜」，依其思理，實當修改爲：「方其對動而爲動之理時，未嘗滯限于動而只爲動之理，而不復可爲靜之

理；方其對靜而爲靜之理時，亦未嘗滯限于靜而只爲靜之理，而不復可爲動之理。」是則其意只是太極既可爲動之理，亦可爲靜之理，而無所謂「**其動**」、「**其靜**」，亦無所謂「方其動時，未嘗不靜，故曰無動」等等也。「動而無動、靜而無靜」，在此思理上，**用不上**。朱子只是順濂溪語而引附作解，不知其思理實**用不上**「動而無動、靜而無靜」也。即就朱子辭語說，「方其動時，未嘗不靜」，意即當太極之理動時，未嘗不「動極而靜」，故亦爲靜也。此不是說即**動卽靜**，故「未嘗不靜」，亦不是說其**發動爲動**，而其體總是**如如不動**，故「未嘗不靜」。乃只是說「**動極而靜**」也。故下文云：「靜中有動，動中有靜，靜而能動，動而能靜，陽中有陰，陰中有陽，錯綜無窮是也。」此只是說動了以後便靜，靜了以後便動，此只是陰陽動靜之**相引生**。動了以後自然是靜，既是靜，自然**無動**；靜了以後自然是動，既是動，自然**無靜**。如此解說「動而無動、靜而無靜」，非濂溪說此語之本義也。此正好是落于陰陽動靜之氣上說那「**動而無靜、靜而無動**」之無靜、無動，非濂溪說「動而無動、靜而無靜」之義也。即使說「靜中有動、動中有靜」，陰陽錯綜無窮，此亦只是說陰不純陰，陽不純陽，陰陽動靜各有不同方面的意義，如下文第3條所說「天之收斂，豈專乎動？地之發生，豈專乎靜？」此亦非濂溪說「動而無動、靜而無靜」之義。是故無論以陰陽動靜之**相引生**或相錯綜說「動而無動、靜而無靜」，皆非濂溪說此語之**實義**。而何況太極之理本無所謂動靜，只是對動而爲動之理，對靜而爲靜之理，理使陰陽動靜成其爲陰陽動靜，乃至成其相引生相錯綜之無窮，而一**落在陰陽動靜之相引生相錯綜上**說「動而無動、靜而無靜」總非濂溪之意也。而若自陰陽動

靜之所以相引生相錯綜之理上說，則只能說此理既不**滯限于動**，亦不**滯限于靜**，而其自身實無所謂動靜，故亦無所謂「**動而無動、靜而無靜**」也。不滯限于動靜之事而顯其爲活而神，此所謂「**神**」是**虛說**，是只就理之不滯限于動靜之事說，而非是理自身「動而無動、靜而無靜」也。是以無論自氣之**相引生、相錯綜上說**，或是**自理本身說**，皆不能說「動而無動、靜而無靜」也，自氣之相引生、相錯綜上說，正好是「動而無動、靜而無動，物也」，而非「動而無動、靜而無靜，神也」。自理本身說，則既無所謂動靜，自亦無所謂「動而無動、靜而無靜」也。

　　然而濂溪說「動而無動、靜而無靜，神也」，卻實是自**神體自身說**。他既不是自陰陽動靜之相引生相錯綜上說，因爲這裡是「動而無靜、靜而無動，物也」，亦不是自朱子所意謂的所以然之理本身說，因爲朱子所意謂的理自身是無所謂動靜的。但濂溪卻說：神之「動而無動、靜而無靜，非不動不靜也」。「不動不靜」即無所謂動靜。今既「非不動不靜」，則是表示神可以**以動靜去說**；但是以**動去體會神**，卻是「**動而無動**」之動，以**靜去體會神**，卻是「**靜而無靜**」之靜。既非**氣上之動靜**，亦非**理之無所謂動靜**。此與「發微不可見、充周不可窮」以及《易傳》所謂「不行而至、不疾而速」乃至「寂然不動，感而遂通天下之故」，俱是對于**神體自身之體會**，乃是說的**神體自身之體相**。有如此體相之神方是「妙萬物而爲言」之神，故濂溪曰：「神妙萬物」。「妙」是動詞。有如此體相之神以妙之，始能有陰陽動靜之相引生相錯綜之無窮。「陰陽不測之謂神」，是**卽用見體**，而「動而無動、靜而無靜」仍是說的**神體自身**。此神不是**虛說**的**虛位字**，不是**形容理的狀詞**。若說理，神

亦當然即是理。神既是「妙萬物而為言」，則神體當然亦即是萬物之所以然之理，但此理是「即活動即存有」之理，其為所以然是**動態的所以然**，而不是「**只存有而不活動**」的靜態的所以然。此是「**神理是一**」的理，故可以**動靜**說，但卻是「**動而無動**」之動、「**靜而無靜**」之**靜**也。非如朱子所意謂之「**只是理**」（神成為只是虛說之形容詞），而無所謂**動靜**也。吾信此是濂溪之本意，朱子所解只成另一系統。會通〈太極圖說〉與《通書》之正面解析見〈濂溪章〉。

> 2.問：「動而無動、靜而無靜。」
>
> 　曰：此說「動而生陽，動極而靜；靜而生陰，靜極復動」。此自有個神在其間，不屬陰，不屬陽，故曰：「陰陽不測之謂神。」且如晝動夜靜，在晝間，神不與之俱動；在夜間，神不與之俱靜。神又自是神。神卻變得晝夜，晝夜卻變不得神。「神妙萬物」。如說「水陰根陽，火陽根陰」，已是有形象底，是說粗底了。
>
> 2.1問：「動而無動、靜而無靜，神也。」此理如何？
>
> 　曰：譬之晝夜，晝固是屬動，然動卻來管那神不得。夜固是屬靜，靜亦來管那神不得。蓋神之為物自是超然於形器之表、貫動靜而言。其體常如是而已矣。

案：此兩條甚好，很能顯出**神體之超越性**。若如此，則神不能視為氣與形而下者亦明矣。但朱子不甚能守得住此義。此恐是順濂溪語自如此說，及到其自覺地解析之，則又不能**證成此義**。在其自覺的

解析中，或是視**神為氣**，亦**形而下者**，或是視為**形而上者**，但卻**只是理**，而神則只成為**形容**或**贊嘆理**之虛位字。此兩解析雖不合濂溪原意，然在朱子思想中卻甚一貫。此兩條既甚能顯神體之超越性，則神體之不能為氣與形而下者甚明。但這只是順濂溪辭語而顯神之**超越性**，至于對于神**如何解析**則是另一回事。汝若問神落實了究竟是甚麼，則在此一問中，朱子又很可能答曰：神只是「**形而上之理也，理則神而莫測**」。若如此，則**神又虛脫**。在此一問中，汝必須能正視**神體自己**，透澈其**既是形而上者**，又是**神即理、神理是一**，方能使**神為實位**，不失其**實體義**。（神當然是理，但不只是理。**神理是一與只是理不同**。）此層，朱子未能透澈。若于此眞透澈，則于心必不只取其**知覺義、認知義**，亦必不視心只**為氣之靈**，而于孟子之「**本心**」亦可有進一步之體悟，而與陸象山亦不必**為敵矣**。是則此層所關甚大，朱子只是**一間未達**，故轉成另一系統。（言本心不必否定氣之靈之心與知覺義認知義之心，而本心卻不可**以氣論**，亦不可以**認知意義論**。此兩者是異層的問題，不是矛盾對立的問題。朱子卻必堅持心只是氣之靈之心與認知意義之心而誤解孟子，而斥象山為禪。此其所以**一間未達**也。）此處所錄之兩條，若孤離看之，一條鞭順著講下去，而不顧其他，必可講成縱貫系統，而與象山學會而為一，不見其有異。但若如此講，則又與朱子其他思想不一致。此朱子思想之**所以難整理也**。吾未嘗不欲如此講而會通之，但照顧其他，則又不能這樣順適地講下去。朱子亦未嘗不可進一步以昇轉其自己，但事實上彼卻終于滯于其所見而不能進。吾人亦只能順其所實是而順通之，至于會通此兩系統而一之，則是跳出來講其當然，而不是了解朱子之事。

又此兩條雖極能顯神之超越性，但其以「動而生陽，動極而靜，靜而生陰，靜極復動」之義解「動而無動，靜而無靜」，則非是。此見前解。

> 3.〈動靜章〉所謂神者初不離乎物。如天地物也。天之收斂，豈專乎動？地之發生，豈專乎靜？此即神也。

案：神不離乎物，亦不雜乎物，此不離不雜方合朱子所謂形而上者之義。然此中有辨，即：或視形而上者之神是實位字，或是泯神為理，視神為虛位字。若順神之超越義說，而且神為實位，則神之不離乎物，只是神超越地妙之而有陰陽動靜相生錯綜之無窮，因而即可于此相生錯綜之無窮中見神之妙用，此所謂即用見體、全用是體也。此是濂溪義，非朱子義。若泯神為理，神為虛位，則神之不離乎物只成理氣之不離不雜。此是朱子義，非濂溪義。然若以陰陽之錯綜義，如「天之收斂，豈專乎動？地之發生，豈專乎靜？」來解析「動而無動、靜而無靜，神也」，則非是。朱子就此「陰中有陽，陽中有陰」、「靜中有動，動中有靜」之錯綜義而說「此即神也」，如神為實位字，則此是即用見體義，而非「動而無動、靜而無靜，神也」之義。如神為虛位字，或只是理，或歸于氣，則只成理氣之不離不雜，亦非「動而無動、靜而無靜，神也」之義。濂溪說此語是就神體自身說，此不可混也。

> 4.問：「動而無靜、靜而無動，物也。靜而無靜、動而無動，神也。」

所謂物者，不知人在其中否？

曰：人在其中。

曰：所謂神者，是天地之造化否？

曰：**神即此理也**。

問：物則拘於有形，人則**動而有靜、靜而有動**，如何卻同萬物而言？

曰：人固是**靜中動、動中靜**，亦謂之物。凡言物者，指形器有定體而言。然自有一個變通底在其中。須知「器即道，道即器」，莫離道而言器可也。凡物皆**有此理**。且如這竹椅固是一器，到適用處，便**有個道在其中**。

〔下問答，不相干，略。〕

案：人自形軀言，固是一物，亦是「動而無靜、靜而無動」者，但自本心誠體言，則是神，是「動而無動、靜而無靜」者。但問者所說之「動而有靜、靜而有動」，乃至朱子所說之「靜中動、動中靜」，則並非即是「動而無動、靜而無靜」之義。蓋物之「動而無靜、靜而無動」亦可「動而有靜，靜而有動」，乃至「靜中動，動中靜」也。

又此條明言「神即此理也」，則朱子說來說去終於**把神泯沒於**理中而失**其自體**義，而只成**為虛位字**。此由最後「**竹椅**」之喻可知。此蓋朱子思理之慣路，故終未能正視**神體自己**也。此慣路用於「天地之心」，心義**亦脫落**。此固朱子思理之**本色**，亦甚**一貫也**。

此一問題釐清，則下節以及下兩章皆是朱子之自意語，其本色澈底呈現，亦並無搖惑矣。

第三節　心、性、情之形上學的（宇宙論的）解析

《朱子語類》卷第五，〈性理二〉，〈性情心意等名義〉，討論心、性、情如下：

Ⅰ論性：**性即理也。**

1. 道即性，性即道，固是一物。然須看因甚喚做性，因甚喚做道。

2. 性即理也。在心喚做性，在事喚做理。

3. 生之理謂性。

4. 性只是此理。

5. 性是合當底。

6. 性則純是善底。

7. 性是天生成許多道理。

8. 性是許多理，散在處爲性。

9. 問：性既無形，復言以理，理又不可見。

　　曰：父子有父子之理，君臣有君臣之理。

10. 性是實理，仁義禮智皆具。

11. 問：性固是理，然性之得名是就人生稟得言之否？

　　曰：「繼之者善，成之者性。」這個理在天地間只是善，無有不善者。生物得來，方始名曰性。只是這理，在天則曰命，在人則曰性。

12.鄭問：先生謂性是未發，善是已發，何也？

　　曰：纔成個人影子，許多道理便都在那人身上。其惻隱
　　便是仁之善，羞惡便是義之善。到動極復靜處，依舊只
　　是理。

　　曰：這善也是性中道理，到此方見否？

　　曰：這須就那地頭看。「繼之者善也，成之者性也。」
　　在天地言，則善在先，性在後。是發出來，方生人物。
　　發出來是善，生人物便成個性。在人言，則性在先，善
　　在後。

　　或舉孟子道性善。

　　曰：此則性字重，善字輕，非對言也。文字須活看。此
　　且就此說，彼則就彼說。不可死看。牽此合彼，便處處
　　有礙。

13.性不是卓然一物可見者。只是**窮理格物**，性**自在其中**。
　　不須求。故聖人罕言性。

14.諸儒論性不同，非是於善惡上不明，乃是**性字安頓不
　　著**。

15.聖人只是識得性。百家紛紛，只是不識性字。揚子鶻鶻
　　突突。荀子又所謂隔靴爬癢。

Ⅱ論心：心性對言；**心是氣之靈**。

1.致道謂心為太極，林正卿謂心具太極。致道舉以為問。

　　先生曰：這般處極細，難說。看來心有動靜，「其體則謂

之易，其理則謂之道，其用則謂之神。」

〔下直卿、賀孫、季通等發明，略〕

案：「心爲太極」是象山學，「心具太極」是朱子學。心具與性具
亦不同。此在前已隨處有解，茲不贅。

2. 心之理是太極，心之動靜是陰陽。

案：「心之理」可兩面說：一、**橫說**，意即心**認知地**所**攝具之理**；
二、**縱說**，意即「心氣之然」之**所以然之理**。關此縱說，心氣是實
然，實然必有其所以然之理，此理亦是太極。此是心之**存有論的解
析**。通常朱子說「心之理」，如「心之德愛之理」中之「心之
德」，或心具衆理，是「心**認知地攝具之**」之義。不常說此「存有
論的解析」之義。但然必有其所以然，如愛之然必有所以然之理
（仁），此原則亦可反而用於心之自己，此亦是「心之理」，此與
說「愛之理」同，但不與說「心之德」同，亦不與說「心具衆理」
同，此即形成心之「存有論的解析」。心有動靜、必有其所以動之
理、所以靜之理，而此理即是太極。方便言之，則說太極有動之
理，有靜之理。如此說明心之動靜陰陽是**存有論的說明**。如從未發
已發說心之動靜陰陽，此動靜陰陽是**工夫地說**。工夫地說之以顯性
之渾然與粲然，此亦是**橫說**。

3. 惟心無對。

案：此指「心統性情」言。此「無對」是綰攝義或綜攝義，不是言其為絕對之體也。

　4.問：靈處是心，抑是性？

　　曰：靈處只是心，不是性。性只是理。

　5.問：知覺是心之靈固如此？抑氣之為耶？

　　曰：不專是氣，是先有知覺之理。理未知覺。氣聚成形，理與氣合，便能知覺。譬如這燭火，是因得這脂膏，便有許多光燄。

　　問：心之發處是氣否？

　　曰：也只是知覺。

案：此條即是對於「心之靈」之「知覺」作**存有論的說明**。知覺亦有其所以知覺之理。

　6.所知覺者是理。理不離知覺，知覺不離理。

案：此「不離」是**認知地攝具之不離**。是**橫說**者，非**縱說**者。

　7.問：心是知覺，性是理。心與理如何得貫通為一？

　　曰：不須去貫通，本來貫通。

　　如何本來貫通？

　　曰：理無心，則無著處。

案：此言「本來貫通」亦是**認知地貫通**，是**橫說者**，非**縱說者**。但亦是縱說的貫通（如理氣不離不即之貫通）之**轉用於此**。知覺之所以然之理即是知覺之性，此性與知覺不離或貫通是**縱說的貫通**。

8.所覺者，心之理也。能覺者，氣之靈也。

案：「所覺者心之理」，此「心之理」是心**認知地所攝具之理**。

9.心者，氣之精爽。

案：「氣之精爽」、「氣之靈」，是心之「**宇宙論的解析**」。說其所以精爽之理、所以靈之理，以及所以知覺之理，則是心之「**存有論的解析**」。對於性自身之說明則只是存有論地說明其為「存有」。此種說明也許只是一種**申明**，並不能算作**解析**。對於性自身之申明也是一種**存有論的申明**。根據此性以說明存在，此是對於存在之**存有論的說明（解析）**。心是氣之靈、是氣之精爽，此是對於心作**實然的解析**，此實然的解析即曰**宇宙論的解析**。存有論的解析是**當然、定然的解析**。存有論的申明則只是一種**如如的指證或肯認**。

10.心官至靈，藏往知來。

11.發明心字曰：一言以蔽之，曰生而已。「天地之大德曰生」。人受天地之氣而生，故此心必仁。仁則生矣。

12.心須兼廣大流行底意看，又須兼生意看。且如程先生

> 言：「仁者，天地生物之心。」只「天地」便廣大，「生物」便流行，生生不窮。

案：此就心字言生，是落於實然之氣上，就其陰陽動靜而言。此則不必能仁以顯「生」義，須通過工夫始能。即就此言仁，亦是陰陽動靜之生之所以然之理是仁。此仁之爲理是專言之之仁。（作爲「愛之理」之仁是偏言之之仁。）如此就心字說生，與孟子、象山說本心爲道德的創生實體之**創生義**不同；如此說仁，亦與仁體之爲道德的創生實體之**創生義**不同。「天地之大德曰生」，其創生之德（功德或本質）必預定一創生之實體，此即《中庸》所謂「爲物不貳、生物不測」之「天地之道」，亦即「於穆不已」之天命流行之體也。故「天地之大德曰生」是提起來**就體說**，亦與朱子所意謂者之就**實然之氣**說不同。又程先生言「仁者天地生物之心」，此程先生如指明道說，則仁是本心、實體，心不**虛脫**。如指伊川說，則此語之意不甚明確，亦很可能終歸朱子之意。如是，則天地之心、生物之心，即**虛脫**。

13. 心與理一，不是理在前面爲一物，理便在心之中。心包蓄不住，隨事而發。因笑云：說到此，自好笑。恰似那藏相似，除了經函，裡面點燈，四方八面，皆如此光明燦爛。但今人亦少能看得如此。

案：此「心與理一」是**認知地攝具之一**，不是**本體論地自發自具之一**。

14.虛靈自是心之本體，非我所能虛也。耳目之視聽，所以
　　視聽者即其心也。豈有形象？然有耳目以視聽之，則猶
　　有形象也。若心之虛靈，何嘗有物？。

案：「虛靈是心之本體」意即心之當體自己，亦函心之本質（體
性）是如此。但此本質（體性）卻不是心之所以然之理之性。此只
是實然地說其自性是如此。又耳目之所以視聽是心，此「所以」亦
不是由視聽之然推證其「所以然」之理之「所以」。蓋心並不是所
以視聽之理。此「所以」只是運用耳目以成其視聽之**實然的心官**，
此是就**心之為實然**說，不是就**理之為所以然**說。耳目有所以為耳目
之理，其視聽之功能有其所以為視聽之功能之理，心之虛靈成其視
聽亦有其所以為虛靈之理。心之虛靈只是成功視聽之**實然的條件**之
一，而不是其**所以視聽之理**。心之虛靈雖無形象，然卻「**微有
迹**」，如下條所說。故心自不是**視聽之理**。

15.問：人心形而上下如何。
　　曰：如肺肝五臟之心，卻是實有一物。若今學者所論操
　　舍存亡之心，則只是神明不測。故五臟之心受病，則可
　　用藥補之。這個心，則非菖蒲、茯苓所可補也。
　　問：如此，則心之理乃是形而上否？
　　曰：心比性，則微有迹；比氣，則**自然又靈**。

案：此問者所說之「心之理」，既不是心所認知地攝具之理，亦不
是心之存在之然之所以然之理，乃是即就朱子所說的「神明不測」

之心自己之本性而說，意謂如此這般的心乃是形而上否？「心之理」即心之為如此這般。依朱子，如此這般的心自**不是形而上者**，仍是**形而下者**。因雖無形象，而仍「**微有迹**」故。性則**全是理**，毫無**迹可言**也。此方真是**形而上者**。

16.性猶太極也，心猶陰陽也。太極只在陰陽之中，非能離陰陽也。然至論，太極自是太極，陰陽自是陰陽。惟性與心亦然。所謂一而二、二而一也。〔下言韓愈言性，略。〕

17.性便是心之所有之理，心便是理之所會之地。

案：此言心與性的關係亦是就**認知的攝具**而**橫說**。

18.性是理，心是包含該載，敷施發用底。

案：此當依**心統性情**去了解，亦當依中和新說所說之心去**了解**。

19.問：心之動、性之動。

曰：**動處是心，動底是性**。

案：此所謂「動處」意即「實際在動者」之意，「動底」意即那實際在動者所以能去動之理。性自身、理自身，實不會動也。依此，說「心之動」可，說「**性之動**」便不可。而朱子亦常說性之動、性之發，以及太極之動等，此皆當另有解析，不可與「心之動」**一律**

看，亦如**心具性具不可一律看**。然則「性之動」者意即動者繫屬於
其所以能動之理之謂。對動者言，性主宰而定然之，因而即領有此
動，而動亦繫屬之，遂簡曰「性之動」矣。是以「性之動」實不是
性有動或在動，而「**心之動**」卻實是**心有動或在動**也。心有動靜，
故**以氣言**，性無動靜，故**以理言**。以氣言者爲形而下，以理言者爲
形而上。

20.心以性爲體，心將性做餡子模樣。蓋心之所以具是理
　　者，以有性故也。

案：「心以性爲體」，此「體」字是**內容義**。但心所以能以性爲其
內容而具有之，是因心知之明之**攝具**故。心知之明認知地攝具之，
遂具有之以爲其內容，此與言「心之德」同。至於下句「心之所以
具是理者，以有性故也」，則只是循環的重言而已。

21.心有善惡，性無不善。若論氣質之性，亦有不善。

案：氣質之性，若指氣性才性自身說，則說有不善可。若只是氣質
裡面的性，則只能說性受氣質的拘限因而有不善的表現，而性自身
還只是善，而無所謂不善也。

　　Ⅲ論情：心性情對言：**心統性情**。

1.說得出，又名得出，方是見得分明。如心性亦難說。嘗
　　曰：性者心之理，情者性之動，心者性情之主。

案：「心之理」是心認知地所攝具之理，此是**橫說**。「性之動」是動者**依性而動，繫屬於性**，而爲性所領有之謂。性自身無所謂動靜。「性情之主」，「主」是綰攝義，是**管家之主**，而不是**眞正的主人**之主。眞正的主人之主當**在性**，而**不在心**。

> 2. 性對情言，心對性情言。合如此是性，**動處是情，主宰是心**。大抵心與性似一而二，似二而一。此處最當體認。
>
> 3. 有這性，便發出這情。因這情，便見得這性。因今日有這情，便見得本來有這性。

案：「有這性便發出這情」意即有這性，便可以有**依這性而發動的情**。在此，如說性之發，亦與說「性之動」同。性自身實無所謂發也。發不發是**在情而不在性**。

> 4. 伯豐論性，有已發之性、有未發之性。
>
> 　曰：性纔發便是情。情有善惡，性則全善。心又是一個包**總性情底**。大抵言性，便須見得是元受命於天。其所稟賦自有本根，非若心可以**一概言也**。〔下略〕

案：「性纔發便是情」，當該說爲：性，纔有依之而發者便是情。又末句「非若心可以一概言」，意不明曉。其意當爲：非可**與心一概言之**。此只在顯示性是本有、自有、自存，是先天的自存，而心則是**屬於氣之實然**，有**許多曲折**。

5.叔器問：先生見教謂「動處是心，動底是性」。〔見前Ⅱ
19〕竊推此二句，只在底、處二字上。如穀種然，生處便
是穀，生底卻是那裡面些子。

曰：若以穀譬之，穀便是心，那為粟為菽為禾為稻底便是
性。康節所謂「心者性之郭廓」是也。包裹底是心，發出
不同底是性。心是個沒思量底，只會生。又如喫藥，喫得
會治病是藥力，或涼或寒或熱便是藥性。至於喫了，有寒
證、有熱證，便是情。

案：康節語不必是朱子之所意謂，此吾於〈橫渠章〉及〈胡五峰
章〉已有詳解。朱子所謂「包裹」、「包總」只是其「**心統性情**」
義。穀種之譬，喫藥之喻，似已甚明。

6.舊看五峰說，只將心對性說，一個情字都無下落。後來看
橫渠「**心統性情**」之說，乃知此話大有功，始尋得個情字
著落，與孟子說一般。孟子言：「惻隱之心仁之端也。」
仁，性也；惻隱，情也。此是情上見得心。又曰：「仁義
禮智根於心」，此是性上見得心。蓋心便是包得那性情。
性是體，情是用。心字只一個字母，故性情字皆從心。

案：胡五峰只是**心性對揚**，性是**自性原則**，心是**形著原則**。心即**攝
情**，情即**仁心本情**。此是另一系統，與朱子之說根本有異。橫渠
「心統性情」一語是孤語，其意究如何不得知，然如朱子所解，則
決不可以此語支解孟子，孟子非**心性情三分**者也。

7. 性情心，惟孟子、橫渠說得好。仁是性，惻隱是情，須從心上發出來。心統性情者也。性只是合如此底，只是理，非有個物事。若是有底物事，則既有善，亦必有惡。惟其無此物，只是理，故無不善。

案：性情「須從心上發出來」，此發字有歧義。情是從心上發動出來，而性則只能因**心知之攝具而彰顯出來**，所謂「**粲然**」是也。「**心統性情**」，心是**認知地統攝性而具有之，行動地統攝情而敷施發用之**。

8. 伊川「性即理也」，橫渠「**心統性情**」，二句顛撲不破。

9. 心，主宰之謂也。動靜皆主宰。非是靜時無所用，及至動時方有主宰也。言主宰，則混然體統自在其中。**心統攝性情，非**儱侗**與性情爲一物而不分別也。**

案：此言主宰動靜當依「中和新說」去了解。又孟子實是心與性情爲一物而不分別，然不分別並非即儱侗。

10. 問：心性情之辨。

曰：程子云：「**心譬如穀種，其中具生之理是性，陽氣發生處是情。**」推而論之，**物物皆然**。

案：朱子自是伊川學，而非孟子學。此條引伊川語而謂「推而論之，物物皆然」，則伊川此語甚簡要，自可視爲理解心性情三者之

一般原則。「心譬如穀種」，亦只是譬喻而已。在穀種處，綜穀種之全而言之曰心。此言心是只取其儱侗義。嚴格言之，穀種實無所謂心也。心是虛說。穀種置於土中，自會生長。此「生長」是情，其所以能生長之理是性。心是虛說，是譬解，情在此亦是虛說譬解。說實了，只是氣之生長發動。氣之生長發動（所謂氣化）之自然處是**無心**，理之定然處是**有心**，是則心只是**虛說**，實處只是**理氣**。在人處，人實有心。綜「人之一身，知覺運用」、「動靜語默」，而言之曰心，此言心是**實說**。心之實然呈現發動（無論動靜語默）是情，其所以如此呈現發動之理是性，此性情對言是**縱說**，即**存有論地說**。「中和新說」中由靜時見「一性渾然，道義全具」，由動時見「七情迭用，各有攸主」，此種性情對言是**橫說**，即**工夫地說**，於此言心統性情，亦是**橫說**、**工夫地說**。橫說的「心統性情」是：**心認知地統攝性，性在心之靜時見，而行動地統攝情，情即是心自身之發動**。縱說的「心統性情」，朱子是就孟子說，即惻隱是情，仁是性。在此，心與情為一邊，性為一邊，實只是性情對言，「心統性情」並**無實**義，只是就心之發動為情須關聯著性以說明此情之所以然之理，其實義是在**橫說處**。朱子時常是以這橫說、縱說的兩種心統性情義來解孟子：當說惻隱是情、仁是性時，是**縱說**，當解盡心知性時，則是橫說。在人處有這縱說橫說兩義；但在萬物處，則只有**縱說**，而無**橫說**。而且心與情都只是虛說之喻解，故只成理氣之關係。

　　無論在人處或在萬物處，依伊川語之為一般原則所解析的心性情都合乎本節前文所說的**存有論的申明**（對性自身而言），**存有論的解析**（說明情之所以然），以及**宇宙論的解析**（說明心情屬於

氣）。茲若綜起來單就性說，則如此說的性既非孟子就**內在道德性**言性之義，亦非如《中庸》、《易傳》就「於穆不已」之天命流行之體或「爲物不貳，生物不測」之「天地之道」言道體乃至對應個體而貫通著道體以言**性體**之義。吾如此一提，讀者顯然可以見出孟子、《中庸》、《易傳》言性體與道體與朱子思路所解析者確然有點**不同**。這兩者之不同，其眉目似乎很**清楚**。但因混雜在一起，一因朱子本人即依附經典講，二因歷來講者亦混雜在一起講，故欲說出此不同，甚爲不易。吾茲以以下四點明之：

㈠性體之**道德性**之減殺。原孟子所以言「性善」，其目的惟在說明人之道德實踐所以可能之先天根據（亦是超越的根據）。此性是由「仁義內在」所見的「內在道德性」之性，是單對人之道德實踐以發展完成其道德人格（最高目標在成聖）而言。此性之善直下是道德地善的，直下是就這「內在道德性」之性自身說，是就其自身自然有向善爲善之能說，其自身是必然而不容已地要向善而爲善，故此性亦曰「**性能**」。它是人之由道德實踐以使其自己成爲道德的存在之體，故亦曰「**性體**」，即此性即是體。此即謂爲此性體之**道德性**（道德的意義）。此道德性是極顯明而又極強烈，是孟子言性時所自覺地要維持的。即《中庸》、《易傳》自「於穆不已」之天命，「爲物不貳，生物不測」之天道言性，乃至自誠體、神體言性，此雖是統就天地萬物而言之，形而上學的意味重，但亦是很顯明地要顯示出並維持住這道體性體之道德性。蓋《詩》、《書》中原初言天命天道本就是宗敎性與道德性的。後來經過孔子之言仁與孟子之言性善，發展而爲《中庸》、《易傳》，會通天命天道以言性，天命天道原初之宗敎性雖喪失，天命天道轉化而爲形而上的

實體，然其道德性仍不喪失。《詩》、《書》中言天命天道似是獨斷的（宗敎性的獨斷，非哲學思考的獨斷，即使是宗敎性的獨斷，然亦與人的德行相呼應，亦不完全是獨斷），然發展至《中庸》、《易傳》則是由孔子之踐仁知天、孟子之盡心知性知天，一根而發出，而且發至充其極而至圓滿之境，故遂會通天命天道而言性。此不與孟子就內在道德性言性爲對立，乃是一根而發，圓滿之擴大，故亦非獨斷。此即明道所謂「**一本**」也。（此義如詳說，自有許多曲折，然最後總是如此，則無疑。）是以無論是孟子或是《中庸》、《易傳》，其所言之**性體**總是作爲**道德實踐之先天根據的性體**，而且亦即是**道德創造的實體**。在人與在天地萬物是這同一道德實體：在人，是使道德行爲「純亦不已」者；在天地萬物，是使宇宙秩序即爲道德秩序者，是這實體「於穆不已」之流行起作用，即所謂「天命流行之體」者。但這實體（即性體、道體）之道德性，在朱子之說統中卻**被減殺**，甚至不能**保存**。他的**存有論的解析**是泛就存在之實然以推證所以然之理以爲性。如此說的性，其直接意思是存在之存在性，存在之理（雖亦是超越的，不是現象的），而不是**道德實踐之性**，不是**道德創造之性**。對**道德性的存在之實然**（如惻隱之心等）說，其所以然之理是道德的，如仁義禮智等，但對**非道德性的「存在之實然」**說，其所以然之理便無所謂道德不道德，此如下章所說的「**枯槁有性**」。無論道德的與非道德的，彼一律就存在之然以推證其所以然以爲性，則即使是屬於道德的性，此性之道德性與道德力量亦**減殺**，此即所謂**他律道德是**。在此，性體未能實踐地、自我作主地、道德自覺地挺立起（提挈起）以爲道德實踐之先天根據，道德創造之超越實體。朱子所說之性雖亦是先天的、

超越的，但卻是觀解的、存有論的，實踐之動力則在心氣之陰陽動
靜上之涵養與察識，此即形成實踐動力中心之**轉移**，即由性體轉移
至對於心氣之涵養以及由心氣而發之察識（格物窮理以致知），而
性理自身則是**無能無力的**，只是擺在那裡以為心氣所依照之**標準**，
此即為性體道德性道德力之**減殺**，而亦是所以為**他律道德**之故。此
非孟子、《中庸》、《易傳》言性體之義也。

　　㈡性體之為道德創造的實體之**創生義**之**喪失**。關於此點，吾已
隨處屢言之，此即實體之為「即存有即活動」與「只存有而不活
動」之別。依朱子對於「存在之然」所作的「存有論的解析」，其
由存在之然推證其所以然之理，其如此把握的實體（性體、道體）
只能是理，而不能有心義與神義，此即實體只成存有而不活動者，
因此，即喪失其**創生義**。然依孟子「本心即性」義，以及原初的
「維天之命，於穆不已」與夫《中庸》之言誠體、《易傳》之言神
體，則性體道體本即是道德創生的實體，其自身是理是心亦即是
神，是則實體是「即存有即活動」者（活動是 activity 義，不是
motion 義），而不是「只存有而不活動」者。當道德創生的實體
創生萬事萬物時，創生之即實現之、實現之即存在之，是以對此所
創生出所實現出的萬事萬物而反觀此實體，吾人亦可說此實體即是
其所創生出所實現出者之所以然之理、所以存在之理，但此「所以
然」所表示的「理」是個**形式字**，其**內容實義**是要靠吾人對於此實
體之理解。但吾人進一步說此實體之內容實義時，吾人即本孟子、
《中庸》、《易傳》說此實體是心、是神、同時亦即是理；自其自
定方向言，即是理；自其妙用言，即是神；而此自定方向與妙用皆
是心之定、心之妙，即皆是心之活動，即此而言之即曰心。故心、

神、理是一，此理字是此實體之內容實義之一，而不是那個形式字的「理」字。如就此形式字的理字說，則其所代表的是那「心神理是一」的**實體之全**，而不單只是那作爲實體之內容實義之一的「理」義。依此，形式字的那個理與作爲實體之內容實義之一的那個理乃是兩個**層次上**的理，非**同一意義**者。朱子之存有論解析由存在之然以推證其所以然之理爲性，則如此把握之性就**只能是理**，而且並無兩層之分，「所以然」之**形式字之理**即是**實體字之理**。此是由存在之然推證其所以然，而不是先對於實體有理解，就其所創生實現者反觀此實體而謂其爲「所以然」。故朱子之說所以然之理是由對於存在之然作存有論的解析推證而得，不是就道德實踐之所以可能逆覺而得，故自始即定死者。在此直接推證中，無法加上**心義**與**神義**。是以實體必成「只存有而不活動」者，是即喪失其**創生義**。故其所說之「所以然」是**靜態的、存有論的所以然**，而不是**動態的、本體宇宙論地同時亦是道德地創生的所以然**。

㈢**順取之路**異於**逆覺**。孟子、《中庸》、《易傳》所言之性體、道體並不能採取順取之路，由存有論的解析去推證，並由格物窮理之方式去把握。孟子固是在道德自覺、道德實踐中逆覺自證，即最初作「維天之命，於穆不已」詩句的那位聖哲詩人亦不是由存有論的解析去推證，由格物窮理之方式去把握。那時雖不必可說逆覺自證，但卻可說那位聖哲詩人確有**超越的道德意識與形而上的洞見**。此種超越的道德意識與形而上的洞見所把握滲透之天命實體最復必歸於**逆覺自證**。孔子之仁亦須逆覺自證以呈現之，決不是由「愛之理」以**推證之**。曾子之守約愼獨亦是逆覺自證的道德工夫，決不是格物窮理以致知的工夫。《中庸》、《易傳》承孔、孟一根

而發，言慎獨、致中和，言性體、誠體，乃至由窮神知化言神體，亦決非由存有論的解析去推證，由格物窮理之方式去把握，此其所預設者必是**逆覺自證與超越的道德意識與形而上的洞見**。即《大學》之明明德雖可有異解，而誠意慎獨則必是逆覺自證的道德工夫，而不是朱子所意謂的格物窮理以致知所能決定者。當時雖無「逆覺」之詞，而其實不可揜也。孔子言：「仁遠乎哉？我欲仁，斯仁至矣。」孟子言：「反身而誠，樂莫大焉。」又言：「學問之道無他，求其放心而已矣。」又言：「求則得之，舍則失之，是求有益於得也，是求之在我者也。」又言：「我固有之也，弗思耳矣。」《易傳》言：「復其見天地之心。」至於慎獨更不必言。此皆**逆覺自證之實也**。此與禪決無關係。而朱子必厭此逆覺，必欲以存有論的解析與格物窮理之方式去**倒轉而平置之、順取而橫攝之**，何也？在順取之路中，所謂「我固有之」，所謂不待外求，皆只成口頭滑過，依附著隨便說說而已，實則皆待外求，而固有之者亦被推置于外。此不得以所窮之理即為吾人之性為解，亦不得以「心之德」、「心具眾理」為解，蓋心與理為二即**是外也**，以認知的橫攝而一之，而貫通之，亦**仍是外也**。此蓋順取之路所決定而必然如此者。

　　㈣存有論的解析由存在之然以推證所以然，然與所以然**不離不雜**，此與**體用不二、即用見體**等義有殊。依孟子、《中庸》、《易傳》所言之性體、道體，乃至誠體、神體，體乃是道德創生的實體。它創生萬事即是實現而存在之，體是直貫於其所創生實現者。其所創生實現者皆由此體之「於穆不已」之創生之、妙之之用而然。有這創生之、妙之之用之處即有此**實然存在之呈現**。在以前，

即把這實然存在之呈現亦視爲「用」，是本着體之創生之、妙之之用而言也。創生之、妙之之用是**體自身之用**。此用自身亦即是體，體亦就是這個用，故用是**神用妙用**，亦即**神體**、**妙體**，或**誠體**，而亦即以此爲**性體**、**心體**，或**道體**也。至於有此用即有實然存在之呈現，視此實然存在之呈現亦爲用，則是本着體之神用妙用帶著事而言，故即視此事亦爲用矣。言此事即是體之神用妙用之所成就也。就此所成就之事而言用，則此用與其成就之之體有關係可言，此在以前即曰**體用不二**、**卽用見體**等等。（單就體自身而言其神用、妙用，此神用、妙用自身即是體，體自身亦就是此神用妙用。在此，體與用無**關係可言**，此兩字實只是說**體自己**，說的只是**一個東西**。）所謂「體用不二」者，意即就體言，「**全體是用**」（整個的體無所不在，而創生妙運一切事）；就用言，「**全用是體**」（全部實事皆是體之神用妙用之所呈現）。此即體用**圓融義**。由此圓融義，即可言**舉體成用**，即**用見體**。《易傳》所謂「顯諸仁，藏諸用，鼓萬物而不與聖人同憂」，即此義也。「顯諸仁」是言道顯之於仁，即以仁心、仁德、仁體證驗道之實義也。「藏諸用」即言道體舉體成用，體藏於用中（即存於用），而亦可即用以見之也。「鼓萬物」云云即言其創生妙運之神用也。孟子所謂「君子所性，仁義禮智根於心，其生色也，睟然見於面，盎於背，施於四體，四體不言而喻」，亦此義也。此皆是表示「體創生地、妙運地直貫於其所創生實現之事」之義。簡言之，即是「誠於中形於外」也。亦即《中庸》所謂「誠則形，形則著，著則明，明則動，動則變，變則化」也。此皆是表示「**本體宇宙論的直貫**」之語句。李延平所喜言之「冰解凍釋」、「日用熟、體用合」等義，則是自工夫上言此

義也。順此下去，有許多妙義可說，不必盡舉。

但在朱子之存有論的解析中，由存在之然推證其所以然之理以爲性，則性體與存在之關係只能是理與氣**不離不雜**之關係。理既不能**創生地實現此存在**，則理與氣之間亦不能有那些體用不二、即用見體等圓融義。有氣之然必有其所以然之理以定然之，理只是**靜態地**在「氣之然」背後以超越地**定然之**與**規律之**，但不能**動態地**創生之、妙運之、鼓舞之（所謂「鼓之舞之以盡神」），此即彼所謂氣**不離理**；而同時理亦不能**離氣**，蓋理若離開氣，則理無掛搭處。理無掛搭處只表示理無具體的表現處而已，理還是理，理是超越地自存者。故無論有掛搭處否，理總是純淨地自持其自性，自存其自己，此即彼所謂**不雜**。理與氣不雜，氣與理自亦不雜。凡「凝結造作」者皆氣也，氣自是氣，而不是理。此不離不雜是就「由然推證所以然」說，是存有論的解析下之義理。在此，並非說孟子、《中庸》、《易傳》所表示的道德創生的實體與其所創生妙運者即可離可雜。但不只是這不離不雜而已。且可進而說**體用不二、即用見體**等**圓融義**。故見朱子說不離不雜，並不可以爲他所說的性體以及理與氣的關係即同於直貫系統者。（依不離不雜，朱子只說「太極者本然之妙也，動靜者所乘之機也」。並以爲「以太極爲體，動靜爲用」爲有病而改之，是即不以體用視之也。如是，「體用一原，顯微無間」等圓融義亦不好說。詳見〈濂溪章〉第二節第三段。）

在理氣不離不雜下，通過涵養察識以及格物窮理以致知之工夫，朱子自亦可達到一種境界，即：心氣之動全依理而動，乃至只見有理，不見有氣。但這俱不同於直貫系統中**全體是用、全用是體、體用不二、即用見體**等義。

　　當明道說：「一陰一陽之謂道。陰陽亦形而下者也，而曰道者，惟此語截得上下最分明。原來只此是道，要在人默而識之也。」（〈天道篇〉）此是直貫系統下的**體用圓融義**，非朱子之**不離不雜義**。當他說：「形而上爲道，形而下爲器，須著如此說。器亦道，道亦器。但得道在，不繫今與後，己與人。」（〈天道篇〉）此亦是**體用圓融義**，非朱子之**不離不雜義**。

　　當明道說：「所以謂萬物一體者，皆有此理，只爲從那裡來。生生之謂易。生則一時生，皆完此理。人則能推，物則氣昏，推不得。不可道他物不與有也。」（〈天理篇〉）此是說萬物因皆從那道德創生的實體來，此實體無所不在，遍體萬物而爲其體（全體是用，全用是體），故進而說萬物皆完具此道德創生的實體以爲性，只是「人則能推，物則氣昏，推不得」。此推得推不得，即限制出人物之異。人是**呈現地**（現實地）以此實體爲性，物只是**潛能地**以此實體爲性。但無論如何，此性是作爲道德創生的實體之性，而不是「由然推證所以然之理以爲性」之性。

　　當明道說：「萬物皆備於我，不獨人爾，物皆然。都自這裡出去。只是物不能推，人則能推之。」（〈天理篇〉）此是從「皆完此理」向前看，「都自這裡出去」。人是呈現地創造地以此實體爲性，故亦能呈現地創造地「萬物皆備於我」，呈現地、創造地「都自這裡出去」，但物則只是**潛能地**如此。但無論如何，此性是**能起道德創造**之性，而不是只爲**存有之理**之性。

　　無論是向後看，「只爲從那裡來」、「皆完此理」，或是向前看，「萬物皆備於我」、「都自這裡出去」，此兩義皆可表示**體用不二、即用見體**。而由然以推證所以然，然與所以然間不離不雜則

不能。當朱子說「論萬物之一原，則理同而氣異」，以及「枯槁有性」等義（見下章），此好像與明道所說「皆完此理」相同，實則不同。朱子之義是「存有論的解析」下之「理同」與「枯槁有性」，故其所說之性只是一靜態的存有之理（只存有而不活動者），而明道所說之性則是直貫系統中作為道德創生的實體之性，是即存有即活動者。

　　道德創生的實體遍體萬物而為其體，乃至為其性，只能由**逆覺而見**，由**即用見體**（藏諸用）**而見**，而不能由**順取而究**，由「**從然推證所以然**」**而見**。當「即用見體」，吾人亦可說體是用之所以然，但此是由**逆覺反觀**而說，不是由**順取推證**而說。「即用見體」一語既不是由然推證所以然，亦不含有**格物窮理之工夫**。此只是道德創生的實體之「顯諸仁，藏諸用」、本體直貫、本體遍在，這種本體宇宙論的陳述之**注語、反省語**。此處並無**格物窮理的工夫**，工夫唯在**逆覺自證**。故「即用見體」不能與朱子的順取推證、「就存在之然推證其所以然之理以為性」之義相混，以為朱子之順取推證亦是「即用見體」也。朱子所說之「理同」、「枯槁有性」、理氣不離不雜等義，皆是**分解的、平置的斷定直述語**，非**圓融語**（朱子答象山辨〈太極圖說〉第一書云：「故語道之至極，則謂之太極。語太極之流行，則謂之道。雖有二名，初無兩體。周子所以謂之無極，正以其無方所、無形狀，以為在無物之前，而未嘗不立於有物之後，以為在陰陽之外，而未嘗不行乎陰陽之中，以為通貫全體，無乎不在，則又初無聲臭影響之可言也。」此已說得煞好。若不知其底子，此表面觀之，似已甚為圓通暢達之至矣。實則若仔細按下去，貫通朱子思想之全部而觀之，此只是存有論的解析下理同、枯

槁有性、理氣不離不雜等義之另一說法。其對於太極、道體、誠體、神體之體會也不合濂溪之原意，故此圓通條暢之說法亦非直貫系統下體用不二、即用見體等圓融義也。）

以上四點可判直貫系統與橫攝系統之異，此朱子之所以終於主觀地說爲靜涵靜攝系統，客觀地說爲本體論的存有之系統也。

原朱子之言太極、言性理，初亦是本天道一元、天命流行之體、天命之謂性、性善等義說下來，但因其**實在論的心態，直線分解的思考方式**，以**大學格物致知**爲**定本**，說來說去，便不自覺地說成**橫攝系統**，而不能還其**本義**。彼以爲古經典語及明道語皆極簡略渾淪，故欲分解地確定地予以說出。及見到伊川直線分解的思考方式中有些觀念（義理）十分清楚、確定，如「陰陽氣也，所以陰陽道也」、「性即理也」、「仁是性、愛是情」，以及「涵養須用敬，進學則在致知」等義，便甚清楚而確定，如是，便以之爲綱領而通解一切，以爲只如此平直地分解說去，便已十分確定，古經典之實義便亦只能如此，而不知伊川于體上工夫本不精透，其所能把握者甚確定，其所不能把握者亦甚糊塗也。夫予以分解而欲確定地表示出，本是應當，但說來說去，迷失原義，則未能自省、自繩，再予以消化，超轉自己，以期合乎本義也。吾順其分解而詳察下去，覺其時時總有**不合原義處**，而其所用之詞語，因其依附古經典並依附北宋諸儒而說，遂致大致表面**完全相似**，雖覺其**有不合**，而**幾乎莫能辨**，此是理解朱子上之**最大的困難**，最足以**令人困惑者也**。及吾反覆徵驗，貫澈下去，亦豁然覺其眉目甚清楚，而其**相似之詞語**皆有不同之意義，可以確定地予以說出。如是，吾得以順朱子之分解再予以**重新之分解**，駁落其**相似之彷彿**，確定地表示出朱

子之本義，並恢復孟子《中庸》、《易傳》之本義以及濂溪、橫渠、明道之本義，洒然覺得此是兩系統之異而廓然甚清楚也。

第八章　枯槁有性：理氣不離不雜形上學之完成

第一節　論枯槁有性無性

I〈答余方叔〉：

所喻，別紙奉報，幸更思之。有所未安，復以見告。講論不厭精審，方見義理之眞。然亦須是虛心平氣，方能精審。若以一時粗淺之見，便自主張，即無由有進處也。

大猷〔方叔名〕竊謂仁義禮智信元是一本，而仁爲統體。故天下之物有生氣，則五者自然完具。無生氣，則五者一不存焉，只是說及**本然之性**。先生以爲枯槁之物亦皆有性有氣，此又是以**氣質之性**廣而備之，使之兼體洞照而無不徧耳。〔案：此爲朱子所錄引余方叔之說〕

天之生物，有有血氣知覺者，人獸是也。有無血氣知覺而但有生氣者，草木是也。有生氣已絕，而但有形色臭味者，枯槁是也。是雖其分之殊，而其**理則未嘗不同**。但以其分之

殊，則有其理之在是者不能不異。故人爲最靈，而備有五常之性。禽獸則昏而不能備。草木枯槁則又並與其知覺而亡焉。但其所以爲是物之理則未嘗不具爾。若如所謂絕無生氣便無生理，則是天下乃有無性之物，而理之在天下，乃有空闕不滿之處也，而可乎？〔餘略〕（《朱文公文集》卷第五十九，書，問答，〈答余方叔〉）

案：余方叔之說不得詳。如依朱子此答書所錄引者以及朱子之辨駁而觀之，則余方叔之思路以及其對於性體之認識恐有不同於朱子。依朱子之辨駁，似乎余方叔不認「枯槁之物」亦有性。然則彼所謂「枯槁無性」是何意義耶？余方叔云：「無生氣，則五者一不存焉，只是說及本然之性」。此語似乎不能理解爲「枯槁之物」（無生氣者）有「本然之性」。因若如此，則與朱子之意相差不遠，朱子不至如此辨駁之。余方叔之語，其意似乎是如此：于無生氣之物，以仁爲統體之仁義禮智信之性皆不存在；在此，吾人如說性體，「只是說及」那性體之自己，性體之自己即所謂「本然之性」；但此「本然之性」並不是枯槁之物之「本然之性」，它不能具有之，即不能說是它的本然之性；余方叔只說「只是說及本然之性」，並未說「無生氣，則五者一不存焉，只是**有本然之性**」。若如此，則以仁爲統體之性體，對枯槁之物言，即爲隔絕而懸掛者，並不能成爲枯槁之物之性。若所謂「枯槁無性」，其意是如此，則亦未嘗不可說。若依孟子之「就內在道德性言性」之義說，不但枯槁無此性，即禽獸亦不能有。若依《中庸》、《易傳》之「就『於穆不已』之天命流行之體說性」之義說，則禽獸與枯槁之物亦不能

以此道德創生之實體（眞幾）爲其自己之性。此實體雖創生地實現
之、存在之，但卻並不能進入其個體中而爲其性，而禽獸與枯槁之
物亦並不能吸納此實體于其個體中以爲其自己之性。是則此道德創
生的實體雖創生地實現之、存在之，而只能超越地爲其體，卻並不
能內在地復爲其性。余方叔是否如此，不得而知，但依其語意亦實
可如此解。若誠如此，則說「枯槁無性」並無過患，而且正合于孟
子、《中庸》、《易傳》之所說。惟如此言性不同于朱子。朱子是
由存有論的解析，就然推證其所以然之理以爲性。枯槁之物有其所
以然之理，自然亦有性。但如此言性，顯然不同于孟子、《中
庸》、《易傳》之說法，而如此所說之性亦不同于孟子、《中
庸》、《易傳》之所說。朱子本其自己之思路以爲準，故一見余方
叔之異議便覺有乖違。余方叔也許並不精透，但朱子之路亦並非無
問題，至少並不契合于孟子、《中庸》、《易傳》之所說。故于余
方叔之議論亦未可輒以「一時粗淺之見」揮斥之也。〔程明道所說
「皆完此理」（皆從那裡來）、「萬物皆備於我，物皆然，不獨人
爾，都自這裡出去」，是在圓融義下理想地、潛能地言之，亦與朱
子之「存有論的解析」不同。〕

　　至于余方叔意解朱子之「枯槁有性」，以爲「此又是以氣質之
性廣而備之，使之兼體洞照而無不徧耳」。此中所謂「氣質之性」
恐亦不是朱子之解法。如是朱子所意謂之氣質之性，即「氣質之性
只是此性墜在氣質之中」（見下錄〈答徐子融〉書），則既意許枯
槁之物有「墜在氣質之中」之性，自亦當許其有「本然之性」。今
既謂「枯槁無性」（枯槁之物根本不能有那「以仁爲統體」的道德
性之性），則其所謂「氣質之性」自不能是「此性墜在氣質之中」

之義，恐只是如普通所解，乃是氣性、才性之意耳，即就氣質之殊說一種性也。但枯槁之物固無所謂才不才，亦無普通所說之氣質如清濁緩急之類，只是其氣之凝結而有質（材質、特質）所呈現之種種特徵耳。此若以廣義之氣、質（無顏色之氣質，非清濁緩急之類）說之，亦未嘗不可，此或即余方叔所謂「以氣質之性廣而備之」之意。言推廣、擴大「氣質之性」一義而賅備之，就「氣質之性」而言其有性耳。至於下句「使之兼體洞照而無不徧」，「兼體洞照」語則誇奢不明。如果「使之」中「之」字是指「氣質之性」說，則「氣質之性」無所謂「洞照」也。其意蓋只是擴大「氣質之性」一義使它兼賅一切物體而皆能照顧到，皆可應用，「而無不徧耳」。此恐是余方叔語之實義。如其如此，則自可說枯槁之物只有氣質之性，而無本然之性。蓋其對於「氣質之性」與「本然之性」之理解俱不同于朱子故也。但朱子則不另作他想，只以其自己之思路爲標準，故見此異議便不愉快，而必駁斥之也。此答書只依其「存有論的解析」言枯槁之物有其所以然之理，故亦有性。下〈答徐子融〉書即進而駁斥「只有氣質之性，而無本然之性」一義。

　　Ⅱ〈答徐子融〉：

　　　　有性無性之說，殊不可曉。當時方叔於此，本自不曾理會，率然躐等揀難底問。熹若照管得到，則於此自合不答，且只教他子細熟讀聖賢明白平易切實之言，就己分上依次第做工夫，方有益於彼，而我亦不爲失言。卻不合隨其所問，率然答之，致渠一向如此狂妄，此熹之罪也。駟不及舌，雖悔莫追。然既有此話頭，又不容不結束。今試更爲諸君言之。若

猶未以爲然，則亦可以忘言矣。

伊川先生言：「性即理也。」此一句，自古無人敢如此道！心則知覺之在人而具此理者也。橫渠先生又言：「由太虛有天之名，由氣化有道之名，合虛與氣有性之名，合性與知覺有心之名。」其名義亦甚密，皆不易之至論也。

蓋天之生物，其理固無差別。但人物所稟形氣不同，故其心有明暗之殊，而性有全不全之異耳。若所謂仁，則是性中四德之首，非在性外別爲一物，而與性並行也。然惟人心至靈，故能全此四德，而發爲四端。物則氣偏駁，而心昏蔽，固有所不能全矣。然其父子之相親、君臣之相統，間亦有僅存而不昧者。然欲克己復禮以爲仁，善善惡惡以爲義，則有所不能矣。然不可謂無是性也。若生物之無知覺者，則又其形氣偏中之偏者。故理之在是物者，亦隨其氣形而自爲一物之理。雖若不復可論仁義禮智之彷彿，然亦不可謂無是性也。此理甚明，無難曉者。自是方叔暗昧膠固，不足深責，不謂子融亦不曉也。

至引釋氏識神之說，則又無干涉。蓋釋氏以虛空寂滅爲宗，故以識神爲生死根本。若吾儒之論，則識神乃是心之妙用，如何無得？但以此言性則無交涉耳。

又謂枯槁之物只有氣質之性，而無本然之性。此語尤可笑！若果如此，則是物只有**一性**，而人卻有**兩性**矣！此語非**常醜差**！

蓋由不知氣質之性只是**此性**墜在氣質之中，故隨氣質而自爲一性，正周子所謂「各一其性」者。向使元無本然之性，則

此氣質之性又從何處得來耶？況亦非獨周、程、張子之言爲然，如孔子言「成之者性」，又言「各正性命」，何嘗分別某物是有性底，某物是無性底？孟子言山之性、水之性，山水何嘗有知覺耶？若於此看得通透，則知天下無無性之物。除是無物，方無此性。若有此物，即如來諭木燒爲灰，入陰爲土，亦有此灰土之氣。既有灰土之氣，即有灰土之性。安得謂枯槁無性耶？

又如「狹其性而遺之」以下種種怪説，尤爲可笑！今亦不暇細辨。但請虛心靜慮，詳味此説，當自見得。如看未透，即且放下，就平易明白切實處，玩索涵養，使心地虛明，久之須自見得。不須如此信口信意、馳騁空言，無益於己，而徒取易言之罪也。如不謂然，則請子融、方叔自立此論以爲宗旨，熹亦安能必二公之見從耶？

至於《易》之説，又別是一事。今於自己分上，見成易曉底物，尚且理會不得，何暇及此？當俟異日心虛氣平，萬理融液，看得世間文字言語無不通達，始可細細商量耳。此等，若理會不得，亦未妨事，且闕所疑而徐思之，不當便如此咆哮無禮也！（《朱文公文集》卷第五十八，書，問答，〈答徐子融〉四書之第三書）

案：此答書只「天之生物，其理固無差別」以及「枯槁之物只有氣質之性，而無本然之性」兩段文爲解説主文。「天之生物」段同于〈答余方叔〉中所説。「枯槁之物」段即駁斥子融、方叔之説也，疏解已見前。大抵徐子融與徐方叔同主張「枯槁之物只有氣質之

性，而無本然之性」。如前所疏解，其所以如此主張，蓋由其對於
「氣質之性」與「本然之性」之理解有不同也。但此主張大爲朱子
所陋視，故有云「此語尤可笑」，又云：「此語非常醜差。」實則
如依孟子、《中庸》、《易傳》說，「此語」亦不見得有「可笑」
處，亦未必「非常醜差」。「氣質之性」，如照通常之解說，視爲
氣性才性之意，即就氣質才質之殊而說一種性，則人實可有「兩
性」，物實「只有一性」。「兩性」者就兩層面而言性，性有兩層
可說也。「一性」者就一層面而言性，只有一層可說。當告子說
「生之謂性」、「食色性也」、「性猶杞柳」、「性猶湍水」，其
如此所說之性，如廣義地以「氣質之性」一詞概括之，告子豈有本
然之性與氣質之性之分，並豈有視氣質之性爲「只是此本然之性墜
在氣質之中」之意耶？當孟子說：「口之於味也，耳之於聲也，目
之於色也，鼻之於臭也，四肢之於安佚也，性也，有命焉，君子不
謂性也。」其認此等等爲性（雖「君子不謂性」），如廣義地以氣
質之性概括之，豈有「本然之性墜在氣質之中」之意耶？如誠有
此，則孟子亦不必辯駁告子矣。蓋同承認有「本然之性」也。今孟
子力駁「生之謂性」，並謂「口之於味」等等雖「性也，有命焉，
君子不謂性也」，此明示人之性有兩層面可說，而欲明人之所以爲
人之眞性則唯有自人之內在道德性之性以言之，而不能自動物性乃
至氣性才性以言之也。此是直下以人之內在道德性之性爲人之眞性
而以之辨人禽之異者，而不是以動物性與「生之謂性」之性爲人之
眞性者。不以之爲辨人禽之異之眞性，並非不認其爲動物性之性
也，亦非否認人有此動物性之性也。再進者，亦非視此動物性之
性、「生之謂性」之性，爲那內在道德性之性墜在氣質之中也。如

此言之，孟子豈非亦是認「物只有**一性**」（動物性、生之謂性），「而人卻有**兩性**」耶？朱子說：「孟子言山之性、水之性，山水何嘗有知覺耶？」然孟子亦豈謂山之性、水之性，乃至犬之性、牛之性，即同于其所說之人之眞性乎？朱子於此，于法疏矣。

　　朱子又說：「孔子言成之者性，又言各正性命，何嘗分別某物是有性底，某物是無性底？」、「〈乾・彖〉曰：「乾道變化，各正性命。」在「乾道變化」中，萬物各正其性命，此並不函說萬物皆能以乾道之元（道德創生的實體）爲其自己之性也。〈繫辭傳〉曰：「一陰一陽之謂道，繼之者善也，成之者性也。」「成之者性」，「成」字有兩解：一、朱子解「成」爲「具」，言具有斯道以爲性也，此是普遍地皆具；二、孔疏解成爲成就或完成，言能完成此道于一己者是吾人之性也，此是「率性之謂道」義，又是就人言。然則「成之者性」亦不必是朱子解也。即使皆具，而朱子視性爲只是理，亦不合《中庸》、《易傳》所言之道體。然則孔子不分別「某物是有性底，某物是無性底」，豈即謂皆同一性耶？豈即謂皆能以道德創生的實體爲其自己之性耶？

　　濂溪〈太極圖說〉謂「五行之生也，各一其性」，此「各一其性」恐不必即是「此性墜在氣質之中」之義。「各一其性」言「五行之生」各自成其一性耳，各自有其特性耳。故下文云：「五性感動而善惡分，萬事出矣。」此「五性」即是五行之性。豈謂本然之性墜在金木水火土之中因而「自爲一性」（意即金中之性、木中之性等等）耶？（「五性」，朱子解爲仁義禮智信五常之性，非是。）

　　張橫渠首言氣質之性，謂：「形而後有氣質之性。善反之，則

天地之性存焉。故氣質之性，君子有弗性者焉。」又曰：「人之剛柔緩急，有才與不才，氣之偏也。」此明就剛柔緩急、才不才說氣質之性。我看橫渠亦無「以『本然之性〔天地之性〕墮在氣質之中』之義視其所說之『氣質之性』」之意。

朱子視氣質之性爲「只是此性墜在氣質之中」是本明道「生之謂性，性即氣，氣即性」一段文中之義而說。然明道該段文只是本然之性純粹至善，及有生以後，與氣混雜，始有善惡之表現。此非說剛柔緩急、才不才之「氣質之性」一詞之意也。朱子將此兩者混而一之，以明道所說之義作爲「氣質之性」一詞之定義（解析），此雖可許有此說，而實非橫渠說「氣質之性」一詞之原義也。焉可視爲定論？告子、孟子不如此說，漢儒言氣性、才性，亦不如此解析也。

然則朱子以「本然之性與『墜在氣質之中』之性，而又視性爲只是所以然之理」一義概括一切，因而謂枯槁之物亦有性（有其所以然之理），此則只自成一系統，非必定須如此也，而孟子、《中庸》、《易傳》亦並不如此也。

依以上之疏解，關於枯槁有性無性問題，可作以下三步說：

㈠依孟子，直下以人之內在道德性爲人之眞性，此內在道德性之性不但枯槁之物不能有，即禽獸亦不能有。依《中庸》、《易傳》「於穆不已」之天命流行之體，或「爲物不貳，生物不測」之天地之道，總之，作爲「道德創生的實體」之誠體、神體、乾元、道體，雖是**創生地**普妙萬物而爲其體，然並不函著亦**內在地**具於每一個體之中而爲其性，亦不函著每一個體眞能具有之以爲其自己之性。其創生地、超越地**爲其體**之義與內在地**爲其性**之義是兩回事，

這兩者並不能**同一化**。孟子之就內在道德性言人之眞性，如果此眞性之實義同於作爲道德創生的實體之天命流行之體之實義，則兩者會通而一之，人有此內在道德性之性爲眞性，即等於有那作爲道德創生的實體之天命流行之體爲眞性，此只限於就人說是如此（此實體旣超越地爲人之體，復內在地爲人之性），而其他有生無生之物還是不能有。此是先秦儒家之舊義。

㈡明道根據《中庸》、《易傳》之「道體（誠體、神體）**創生地超越地**普妙萬物而爲其體」之義，復進一步，依據圓敎義，而謂萬物「皆完此理」，復謂每一個體皆是「萬物皆備於我」，「都自這裡出去」，此即表示此道德創生的實體旣創生地超越地爲萬物之體，復內在地而爲其性。然此中亦有別，即因能推不能推，只人能**創造地呈現地**以此體爲性，而其他有生無生之物，因「氣昏，不能推」之故，便只能是**潛能地**、**圓敎義**下之**靜觀地**以此實體爲性，此實體之內在地爲其性亦只是**圓敎義**下之**靜觀地**、**潛能地**如此說，並非呈現地爲其性也，而人以外之其他物亦非眞能創造地呈現地以此實體爲其自己之性也。此即示：**理想地說**，其他物可以此實體爲性，而**實然地說**，實仍不能以此實體爲性也。此義之所以可允許，依圓敎義，固**定然如此**，此如天臺家之言**無情有性**。但分解地言之，理上亦有可說者。蓋此道德創生的實體之不能內在地復爲人以外其他有生無生之物之性，此所謂「不能」亦並非**邏輯地不可能**，乃只是在宇宙進程之現階段中**實然地不能**而已，就氣說，亦只是氣之**實然結聚**使之**不能**而已。有誰能保證其氣之結聚必不變耶？一旦其氣之結聚變，而訣竅開，則復能之矣。然普遍地說皆能之，此亦無保證。故終於是理想地、潛能地而已。然依圓敎義，則**定然如**

此，即使是潛能地，亦是定然地潛能地。而處於**圓教自證之一**中，亦無**潛能**與**呈現**之分，此分別是**跳出來**說也。然無論如何，明道所說之道體、性體是那「於穆不已」之道德創生的**實體**則無疑。

　　㊂朱子順《中庸》、《易傳》言道體義，自亦承認道體普萬物而爲其體之義，但卻把《中庸》、《易傳》所說之作爲道德創生的實體之道體、誠體、神體理解爲只是理，是則普萬物而**爲其體**即是普萬物而**爲其理**。反之，依存有論的解析，由存在之然推證其所以然之理以爲其性，此爲其性的所以然之理即是那爲其體的理，超越地（但非創生地）**爲其體**與內在地**爲其性**兩者完全**同一化**。「爲其性」是在「存有論的解析」下爲其性，不是就其是否能爲道德的創造而言爲其性；「性」是存有論的解析下之性，不是就其能自覺地作道德實踐而說的那道德創造之性；個體之普遍地具有此性是「存有論的解析」中之有，不是就其能自覺地作道德實踐、逆覺自證，而自肯認有此性，如孟子之所說；亦不是依圓教義而謂每一個體普遍地有（此若跳出來說，實只是理想地、潛能地有），如明道之所說。如是，每一個體之普遍地具有此性乃是依存有論的解析而成爲形上地（非邏輯地）分解地**定然地有**，而此語亦成爲形上地分解地**斷定語**，而非圓教下之定然地有（處於圓教之一中）或理想地潛能地有（跳出來反省地說），亦非**圓融語**。在此種普遍地具有中，以廣義的氣質之性建立有心無心（有知覺無知覺）、有生氣無生氣者間之差別，即以所稟之形氣之不同建立其差別。人有心，故其所發動的道德的情甚多，而其所以爲此情之理（即性）亦全備（即全有表現義）；禽獸雖有知覺，而「心昏蔽」，只能發動一點情，故理之表現亦甚少而「不能全」；草木瓦石「則又並與知覺而亡焉」，

故全不能發動情，而其理亦全不能有表現，此時其理其性即全**收縮**而只爲此物之**存在之理**，只爲一單純的使之爲如此而不如彼之存在之理。故無論有無表現，或表現的有多少、或全不全，皆是氣上的事，皆是因氣之差異因而有如此這般之不同之表現上的事，而其有理有性固自若也。此即朱子學之綱維，顯然不同於孟子、《中庸》、《易傳》，以及明道者。要者唯在道體、性體之爲「道德創生的實體」義之**喪失**。

　　朱子此綱維綜結而爲「觀萬物之一原，則理同而氣異；觀萬物之異體，則氣猶相近，而理絕不同」之兩語。見下錄〈答黃商伯〉書。

　　朱子此一綱維，雖可自成統系，然不合先秦儒家言道體、性體之本義。朱子于此從不自省而期有以自轉也。徐子融、余方叔也許並無透澈的理會，但凡稍能讀孟子、《中庸》、《易傳》，並稍有薰習于濂溪、橫渠、明道之體悟者，亦必能依稀彷彿感覺到朱子之理解與講法似乎總有不恰合處，雖不必能完全確定說出，然此距離之感恐甚易進入人之心目間。子融、方叔恐亦未必全無所聞也。只因朱子思路已定，又皆經過縝密之思考，故乃不能傾聽異己者之言論，而諦審其何所自。據此答書首段及末兩段觀之，朱子甚不能耐，其不愉快之情已表白甚顯，而子融、方叔晚輩後生，議論言談之間必有狂悖不遜之處，故朱子於方叔則云：「致渠一向如此狂妄」，而對子融則又云：「不當便如此咆哮無禮也。」據下錄《語錄》6條，朱子謂「子融認知覺爲性」，然則子融、方叔議論之背景蓋亦有聞於象山之學也。象山固非「認知覺爲性」者。然凡依孟子言本心即性者，朱子概視之爲「認知覺爲性」，故常以告子想象

山也。象山明是孟子學，今竟謂其是告子，此誤解太甚！子融、方
叔之狂妄無禮，朱子固可得而教訓之，然其所以「如此咆哮」，亦
必有其甚不服處。彼等原書不存，其詳不可得而知。然即如上所疏
解，其言論非全無謂也。

　　Ⅲ〈答黃商伯〉：

　　　問云：《中庸章句》謂「人物之生各得其所賦之理以爲健順
　　　五常之德」，《或問》亦言：「人物雖有氣稟之異，而理則
　　　未嘗不同。」《孟子集註》謂：「以氣言之，則知覺運動，
　　　人與物若不異，以理言之，則仁義禮智之稟豈物之所得而全
　　　哉？」二說似不同。豈氣不齊，則所賦之理亦隨之以異與？
　　　答云：論萬物之一原，則理同而氣異。觀萬物之異體，則氣
　　　猶相近，而理絕不同也。氣之異者，純駁之不齊。理之異
　　　者，偏全之或異。幸更詳之，自當無可疑也。（《朱文公文
　　　集》卷第四十六，書，問答，〈答黃商伯〉五書之第四書）

案：朱子此兩答語可視爲其依「存有論的解析」之方式說性之綜
結。「理同」是普遍地皆有性，而且其所有之性是一是同。「氣
異」是言每一個體所稟之氣有「純駁之不齊」。因所稟之氣有不
齊，故理之表現亦有「偏全之異」，甚至有有能表現、有根本不能
表現之異。「理之異」以及「理絕不同」，其意實即理之表現上之
「異」與「不同」，非理本身有異也。「氣猶相近」是指「知覺運
動」言，此是只就其相近者言之，其實仍有不相近而相差甚遠者，
此即所謂「氣異」也。《中庸章句》及《大學或問》所言是「論萬

物之一原，則理同而氣異」。《孟子集註》所言是「觀萬物之異
體，則氣猶相近，而理絕不同」。如知「理絕不同」是理之表現上
絕不同，則其表現所以不同之故正在「氣異」也。而《孟子集註》
所以歸「氣猶相近」者是順告子「生之謂性」而說也。「氣猶相
近」當該修改爲「氣猶有相近者」，不是「猶全相近」也。若全相
近，何以能有「理絕不同」？《集註》謂：「以氣言之，則知覺運
動，人與物若不異。」此明指出，故較顯明。故朱子之答語，若修
改爲如下之說法，則當可較顯明：「論萬物之一原，則理同而氣
異。觀萬物之異體，則氣有相近，亦有不相近，正因不相近，故理
之表現絕不同。」此處不能有相反對稱之文也。

　　Ⅳ《朱子語類》卷第四，〈性理一〉，〈人物之性、氣質之
性〉，關于「理同氣異」等有如下之討論：

　　　1.先生〈答黃商伯〉書有云：「論萬物之一原，則理同而氣
　　　　異。觀萬物之異體，則氣猶相近，而理絕不同。」
　　　　問：「理同而氣異」，此一句是說方付與萬物之初，以其
　　　　天命流行只是一般，故「理同」；以其二五之氣有清濁純
　　　　駁，故「氣異」。下句是就萬物已得之後說，以其雖有清
　　　　濁之不同，而同此二五之氣，故氣相近；以其昏明開塞之
　　　　甚遠，故理絕不同。《中庸》是論其方付之初，《集註》
　　　　是看其已得之後。
　　　　曰：氣相近，如知寒暖、識飢飽、好生惡死、趨利避寒，
　　　　人與物都一般。理不同，如蜂蟻之君臣，只是他義上有一
　　　　點子明；虎狼之父子，只是他仁上有一點子明，其他更推

不去。恰似鏡子，其他處都暗了，中間只有一兩點子光。
大凡物事，稟得一邊重，便占了其他底。如慈愛底人少斷
制，斷制之人多殘忍。蓋仁多，便遮了義；義多，便遮了
那仁。

問：所以婦人臨事多怕，亦是氣偏了。

曰：婦人之仁只流從愛上去。

2. 問：人物皆稟天地之理以爲性，皆受天地之氣以爲形。若
人品之不同，固是氣有昏明厚薄之異。若在物言之，不知
是所稟之理便有不全耶？亦〔抑〕是緣氣稟之昏蔽故如此
耶？

曰：惟其所受之氣只有許多，故其理亦只有許多。如犬
馬，他這形氣如此，故只會得如此事。

又問：物物具一太極，則是理無不全也。

曰：謂之全亦可，謂之偏亦可。以理言之，則無不全。以
氣言之，則不能無偏。故呂與叔謂「物之性有近人之性
者，人之性有近物之性者。」

3. 問：氣質有昏濁不同，則天命之性有偏全否？

曰：非有偏全。謂如日月之光，若在露地，則盡見之。若
在蔀屋之下，有所蔽塞，有見有不見。昏濁者，是氣昏濁
了，故自蔽塞，如在蔀屋之下。然在人，則蔽塞有可通之
理。至於禽獸，亦是此性，只被他形體所拘，生得蔽隔之
甚，無可通處。至於虎狼之仁、豺獺之祭、蜂蟻之義，卻
只通這些子，譬如一隙之光。至於獼猴，形狀類人，便最
靈於他物，只不會說話而已。到得夷狄，便在人與禽獸之

間，所以終難改。

3.1 性如日光，人物所受之不同，如隙竅之受光有大小也。人物被形質局定了，也是難得開廣。如螻蟻如此小，便只知得君臣之分而已。

4. 或說人物性同。

曰：人物性本同，只氣稟異。如水無有不清，傾放白椀中是一般色，及放黑椀中又是一般色，放青椀中又是一般色。

又曰：性最難說。要說同亦得，要說異亦得。如隙中之日，隙之長短大小自是不同，然卻只是此日。

4.1 人物之生，天賦之以此理未嘗不同，但人物之稟受自有異耳。如一江水，你將杓去取，只得一杓，將椀去取，只得一椀。至於一桶一缸，各自隨器量不同，故理亦隨以異。

5. 某有疑問呈先生曰：人物之性有所謂同者，有所謂異者。知其所以同，又知其所以異，然後可以論性矣。夫太極動而二氣形，二氣形而萬化生，人與物俱本乎此，則是其所謂同者。而二氣五行絪縕交感，萬變不齊，則是其所謂異者。同者其理也，異者其氣也。必得是理，而後有以爲人物之性，則其所謂同然者固不得而異也。必得是氣，而後有以爲人物之形，則所謂異者亦不得而同也。是以先生於《大學或問》因謂：「以其理而言之，則萬物一原，固無人物貴賤之殊。以其氣而言之，則得其正者通者爲人，得其偏且塞者爲物。」是以或貴或賤，而有所不能齊者，蓋以此也。然其氣雖有不齊，而得之以有生者，在人物莫不皆有理。雖有所謂同，而得之以爲性者，人則獨異於物。故爲知覺爲運動者，

此氣也。爲仁義爲禮智者，此理也。知覺運動，人能之，物
亦能之。而仁義禮智，則物固有之，而豈能全之乎？今告子
乃欲指其氣，而遺其理，梏於其同者，而不知其所謂異者，
此所以見闢於孟子。而先生於《集註》，則亦以爲「以氣言
之，則知覺運動，人物若不異；以理言之，則仁義禮智之稟
非物之所能全也」。於此，則言氣同而理異者，所以見人之
爲貴，非物之所能並。於彼，則言理同而氣異者，所以見太
極之無虧欠，而非有我之所得爲也。以是觀之，尚何疑哉？
有以《集註》、《或問》異同爲疑者，答之如此，未知是
否？

先生批云：此一條論得甚分明。昨晚朋友正有講及此者，亦
已略爲言之，然不及此之有條理也。

6. 徐子融以書問枯槁之中有性有氣，故附子熱、大黃寒。此性
是**氣質之性**。陳才卿謂即是**本然之性**。

先生曰：子融認知覺爲性，故以此爲氣質之性。性即是理。
有性即有氣，是他裏得許多氣，故亦只有許多理。〔案：此
所謂「許多」非「甚多」義，猶言「那樣多」。如果枯槁有
性，其所有之性是本然之性，即只是其所以然之理，則此理
之爲其性亦無所謂那樣多，即根本無所謂多少也，只是一
理。多少是表現上的事。在表現上始可說氣質之性。「附子
熱」，熱之所以然之理即是它的本然之性。「大黃寒」亦
然。故只有本然之性，而無所謂氣質之性。因此，朱子語當
該修改爲：「是它裏得那樣的氣（形質），故亦只有那樣的
理。」只是一純一之理也。故下文才卿即謂「有性無仁」。

至徐子融「認知覺爲性」，知覺運動是氣之事，附子熱、大黃寒，亦是氣之事，故亦認爲是氣質之性也。子融是否「認知覺爲性」，不得而知。此處只順朱子之意說。如衡之朱子以認知覺運動爲性想象山，則子融恐亦非「認知覺爲性」者。以孟子之本心爲性並非即是以心氣之知覺運動爲性。至於其說附子熱、大黃寒，是氣質之性，並無本然之性，其所謂「氣質之性」亦非如朱子之所理解，其意乃只是氣性而已，此是就氣之實然說。所謂「無本然之性」只是無那道德創造之性耳。此非「存有論的解析」中之性也。朱子以爲寒熱是情之然，並非是性，所以寒所以熱之理才是性。枯槁有性即是有其所以然之理，故認爲是本然之性也。〕

才卿謂有性無仁。

先生曰：此說亦是。是他元不曾稟得此道理。惟人則得其全。如動物，則又近人之性矣。故呂氏云：物有近人之性，人有近物之性。蓋人亦有昏愚之甚者。然動物雖有知覺，才死則其形骸便腐壞。植物雖無知覺，然其質卻堅久難壞。〔「惟人得其全」云云，是就氣質之性表現上絕不同言。本然之性只是一，而且皆相同。「是它元不曾稟得此道理」當該爲「是它元不曾稟得『表現其性爲仁』之氣」。不曾稟得「表現其性爲仁」之氣，故亦無仁這個理，而只有一純一的本然之性。〕

7. 問：曾見〈答余方叔〉書，以爲枯槁有理。不知枯槁瓦礫如何有理？

曰：且如大黃、附子亦是枯槁，然大黃不可爲附子，附子不

可爲大黃。

7.1問：枯槁之物亦有性，是如何？

曰：是他合下有此理。故云：天下無性外之物。因行街云：**階磚便有磚之理**。因坐云：**竹椅便有竹椅之理**。枯槁之物謂之無生意則可，謂之無生理則不可。如朽木無所用，止可付之爨竈，是無生意矣。然燒**甚麼木**，則是**甚麼氣**，亦各不同。這是**理元如此**。

7.2問：枯槁有理否？

曰：才有物，便有理。天不曾生個筆，人把兔毫來做筆。才**有筆，便有理**。

又問：筆上如何分仁義？

曰：小小底，不消恁地分仁義。

7.3問：理是人物同得於天者，如物之無情者亦有理否？

曰：固是有理。如舟只可行之於水，車只可行之於陸。

案：此枯槁有性無性問題，從答余方叔、徐子融起，至答黃商伯說「理同氣異，因氣之異而理之表現絕不同」，以及最後此上所錄《語類》之討論，朱子之意亦可謂表白得甚清楚矣。由氣質之性（氣質裡面的性之表現），吾人可以說個體之差別。若泛就存在（個體之物以及個體之物身上所發生的一切事或種種現象皆是存在）而言之，則凡存在之然皆有其所以然之理以爲性，此則只是本然之性。順理向下說，理遍爲萬物之體，與順存在之然向上推說，皆有其所以然之理以爲性，此**爲體之理**與**爲性之理**是**同一的**，故爲其體等于爲其性。如是，就「存有論的解析」中之本然之性說，問

題只成**理氣**的問題。吾于前第五章第一節〈論知行〉處，曾列有六個問題。今經將朱子之有關詞語及觀念俱已釐清，則此六問題可重新確定解答如下：

㈠此「存有論的解析」中之理是什麼理？此則解說已多，在此只簡單答說：是存在之理，亦可曰「使然者然」之實現之理。惟此實現之理是**靜態地**「使然者然」，非是動態地創生之之「使然者然」，是只存有而不活動者。此靜態的存在之理、實現之理，其地位相當于來布尼茲所說之充足理由。但來布尼茲之充足理由是指上帝之意志說，而此卻只是一個「作為存有」的、靜態的、形式意義的**純一**之理，並無心義活動義。

㈡此理與「氣之存在之然」之關係為如何？關此，朱子說為不離不雜。如果要正面說出，則因此理是靜態的存在之理，故此理只是在「氣之存在之然」背後而**超越地、靜態地定然之**。朱子所常說以及黃勉齋〈朱子行狀〉中所說的「皆有以見其所當然而不容已，與其所以然而不可易」，「不可易」固是定然義，即「當然而不容已」亦是定然義。「所以然」是就「然」向後推說。有所以然之理使之如此，即是有理使之為定然而不可易地如此。「當然」是就理向前看說。以理觀存在之然，則存在之然皆是合下定須如此，必須如此（形而上地必然的），此即所謂「當然而不容已」也。「當然」者「合下自是如此」義，並無別的可說。「不容已」者「非如此不可」義，此即是必須如此也。（如說「仁心之不容已」，則是理不容已，亦是心不容已，此是心理是一。朱子說「不容已」單就理說，並無心義。）必須如此、定須如此，此兩者合起來即是定然如此。故理與氣之正面關係即是此理在氣之存在之然背後**靜態而超**

越地、同時亦**即存有論地**主宰而**定然之**，此亦是反面說的不離不雜也。朱子所常說的「無是氣，則是理亦無掛搭處」，「疑此氣是依傍這理行，及此氣之聚，則理亦在焉」（見下節所錄《語類》）、「理搭在陰陽上，如人跨馬相似」（《語類》卷第九十四）、「太極者，本然之妙也，動靜者，所乘之機也」（〈太極圖說解〉），皆是理氣不離不雜，而理則在氣背後靜態而超越地主宰而定然之，這一大括弧下的種種說法與譬解，要之非是「即活動即存有」之實體創生之、妙運之，因而有氣化動靜之相生不息之大用，這一**動態地實現**之、**定然之**之關係。縱貫系統與橫攝系統之異所爭只在此一點。朱子之差只在其所體會之理是只存有而不活動者，不在其理氣為二也。（理氣為二與心理為二不同。心理可以是一，而理氣不能是一。若言理氣是一，則此一是圓融義，亦與「心理是一」不同。此吾在〈明道章〉第四節一本篇附識中已詳論之。此不贅。）因只存有而不活動，則「理搭在陰陽上，如人跨馬相似」，明儒曹端即謂「馬之一出一入，人亦與之一出一入」（朱子語，見《語類》卷第九十四）為「人為死人」、「理為死理」（見清董榕所輯《周子全書》卷五曹端〈辨戾〉，《明儒學案》卷四十四論曹月川處亦引之）。此譏固稍重，理無所謂「死」，但卻也見出朱子如此所體會之理是只存有而不活動者。曹端以為朱子此解與〈圖說〉原義相戾，並與朱子他解亦相戾，而欲活之。然彼不知朱子實如此看，亦不知如何能使理成為活理。理只存有而不活動，則雖無所謂死，然亦不是如活人之騎活馬真能操縱、控制，而駕御之。此即理之為道德創生的實體之創生義、**妙運義**、**自發自律義之喪失**。此不可諱也。

㈢理，就其爲至極之「大總腦」而順說，則**統體地遍爲萬物之體**，由存在之然而逆說，則復**分別地**爲萬事萬物之所以然之理，因而即爲其性。朱子亦常說太極含萬理，具衆理，有動靜之理，「許多道理條件皆自此出」。然則理究是一乎？抑是多乎？理之爲一是何意義？其眞能爲一乎？抑畢竟只是多乎？理之爲多是何意義？其眞能爲多乎？抑畢竟只是一乎？如果其爲多是定多，則其爲一之一是**綜體**（totality）。綜體之一非眞一，總可散而爲萬理，而一是虛名。此即不眞能爲一，而畢竟只是多。如果其爲一是眞一（不是綜體，只是一整全之一），則其爲多之多是**權說**。權說之多非定多（**實多**），總可收縮而爲一，而多是**假象**。此即不眞能爲多，而畢竟只是一。朱子之意究何在乎？經過以前步步之釐淸，今可答說：朱子之意是一爲眞一（眞地是一），多只是權說之假象。

所謂權說之假象者，就存在之然而爲其所以然之理，是因「存在之然」之多而**權說爲多**，而實無多理，只是此**整全之一之理**也。又因存在之然有相（有彼此之差別）而**權說爲彼理此理**，而實則整全之一之理**無相**，不可以分割而爲**定多**而謂**實有此理彼理之別**也。就每物皆有其所以然之理以爲性（本然之性）言，是皆得一**同一之理**，又是得一**整全之理**。就得一同一之理言，則存在之然雖不同，而其所得以爲性者固無不同，是則爲其性之理不因存在之然之不同而有不同也。旣無不同，即不能有定多之理，亦不能有彼理此理之差別，即只有**事之差別**，而無理之差別。就得一整全之理言，則其所得以爲性者不是得一**綜體之全**，乃是得**一整一之全**。日光之喻、江水之喻，即表示非綜體之全，乃整一之全也。吾人不能說日光之一是一綜體，亦不能說江水之一是一綜體。旣非綜體之全，即不能

有定多之理，亦不能有彼理此理之差別，而只是**整一之理**。是以就存在之然而說為萬理、衆理者，實只是因「存在之然」之多而權說，實非**眞多**也，故多只是假象。因「存在之然」之多，而權說為多，因「存在之然」之有相而權說為有相，而為其性之理實**只是一**而**無相**也。就人之所發之道德性的情言，吾人可給其所以然之理以定名，如仁義禮智信等，此好像有定多之理，然階磚有階磚之理，竹椅有竹椅之理，舟有只可行于水之理，車有只可行于陸之理，大黃有寒之理，附子有熱之理，「燒甚麼木，則是甚麼氣」，便有其所以為此氣息之理，凡此等等即無名字可給矣，亦只能以「存在之然」之名而名之耳。然則仁義禮智信等定名亦只是因存在之情而權立此等名，不可因有**如許定名**便認為有**定多之理**也。吾人實可忘掉那些名，而只默識其所以然之理之一耳。同樣，吾人亦實可就枯槁等物而權立許多名以姑名其所以然之理。然而皆不能因**名字之多**而即執實為**理之多**也。

就太極含衆理說，朱子說太極有動靜等等之理。吾已明實無所謂有，亦無所謂**含**，亦無所謂衆理皆自**太極出**，皆**屬于**此太極而為其**所有**也。此皆是順權說之多而名言上不諦之**方便說耳**，無相應之**實**可言也。其實只是太極之整一對動之然說，即為動之理，對靜之然說，即為靜之理，對惻隱羞惡等等之情說，即為惻隱羞惡等等情之理，對舟車磚椅乃至枯槁之物說，即為此等等存在之然之所以然之理。並不是太極含具有此等等理也，亦不是眞有此等等理而總屬于太極也。如其如此，則太極為一**綜體**，太極之為一便成**虛名**。只**太極便是動之理**，並不是太極中別**有一個**動之理單管動。必須如此解，方可說萬物**所稟之理同**，而亦**無不全也**。如其眞有許多理，則

萬物只能稟其**所相應**者，而不能**同**矣，亦不能**全**矣。故知只太極便即是動之理、靜之理，而不是太極**有動之理、靜之理也**。如其如此，則朱子所說之理不可以柏拉圖的理型（型式）解。蓋柏拉圖之理型是定多也。朱子所說之存在之理亦不是一物之定義之理，而柏拉圖之理型則是可以之界定物類者。如是，朱子之存在之理乃是**空無內容者**，並不涉及存在之然自身之曲折，它只負其存在之責而實現之、定然之，並不表象其內容。故界定物類不能用太極，亦猶之乎不能用上帝。

唯因只太極便是動之理，所以才能說「**統體一太極，物物一太極**」。若眞有定多之理，則太極爲綜體，而「統體一太極」便不能說。雖可勉強說「物物一太極」，而此時之太極亦即非太極，亦非朱子所意謂之太極。只因每物所稟之理是**同而全**，而又**只因只太極便是動之理**。所以才眞可說「統體一太極，物物一太極」。此兩語**同時成立**，皆有**實義**。此兩語亦可用于每一物自身上：就每一個體之全說，是「統體一太極」；就此個體身上所發生的一切事態或情變說，是「物物一太極」。是以總現實宇宙全部是存在之然，同時全體即是有存有之理以貞定之者。

㈣理先氣後，此無問題。「先」只是本義。本當該先在。此先在不只是邏輯的先在，而且是**形而上的先在**。

㈤「理生氣」不是從理中生出氣來，只是依傍這理而氣始有合度之生化。就人言，則是依這理引生心氣之革故生新。心氣通過其心知之明之認識理而嚮往理而依之，則引生心氣之合度之行，不依之，則昏沈墮落而暴亂。此即朱子系統中之「理生氣」也。若理是「即活動即存有」之實體，是道德創生的實體，則鼓舞妙運之以引

生氣之生化不息與合度，亦不是說此氣可以從此實體中生出也。

㈥理之道德意義問題，此在朱子之「存有論的解析」中，理只為存有而不活動，其道德意義即**減殺**，而心氣依理而行所成之道德即為**他律道德**。其依「存有論的解析」之方式說性，非先秦儒家言性之本義，此亦是其道德意義**減殺之故**。是以朱子之學終于是：主觀地說為靜涵靜攝之系統，客觀地說為本體論的存有之系統，而依此系統所成之道德亦終于為他律道德也。

吾人必須知：就「氣之存在之然」推證其所以然之理以為性，此「然」是單指「氣之**存在之然**」說，並不是指存在之然自身之「**曲折內容之然**」說。如陰陽氣也，所以陰陽是理。「所以陰陽」是指陰陽之**存在**（相生）之**所以存在**說，不是指陰陽自身之**曲折內容**（凝結造作之徵象）說。經此簡別，則朱子所說的「所以然之理」方是存在之理，而此理是超越的整全之一，不是表象存在自身之**曲折內容之理**。如是此後者，則此理便成類名概念之抽象之理，此是定多之理，而不能是整全之一之理，此則非朱子所說之理。在此「所以然」一詞有歧義。但是如只儱侗地就然推證所以然，而不加限制，此「然」上本有兩途之歧義，即：**就存在之然說與就內容之然說**。就存在之然說，是重在存在，其所以然之理是存在之理，是超越的、整全的，非類名的。就內容之然說，是**重在內容**，其所以然之理是內在的（現象的）、定多的、類名概念的。（現實內容亦是一存在，如說此內容之存在之所以存在之理，這還是重在存在，不重在內容。）如是，朱子之就氣化之實然推證其所以然當該確定而完整地說為：就氣化之存在之實然推證其所以存在之「存在之理」，而不是就氣化之**內容之實然**推證其**所以為此內容之類名概**

念之理。惟就存在之然可直指存在之理。如就內容之然，則不能直指存在之理。如以此後者解說朱子，則朱子學全部倒塌。此是就「然」逆推「所以然」所應注意者。

但是就存在之然逆推存在之理，吾人只能**邏輯地**知此存在之理是**整一、是整全**，因不涉內容無差別故，非定多之理故，但此整一整全只是形式的、**消極的意義**。吾人尚**不能形而上地（存有論地）**決定此理即是**遍體萬物而為其體的理**，亦不能決定其即為萬物的**一同之理**。雖幾近之，然尚不能由形式的整一整全之意義直至此具體的、真實的實理之一、同、常、遍之意義。此兩者似乎有一點**距離**。順太極說下來，可直接是此意義，但由存在之然逆推上去不能直接是此意義。朱子兩頭呼應，肯定其是如此。但逆推上去的存有論的解析不一定能至那個具體而真實的一、同、常、遍的太極真體（其唯一的影響倒是能決定太極**只是理**）。朱子順聖教傳統肯定此遍為萬物之體的太極，故順下逆上皆是此一理。當《詩》、《書》中肯定天、帝、天命、天道時，本有點**宗教性的獨斷**（雖不是哲學的）。今朱子只順聖教傳統之傳承如此肯定，此肯定亦不免是**傳承上之獨斷**；而由存有論的解析以呼應契接之，此**契接**亦嫌**虛弱而不強實，迂曲而不充直**。于此，吾人可以看出朱子之說統不是孔子踐仁知天，孟子盡心知性知天之**道德的逆覺之路**。逆覺之路可以免除那憑空的**獨斷**、亦不須由「存有論的解析」之**順取之路**來契接來推證，而是直接由盡心知性來證實（**當下體證**），由肫肫其仁、淵淵其淵、浩浩其天來直下自證。此則太極真體、天命流行之體、道德創生的實體之**強實**而充沛，而真能**站住其道德意義者**，而此體亦不是**只是理**，只**存有而不活動者**。以此比觀，則朱子系統中太極性理

之**道德意義被減殺**而弄成**虛弱**，甚爲顯然。

　　言至此，朱子學之面貌已全部明朗，無復有模稜歧義而令人困惑者矣。下節錄《語類》言理氣者以結束之。

第二節　理氣不離不雜形上學之完成

　　Ⅰ《朱子語類》卷第一，〈理氣上〉，〈太極天地〉上：

　　1.問：太極不是未有天地之先，有個混成之物，是天地萬物
　　　之理總名否？
　　　曰：太極只是天地萬物之理。在天地言，則天地中有太
　　　極。在萬物言，則萬物中各有太極。未有天地之先，畢竟
　　　是**先有此理**。動而生陽，亦只是理。靜而生陰，亦只是
　　　理。
　　　〔下問〈太極解〉動靜先後義，略。〕
　　1.1問：昨謂「未有天地之先，畢竟是先有理」，如何？
　　　曰：未有天地之先，畢竟也只是理。有此理，便有此天
　　　地。若無此理，便亦無天地，無人無物，都無該載了。有
　　　理，便有氣流行，發育萬物。
　　　曰：發育是理發育之否？
　　　曰：有此理便有**此氣流行發育**。理無形體。
　　　曰：所謂體者，是強名否？
　　　曰：是。
　　　曰：理無極，氣有極否？

曰：論其極，將那處做極？

1.2若無太極，便不翻了天地！

1.3太極只是一個理字。

1.4先有個天理了，卻有氣。氣積為質，而性具焉。

1.5問：理與氣。

　　曰：伊川說得好，曰：理一分殊。合天地萬物而言，只是一個理，及在人，則又各自有一個理。

1.6問：先有理，抑先有氣？

　　曰：理未嘗離乎氣。然理形而上者，氣形而下者。自形而上下言，豈無先後？理無形，氣便粗，有渣滓。

1.7或問：必有是理，然後有是氣，如何？

　　曰：此本無先後之可言。然必欲推其所從來，則須說先有是理。然理又非別為一物，即存乎是氣之中。無是氣，則是理亦無掛搭處。氣則為金木水火，理則為仁義禮智。

1.8或問：理在先，氣在後。

　　曰：理與氣本無先後之可言。但推上去時，卻如理在先、氣在後相似。

　　又問：理在氣中，發見處如何？

　　曰：如陰陽五行錯綜不失條緒便是理。若氣不結聚時，理亦無所附著。故康節云：「性者道之形體，心者性之郭廓，身者心之區宇，物者身之舟車。」

1.9或問：先有理後有氣之說。

　　曰：不消如此說。而今知得他合下是先有理後有氣耶？後有理先有氣耶？皆不可得而推究。然以意度之，則疑此氣

是依傍這理行。及此氣之聚，則理亦在焉。蓋氣則能凝結造作，理卻無情意、無計度、無造作。只此氣凝聚處，理便在其中。且如天地間人物草木禽獸，其生也莫不有種。定不會無種了，白地生出一個物事。這個都是氣。若理，則只是個淨潔空闊底世界，無形迹，他卻不會造作。氣則能醖釀、凝聚、生物也。但有此氣，則理便在其中。

1.10問：有是理，便有是氣，似不可分先後。

　　曰：要之，也先有理。只不可說今日有是理，明日卻有是氣。也須有先後。且如萬一山河大地都陷了，畢竟理卻只在這裡。

1.11徐問：天地未判時，下面許多都已有否？

　　曰：只是都有此理。天地生物千萬年，古今只不離許多物。

案：以上言理先氣後，理自存自有等義。

　2.問：天地之心亦靈否？還只是漠然無為？

　　曰：天地之心不可道是不靈，但不如人恁地思慮。伊川曰：天地無心而成化，聖人有心而無為。

2.1問：天地之心，天地之理，理是道理，心是主宰底意否？

　　曰：心固是主宰底意，然所謂主宰者，即是理也。不是心外別有個理，理外別有個心。

　　又問：此心字與帝字相似否？

　　曰：人字似天字，心字似帝字。

2.2道夫言：向者先生教思量天地有心無心。近思之，竊謂天
地無心，仁便是天地之心。若使其有心，必有思慮、有營
爲。天地曷嘗有思慮來？然其所以四時行，百物生者，蓋
以其合當如此便如此，不待思維，此所以爲天地之道。

曰：如此，則《易》所謂「復其見天地之心」、「正大而
天地之情可見」，又如何？如公所說，祇說得他無心處
爾。若果無心，則須牛生出馬，桃樹上發李花，他又卻自
定！程子曰：以主宰謂之帝，以性情謂之乾。他這名義自
定。心便是他個主宰處，所以謂「天地以生物爲心」。中
間欽夫以爲某不合如此說。某謂天地別無勾當，只是以生
物爲心。一元之氣運轉流通，略無停間，只是生出許多萬
物而已。

問：程子謂「天地無心而成化，聖人有心而無爲。」

曰：這是說天地無心處。且如四時行、百物生，天地何所
容心？至於聖人則順理而已，復何爲哉？所以明道云：
「天地之常以其心普萬物而無心，聖人之常以其情順萬事
而無情。」說得最好。

問：「普萬物」莫是以心周徧而無私否？

曰：天地以此心普及萬物，人得之遂爲人之心，物得之遂
爲物之心，草木禽獸接著遂爲草木禽獸之心。只是一個天
地之心爾。今須要知得他有心處，又要見得他無心處。只
恁地說不得。

2.3萬物生長是天地無心時，枯槁欲生是天地有心時。

2.4問：「上帝降衷於民」，「天將降大任於人」，「天佑民

作之君」，「天生物因其才而篤，作善降百祥，作不善降百殃」，「天將降非常之禍於此世，必預出非常之人以擬之」，凡此等類，是蒼蒼在上者真有主宰如是耶？抑天無心，只是推原其理如此？

曰：此三段只一意。〔案：不只三段。「三」字當作「五」〕這個也只是理如此。

〔下言氣運盛衰循環，略〕

2.5 帝是理爲主。

2.6 蒼蒼之謂天。運轉周流不已便是那個。而今說天有個人在那裡批判罪惡固不可，說到全無主之者又不可。這裡要人見得。

2.7《朱子語類》卷第四，〈性理一〉，論人物之性處有一條云：

> 天下之物至微至細者亦皆有心，只是有無知覺處爾。且如一草一木，向陽處便生，向陰處便憔悴，他有個好惡在裡。至大而天地，生出許多萬物，運轉流通，不停一息，四時晝夜恰似有個物事積疊恁地去。天地自有個無心之心。復卦一陽生於下，這便是生物之心。又如所謂「惟皇上帝降衷於下民」，「天道福善禍淫」，這便自分明有個人在裡主宰相似。心是他本領，情是他個意思。
>
> 又問：如何見天地之情？
>
> 曰：人正大，便也見得天地之情正大。天地只是正大，未

嘗有些子邪處，未嘗有些子小處。

又曰：且如今言藥性熱，藥何嘗有性？只是他所主恁地。

〔案：此條原在《語類》卷第四，此下即討論徐子融論枯槁無性，見前節6.條。今將此條移于此，類觀。〕

案：以上言天地有心、無心。綜結朱子之意：**氣化之自然是無心，理之定然是有心**。以**理氣**爲主，心是**虛說**。當與第四章第二節〈仁說〉之分析合觀。

3.問：自開闢以來，至今未萬年，不知已前如何？

曰：已前亦須如此**一番明白**來。

又問：天地會壞否？

曰：不會壞。只是相將人無道極了，便一齊打合，混沌一番，人物都盡，又重新起！

問：生第一個人時如何？

曰：以氣化二五之精合而成形，釋家謂之化生。如今物之化生者甚多，如虱然。

案：此情**蕭涼悲壯**，亦見**嚴肅**。理氣之分清楚分明，下《語類》卷第二天地下，卷第三論鬼神，即純從氣化自身對于天地鬼神作自然主義之解析。此種解析即可引生科學。但此部分不是朱子學之**本分**（**本領**），吾故舍而不論。此條所說卻是其道德形上學所透示的**莊嚴悲情**，此方是其**性理學之本分**。

Ⅱ《朱子語類》卷第四，〈性理一〉，論氣命理命處，有以下

兩條：

1.履之說「子溫而厲，威而不猛，恭而安」，因問：得清明
之氣爲聖賢，昏濁之氣爲愚不肖，氣之厚者爲富貴，薄者
爲貧賤，此固然也。然聖人得天地清明中和之氣，宜無所
虧欠，而夫子反貧賤，何也？豈時運使然耶？抑其所稟亦
有不足耶？

曰：便是稟得來有不足。他那清明，也只**管得做聖賢**，卻
管不得**那富貴**。**稟得那高底則貴**，稟得厚底則富，稟得長
底則壽。貧賤夭者反是。夫子雖得清明者以爲聖人，然稟
得那低底、薄底，所以貧賤。顏子又不如孔子，又稟得那
短底，所以又夭。

〔下問答，言所以不齊，略〕

2.敬之問自然之數。

曰：有人稟得氣厚者則福厚，氣薄者則福薄；稟得氣之華
美者，則富盛，衰颯者則卑賤；氣長者則壽，氣短者則夭
折。此必然之理。

問：神仙之說有之乎？

曰：誰人說無？誠有此理。只是他那工夫大段難做。除非
百事棄下，辦得那般工夫，方做得。

又曰：某見名寺中所畫諸祖師人物，皆**魁偉雄傑**，宜其**傑
然有立如此**。所以妙喜贊某禪師有曰：當初若非這個，定
是做個渠魁！觀之信然。其氣貌如此，則世之所謂富貴利
達、聲色貨利，如何**籠絡得他住**？他視之，亦無足以**動其**

心者。

或問：若非佛氏收拾去，能從吾儒之教，不知如何？

曰：他又也未是那無文王猶興底，只是也須做個特立獨行底人，所爲必可觀！若使有聖人收拾去，可知大段好。只是當時吾道黑淬淬地，只有些章句詞章之學！他如龍如虎，這些藝解都束縛他不住，必決去無疑也。煞被他引去了好人，可畏可畏！

案：此從氣稟之限透出人生蒼涼、悲壯、嚴肅之意。吾詮表朱子學至此止。下章錄其晚年訓誡門人之語，藉以見其論學之宗旨、造詣之境界，與夫方法學上之進路。此只可算是附錄，吾亦不必多言。意思皆見於前。讀者如從首章起至此止，經過一番，意思必可全部領略。

第九章　朱子晚年所確定表示之論學之宗旨、境界、與夫方法學上之進路：《朱子語類》訓門人選錄

順《語類》原編次序：

一、答廖子晦書：闢「洞見全體」

二、訓廖德明（字子晦）：闢「有一塊物事光輝輝地在那裡」

三、訓輔廣（字漢卿）：闢「求捷徑、去意見」

四、訓余大雅「字正叔」：闢「懸空」

五、訓潘時舉（字子善）：言為學兩路

六、訓陳淳（字安卿）：闢空捉天理

七、訓滕璘（字德粹）：言「為學大端」

順義理次序：

一、訓滕璘：言「為學大端」

二、訓潘時舉：言為學兩路

三、訓輔廣：闢「求捷徑、去意見」

四、訓余大雅：闢「懸空」

五、訓陳淳：闢空捉天理

六、答廖子晦書：闢「洞見全體」

七、訓廖德明：闢「有一塊物事光輝輝地在那裡」

第一節　答廖子晦書：闢「洞見全體」

〈答廖子晦〉書：

〔前略〕

詳來諭，正謂日用之間別有一物，光輝閃爍、動蕩流轉，是即所謂「無極之眞」、所謂「谷神不死」。二語皆來書所引。所謂「無位眞人」，此釋氏語，正谷神之酋長也。學者合下便要識得此物，而後將心想像照管，要得常在目前，乃爲根本工夫。至於學問踐履，零碎湊合，則自是下一截事，與此粗細，迥然不同。雖以顏子之初，仰高鑽堅、瞻前忽後，亦是未見此物，故不得爲實見耳。此其意則善矣。

然若果是如此，則聖人設教首先便合痛下言語，直指此物，教人著緊體察，要令實見；著緊把捉，要常在目前，以爲直截根源之計，而卻都無此說，但只教人格物致知、克己復禮，一向就枝葉上、零碎處做工夫，豈不誤人，枉費日力耶？

《論》、《孟》之言，平易明白，固無此等元妙之談。雖以子思、周子喫緊爲人，特著《中庸》、《太極》之書，以明道體之極致，而其所說用工夫處，只說擇善固執、學問思辨而篤行之，只說「定之以中正仁義而主靜」、「君子修之吉」而已。未嘗使人日用之間必求此天命之性、無極之眞而固守之也。

蓋原此理之所自來，雖極微妙，然其實只是人心之中許多合當做底道理而已。但推其本，則見其出於人心，而非人力之所能爲，故曰天命。雖萬事萬化，皆自此中流出，而實無形象之可指，故曰無極耳。若論工夫，則只擇善固執、中正仁義，便是理會此事處。非是別有一段根源工夫，又在講學應事之外也。如說求其放心，亦只是說日用之間，收斂整齊，不使心念向外走作，庶幾其中許多合做底道理漸次分明，可以體察，亦非捉取此物藏在胸中，然後別分一心出外以應事接物也。

來書又云：「事事物物皆有實理，如仁義禮智之性、視聽言動之則，皆從天命中來。須知顏、曾洞見全體，即無一不善。」此說雖似無病，然詳其語脈，究其意指，亦是以天命全體者爲一物之渾然，而仁義禮智之性，視聽言動之則，皆其中零碎查滓之物，初不異於前說也。至論所以爲學，則又不在乎事事物物之實理，而特以洞見全體爲功。凡此似亦只是舊病也。且曰洞見全體，而後事無不善，則是未見以前，未嘗一一窮格，以待其貫通，而直以意識想像之耳。是與程子所詞「對塔而說相輪」者，何以異哉？

來諭又疑《考異》中說韓公見道之用，而未得其體，以爲亦若自謂根源、學問，各有一種工夫者，此亦不然。前日鄙意，正謂韓公只於治國平天下處用功，而未嘗就其身心上講究持守耳。非病其不曾捉得此物藏在懷袖間也。

此是學問工夫徹上徹下細密緊切處。向使不因來論之詳，終亦未覺其病之在是。今幸見得，不是小事。千萬詳看此說，

仔細尋繹，更推其類。盡將平生所認有相關處，一一勘驗，當自見得。如有未契，更宜反覆，不可容易放過也。

安卿之病，正亦坐此。向來至此，說得既不相合，渠便藏了，更不說著，遂無由與之極論，至今以爲恨，或因與書，幸亦以此曉之，勿令久自拘縶也。

〔下言〈大顛問答〉及韓公之自無主宰以及東坡海外意況及晚年小詞等，略。〕

二詩亦未甚曉。不敢又便率然奉答。然恐亦只是舊來意思。但請只就前說觀之，恐亦可自見得矣。

蓋性命之理雖微，然就博文約禮實事上看，亦甚明白。正不須向無形象處東撈西摸，如捕風繫影，用意愈深，而去道愈遠也。（《朱文公文集》卷第四十五，書，問答，〈答廖子晦〉十八書之第十八）

第二節　訓廖德明（字子晦）：闢「有一塊物事光輝輝地在那裡」

《朱子語類》卷第一百一十三，〈朱子十〉，〈訓門人一〉，訓廖德明（字子晦）處：

1. 安卿問：前日先生與廖子晦書云：「道不是有一個物事閃閃爍爍在那裡。」固是如此。但所謂「操則存，捨則亡」，畢竟也須有個物事。

   曰：操存只是教你收斂，教那心莫胡思亂想。幾曾捉定有

一個物事在裡！

又問：「顧諟天之明命」，畢竟是個甚麼？

曰：只是說見得道理在面前，不被物事遮障了。立則見其參於前，在輿則見其倚於衡，皆是見得理如此。不成是有一塊物事光輝輝地在那裡？

2. 廖子晦得書來云：「有本原、有學問。」某初曉不得。後來看得他們都是把本原處是別有一塊物來模樣。聖人教人只是致知格物。不成真個是有一個物事，如一塊水銀樣，走來走去？那裡這便是禪家說赤肉團上，自有一個無位真人模樣。

3. 以前看得心只是虛蕩蕩地。而今看得來湛然虛明，萬理便在裡面。向前看得便似一張白紙，今看得便見紙上都是字。廖子晦門〔們〕便只見得是一張紙。

案：前書及此1、2兩條，王懋竑《朱子年譜》附錄〈朱子論學切要語〉卷之二，列于甯宗慶元六年庚申（朱子斯年七十一歲）。3條未錄。渠對于1.及2.兩條作《考異》云：

按此兩條發明〈答廖子晦〉書意尤確，故附著之。

據安卿祭文，以己未〔朱子斯年七十歲〕冬暮至建寧，未久辭去。〈與子晦書〉蓋在其後。書中有「安卿〔……〕向來至此」之語可考也。〈廖書〉在庚申正二月間〔朱子于庚申年七十一歲，斯年三月卒〕，此真所謂晚年定論者。安卿在建寧時，不得預以廖書為問。此記者之誤。義剛錄在癸丑以

後。據錄言侍教半年。當是癸丑〔朱子年六十四〕。淳錄在己未〔朱子年七十〕。義剛錄多與淳錄同。凡此皆不可考。而安卿舉廖書爲問，則其誤無疑矣。

案：陳淳（子安卿）于己未年所錄，見下《朱子語類》卷第一百一十七訓陳淳處。此處1條亦見下訓陳淳處。王懋竑謂「安卿在建寧時不得預以廖書爲問」，以爲「此記者之誤」。但不知是何人所記也。以旣錄于此處，故下訓陳淳處即不錄。黃士毅（字子洪）作〈朱子語類後序〉云：「至於一條之內，無一字之不同者，必抄錄之際嘗相參校，不則非其所聞，而得於傳錄，則亦惟存一家，而注與某人同爾。」如陳淳己未年所錄下，皆注以「義剛同」。就此部分言，蓋是黃義剛抄錄陳淳者。此處1.2.3.三條皆注明黃義剛錄。如此三條皆在庚申年朱子七十一歲時錄，則未知是黃義剛當時在場親聞耶？抑是得于傳錄耶？

第三節　訓輔廣（字漢卿）：闢「求捷徑、去意見」

同上，訓輔廣（字漢卿）處：

1. 或問：人之思慮有邪有正。若是大段邪僻之思，卻容易制。惟是許多無頭面，不緊要底思慮，不知何以制之？
  曰：此亦無他，只是覺得不當思慮底，便莫要思，便從腳下做將去，久久純熟，自然無此等思慮矣。譬如人坐不定者，兩腳常要行。但纔要行時，便自省覺，莫要行，久久

純熟，亦自然不要行，而坐得定矣。前輩有欲澄治思慮者，於坐處置兩器。每起一善念，則投白豆一粒於器中。每起一惡念，則投黑豆一粒於器中。初時，黑豆多，白豆少。後白豆多，黑豆少。後來遂不復有黑豆。最後，則雖白豆亦無之矣。然此只是個死法。若更加以讀書窮理底工夫，則去那般不正當底思慮何難之有？

又如：人有喜做不要緊事，如寫字作詩之屬，初時念念要做，更遏捺不得。若能將聖賢言語來玩味，見得義理分曉，則漸漸覺得此重彼輕，久久不知不覺，自然剝落消殞去。何必橫生一念，要得別尋一捷徑，盡去了意見，然後能如何？（原注：隔夕嘗有爲去意見之說者。）此皆是不奈〔耐〕煩去修治他一個身心了，作此見解。譬如人做官，則當至誠去做職業。卻不奈〔耐〕煩去做，須要尋個倖門去鑽，道鑽得這裡透時，便可以超躐將去。今欲去意見者，皆是這個心。學者但當就意見上分真妄，存其真者，去其妄者而已。若不問真妄，盡欲除之，所以游游蕩蕩，虛度光陰，都無下工夫處。

因舉《中庸》曰：喜怒哀樂未發謂之中，發而皆中節謂之和。中也者天下之大本，和也者天下之達道。致中和，天地位焉，萬物育焉。只如喜怒哀樂皆人之所不能無者，如何要去得？只是要發而中節爾。所謂致中，如孟子之求放心與存心養性是也。所謂致和，如孟子論平旦之氣與充廣其仁義之心是也。今卻不奈〔耐〕煩去做這樣工夫，只管要求捷徑、去意見，只恐所謂去意見者，正未免爲意見

也。

聖人教人如一條大路，平平正正。自此直去，可以到聖賢
地位。只是要人做得澈。做得澈時，也不大驚小怪，只是
私意剝落淨盡，純是天理融明爾。〔下略〕

案：此段語錄中所謂「有爲去意見之說者」，提此說之人大概是有
聞于象山之說。蓋象山曾揮斥議論、意見與定本，而朱子亦曾力辨
之。象山之揮斥議論、意見與定本，乃是本其所常說之「今天下學
者惟兩途：一途樸實，一途議論」而來。其所謂「樸實」乃是本孟
子而說之「勝義樸實」或「第一義樸實」，乃是指本心呈現所引發
之實事實理坦然明白而說。異乎此者謂之異端，謂之歧出，謂之支
離。歧出而支離，自不免于意見、議論、定本之譏。意見是邪意
見。邪者偏差不正之謂。凡離乎本心呈現之實事實理坦然明白者而
去籌度猜卜即是「意見」。意見即偏差不正。若是正正當當，只是
實事實理之平鋪，自無「意見」可說。意見是「平地起土堆」，不
是如理如實之正智正見。在意見中，自不免于「閒議論」。本心呈
現之「純亦不已」是實事實理，非議論。凡議論皆「閒」，即象山
所謂「粘牙嚼舌」、「簸弄於脣舌紙筆之間」者是也。由意見、議
論而成之「定本」即是一套擬議虛構之格局，象山所謂「揣量模寫
之工，依放假借之似，其條畫足以自信，其習熟足以自安」者是
也。凡此皆是陷溺，象山所謂「賢者、智者之蔽在於意見」者是
也。此與本心之沛然不禦皆不相干。故必須遮撥這一切，消化這一
切，而後始能歸于「樸實」，此即吾所謂「勝義樸實」、「第一義
樸實」，乃直承本心呈現而說者。朱子對此「勝義樸實」無眞切之

警悟，對象山所說之意見、議論、定本之弊亦無眞切之感受，故亦
無相應之理解，只視之爲「一概揮斥」，目之爲禪，謂其「合下有
些禪底意思」。象山所謂「一途議論」，此「途」自指朱子而說，
其揮斥意見、議論、定本亦自指朱子而發。當然，依朱子順取漸磨
之途徑，及其一旦磨平時，「也不大驚小怪，只是私意剝落淨盡，
純是天理融明」。此時亦無意見、議論、定本可說。朱子到晚年實
可表示此境。見下訓陳淳即可知。然其義理系統自與象山有異，質
言之，實非孟子學，故就其歧出而言，實不免有意見、議論、定本
之蔽。關此將詳論於〈象山章〉。此段訓輔廣之言，蓋在象山已卒
之後，彼亦不提此「去意見」之說是來自象山也。

第四節　訓余大雅（字正叔）：關「懸空」

同上，訓余大雅（字正叔）處：

1. 大雅謁先生於鉛山觀音寺，納贄拜謁。先生問所學。大雅
   因質所見。先生曰：所謂事事物物各得其所，乃所謂時中
   之義。但所說大意卻錯雜。據如此說，乃是欲求道於無形
   無象之中。近世學者大抵皆然。聖人語言甚實。且即吾身
   日用常行之間可見。惟能審求經義，將聖賢言語虛心以觀
   之，不必要著心去看他。久之道理自見，不必求之太高
   也。今如所論，卻只於渺渺茫茫處想見一物懸空在，更無
   捉摸處。將來如何頓效？更沒收殺！如此，則與身中自
   用，自然判爲二物。何緣得有諸己？只看《論語》一書，

何嘗有懸空說底話？只爲漢儒一向尋求訓詁，更不看聖人意思，所以二程先生不得不發明道理，開示學者，使激昂向上，求聖人用心處，故放得稍高。不期今日學者，乃捨近求遠，處下窺高，一向懸空說了，扛得兩腳都不著地，其爲害反甚於向者之未知尋求道理，依舊只在大路上行。今之學者卻求捷徑，遂至鑽山入水。吾友要知須是與他古本相似者，方是本分道理。若不與古本相似，盡是亂道！

第五節　訓潘時舉（字子善）：言爲學兩路

《朱子語類》卷第一百一十四，〈朱子十一〉，〈訓門人二〉，訓潘時舉（字子善）處：

1. 早拜朔。先生說諸友相聚已半年，光陰易過。其間看得文義分明者，所見亦未能超詣，不滿人意。兼是爲學須是己分上做工夫，有本領，方不作言語說。若無存養，儘說得明，自成兩片，亦不濟事，況未必說得明乎？要須發憤忘食，痛切去做身分上功夫。莫莊莛歲月，可惜也。

   是日問時舉看詩外，別看何書？時舉答：欲一面看《近思錄》。

   曰：大凡爲學有兩樣，一者是**自下面做上去**，一者是**自上面做下來**。自下面做上者，便是就事上旋尋個道理，湊合將去，得到上面極處亦只一理。自上面做下者，先見得個大體，卻自此而觀事物，見其莫不有個當然之理，此所謂

自大本而推之達道也。

若會做工夫者，須從大本上理會將去便好。昔明道在扶溝，謂門人曰：爾輩在此只是學某言語！盍若行之？謝顯道請問焉。卻云：且靜坐。

時舉因云：「雷在地中，復。先王以至日閉關，商旅不行，后不省方。」在學者分上說，便是要安靜，涵養這些子善端耳。

曰：若著實做工夫，要知這說話，也不用說。若會做工夫，便一字也來這裡使不著！此說，某不欲說與人。卻恐學者聽去，便做空虛認了。且如程門中，如游定夫後來說底話，大段落空，無理會處。未必不是在扶溝時，只恁地聽了。

時舉因言平日學問次第云云。

先生曰：此心自不用大段拘束他。他既在這裡，又要向那裡討他？要知只是爭個睡與醒著耳。

人若醒時，耳目聰明。應事接物，便自然無差錯處。若被私欲引去，便一似睡著相似。只更與他喚醒。才醒，又便無事矣。

時舉因云：釋氏有豁然頓悟之說，不知使得否？不知倚靠得否？

曰：某也曾見叢林中有言頓悟者。後來看這人，也只尋常。如陸子靜門人，初見他時，常云有所悟。後來所為，卻更顛倒錯亂。看來所謂豁然頓悟者，乃是當時略有所見，覺得果是淨潔快活。然稍久，則卻漸漸淡去了。何嘗

倚靠得？

時舉云：舊時也有這般狂底時節，以爲聖人便即日可到。到後來果如先生所云，漸漸淡了。到今日卻只得逐旋挨去。然早上聞先生賜教云：諸生工夫不甚超詣。時舉退而思之，不知如何便得超詣？

曰：只從大本上理會，亦是逐旋挨去，自會超詣。且如今學者考理，一如在淺水上撐舡相似，但覺辛苦，不能鄉前。須是從上面放得些水來添，便自然撐得動，不用費力，滔滔然去矣。今有學者，在某門者，其於考理非不精當，說得來置水不漏，直是理會得好。然所爲卻顛倒錯謬，全然與所知者相反。人只管道某不合引他，如今被他累。卻不知渠實是理會得，某如何不與他說？他凡所說底話，今世俗人往往有全曉不得者。他之所說非不精明，然所爲背馳者，只是不曾在源頭上用力故也。往往他一時明敏，隨處理會，便自曉得分明。然源頭上不曾用功，只是徒然耳。

時舉因云：如此者，不是知上工夫欠，乃是行上全然欠耳。

曰：也緣知得不實，故行得無力。

時舉云：惟其不見於行，是以知不能實。時舉嘗謂知與行互相發明之說，誠不可易之論。

先生又云：此心虛明，萬理具足。外面理會得者，即裡面本來有底。只要自大本而推之達道耳。〔中略〕

又云：本領上欠了工夫，外面都是閑。須知道大本若立，

外面應事接物上道理都是大本上發出。如人折這一枝花，只是這花根本上物事。

第六節　訓陳淳（字安卿）：闢空捉天理

《朱子語類》卷第一百一十七，〈朱子十四〉，〈訓門人五〉，訓陳淳（字安卿）處：

1. 淳冬至以書及自警詩爲贄見。翌日入郡齋，問功夫大要。

   曰：學固在乎讀書，而亦不專在乎讀書。公詩甚好，可見亦曾用工夫。然以何爲要？有要，則三十五章可以一貫。若皆以爲要，又成許多頭緒，便如東西南北禦寇一般。

   曰：晚生妄意未知折衷，惟先生教之。

   先生問：平日如何用工夫？

   曰：只就己上用工夫。

   己上如何用工夫？

   曰：只日用間察其天理人欲之辨。

   如何察之？

   曰：只就秉彝良心處察之。〔案：此猶是孟子「求放心」之旨，亦胡氏「先察識」之義。特安卿未能眞切耳。下朱子答語是「中和新說」之義。〕

   曰：心豈直是發？莫非心也。今這裡說話也是心，對坐也是心，動作也是心。何者不是心？然則緊要著力在何處？扣之再三，淳思未答。

先生縷縷言曰：凡看道理，須要窮個根源來處。如為人父，如何便止於慈？為人子，如何便止於孝？為人君、為人臣，如何便止於仁、止於敬？如論孝，須窮個孝根原來處。論慈，須窮個慈根原來處。仁、敬亦然。凡道理皆從根源來處窮究，方見得確定，不可只道我操修踐履便了。多見士人有謹守資質好者，此固是好。及到講論義理，便偏執己見，自立一般門户，移轉不得，又大可慮。道理要見得真，須是表裡首末，極其透澈，無有不盡，真見得是如此，決然不可移易，始得。不可只窺見一斑半點，便以為是。如為人父，須真知是決然止於慈，而不可易。為人子，須真知是決然止於孝，而不可易。善須真見得是善，方始決然必做。惡須真見得是惡，方始決然必不做。如看不好底文字，固是不好，須自家真見得是不好。好底文字，固是好，須自家真見得是好。聖賢言語須是真看得十分透澈，如從他肚裡穿過。一字或輕或重，移易不得，始是看理澈，則我與理一。然一下未能澈，須是浹洽始得。這道理甚活，其體渾然，而其中粲然。上下數千年，真是昭昭在天地間。前聖後聖相傳，所以斷然而不疑。夫子之所教者，教乎此也。顏子之所樂者，樂乎此也。圓轉處，儘圓轉；直截處，儘直截。先知所以覺後知，先覺所以覺後覺。

問：顏子之樂，只是天地間至富至貴底道理樂去。樂，可求之否？

曰：非也。此一下未可便知。須是窮究萬理，要令極澈。

已而曰：程子〔明道〕謂「將這身來放在萬物中一例看，大小大快活」！又謂「人於天地間，並無窒礙處，大小大快活」！此便是顏子樂處。這道理，在天地間，須是眞窮到底，至纖至悉，十分透澈，無有不盡，則與萬物爲一，無所窒礙。胸中泰然，豈有不樂？

2.問：日用間，今且如何用工夫？

曰：大綱只是恁地窮究根源來處，直要透澈。又且須「敬以直內，義以方外」，此二句爲要。

3.「擇善而固執之」。如致知格物便是擇善，誠意正心修身便是固執，只此二事而已。

淳舉南軒謂知與行相發。

曰：知與行須是齊頭做，方能互相發。程子〔伊川〕曰：「涵養須用敬，進學則在致知。」下須字在字，便是皆要齊頭著力。不可道知道了，方始行。有一般人儘聰明，知得而行不及，是資質弱。又有一般人，儘行得而知不得。

因問：淳資質懦弱，行意常緩於知，克己不嚴，進道不勇，不審何以能嚴能勇？

曰：大綱亦只是適間所說，於那根源來處眞能透澈，這個自都了。

4.問：看道理須尋根源來處，只是就性上看否？

曰：如何？

曰：天命之性萬理完具，總其大目，則仁義禮智，其中遂分別成許多萬善，大綱只如此。然就其中，須件件要澈。

曰：固是如此，又須看性所因是如何。

曰：當初天地間，元有這個渾然道理。人生稟得，便是性。

曰：性只是理，萬理之總名。此理亦只是天地間公共之理。稟得來便爲我所有。天之所命，如朝廷指揮差除人去做官。性如官職，官便有職事。

5.天下無不可說底道理。如爲人謀而忠，朋友交而信，傳而習，亦都是眼前事，皆可說。只有一個熟處說不得。除了熟之外，無不可說者。未熟時，頓放這裡又不穩帖，拈放那邊又不是。然終不成住了，也須從這裡著力始得。到那熟處，頓放這邊也是，頓放那邊也是，七顛八倒無不是。所謂：「居之安，則資之深；資之深，則左右逢其源。」譬如梨、柿，生時酸澀，喫不得。到熟後，自是一般甘美。相去大遠，只在熟與不熟之間。

6.學則處事都是理。不學，則看理便不恁地周匝，不恁地廣大，不恁地細密。然理亦不是外面硬生道理，只是自家固有之理。堯、舜性之，此理元無失。湯、武反之，已有些子失，但復其舊底。學只是復其舊底而已。蓋向也交割得來，今卻失了。可不汲汲自修而反之乎？此其所以爲急。不學，則只是硬隄防。處事不見理，一向任私意。平時卻也強勉去得，到臨事變，便亂了。

7.問：持敬致知互相發明否？

曰：古人如此說，必須是如此。更問他發明與不發明要如何？古人言語寫在冊子上，不解錯了。只如此做工夫，便見得滋味。不做持敬，只說持敬作甚？不做致知，只說致

知作甚？譬如他人做得飯熟，盛在椀裡，自是好喫，不解
毒人。只是自家但喫將去，便知滋味。何用問人？不成自
家這一邊做得些小持敬工夫，計會那一邊致知發明與未發
明，那一邊做得些小致知工夫，又來計會這一邊持敬發明
與未發明！如此，有甚了期？

8. 看道理，須要就那大處看，便前面開闊。不要就壁角裡，
地步窄一步，便觸無去處了。而今且要看天理人欲、義利
公私，分別得明，將自家日用底與他勘驗，須漸漸有見
處，前頭漸漸開闊。那個大壇場，不去上面做，不去上面
行，只管在壁角裡，縱理會得一句，只是一句透，道理小
了。如〈破斧〉詩，須看那「周公東征，四國是皇」，見
得周公用心始得。

案：王懋竑《朱子年譜》附錄〈朱子論學切要語〉卷之一，庚戌年
（朱子斯年六十一歲）下錄《語錄》陳淳錄五段後，作《考異》
云：

朱子在漳州云：南來吾道得一安卿。安卿蓋知用心於內者，
故深望之。所言多宏闊，蓋欲其展拓得開也。而安卿專用心
於內，於朱子所言不無錯認處。如第一段：「道理要見得
真，須是表裡首末，極其透澈，無有不盡。」此即〈補傳〉
「窮之以至其極」。極者至善之謂，事理當然之極也。語自
分明。而安卿前所錄云：「如論孝，須窮個孝根源來處；論
慈，須窮個慈根源來處，凡道理皆從根源來處窮究。」此恐

是轉了朱子語脈，只是安卿意指也。《大學章句》於此，只云：「究其精微之蘊。」程子亦曰：「如何而爲奉養之宜，如何而爲溫凊之節。」初未嘗言「尋其根源來處」。「孩提之童，無不知愛其親也。及其少長，無不知敬其兄也。」此是自然如此，何須窮究？「親親仁也，敬長義也」，於此可識仁義爲吾性之固有，而非外鑠耳。若於事親，尋其根源來處，自性中之仁來；於敬長，尋其根源來處，自性中之義來。則是以事親事長爲借徑，而以識性中之仁義爲極，則其與楊慈湖所云：「有時父召急趨前，不知不覺入閫奧」，何以異哉？

安卿問曰：「看道理尋根源來處，只是就性上看否？」所錄答語，卻不甚分明。於此可見安卿本指，而所錄朱子語率多雜以己意。後來所見亦不出此，故終是展拓不開，而無以副朱子之望也。

今所錄五段，與《正學考》所錄有不同者，覽者可以參看其得失焉。

案：王氏所錄五段，其第一段即節錄此處之1.，第二段即節錄此處之3.，第三段即此處之8.，其第四、五兩段，于了解朱子之關鍵上不甚相干，此處未錄。

王氏以爲有問題者是其所錄之第一段。而所謂「所錄答語卻不甚分明」一段，即此處之4.，王氏並未錄。

茲就其《考異》而論之如下：

當朱子問安卿「平日如何用工夫」，安卿答曰：「只日用間察

其天理人欲之辨」。朱子又問:「如何察之?」則曰:「只就秉彝良心處察之。」此猶是孟子「求放心」之旨,亦是胡五峰「先察識」之義,意即就良心發現處體察而肯認之,則天理人欲自辨矣。順良心而行是天理,否則是人欲。此是孟子學之大路,特安卿只口頭如此說,未能眞切其實義耳。下朱子答語:「心豈直是發?莫非心也。」此是根據「中和新說」而說。心有已發未發,語默動靜無非是心。此仍是混「良心發見」之發爲「已發未發」之激發之發。這且不管。朱子說此義後,繼之即問:「然則緊要著力在何處?」、「扣之再三」,安卿思之而未能答。是則安卿此時並未能眞切了解朱子之義理間架也。依「中和新說」,「緊要著力處」即在涵養于未發,察識于已發。察識于已發亦函格物窮理也。上文「先生縷縷言曰:凡看道理,須要窮個根源來處。」即就格物窮理說「緊要著力處」也。王懋竑以爲「如論孝,須窮個孝根源來處;論慈,須窮個慈根源來處,凡道理皆從根源來處窮究」,爲「轉了朱子語脈,只是安卿意旨」。然此數語是承「先生縷縷言曰:凡看道理,須要窮個根源來處」而來。如果朱子當時不曾縷縷說至此義,先發此義以爲提綱,吾恐安卿決不敢強以己意代朱子也。而且此義亦是合當說的,朱子如何不可說「窮個根源來處」?若依王氏之見,朱子根本不說此義,甚至反對此義,此義只是安卿所提,則以上1.2.3.4.四條皆順此義說,豈皆是安卿所強置耶?吾恐無如此之記錄,安卿亦決不至如此大膽也。王氏引《大學章句》語、程子語,以及孟子語作辨,皆非是。讀者自能知之。

又第4.條「看道理須尋根源來處,只是就性上看否?」王氏以爲對此問,朱子「答語卻不甚分明」。須知這只是問答機緣,有時

亦可測驗對方。豈必句句皆自己明說耶？然下文朱子說「又須看性所因是如何」，此顯然在明「性之所因」在太極，只就性上「尋根源來處」尚未澈也。然則此亦是安卿所強置耶？下錄諸條說安卿病處不表示不許「尋根源來處」也。王氏未得朱子意。

又以上所記是安卿初見朱子，朱子斯年六十一歲。以下所錄，「相別十年」，朱子已七十。所言輕重不同。焉可混視！

9. 諸友問疾，請退。先生曰：堯卿、安卿且坐。相別十年，有甚大頭項工夫，大頭項疑難，可商量處？

淳曰：數年來見得日用間大事小事分明，件件都是天理流行，無一事不是合做底，更不容挨推閃避。撞著這事，以理斷定，便小心盡力做到尾去。兩三番後，此心磨刮出來，便漸漸堅定。雖有大底，不見其為大；難底，不見其為難；至碨碻、至勞苦處，不見其為碨碻、勞苦；橫逆境界，不見其有憾恨底意；可愛美、難割捨底，不見其有黏滯底意。見面前只是理，覺如水到船浮，不至有甚慳澀。而夫子與點之意，顏樂底意，漆雕開信底意，《中庸》鳶飛魚躍底意，周子洒落及程子活潑潑底意，覺見都在面前，真個是如此。而禮儀三百、威儀三千，亦無一節文非天理流行。《易》三百八十四爻時義便正是就日用上剖析個天理流行底條目。前聖後哲都是一揆。而其所以為此理之大處，卻只在人倫。而身上工夫切要處，卻只在主敬。敬則此心惺惺，大綱卓然不昧，天理無時而不流行。而所以為主敬工夫，直是不可少時放斷。心常敬，則常仁。

先生曰：恁地汎說也容易。久之，曰：只恐勞心，落在無涯可測之處。

因問：向來所呈〈與點說〉一段如何？

曰：某平生便是不愛人說此話！《論語》一部自「學而時習之」，至「堯曰」，都是做工夫處。不成只說了「與點」，便將許多都掉了！聖賢說事親便要如此，事君便要如此，事長便要如此，言便要如此，行便要如此，都是好用工夫處。通貫浹洽，自然見得在面前。若都掉了，只管說「與點」，正如喫饅頭，只撮個尖處，不喫下面餡子，許多滋味都不見。向來此等，無人曉得，說出來也好。今說得多了，卻是好笑，不成模樣！近來覺見說這樣話，都是閑說，不是真積實見。昨廖子晦亦說「與點」及鬼神，反覆問難，轉見支離，沒合殺了。

聖賢教人無非下學工夫。一貫之旨，如何不便說與曾子，直待他事事都曉得，方說與他？子貢是多少聰明？到後來方與說：「汝以予為多學而識之者與？曰：然。非與？曰：非也。予一以貫之。」此意是如何？萬理雖只是一理，學者且要去萬理中千頭百緒都理會，四面湊合來，自見得是一理。不去理會那萬理，只管去理會那一理，說「與點」，顏子之樂如何！程先生《語錄》事事都說，只有一兩處說此，何故說得恁地少？而今學者何故說得恁地多？只是空想像！

程先生曰：「學者識得仁體，實有諸己，只要義理栽培。」恐人不曉栽培，更說「如求經義皆栽培之意」。呂

晉伯問伊川：《語》、《孟》且將緊要處理會如何？伊川曰：固是好。若有所得，終不浹洽。後來晉伯終身坐此病，說得孤單，入禪學去。

聖賢立言垂教，無非著實。如「博我以文，約我以禮」；如「尊德性而道問學，致廣大而盡精微，極高明而道中庸，溫故而知新，敦厚以崇禮」；如「博學之、審問之、謹思之、明辨之、篤行之」；如「君子食無求飽，居無求安，敏於事而慎於言，就有道而正焉」等類，皆一意也。大抵看道理，要得寬平廣博，平心去理會。若實見得，只說一兩段，亦見得許多道理。不要將一個大底語言，都來罩了！其間自有輕重，不去照管，說大底，說得太大；說小底，又說得都無巴鼻。如昨日說〈破斧〉詩，恐平日恁地枉用心處多。

淳曰：昨聞先生教誨，其他似此樣處無所疑矣。

曰：學問不比做文字，不好便改了。此卻是分別善惡邪正，須要十分是當，方與聖賢契合。如〈破斧〉詩，恁地說也不錯，只是不好，說得一角，不落正腔窠，喎斜了！若恁地看道理，淺了！不濟事！恰似撐船，放淺處，不向深流，運動不得。須是運動，游泳於其中。

淳又曰：聖人千言萬語都是日用間本分合做底工夫，只是立談之頃，要見總會處，未易以一言決。

曰：不要說總會！如「博我以文，約我以禮」博文便是要一一去用功，何曾說總會處？又如「深造之以道，欲其自得之也」，深造以道，便是要一一用功，到自得，方是總

會處。如顏子克己復禮，亦須是非禮勿視，非禮勿聽，非禮勿言，非禮勿動。不成只守個克己復禮，將下面許多都除了！如公說《易》，只大綱說個三百八十四爻皆天理流行。若如此，一部《周易》只一句便了。聖人何故作許多？《十翼》從頭說「大哉乾元」云云，「至哉坤元」云云。聖賢之學非老氏之比。老氏說通於一，萬事畢，其他都不說，少間，又和那一都要無了，方好！

學者固是要見總會處。而今只管說個總會處，如「與點」之類，只恐孤單，沒合殺，下梢流入釋、老去，如何會有「詠而歸」底意思？（義剛同）

10. 是夜，再召淳與李丈入臥內。曰：公歸期不久，更有何較量？

淳讀〈與點說〉。曰：大概都是。亦有小小兩處病。又讀廖倅書所難〈與點說〉。先生曰：有得有失。又讀淳所回廖倅書。

先生曰：天下萬物當然之則便是理，所以然底便是源頭處。今所說，固是如此。但聖人平日也不曾先說個天理在那裡，方教人做去湊。只是說眼前事，教人平平恁地做工夫去，自然到那有見處。

淳曰：做工夫後，見得天理，也無妨。只是未做工夫，不要先去討見天理否？

曰：畢竟先討見天理立定在那裡，則心意便都在上面行，易得將下面許多工夫放緩了。孔門惟顏子、曾子、漆雕開、曾點，見得這個道理分明。顏子固是天資高。

初聞仰之彌高，鑽之彌堅，亦自討頭不著。從博文約禮做來，欲罷不能，竭吾才，方見得如有所立卓爾。向來劈戞底，到此都合聚了。曾子初亦無討頭處，只管從下面捱來捱去，捱到十分處，方悟得一貫。漆雕開曰：「吾斯之未能信。」「斯」是何物？便是他見得個物事。曾點不知是如何，合下便被他綽見得這個物事。曾點、漆雕開，已見大意方是。程先生恁地說漆雕開較靜，曾點較明爽，亦未見得他無下學工夫，亦未見得他合殺是如何。只被孟子喚做狂。及觀〈檀弓〉所載，則下梢只如此而已。〔案：見《禮記·檀弓》下，載季武子喪，曾點倚其門而歌。〕曾子父子之學自相反。一是從下做到，一是從上見得。子貢亦做得七八分工夫。聖人也要喚醒他，喚不上。

聖人不是不說這道理，也不是便說這道理。只是說之有時，教人有序。子晦之說無頭。如吾友所說從原頭來，又卻要先見個天理在前面，方去做。此正是病處。子晦疑得也是。只說不出。吾友合下來說話便有此病。是先見「有所立卓爾」，然後「博文約禮」也。

若把這天理不放下，相似把一個空底物，放這邊也無頓處，放那邊也無頓處，放這邊也恐攧破，放那邊也恐攧破，這天理說得蕩漾似一塊水銀，袞來袞去，捉那不著。又如水，不沿流溯源，合下便要尋其源。鑿來鑿去，終是鑿不著。

下學上達自有次第，於下學中又有次第。致知又有多少

次第，力行又有多少次第。

淳曰：下學中，如致知時，亦有理會那上達底意思否？

曰：非也。致知，今且就這事上理會個合做底是如何。少間，又就這事上思量合做底，因甚是恁地，便見得這事道理合恁地。又思量因甚道理合恁地，便見得這個道理原頭處。逐事都如此理會，便件件知得個原頭處。

淳曰：件件都知得個原頭處，湊合來便成一個物事否？

曰：不怕不成一個物事。只管逐件恁地去。千件成千個物事，萬件成萬個物事。將間自然撞著成一個物事，方如水到船浮。而今且去放下此心，平平恁地做。把文字來平看，不要得高。第一番且平看那一重文義是如何。第二番又揭起第一重，看那第二重是如何。第三番又揭起第二重，看那第三重是如何。看來看去，二十番、三十番，便自見得道理有穩處。不可才看一段，便就這一段上，要想量到極，要尋見原頭處。

如天命之謂性，初且恁地平看過去，便看下面率性之謂道。若只反倒這天命之謂性一句，便無工夫看率性之謂道了。喜怒哀樂未發之謂中，亦且平看過去，便看發而皆中節謂之和。若只反倒這未發之中，便又無工夫看中節之和了。

又曰：聖人教人只是一法。教萬民及公卿大夫士之子皆如此。如父子有親，君臣有義，初只是有兩句。後來又就父子有親裡面推說許多，君臣有義裡面推說許多。而今見得有親有義合恁地。又見得因甚有親，因甚有義，

道理所以合恁地。節節推上去，便自見有原頭處。只管恁地做工夫去，做得合殺，便有采。

又曰：聖人教人只是說下面一截。少間到那田地，又挨上些子。不曾直說到上面。子以四教：文行忠信。又曰：「博學而篤志，切問而近思，仁在其中矣。」做得許多，仁自在其中。「志於道，據於德，依於仁」，又且「游於藝」。不成只一句便了！若只一句便了，何更用許多說話？如詩三百，一言以蔽之，曰思無邪。聖人何故不只存這一句，餘都刪了？何故編成三百篇，方說思無邪？看三百篇中，那個事不說出來？

又曰：莊周、列禦寇亦似曾點底意思。他也不是專學老子。吾儒書、他都看來。不知如何，被他綽見這個物事，便放浪去了。今禪學也是恁地。

又曰：「二三子以我為隱乎？吾無隱乎爾。吾無行而不與二三子者，是丘也。」向見眾人說得玄妙，程先生說得絮。後來仔細看，方見得眾人說，都似禪了。不似程先生說得穩。（義剛同）

11. 問：前夜承教誨，不可先討見天理，私心更有少疑。蓋一事各有一個當然之理。真見得此理，則做此事便確定。不然，則此心末梢又會變了。不審如何？

曰：這自是一事之理。前夜所說，只是不合要先見一個渾淪大底物，攤在這裡，方就這裡放出去做那萬事。不是於事都不顧理，一向冥行而已。事親中自有個事親底道理，事長中自有個事長底道理，這事自有這個道理，

那事自有那個道理。各理會得透，則萬事各成萬個道理。四面湊合來，便只是一個渾淪道理。

而今只先去**理會**那一，不去**理會**那貫，將尾作頭，將頭作尾，沒理會了。曾子平日工夫只先就貫上事事做去到極處，夫子方喚醒他，說我這道理只用一個去貫了。曾子便理會得。不是只要**抱**一個渾淪底物事，教他**自流出去**。（義剛同）

12.淳有問目段子。先生讀畢，曰：大概說得也好，只是一樣意思。

又曰：公說道理只要撮那**頭一段尖底**，未梢便要到那「**大而化之**」**極處**，中間許多都把做查滓，不要**理會**。相似把個利刃截斷，中間都不用了。這個便是大病。

曾點、漆雕開，不曾見他做工夫處，不知當時如何被他綽見這道理。然就二人之中，開卻是要做工夫。「吾斯之未能信」，「斯」便是見處，「未能信」便是下工夫處。曾點有時是他做工夫，但見得未定。或是他天資高，後被他瞥見得這個物事，亦不可知。雖是恁地，也須低著頭，隨眾從博學、審問、謹思、明辨、篤行底做工夫，襯貼起來方實，證驗出來方穩。不是懸空見得，便了。

博學審問五者工夫，終始離他不得。只是見得後，做得不費力也。如曾子，平日用功極是子細。每日三省，只是忠、信、傳習底事。何曾說著一貫？〈曾子問〉一篇都是問喪祭變禮微細處。想經禮，聖人平日已說底，都

一一理會了。只是變禮未説，也須逐一問過。一貫之説，夫子只是謾提醒他。縱未便曉得，且放緩，亦未緊要。待別日，更一提之。只是曾子當下便曉得，何曾只管與他説？如《論語》中百句，未有數句説此。孟子自得之説，亦只是説一番，何曾全篇如此説？

今卻是懸虛説一個物事，不能得了。只要那一去貫，不要從貫去到那一。如不理會散錢，只管要去討索來穿。如此，則《中庸》只消「天命之謂性」一句，及「無聲無臭至矣」一句，便了。中間許多達孝、達德、九經之類，皆是粗迹，都掉卻，不能耐煩去理會了！如禮儀三百、威儀三千，只將一個道理都包了。更不用理會中間許多節目。

今須是從頭平心讀那書。許多訓詁名物度數，一一去理會。如禮儀，須自一二三四數至於三百。威儀須自一百、二百、三百數至於三千。逐一理會過，都恁地通透始得。若只恁地懸虛不已，恰似村道説無宗旨底禪樣，瀾翻地説去也得，將來也解做頌，燒時也有舍利，只是不濟得事！

又曰：一底與貫底都只是一個道理。如將一貫已穿底錢與人，及將一貫散錢與人，只是一般，都用得。不成道那散底不是錢？（義剛同）

13. 諸友入侍，坐定。先生目淳申前説曰：若把這些子道理，只管守定在這裡，則相似山林苦行一般，便都無事可做了，所謂「潛心大業」者何有哉？

淳曰：已知病痛大段欠了**下學工夫**。

曰：近日陸子靜門人寄得數篇詩來，只將顏淵、曾點數件事重疊**說**。其他《詩》、《書》、《禮》、《樂》都不說。如吾友下學，也只是揀那尖利底說，粗鈍底都掉了。今日下學，明日便要上達。如《孟子》，從〈梁惠王〉以下都不讀，只揀〈告子〉、〈盡心〉來說。只消此兩篇，其他五篇都刪了。緊要便讀，閑慢底便不讀。精底便理會，粗底便不理會。書自是要讀，恁地揀擇不得。如《論語》二十篇，只揀那曾點底意思來涵泳，都要蓋了，單單說個「風乎舞雩，詠而歸」，只做個四時景致。《論語》何用說許多事？

前日江西朋友來問，要尋個樂處。某說：只是自去尋，尋到那極苦澀處，便是好消息。人須是尋到那意思不好處，這便是樂底意思來。卻無不做功夫自然樂底道理。

而今做工夫，只是平常恁地去理會，不要把做差異看了。粗底做粗底理會，細底做細底理會。不消得揀擇。《論語》、《孟子》，恁地揀擇了，史書及世間粗底書，如何地看得！（義剛同）

14. 諸友揖退，先生留淳獨語曰：何故無所問難？

淳曰：數日承先生教誨，已領大意。但當歸去作工夫。

曰：此別，定不再相見！

淳問曰：己分上事已理會，但應變處，更望提誨。

曰：今且當理會常，未要理會變。常底許多道理，未能理會得盡，如何便要理會變？聖賢說話，許多道理平鋪

在那裡。且要闊著心胸平去看。通透後，自能應變。不是硬捉定一物，便要討常，便要討變。今也須如僧家行腳，接四方之賢士，察四方之事情，覽山川之形勢，觀古今興亡治亂得失之迹，這道理方見得周徧。士而懷居，不足以爲士矣。不是塊然守定這物事在一室，關門獨坐便了，便可以爲聖賢。自古無不曉事情底聖賢，亦無不通變底聖賢，亦無關門獨坐底聖賢。聖賢無所不通，無所不能。那個事理會不得？

如《中庸》，天下國家有九經，便要理會許多物事。如武王訪箕子，陳〈洪範〉，自身之視聽言貌思，極至於天人之際，以人事則有八政，以天時則有五紀，稽之於卜筮，驗之於庶證〔徵〕，無所不備。如《周禮》一部書，載周公許多經國制度。那裡便有國家，當自家做。只是古聖賢許多規模，大體也要識。蓋這道理無所不該，無所不在。且如禮、樂、射、御、書、數，許多周旋升降文章品節之繁，豈有妙道精義在？只是也要理會。理會得熟時，道理便在上面。又如律曆、刑法、天文、地理、軍旅、官職之類，都要理會。雖未能洞究其精微，然也要識個規模大概道理，方浹洽通透。若只守個些子，捉定在這裡，把許多都做閒事，便都無事了。如此，只理會得門內事，門外事便了不得。所以聖人教人要博學。（原注：〔博學〕二字力説。）

須是博學之、審問之、謹思之、明辨之、篤行之。子曰：「我非生而知之者，好古敏以求之者也。」「文武

之道，布在方冊」、「在人，賢者識其大者、不賢者識
其小者。夫子焉不學？而亦何常師之有？」聖人雖是生
知，然也事事理會過，無一之不講。這道理不是只就一
件事上理會見得便了。學時，無所不學。理會時，卻是
逐件上理會去。

凡事雖未理會得詳密，亦有個大要處。縱詳密處未曉
得，而大要處已被自家見了。

今公只就一線上窺見天理，便說天理只恁地了，便要去
通那萬事，不知如何得！萃百物，然後觀化工之神。聚
眾材，然後知作室之用。於一事一義上，欲窺聖人之用
心，非上智不能也。

須撒開心胸去理會天理。大，所包得亦大。且如五常之
教，自家而言，只有個父子夫婦兄弟。才出外，便有朋
友。朋友之中，事已煞多。及身有一官，君臣之分便
定。這裡面又煞多事。事事都合講過。他人未做工夫
底，亦不敢向他說。如吾友，於己分上已自見得。若不
說與公，又可惜了。他人於己分上不曾見得，泛而觀萬
事，固是不得。而今已有個本領，卻只捉定這些子便
了。也不得。如今只道是持敬，收拾身心，日用要合道
理，無差失，此固是好。然出而應天下事，應這事得
時，應那事又不得。學之大本，《中庸》、《大學》已
說盡了。《大學》首便說格物致知。為甚要格物致知？
便是要無所不格，無所不知。物格知至，方能意誠、心
正、身修，推而至於家齊、國治、天下平，自然滔滔

去，都無障礙。（義剛同）

15.先生謂淳曰：安卿須是友天下之善士爲未足，又尚論古
之人。須是開闊，方始展拓。若只如此，恐也不解十
分。

先生餞席，酒五行，中筵，親酌一杯，勸李丈云：相聚
不過如此。退去，反而求之。次一杯與淳曰：安卿更須
出來行一遭。村裡坐，不覺壞了人。昔陳了翁說，一人
棋甚高，或邀之入京，參國手。日久在側，並無所教。
但使之隨行，攜棋局而已。或人詰其故，國手曰：彼棋
已精，其高著已盡識之矣。但低著，未曾識。教之隨
行，亦要都經歷一過。

臨行拜別，先生曰：安卿今年已許人書會。冬間，更須
出行一遭。〔不知何人錄〕

案：以上所錄，依王懋竑《朱子年譜》附錄〈朱子論學切要語〉卷
之二，當全屬於甯宗慶元五年己未，時朱子年七十歲，翌年庚申三
月即卒。王氏只錄五段，其第一段此處未錄。其第二段，即節錄此
處所錄之14。其第三段，即節錄此處所錄之10。其第四段，即節錄
此處所錄之13，復節錄10而合成之。其第五段，即節錄此處所錄之
9。王氏錄此五段後，作《考異》云：

朱子晚年於陳安卿屬望甚至，故訓語最多。所謂倒廩傾囷，
羅列而進者。其云：「他人未做工夫底，亦不敢向他說。吾
友於己分上已自見得。若不說與之，又可惜了。」〔14末

段〕意可概見也。然安卿自守所見，終是展拓不開。所錄朱子語，累百千言，語意頗有錯雜。而所歸重在四面湊合，將來成一件物事。又每事必尋討原頭處。此只是安卿所見。於語脈中，未免轉卻朱子意旨也。朱子云：「如吾友所說從原頭來，又卻要先見個天理在前面方去做，此正是病處。吾友合下來說話，便有此病。是先見如有所立卓爾，然後博文約禮也。」〔10〕

又曰：「吾友下學，也只是揀那尖利底說，粗鈍底都掉了。今日下學，明日便要上達。」〔13〕皆切中其病。後來〈與廖子晦書〉云：「安卿之病亦正坐此。因書曉之，無令久自拘縶。」蓋亦逆料其終，故亦未嘗望以傳付之任也。《正學考》五段，失載所言安卿之病。而於安卿錄有未盡得朱子之意者，則未之辨。今所錄與《正學考》有不同者，而附論之如此，以俟後之君子考而擇焉。

安卿初意謂先見天理原頭，而後做工夫。朱子已力闢之。其後又謂於件件事上尋究本原來處，將來四面湊合，只成一件事物。於前說，雖若少異，而實無異指。其件件講明者，總為尋究本原，以為湊合一件之地，所重不在件件講明也。朱子〈與廖子晦〉書論此最明，而曰：「安卿之病，亦正坐此。」蓋指此爾。其云：「不可纔看一段，便就這一段上要思量到極，要尋見原頭處。」〔10〕語自分明。卻又曰：「致知，就這事上，便見得這事道理原頭處。逐事都如此理會，便件件知得個原頭處。」〔10〕與前語正相反。

安卿又問曰：「件件知得個原頭處，湊合來便成一個物事

否？」〔10〕此自安卿之意，而非朱子之指也。

朱子嘗云：曾子終身亦只是戰兢臨履。中間一唯，乃不期偶然得之。非其初祈嚮到此地位，而後施下學之功也。如安卿所錄，乃是祈嚮到此地位，而後施下學之功者。恐非朱子語。聖門工夫只在下學處。上達，蓋未可易言。德行如冉、閔，文學如游、夏，皆不與一貫之傳。豈後之人皆在冉、閔、游、夏之上哉？安卿所錄，有得有失。今亦未能細辨。姑舉其概如此，俟後之人訂正其是非焉。

案：以上自9.條到15條，共七條，朱子千言萬語只重在表示：「不合要先見一個渾淪大底物攤在這裡」（11），空守著。但朱子這句話下面可有兩種接法。在此11條中，朱子是說：「不合要先見一個渾淪大底物攤在這裡，方就這裡放出去做那萬事。」、「不是只要抱一個渾淪底物事敎他自流出去」。但是其隨處表示的卻是這樣接法的意思，即：「不合要先見一個渾淪大底物攤在這裡」，空守著，下面都不管了。這兩個接法其意義並不相同，朱子只儱侗一起說了。若照前一個說法，則正是五峰、象山之路。而朱子這樣說亦是針對象山而發。但孟子亦說「學問之道無他，求其放心而已矣」。又說：「舜居深山之中，與木石居，與鹿豕遊，其所以異於深山之野人者幾希！及其聞一善言，見一善行，若決江河，沛然莫之能禦。」此亦是一覺全覺，一開全開，都自本心流出也。而此義與後一接法所表示之勸誡亦並不衝突。並非說先恢復本心，沛然莫之能禦，都自本心流出，便可蹈空，便可空守著一個本心，敎他自流，其他便可都不管了。而且正因本心呈現，始能切實、平實，始

能事事切己，處處理會，決不儱侗蹈空，只守著一個本心。若只空守著一個本心，事事都不理會，那正是光景、鬼窟，正非本心。此正是象山、陽明所要眞切去除者，亦正是近溪所反覆要揭穿者。大舜並不蹈空，孟子並不蹈空，象山、陽明、近溪亦並不蹈空，至少在其義理系統中並不以蹈空爲然。至于切實平實之方向與路數則可各不一樣，並不必要定在朱子所定之方向上，如讀書。生也有涯，各隨其分，自盡其切實平實之功而已。書亦是合要讀的。要讀即須仔細讀，不可浮光掠影，淺嘗輒止。爲學法荀卿，要全要盡。朱子此步勸誠，並無問題，無人能反對。但朱子將此兩種接法儱侗爲一，一起予以遮撥，以爲先復本心沛然莫之能禦者便是蹈空，便是空守著一個本心，這樣，人家便有話說。（當然先識本心仁體並非如朱子所形容「先見一個渾淪大底物」。）廖子晦、陳安卿所以總有疑問者，恐亦于此總不能安。朱子千說萬說恐總只服人之口，不足以服人之心。終于服了者，亦只是順朱子之所重，「但當歸去作工夫」而已。因爲切實平實作下學工夫，無人能反對也。即使切實平實作下學工夫，說「先去討見天理」（10）亦無妨。「先討見天理」亦是工夫，決無憑空討見天理的。安卿問：「做工夫後，見得天理，也無妨。只是未做工夫，不要先去討見天理否？」此種問法，自不妥當。但朱子意卻只重在表示不要空守著一個天理。其遮撥「先討見天理」亦只怕人把心思定在那孤懸的天理上空守著，「將下面許多工夫放緩了」（10）。其實若知「討見天理」亦是工夫，則「先討見天理」亦無妨。此不是問題所在，問題只在空不空。安卿即使要「先討見天理」，彼亦走不上孟子、象山之路。蓋彼既順朱子之路走，故若只憑空說「先討見天理」，朱子即得以從

下學工夫上遮撥之也。

　　朱子雖于兩種接法混視爲一，然其重點卻只在順自己義理系統說那蹈空之弊。例如：「某平生便是不愛人說此話」（指「吾與點也」說）；「若都掉了，只管說與點，正如喫饅頭，只撮個尖處，不喫下面餡子，許多滋味都不見」；「不要將一個大底語言都來罩了」；「而今只管說個總會處，如與點之類，只恐孤單，沒合殺。」（9）又如：「聖人平日也不曾先說個天理在那裡，方教人做去湊」；「畢竟先討見天理立定在那裡，則心意便都在上面行，易得將下面許多工夫放緩了」；「如吾友所說從源頭來，又都要先見個天理在前面方去做，此正是病處」；「若把這天理不放下，相似把一個空底物，放這邊也無頓處，放那邊也無頓處，放這邊也恐攧破，放那邊也恐攧破，這天理說得蕩漾似一塊水銀，袞來袞去，捉那〔拿〕不著」（10）又如：「前夜所說，只是不合要先見一個渾淪大底物攤在這裡，方就這裡放出去做那萬事」；「而今只先去理會那一，不去理會那貫，將尾作頭，將頭作尾，沒理會了」；「不是只要抱一個渾淪底物事，教他自流出去」（11）。又如：「公說道理只要撮那頭一段尖底，末梢便要到那『大而化之』極處，中間許多都把做查滓，不要理會。」（12）又如：「若把這些子道理只管守定在這裡，則相似山林苦行一般，便都無事可做了」；「如吾友下學，也只是揀那尖利底說，粗鈍底都掉了」（13）。又如：「聖賢說話，許多道理平鋪在那裡，且要闊著心胸平去看」；「如吾友，於己分上已自見得，若不說與公，又可惜了。他人於己分上不曾見得，泛而觀萬事，固是不得，而今已有個本領，卻只捉定這些子便了，也不得。」（14）凡此等等說法都是順

自己義理系統以及順取之路教人平看一切，闊著心胸，切實平實去作工夫，不要揀擇，逐件去理會，理會久了，自有個總會處，亦自能尋見原頭處。天理平鋪在事事物物上，亦平鋪在聖賢語言裡，只要去平看，逐件磨，逐句看，磨來磨去，道理自然浮現在眼前，那時方是實見、實理、實學。不要先討見一個渾淪大底物攤在這裡，不要空尋原頭，不要空守著一個天理。天理不是死定在一個什麼地方，天理也不是可以藏在袖裡。這些教訓都是對的。「若把這天理不放下」云云，這一段尤其真切精采。這也表示朱子一生磨來磨去到老真磨平了，萬景皆實。他是以他的經歷與他的老境為根據來說這話。人如果要讀書理會道理，也實應當這樣去作，並非一定不要人尋見原頭，見總會處。若一定不要人如此，則講太極何事？

　　當安卿問曰：「下學中，如致知時，亦有理會那上達底意思否？」朱子答曰：「非也。致知，今且就這事上理會個合做底是如何。少間，又就這事上思量合做底因甚是恁地，便見得這事道理合恁地。又思量因甚道理合恁地，便見得這個道理原頭處。逐事都如此理會，便件件知得個原頭處。」朱子之非之是進一步著重說，既不可憑空「理會那上達」（原頭處），亦不可一致知便躐等，馬上就上達，這只表示要真切、切實、耐心，逐件理會，不可只捉著一件或一句浮泛一看便要上達，把其他都略去，並不是一定不要人理會上達，是看你理會上達底態度工夫是如何。當安卿又問曰：「件件都知得個原頭處，湊合來便成一個物事否？」朱子答曰：「不怕不成一個物事。只管逐件恁地去。千件成千個物事，萬件成萬個物事。將間自然撞著成一個物事，方如水到船浮。而今且去放下此心，平平恁地做。把文字來平看，不要得高。第一番且平看那一重

文義是如何。第二番又揭起第一重，看那第二重是如何。第三番又揭起第二重，看那第三重是如何。看來看去，二十番、三十番，便自見得道理有穩處。不可才看一段，便就這一段上要思量到極，要尋見原頭處。」（10）「不可才看一段，便要思量到極」，意即不可只略看一重，便要思量到極。這意思與前答語無以異。並非不要人「尋見原頭處」也。而王懋竑於此答語只取「不可才看一段便就這一段上要思量到極，要尋見原頭處」一語，以爲「語自分明」。而於前答語又簡約爲「致知，就這事上便見得這事道理原頭處。逐事都如此理會，便件件知得個原頭處」。認爲此語「與前語正相反」，乃安卿「轉卻朱子意」。其實並無相反處。試仔細看前後兩段答語全文便可知意思全同。前段答語說：「今且就這事上〔……〕便見得這個道理原頭處」，是經過層層「因甚底」之思量始達到這個結果，並不是「就這事上」粗略才一看便可達到。後段答語說：「不可才看一段便」云云亦正是說這意思，而亦正是繼上文揭一重又一重，二十番、三十番而說來，故有如此「不可」之囑咐。何來「相反」？如此重重理會是深度（致知力行都有次第），逐件如此理會是廣度。前後兩段答語都備言此義，正是相同，何曾「相反」？「放下此心，平平恬地做」，平平深度廣度地去理會，自然便「見原頭處」，「自然撞著成一個物事」，自至「總會處」。並非一定不可「就這事上」見源頭處也。如一定不可，則「這事上」便無道理，無源頭。此非朱子意也。王氏一見「不可才看一段便」云云，便認定是「不可就這事上便見源頭處」，此王氏之誤也。「就這事上」實可見源頭處，問題單在依何態度如何用工以見之耳。

安卿病處，依朱子所見，單在只喫饅頭尖，廣度深度工夫俱不作，只想憑空理會那源頭處，空守著那個蕩漾如水銀的天理而不放，故朱子反覆告誡之也。並非不可說源頭處，亦非定不許「先見天理源頭」也。即使朱子晚年甚至歷來不喜「先見天理源頭」之見，重在平說平磨，亦只怕人兩腳蹈空，先只空見個「天理源頭」有何益？故其雖遮撥之，然一至正面叮嚀反覆，卻只重在深度廣度平平磨將去。此其重點只在工夫之踏實與充實，並非客觀義理上定不許「先見天理源頭」也。此見前訓潘時舉言爲學兩路便可知。讀者當覆案，不可因王氏之固蔽而有誤會也。

即使陳淳等要「先見天理源頭」，亦不表示是五峰、象山等逆覺體證先識本心仁體之路。並非一說「先見天理源頭」便是象山學也。在朱子之義理系統中亦可說「先見天理源頭」（先理會太極大本），然在此系統中不如在五峰、象山學中先識本心仁體爲切要，故朱子得以重視平磨以遮撥之也。若對五峰、象山學而這樣告誡勸說，便不對題，人可有話說也。

朱子與五峰、象山之異，根本是順取之路與逆覺體證之路之異，並不是儱侗地「自下面做上去」與「自上面做下來」這單純的兩來往之異，亦不是從散到一與從一到散之異。只朱子這樣儱侗地認先識本心仁體者爲「自上面做下來」，爲「從一到散」，進而復視之爲只空守「一個渾淪大底物」而卻兩腳不著地，只要討那個「一」而卻不知並沒得散錢可貫穿，人亦隨著以爲朱、陸之異只是如此之異，近人復隨之聯想到朱子是歸納，象山是演繹，遂覺朱子更平實矣。殊不知此皆儱侗彷彿似之而非之見。朱子那樣認定是誤解，套于自己系統中亦有便于對對方之駁斥，而隨之這樣說者是懶

惰，並不深入眞切了解其本質之差異。此種儱侗實足以蒙蔽問題之
眞。若眞只是如此，實不值得爭論也。只朱子已甚周匝圓通而無餘
蘊矣。此若詳觀以前八章，顯然可見其非是。

　　此訓陳淳者可見朱子晚年之宗旨、境界、與夫工夫之進路。訓
其他六人者皆可概括于此，吾故只于此略解而明之，于其他六人處
亦不必再爲煩言矣。

第七節　訓滕璘（字德粹）：言「爲學大端」

　　《朱子語類》卷第一百一十八，〈朱子十五〉，〈訓門人
六〉。訓滕璘（字德粹）處：

1.問爲學大端：

　　曰：且如士人應舉，是要做官。故其功夫勇猛，念念不
忘，竟能有成。若爲學須立個標準，我要如何爲學。此志
念念不忘，功夫自進。

　　蓋人以眇然之身，與天地並立而爲三。常思我以血氣之
身，如何配得天地？且天地之所以與我者，色色周備，人
自汙壞了。因舉「萬物皆備於我，反身而誠，樂莫大焉」
一章。今之學者，須是求復其初，求全天之所以與我者始
得。若要全天之所以與我者，便須以聖賢爲標準，直做到
聖賢地位，方是全得本來之物而不失。如此，則功夫自然
勇猛。臨事、觀書，常有此意，自然接續。若無求復其初
之志，無必爲聖賢之心，只見因循荒廢了。

因舉《孟子》「道性善，言必稱堯、舜」一章云：道性善，是說天之所以與我者，便以堯、舜爲樣子。說人性善，皆可以爲堯、舜，便是立個標準了。下文引成覸、顏淵、公明儀之言，以明聖賢之可以必爲。末後，若「藥不瞑眩，厥疾不瘳」，最說得好。人要爲聖賢，須是猛起，服瞑眩之藥相似，教他麻了，一上了，及其定疊，病自退了。

又舉顏子「仰之彌高」一段。

又說：人之爲學正如說恢復相似。且如東南，亦自有許多財賦，許多兵甲，儘自好了，如何必要恢復？只爲祖宗原有之物，須當復得。若不復得，終是不了。今人爲學，彼善於此，隨分做個好人，亦自足矣。何須必要做聖賢？只爲天之所以與我者，不可不復得。若不復得，終是不了。所以須要講論，學以聖賢爲準。故問學，須是**復性命之本然**，求造**聖賢之極**，方是**學問**。然此是大端如此。其間讀書、考古、驗今工夫，皆不可廢。因舉「尊德性而道問學」一章。

又云：有一般人只說天之所以與我者都是光明純粹好物，其後之所以不好者，人僞有以害之。吾之爲學只是去其所以害此者而已。害此者盡去，則工夫便了。故其弊至於廢學、不讀書。臨事，大綱雖好，而所見道理便有偏處。

爲學既知大端是欲復天之所與，而必爲聖賢，便以父子有親、君臣有義、夫婦有別、長幼有序、朋友有信，此五者爲五個大椿相似，念念理會，便有工夫可做。所以《大

學》「在止於至善」，只云：「爲人君止於仁，爲人臣止
於敬，爲人子止於孝，爲人父止於慈，與國人交止於
信。」

2. 從前朋友來此，某將謂不遠千里而來，須知個趣向了。只
是隨分爲他説個爲學大概去。看來都不得力，此某之罪。
今日思之，學者須以**立志爲本**。如昨日所説爲**學大端在於
求復性命之本然，求造聖賢之極致**。須是便立志，如此便
做去始得。若曰我之志只是要做個好人，識些道理便休，
宜乎工夫不進，日夕漸漸消靡。

今須思量天之所以與我者必須是光明正大，必不應只如此
而止。就自家性分上儘做得去，不到聖賢地位不休。如此
立志，自是歇不住，自是儘有工夫可做，如顏子之欲罷不
能，如小人之孳孳爲利，念念自不忘。若不立志，終不得
力。

因舉程子云：「學者爲氣所勝、習所奪，只可責志。」又
舉云：「立志以定其本，居敬以持其志。」此是五峰議論
好處。又舉「士尚志」。何謂尚志？曰：仁義而已矣。又
舉：「舜爲法於天下，可傳於後世，我猶未免爲鄉人也，
是則可憂也。憂之如何？如舜而已矣。」又舉：「三軍可
奪帥，匹夫不可奪志也。」如孔門亦有不能立志者，如冉
求「非不説子之道，力不足也」是也。所以其後志於聚
歛，無足怪！

3. 又曰：要知天之與我者，只如孟子説「無惻隱之心，非人
也；無羞惡之心，非人也；無是非之心，非人也；無辭遜

之心，非人也。」今人非無惻隱、羞惡、是非、辭遜發見處，只是不省察了。若於日用間試省察此四端者，分明迸趲出來，就此便操存涵養將去，便是下手處。只爲從前不省察了，此端才見，又被物欲汩了。所以秉彝不可磨滅處雖在，而終不能光明正大，如其本然。

4. 試思人以眇然之身，可以贊天地之化育，以常人而可以爲聖賢，以四端之微而充之可以保四海，是如何而致？若分明見此，志自立，工夫自住不得。

5. 昨日所説爲學大端在於立志必爲聖賢。曾看得「人皆可以爲堯、舜」道理分明否？又見得我可以爲堯舜而不爲，其患安在？固是孟子説性善、徐行後長之類，然今人四端非不時時發見，非不能徐行，何故不能爲堯、舜？且子細看！若見得此分明，其志自立，其工夫自不可已。
因舉「執德不弘，信道不篤，焉能爲有？焉能爲亡？」謂不弘不篤，不當得一個人數，無能爲輕重。

6. 須常常自問云：人之性善，而己之性卻不見其善；人皆可以爲堯、舜，而己之身即未見其所以爲堯、舜者，何故？常常自問，知所愧恥，則勇厲奮發而志立矣。更將《孟子·告子》篇反復讀之，「指不若人」之類數段可以助人興發必爲之志。

7. 問所觀書。璘以讀〈告子〉篇對。曰：古人「興於詩」，詩可以興。又曰：「雖無文王猶興」。人須要奮發，興起必爲之心，爲學方有端緒。古人以詩吟詠起發善心。今既不能曉古詩，某以爲〈告子〉篇諸段讀之，可以興發人善

心者，故勸人讀之。且如「理義之悅我心，猶芻豢之悅我口」。讀此句，須知義理可以悅我心否？果如芻豢悅口否？方是得。

璘謂理義悅心，亦是臨事見得此事合理義，自然悅懌。

曰：今則終日無事，不成便廢了理義，便無悅處？如讀古人書，見其事合理義，思量古人行事與吾今所思慮欲爲之事，才見得合理義，則自悅，才見不合理義，自有羞愧憤悶之心。不須一一臨事時看。

《牟宗三先生全集》總目

① 周易的自然哲學與道德函義

② 名家與荀子　才性與玄理

③ 佛性與般若（上）

④ 佛性與般若（下）

⑤ 心體與性體（一）

⑥ 心體與性體（二）

⑦ 心體與性體（三）

⑧ 從陸象山到劉蕺山　王陽明致良知教　蕺山全書選錄

⑨ 道德的理想主義　歷史哲學

⑩ 政道與治道

⑪ 邏輯典範

⑫ 理則學　理則學簡本

⑬ 康德「純粹理性之批判」（上）

⑭ 康德「純粹理性之批判」（下）

⑮ 康德的道德哲學

⑯ 康德「判斷力之批判」（上）（下）

⑰ 名理論　牟宗三先生譯述集

⑱　認識心之批判（上）

⑲　認識心之批判（下）

⑳　智的直覺與中國哲學

㉑　現象與物自身

㉒　圓善論

㉓　時代與感受

㉔　時代與感受續編

㉕　牟宗三先生早期文集（上）

㉖　牟宗三先生早期文集（下）　牟宗三先生未刊遺稿

㉗　牟宗三先生晚期文集

㉘　人文講習錄　中國哲學的特質

㉙　中國哲學十九講

㉚　中西哲學之會通十四講　宋明儒學綜述　宋明理學演講錄　陸王一系之心性之學

㉛　四因說演講錄　周易哲學演講錄

㉜　五十自述　牟宗三先生學思年譜　國史擬傳　牟宗三先生著作編年目錄